SYNNÖVE CLASON

DIE WELT ERKLÄREN
GESCHICHTE UND FIKTION
IN LION FEUCHTWANGERS ROMAN "ERFOLG"

ISBN 91-7222-137-2

Printed in Sweden by
Göteborgs Offsettryckeri AB
Stockholm 1975

ACTA UNIVERSITATIS STOCKHOLMIENSIS
STOCKHOLMER GERMANISTISCHE FORSCHUNGEN
19

DIE WELT ERKLÄREN

GESCHICHTE UND FIKTION
IN LION FEUCHTWANGERS ROMAN "ERFOLG"
VON
SYNNÖVE CLASON

ALMQVIST & WIKSELL INTERNATIONAL
STOCKHOLM – SCHWEDEN

Inhaltsverzeichnis

5

Rückblick und Dank

Im Jahre 1930 beschaffte sich der ehemalige schwedische Pfarrer in Berlin, Fredrik Sebardt, den zweibändigen Roman *Erfolg/Drei Jahre Geschichte einer Provinz* von Lion Feuchtwanger, eines der vielbesprochenen Bücher jener sozial und politisch so unruhigen Zeit. Nach seinem Tode landete der zweite Band davon im Bücherregal eines seiner Erben, Herrn Wilhelm Clason in Fagersta, Schweden – in Deutschland war der Roman mittlerweile verbrannt und verboten worden.

Jahre später wurde er von dessen Schwiegertochter dort gefunden, gelesen und leichtsinnigerweise zum Thema einer wissenschaftlichen Arbeit gemacht, nachdem Svenska Akademiens Nobelbibliotek in Stockholm den ersten Band unter den Werken des einstigen Nobelpreiskandidaten Feuchtwanger herausgesucht hatte. Dies war im Jahre 1967, als eine neue Sachlichkeit in der Literatur den „sachlichen" Feuchtwanger vom Jahre 1930 in mancher Hinsicht sehr aktuell und neu erscheinen liess.

Acht Jahre später möchte sich die Verfasserin der hier vorliegenden Schrift bei allen denjenigen bedanken, die ihr in ihrem Forschungsunternehmen beigestanden haben:

- Frau Marta Feuchtwanger, Pacific Palisades, Kalifornien, für eine langjährige Korrespondenz und für das Erlebnis eines lebendigen Bindeglieds zwischen dem Feuchtwanger der zwanziger Jahre und dem Hier und Jetzt meines wissenschaftlichen Vorhabens;
- Professor Gustav Korlén, Stockholm, für wissenschaftliche Förderung, kritische Gesichtspunkte und Manuskriptkorrekturen, sowie für vielerlei Anregungen und herzliche Freundschaft;
- Professor Volker Klotz, Stuttgart, für methodische Beratung;
- Professor Gerhard Schmidt-Henkel, Saarbrücken, für Würdigung des ersten Manuskripts und anregende Analysevorschläge zum Untersuchungsobjekt „historischer Roman";
- Dozent Helmut Müssener, Stockholm, für wertvolle Vorschläge zum endgültigen Aufbau der Arbeit und wiederholte Manuskriptwürdigungen;
- Dr. Walter Schiffels, Saarbrücken, für konstruktive Kritik, sachkundige Beratung und sachliche sowie sprachliche Verbesserungsvorschläge;
- Dr. Axel Fritz, Stockholm, für Durchsicht des Manuskripts und Verbesserungsvorschläge;
- Dr. Walther Huder, Akademie der Künste, Berlin, Professor Karl Bosl, Institut für Bayerische Geschichte an der Universität München, Professor Thilo Vogelsang, Institut für Zeitgeschichte, München, und Dr. Liselotte Camp, Bayerische Staatsgemäldesammlungen, München, für schriftliche Auskünfte;
- meinen Eltern, Lore und Johan Falkenberg, Oslo, die mir bei der sprachlichen Durchsicht und bei der Reinschrift mancher Manuskriptseiten behilflich waren;
- meinen beiden Kindern, Mathias, 12, und Jenny, 8, deren Geduld sehr auf die Probe gestellt wurde;
- meinem Mann Anders, der mir „a room of my own" gab und die Rolle des Zuschauers ertrug.

Örebro, August 1975
Synnöve Clason

7

– Ich für meine Person glaube, das einzige Mittel, sie [die Welt] zu ändern, ist, sie zu erklären. Erklärt man sie plausibel, so ändert man sie auf stille Art, durch fortwirkende Vernunft. Sie mit Gewalt zu ändern, versuchen nur diejenigen, die sie nicht plausibel erklären können. Diese lauten Versuche halten nicht vor, ich glaube mehr an die leisen. Grosse Reiche vergehen, ein gutes Buch bleibt. Ich glaube an gutbeschriebenes Papier mehr als an Maschinengewehre. –

Der Schriftsteller Jacques Tüverlin in *Erfolg*.

Einleitung: Begründung und Begrenzung der Themenstellung. Aufbau der Arbeit

Die vorliegende Arbeit will lediglich in ihrem Endergebnis eine Deutung von Lion Feuchtwangers satirischem Roman *Erfolg/Drei Jahre Geschichte einer Provinz* liefern. Die Verfasserin untersucht vielmehr in erster Linie systematisch Feuchtwangers Absichten mit seinem Roman, in dem er eine nahe zurückliegende Vergangenheit historisch gestaltete und interpretierte. Hierbei ergab sich eine Menge Fragen: In welcher Weise wird der Stoff dichterisch ausgelegt und umgeformt, was unterscheidet den Schriftsteller Feuchtwanger vom Historiker? Wie gestaltet er die Krisenjahre Deutschlands und Bayerns nach dem 1. Weltkrieg, um seine didaktische Absicht, dass der Leser aus der Geschichte lernen soll, zu verwirklichen? Auf welche Weise schreibt er einen politischen Schlüsselroman mit gesellschaftskritischer Tendenz, ohne bei den authentischen Vorbildern und in der Reportage stecken zu bleiben? Wird das epische Werk, das nach einem historischen Deutungsmodell, wie es Feuchtwanger liefert, „zugeschnitten" ist, der Wirklichkeit gerecht, so dass Romanfiguren entstehen, die sowohl den Forderungen des Lesers nach Realität als dem Geschichtsbild des Autors genügen? Welche Erzählmittel erlaubt ihm die Romanform, die dem Historiker verschlossen bleiben?

Ich habe mich in meiner Arbeit absichtlich auf Themenkreise begrenzt, die sich aus den oben gestellten Fragen ergaben, nämlich auf das Geschichts- und Epochenbild Feuchtwangers in *Erfolg*, auf den Komplex Menschenbild-Personendarstellung und auf die Erzähltechnik des Autors. Was der Leser in dieser Studie nicht finden wird, ist eine vergleichende Untersuchung von *Erfolg* und Feuchtwangers übrigem Oeuvre, eine Positionsbestimmung des Romans als Produkt der Neuen Sachlichkeit (dieses Thema wird erst in der Schlussbetrachtung S. 167 ff. kurz angeschnitten), oder eine Bestimmung seiner geistesgeschichtlichen Zugehörigkeit im zwanzigsten Jahrhundert, was allerdings im Falle Feuchtwanger, des Eklektikers, nahe gelegen hätte. Die hier erwähnten Gesichtspunkte müssen Spezialuntersuchungen vorbehalten bleiben. Die vorliegende Monographie begrenzt sich absichtlich auf eine „Inventur" des Romans selbst, da es der Verfasserin im Endeffekt nicht nur um die Darstellung dieses einen Romans und seines Autors ging, sondern zugleich um ein konkretes Modell historisch-ästhetisch-biographischer Interpretation, was u. a. den langen deskriptiven „Umweg" über den Tatsachenhintergrund im ersten Teil der Arbeit bedingt. Der Charakter des Romans als Schlüsselroman führte zu der Frage nach der Verschmelzung von empirischen Vorbildern und dichterischer Intention, die zu dem Problem hinüberleitete, mit welchen Mitteln Feuchtwanger aus Geschichte *erzählte Geschichte* machte, sowie zu seinen Theorien über den historischen Roman. Diese Gesichtspunkte und die oben genannten Fragen haben weitgehend Aufbau und Strukturierung des Stoffes und der literarischen Analyse bestimmt.

Der erste Hauptteil der Arbeit bemüht sich darum, den Romaninhalt dem Tatsachenhintergrund gegenüberzustellen: auf eine kurze Darstellung der Weimarer Republik (Politik, Wirtschaft, Justiz) folgt ein grösserer Abschnitt über die Sonderstellung Bayerns im Reich nach 1919 und über den Kampf Bayerns gegen die Auswirkungen der Weimarer Verfassung auf seine Eigenstaatlichkeit. Die Kenntnis der wirklichen

Vorgeschichte des Novemberputsches im Bürgerbräukeller und des Kräftespiels zwischen den bayrischen Politikern, Hitler und der Reichsregierung in Berlin ist von zentraler Bedeutung für die Analyse von Feuchtwangers Geschichts- und Menschenbild in *Erfolg*. Vergleichen wir nämlich die Darstellung des Erzählers mit den historischen Tatsachen, so wie sie sich aus den Ergebnissen der Forschung bzw. den damals greifbaren Fakten ergeben, dann nähern wir uns einer Antwort auf die Frage nach der *erkenntnismässigen Differenz* zwischen Geschichtsschreibung und Dichtung im Falle Feuchtwanger. Eine Nacherzählung des Romaninhalts und eine Charakteristik der Hauptpersonen (mit Rückverweisen auf die authentischen Vorbilder) dienen dieser Gegenüberstellung von *facts* und *fiction,* wobei auch Angaben über Gliederung, Komposition und Erzähltechnik des Romans gemacht werden.

Eine Darstellung von Feuchtwangers Geschichts- und Menschenbild in *Erfolg* leitet die *erste Zusammenfassung* ein. Im folgenden werden die Umwandlung der historischen Wirklichkeitsunterlage für die Zwecke des Romans und der Grad und die Art der Verschlüsselung authentischer Vorgänge und Personen festgestellt. Die Untersuchung zu Feuchtwangers Verarbeitung des Stoffes, zur Tendenz des Werkes, soll einen ersten Ausblick auf Arbeitsweise und Denkart des Autors geben und allgemein als eine Einführung in den umfangreichen Roman dienen. Sie bemüht sich zu zeigen, auf welche Weise Feuchtwanger „historische" Figuren gestaltete und wie es ihm gelang, seine Romanpersonen in *Erfolg* psychologisch glaubhaft und „modern" darzustellen sowie Menschenbild mit Geschichtsbild in Übereinstimmung zu bringen.

Unter dem Titel *Themen der Zeit* habe ich als erstes Feuchtwangers Verhältnis zum Amerikabild der zwanziger Jahre und seine politische Stellungnahme, so wie sie sich aus *Erfolg* ergeben, zu beleuchten versucht. Als persönlichster Kern des Romans muss meines Erachtens die für seinen Verfasser als existenziell empfundene Frage nach der Rolle des Schriftstellers in der Gesellschaft gesehen werden. Das Bedürfnis Feuchtwangers, die Entstehung des Romans fiktionalisiert mitzuschildern und eine Schriftstellergestalt (Tüverlin) als Sprachrohr in die Handlung hineinzunehmen, zeugt von dem hohen Grad seines Engagements. Dieses Thema und Feuchtwangers Erlebnisse als Jude und Aussenseiter in dem unfreundlichen bayrischen Klima der ersten fünf Nachkriegsjahre prägen seinen Roman nicht weniger als das Verlangen nach einer historischen Deutung des turbulenten Jahres 1923 und seiner Vorgeschichte.

Auch die *Stilanalyse* wird unter dem Gesichtspunkt der thematischen Tendenz durchgeführt. Mich hat dabei das Verhältnis der einzelnen Bausteine zum Gesamtbauwerk des Romans interessiert. Auf eine Untersuchung zum Sprachstil (Lexik, Syntax) folgt eine Darstellung der grösseren Bezüge wie Leitmotive, Symbolgestalten und literarische Anspielungen. Feuchtwanger war ein Autor, der von der Geschichte, von Werken der Kunst und der Weltliteratur stark angeregt wurde und deshalb in einem ständigen Dialog mit der Vergangenheit stand.

Die *zweite Zusammenfassung* stellt summarisch die Ergebnisse der vorhergehenden Abschnitte vor, die das Bild Feuchtwangers als Satiriker und Erzähler des Historischen vervollständigen und vertiefen sollen. In der *Schlussbetrachtung* greife ich die Themen der Arbeit ein letztes Mal auf und versuche, den historischen Roman *Erfolg* und die Schriftstellerproblematik seines Verfassers in ihrer Zeitbedingtheit zu erfassen, um Feuchtwanger als Zeitgenossen und Dokumentator seiner Gegenwart in das literarische Klima der Weimarer Republik hineinstellen zu können.

Ein Exkurs über die Aufnahme des Romans in der Presse beendet die Arbeit.

Als Textunterlage wurden die erste Ausgabe von *Erfolg* (Berlin 1930) und die damit identische Hamburger Rowohlt-Ausgabe aus dem Jahre 1956 (1.–5. Tausend) benutzt. Buch-, Kapitel- und Seitenverweise beziehen sich auf die letztere (z. B. III/12, S. 383). Manuskripte oder sonstiges ungedrucktes Material aus der Entstehungszeit des Romans standen der Verfasserin nicht zur Verfügung, da Feuchtwanger nach der Machtübernahme so gut wie nichts aus Deutschland retten konnte. Am 23. August 1933 stand Lion Feuchtwanger, der sich zu der Zeit zufällig auf einer Vortragsreise in den U.S.A. befand, auf der ersten Ausbürgerungsliste des Hitlerregimes. Seine Villa am Grunewald in Berlin wurde von fünf SA-Leuten durchsucht, demoliert und geplündert, sein Vermögen beschlagnahmt.

Stand der Forschung: Bisheriges über „Erfolg"

Einige kleinere Untersuchungen zu *Erfolg,* in Form von Aufsätzen und Zeitschriftenartikeln, liegen vor, jedoch hat sich bisher niemand um eine systematische Untersuchung von Tatsachenhintergrund, Tendenz und Stil des Romans bemüht. Die wissenschaftliche Beschäftigung mit Feuchtwangers Werken fand bis Mitte der sechziger Jahre hauptsächlich in der DDR statt, wo sie zu den „minor classics" gerechnet wurden. Den ersten Versuch einer Analyse von *Erfolg* machte *Victor Klemperer* mit dem Aufsatz *Der gläubige Skeptiker. Lion Feuchtwangers zentraler Roman*, der in der vom deutschen Schriftstellerverband (DDR) herausgegebenen Zeitschrift Neue Deutsche Literatur (Heft 2, 1959) erschien. In der ersten Nummer dieses Jahrgangs hatte die Redaktion einen Nachruf auf den im Dezember des vergangenen Jahres verstorbenen Schriftsteller gebracht, und Klemperer nennt in der Einleitung zu seinem Artikel die Romangestalt *Jacques Tüverlin* Feuchtwangers „eigentlichstes Selbstporträt". Er unterstreicht das Bedürfnis des Autors, die Welt und sich selbst rational zu fassen, und erinnert in diesem Zusammenhang an die Worte Tüverlins, der Schriftsteller dürfe nicht „anlehnungsbedürftig" sein. Was die Komposition des Romans betrifft, unterscheidet Klemperer *drei verschiedene Substanzstufen:* diese seien 1) der private Kern, 2) die Justiz und 3) die allgemeine Darstellung des werdenden Nationalsozialismus. Der Fall Krüger verbindet die drei Stufen: der *Nationalsozialismus* ist Schuld an der Verdunkelung und Entstellung des Rechtsbegriffes, dies liegt der „privaten" Erzählung zugrunde. Die Darstellung der besonderen gesellschaftlichen *Position und Bedrängnis der Juden* in der Weimarer Republik verbindet die zweite und die dritte Stufe. Die Spannung zwischen Judentum und Deutschtum existiert für den Juden *Geyer* nicht, meint Klemperer, sondern wird ihm nur von aussen aufgebürdet. Seine einzige Passion gilt der Sauberkeit im Recht. Trotzdem entgeht er nicht der Schuld. Klemperer sieht hierin ein Hauptthema des Gesellschaftskritikers Feuchtwanger: „Der Fall Geyer ist antithetischer zugespitzt und tragischer durchgeführt als sonst irgendwo in Feuchtwangers Gesamtwerk das Judenthema."

Was die Darstellung des Nationalsozialismus betrifft, urteilt Klemperer:

„Es ist mit Recht als wesentliches Verdienst gerade des Historikers Feuchtwanger betont worden, dass er in *Erfolg* als erster deutscher Dichter das dreigestufte Milieu der faschistischen Bewegung in Deutschland herausgearbeitet hat: die Anführer, die graue Parteimasse und die Drahtzieher.[1] Was die Dreiheit /.../ zur Einheit zusammenschliesst, ist durchweg die gleiche Sünde: den persönlichen Erfolg über das Recht zu stellen." Damit deutet Klemperer zugleich die zentrale Stellung des Erfolg-Themas im Roman an.

Feuchtwanger sucht im Recht „die ethische Basis jeder gesellschaftlichen Gemeinschaft", eine Anschauung, die durch die Arbeiten Geyers symbolisiert wird. Klemperer meint, dass die Schuld der bayrischen Machthaber in den Augen des Verfassers durch die Tatsache, dass sie an die *Kutznerdoktrin,* d. h. den Nationalsozialismus, keineswegs glauben, zugleich verstärkt und vermindert wird und dass aus diesem Grunde den Porträts von *Reindl, Klenk* und *Flaucher* verständnisvoller Humor und sogar etwas Bewunderung beigemischt werden. Dass der *Führer* im Roman lediglich als eine Marionette seiner Geldgeber erscheint, will Klemperer damit erklären, dass Feuchtwanger vielleicht geneigt war, Hitler zu unterschätzen, nachdem der Münchener Putsch misslungen war.

Mit seiner Schlussbemerkung zeigt Klemperer deutlich, dass er die – aus kommunistischer Sicht vorhandene – Begrenzung Feuchtwangers, seinen eigenwilligen Individualismus, richtig einschätzt und dass er die Aussenseiterposition Feuchtwangers historisch zu würdigen vermag: „Man muss Feuchtwanger in Zusammenhang sehen mit den Aufklärern des 18. Jahrhunderts: von ihnen hat er gelernt, und ganz hat er sich von ihnen nicht losgelöst. Er teilt mit ihnen den Glauben an einen waltenden Sinn der Geschichte, den zu erkennen und dem zu dienen Aufgabe des denkenden Individuums ist, und den er selber den ‚Fortschritt‘ nennt. Es ist immer Dienst für die Gesamtheit, aber immer der Dienst des herausgelöst einzelnen."

Rolf N. Linn beschäftigt sich in seiner Analyse *Feuchtwangers ‚Erfolg‘: Attizismus in asianischer Zeit* (Weimarer Beiträge 1/1965, s. 75 ff.) mit dem Harmoniegedanken Feuchtwangers in *Erfolg* und sieht es als den Zweck des Romans, dem Chaos, das der Autor in der Realität wahrnimmt, den Glauben an eine Ordnung entgegenzusetzen. Linn zieht zu diesem Zweck die beiden aus der antiken Rhetorik stammenden Begriffe oder Kategorien *Asianismus* und *Attizismus* heran, die von modernen Literaturwissenschaftlern (Eduard *Norden,* G. R. *Hocke*) benutzt worden sind, um disharmonische, *moderne* Stile von klassischen, konservativen Vorbildern und der darauf bauenden Stiltradition zu unterscheiden. Die Dialektik in Feuchtwangers Unternehmen sieht Linn in dem Versuch, eine Handlung, die in einer Zeit „schlimmster ökonomischer und rechtlicher Wirren" spielt, sinnvoll zu deuten, in unklassisch *asianischer* Zeit, klassisch *attizistisch* zu schreiben.

> „In solchem Chaos die Kombination der Mächte zu prüfen, die der Fatalist, der Marxist und der Individualist in ihrem Glauben einzeln anbeten, und festzustellen ob – oder vielmehr, dass – die Summe der Mächte als Schicksal ‚gut‘ sei, das war es, was den Autor an seiner Fabel reizte."

Linn polemisiert in diesem Zusammenhang gegen Klemperer: die Handlung spiegele nicht die Gegensätze der Wirklichkeit wieder, Feuchtwanger konstruiere vielmehr

---

[1] Klemperer spielt hier auf *Roman Karst* an, der in dem Artikel *Begegnung mit dem ‚Erfolg‘* (in: *Lion Feuchtwanger zum 70. Geburtstag,* 1954, S. 61–77) die Aufnahme des Romans in Polen beschrieben hat. Karst benutzt in seiner Wiedergabe des Romaninhalts die zu Feuchtwangers Menschenbild passende Marionettenspielermetapher, um die Art der Dreistufung zu umschreiben: „Die ersten sind die Protagonisten auf der Bühne, die zweiten dienen mehr oder weniger als Statisten, und die letzten sind die Regisseure."

„eine absteigende und eine aufsteigende Linie, die sein Panorama in eine an Merianstiche erinnernde Harmonie bannen". Die Geschichte Krügers bilde die absteigende Linie, die Geschichte der *Wahrhaft Deutschen*, d.h. der Kutznerbewegung, bis zum Putsch die aufsteigende ; Kreuzungspunkt der beiden Linien bilde die Stammtischgesellschaft, die sich unter der Führung Kutzners zu einer politischen Bewegung zusammenschliesst. Diese gewinne ihre erste öffentliche Bedeutung durch den Meineid, der Krügers Ruin ist (vgl. S. 70). Gelungen sei es dem Autor auch, in seinem Roman die Verbindung herzustellen zwischen dem Schachspiel privater Mächte mit der französischen Industrie und dem Schicksal Krügers, bzw. dem Lauf der Inflation, die wiederum entscheidend in das Leben der einzelnen Menschen eingreift. Die Antwort der bedrängten Bevölkerung auf dieses Schachspiel sei die Flucht zum Hakenkreuz, das auch den „Mächtigen" in Bayern ein willkommenes Werkzeug (gegen Berlin) sei.

Für die „Klassizität" von Feuchtwangers Romanstruktur ist, wie Linn meint, schliesslich die Abrundung der Geschichte wichtig, die im Zeichen des Zusammenbruchs und der „Wiederherstellung der Ordnung" der reaktionären Mächte steht. Martin Krüger wird in den Augen der Welt rehabilitiert. Auch die putschende Kutznerbewegung erhält ihren historischen „Sinn". Von diesem Harmoniegedanken aus betrachtet wird der Dualismus oder die Zwischenstellung der Tüverlingestalt verständlich.

> „Wer an historische Wahrheit glaubt, glaubt auch leicht an historische Notwendigkeit. So ist es auch logisch, dass Tüverlin Verständnis für vieles besitzt, was er als Einzelhandlung moralisch nicht gutheissen kann. Das gilt z.B. für die Verurteilung Krügers. Tüverlin entrüstet sich nie und verzagt nie."

1969 erschienen im Druck, auch in der DDR, fünfzehn Vorlesungen von *Hans Kaufmann* unter dem Titel *Krisen und Wandlungen der deutschen Literatur von Wedekind bis Feuchtwanger*. Kaufmann sieht in Feuchtwangers Bayernroman eine Weiterentwicklung des Gerechtigkeitsthemas und der Gesellschaftsanalyse seit dem Bühnenstück *Wird Hill amnestiert?* (vgl. S. 20), das in Komödienform die „Heimatlosigkeit der Gerechtigkeit im Kapitalismus" behandelt hatte.

Unter den in der BRD wirkenden Literaturwissenschaftlern und Kritikern haben sich *Hans Mayer* und *Marcel Reich-Ranicki* mit Feuchtwanger und *Erfolg* beschäftigt. In dem Aufsatz *Die Folgen des Exils* (1967) würdigt *Mayer* Feuchtwangers schriftstellerische Leistung und erinnert an die sehr unterschiedliche Position des Autors und seiner Werke in den U.S.A., in der Bundesrepublik und in der DDR. Er macht auf die „negativen" Gründe für die starke Stellung Feuchtwangers in der DDR in den fünfziger und frühen sechziger Jahren aufmerksam: da die grossen Modernen hier verboten waren, dienten Werke von Feuchtwanger, Arnold *Zweig* und Heinrich *Mann* als eine Art „Ersatzklassiker" für Namen wie *Beckert, Joyce, Proust, Faulkner, Grass* und *Camus*, was natürlich auch Rückwirkungen auf die Themen der Literaturwissenschaft hatte. In *Erfolg* sieht Mayer vor allem die Gestaltung von zwei von Feuchtwangers Grundproblemen: das Thema des Schriftstellers zwischen den Fronten und die Judenproblematik. Allgemein stellt er fest:

> „Das Problem des Verrats und der Nichtentscheidung reizte nicht minder. In diesen recht komplexen Beziehungen zwischen subjektiver Schriftstellerproblematik und objektiver Geschichtsdarstellung liegt vielleicht auch heute noch der grösste Reiz seiner besten Bücher."
> (Zur deutschen Literatur der Zeit, S. 294.)

Mayer kritisiert die fingierte Zukunftsperspektive in *Erfolg*, die er eine „Zwangs-vorstellung" des Autors nennt. Er erinnert daran, dass nicht *Balzac* oder *Tolstoi*, sondern die antiken Geschichtsschreiber *Thukydides* und *Tacitus* die Vorbilder Feucht-wangers waren und dass er deshalb den Prozess der Objektivierung „ausserordentlich weit trieb".

Der Versuch Feuchtwangers, die überkommene Romanform u. a. durch den Ver-zicht auf die übliche Fabel und eine zentrale Figur zu erneuern, damit sie imstande wäre, das Leben im Deutschland der zwanziger Jahre unseres Jahrhunderts wieder-zugeben, blieb von der jungen Schriftstellergeneration nicht unbeachtet, meint Marcel *Reich-Ranicki* und erwähnt Wolfgang *Koeppens* Roman über München *Tauben im Gras.* Dass Feuchtwanger selbst später in alte Geleise zurückkehrte, dürfte zu einem gewissen Teil mit der aufgezwungenen Emigration zusammenhängen, in der er den lebendigen Kontakt mit der deutschen Gesellschaft und der organischen Entwicklung der Sprache verlor. Reich-Ranicki meint in seinem kritischen Aufsatz *Lion Feucht-wanger oder der Weltruhm des Emigranten* (1973), dass *Erfolg* eine neue Möglichkeit demonstriere, den Alltag der modernen Grossstadt, ihren Rhytmus und ihre Atmos-phäre, mit den Mitteln der Epik bewusst und spürbar zu machen.

In der schwedischen Forschung hat der Literaturhistoriker *Enar Bergman* in einer 1967 erschienenen Arbeit über den Dichter *Bertil Malmberg,* der die Jahre nach dem 1. Weltkrieg in München verbrachte, Feuchtwangers *Erfolg* beachtet.

Die von *John M. Spalek* in Los Angeles herausgegebene Aufsatzsammlung *Lion Feuchtwanger. The Man. His Ideas. His Work. A Collection of Critical Essays* (1972) ist der erste Versuch einer kritischen und vielseitigen Präsentation des Autors in eng-lischer Sprache. Spalek stellt in seinem Vorwort betreffend der Feuchtwanger-Literatur fest:

> „His books have been translated into numerous languages; they have become bestsellers in several countries and sold in millions of copies. As a result, there is a large body of critical literature on Feuchtwanger, though it consists mainly of reviews. There exists a respectable number of scholarly articles on Feuchtwanger, a large proportion of them in East German periodicals. There are still relatively few books or dissertations on Feuchtwanger. Several of the book-length publications are composed of contributions by several hands; they are rather general in nature and would be described more accurately as appreciations rather than analyses."

Zu den noch fast unerforschten Gebieten im Werk Feuchtwangers rechnet Spalek Sprache, Stil und Erzählstrukturen (Leitmotive), Erscheinungen, die von einigen seiner Mitarbeiter aufgegriffen, jedoch sehr summarisch behandelt werden. Ferner sieht er in dem Verhältnis des Autors zu seinen vielen historischen Quellen und zu den Geschichtsphilosophen und jüdischen Denkern seiner Zeit Themen, die von der For-schung noch nicht erschöpfend untersucht wurden. Mit der begrenzten Sicht auf den Roman *Erfolg* sucht die vorliegende Arbeit den ersten Teil dieser Themenauf-zählung aufzugreifen und systematisch zu beleuchten; sie bemüht sich aber nur am Rande, Feuchtwanger in die von Spalek genannte Denktradition hineinzustellen, da sie sich hauptsächlich mit Tendenz und Erzähltechnik des Romans beschäftigt.

Da Feuchtwangers Theorie vom historischen Roman und sein Fortschrittsglaube seit *Jud Süss* sein Werk prägen, berühren die meisten Aufsätze in der oben ge-nannten Sammlung direkt oder indirekt die Thematik in *Erfolg*; von besonderem Interesse für unsere Belange sind jedoch folgende Beiträge:

Werner Jahn: The Meaning of ‚Progress‘ in the Work of Lion Feuchtwanger, Uwe Karl Faulhaber: Lion Feuchtwanger's Theory of the Historical Novel, Dennis Mueller: Characterization of Types in Feuchtwanger's Novels, Wolfgang Berndt: The Trilogy ‚Der Wartesaal‘, Ulrich Weisstein: Clio, the Muse: An Analysis of Lion Feuchtwanger's ‚Erfolg‘, Lothar Kahn: Der arge Weg der Erkenntnis, Faith G. Norris: The Collaboration of Lion Feuchtwanger and Bertolt Brecht in Edward II.

Der Aufsatz Ulrich *Weissteins* über *Erfolg* zeugt von einer tiefen Kenntnis des Romans. Weisstein beschäftigen vor allem die Darstellung und Deutung des Erfolg-Themas und der Weltanschauung Feuchtwangers; in der zweiten Hälfte seiner Untersuchung behandelt er das Verhältnis des Autors zu seinen historischen Vorbildern und Vorlagen. Er vergleicht die Figur *Kaspar Pröckls* mit dem authentischen Vorbild *Bertolt Brecht,* um die Unterscheidung Feuchtwangers von „gerichtsnotorischer Wirklichkeit“ und „höherer Wahrheit“ an einer Schlüsselperson zu analysieren und somit eine Antwort auf die Frage zu finden, inwieweit *Erfolg* als ein Schlüsselroman anzusehen ist. Er kommt zu dem Ergebnis, dass die tieferen Absichten des Verfassers und die „Ökonomie der Personengestaltung“ aus den Schlüsselfiguren Romanfiguren machen, die nur bedingt zu den Vorbildern passen.

> „Without being able to explore all the angles and ramifications of this problem, we can state without undue simplification, that, in principle, the author of *Erfolg* /...*/* bodily transplants many of his friend's physiognomic and physiological characteristics while, at the same time, manipulating his *curriculum vitae*.“ (S. 171).

In seinem Vorwort zu den *Critical Essays* betont Spalek, wie bereits angeführt wurde, dass Analysen zum Stil Feuchtwangers noch zu den Seltenheiten gehören, und vermerkt die wenigen Versuche in dieser Richtung, die sich mit rhetorischen Figuren, Wortwahl und Leitmotiven im Werk Feuchtwangers beschäftigen. In diesem Zusammenhang sei an die von einem Autorenkollektiv in der DDR verfasste *Einführung in die Methodik der Stiluntersuchung* erinnert (Hrsg. *Georg Michel,* 1968), in der die Methodik u. a. an einem Textauszug aus Feuchtwangers *Die Füchse im Weinberg* (auch mit dem Titel *Waffen für Amerika*) demonstriert wird (S. 161 f.). Da der Stil Feuchtwangers, was rhetorische Figuren, Satzrhythmus und Syntax betrifft, scheinbar grosse Ähnlichkeiten von Roman zu Roman aufweist, ist das Autorenkollektiv vielfach zu denselben Ergebnissen gekommen wie die Verf. d. A. in ihrem Kapitel über den Sprachstil Feuchtwangers in *Erfolg.*

Mit dem grossen Franklin-Roman Feuchtwangers hat sich auch *Günther Gottschalk* in seiner Dissertation *Die ‚Verkleidungtechnik‘ Lion Feuchtwangers in ‚Waffen für Amerika‘, Bonn 1965,* beschäftigt. Er vergleicht hier den Romaninhalt mit den historischen Quellen des Verfassers, die sich, wie das ganze Quellenmaterial des Romanciers, in der Stiftung Lion Feuchtwanger Memorial Collection an der University of Southern California in Los Angeles befinden, um Denkart und Arbeitsweise Feuchtwangers an einem konkreten Beispiel zu untersuchen. Gottschalk betont in seinem Schlusswort, dass mit der Vollständigkeit des Historikers auch die Unvollständigkeit des Details wächst, m. a. W. dass der Dichter sich im einzelnen grosse Freiheiten erlauben muss, wenn er seinem Geschichtsbild gerecht werden soll (vgl. S. 111). Das eigentlich Neue bei Feuchtwanger sollte seine sog. *Verkleidungstechnik* sein; Gottschalk stellt sich aber im einzelnen Fall kritisch zu der „Selektivität“ Feuchtwangers, da sie zu künstlerischen Widersprüchen führe.

Bis vor einem Jahr noch hat man in der BRD die Schlüsselrolle nicht voll erkannt, die *Erfolg* für die historisch-politische Bewusstseinsbildung der Bevölkerung haben könnte, denn gerade dieser Roman von Feuchtwanger hätte es m. E. verdient, als Taschenbuch für den Schulgebrauch leicht zugänglich gemacht zu werden, ganz zu schweigen von den Möglichkeiten, die diese breit angelegte, szenisch-episodisch konzipierte Epik als Unterlage für eine Fernsehdramatisierung bietet. Es ist bezeichnend, dass Feuchtwangers *Erfolg* in einer grossen Übersicht wie der von *W. Rothe* herausgegebenen Aufsatzsammlung *Die deutsche Literatur der Weimarer Republik* (1974) unter der Überschrift *Die ,Provinzliteratur' der zwanziger Jahre* behandelt wird. Zwar hat der Roman den Untertitel *Drei Jahre Geschichte einer Provinz*, der Autor *Helmut F. Pfanner* gibt aber zu, dass Feuchtwanger weniger einen Provinzroman als einen historischen Roman über die Weimarer Republik geschrieben habe.

> „Der von einigen Interpreten unternommene Versuch einer Parallelsetzung der bayrischen Provinz zu ganz Deutschland (Pfanner beruft sich hier auf den Deutungsversuch eines ostdeutschen Autorenkollektivs, den Spalek zu den „appreciations" zählt – Anm. der Verf.) /.../ lässt sich aus dem Text von Feuchtwanger kaum begründen. Denn es stimmt zwar, dass sich das, was zwischen 1921 und 1924 in Bayern geschah, später im Rheinland, an der Ruhr, in Sachsen und anderswo wiederholte, nämlich die heimliche Förderung der Nazis durch die Grossindustriellen und der massenhafte Zulauf von Kleinbürgern zu Hitler (im Buch Rupert Kutzner genannt), aber bei der Lektüre des Romans bekommt man den ganz bestimmten Eindruck, dass der politische ,Erfolg' der ,Wahrhaft Deutschen' (sprich Nationalsozialisten) erst durch die aus ähnlichen Motiven herrührenden und für ganz Deutschland einmaligen separatistischen Machenschaften der bayrischen Politiker ermöglicht wurde."
> (S. 250)

Dass der „bayrische Geist" nur verstärkt das Dilemma der Weimarer Republik zum Ausdruck brachte und nicht so einmalig war wie es Pfanner haben möchte, beweist m.E. der Untergang der Republik, der u.a. deshalb so sang- und klanglos vor sich gehen konnte, weil die Bevölkerung (sprich Provinz) sie sich nicht erkämpft hatte und deshalb ohne politische Bindung zu ihr war. Wer nicht geneigt ist, den Kampf zweier Epochen als ein Hauptthema in *Erfolg* zu sehen, räumt dem Roman natürlich ungerne eine Schlüsselrolle in deutscher Vergangenheitsbewältigung ein. Es liegt nicht nur an der vorliegenden Arbeit, sondern auch an Übersichtswerken wie dem Rothes, die Beurteilung von Feuchtwangers historischer Analyse des Deutschland der Weimarer Republik zu überprüfen.

Pfanner betont die Rolle des subjektiven Aussenseitererlebnisses für das Geschichts- und Menschenbild in *Erfolg* und sieht in der Tüverlingestalt Feuchtwangers Mittel zu innerer Teilnahme und äusserer Distanzierung zugleich. Damit berührt er die von der Verf. der vorliegenden Arbeit als zentral erlebte Aussenseiterproblematik des Romans, ohne jedoch die Schriftstellerproblematik als ein „vollwertiges" Thema des historischen Romanciers Feuchtwanger anzuerkennen (vgl. Pfanner S. 250).

Die Entstehung von „Erfolg"

Als *Lion Feuchtwanger*[1] den Stoff zu seinem breit angelegten Bayernroman in Angriff nahm, befand er sich gewissermassen auf der ersten Station seiner Flucht aus Deutsch-

---

[1] Geb. 7.Juli 1884 in München, gest. 21.12.1958 in Pacific Palisades, Kalifornien. F. war der älteste von neun Kindern und wurde von seinem Vater, dem jüdischen Fabrikanten Sigmund F. streng orthodox erzogen. F. studierte nach dem Abitur in München und Berlin Philologie

land, in Berlin, wohin er auf die eindringliche Aufforderung seines Freundes *Bertolt Brecht* im Jahre 1925 übersiedelt war. Das Vorgehen der nationalsozialistischen Unruhestifter hatte ihm, dem Juden und Literaten, das Leben in seiner Vaterstadt München, in der er die Revolutionswirren von 1918, die Räterepublik und die Herrschaft der „Weissen", die Inflation und den Putschversuch Hitlers im November 1923 miterlebt hatte, unerträglich gemacht. Er ging ungerne, jedoch in der Hoffnung, in Berlin die ersehnte Arbeitsruhe für seine neuen Bücher zu finden. Dieser fluchtartige Aufbruch, der nur die letzte in einer Reihe von hinuntergewürgten Demütigungen bedeutete, dürfte in Feuchtwanger das Bedürfnis ausgelöst haben, sein Verhältnis zu Bayern zu klären, seiner Verbitterung über das erlittene Unrecht, das er an sich selbst sowie an Freunden und Bekannten in der Nachfolge der gescheiterten Revolution hatte beobachten können, Luft zu machen. Dazu kam, dass er aus Berliner Sicht die literarischen Möglichkeiten entdeckte, die in seinen Erfahrungen mit der „Ordnungszelle Bayern", dem Schmerzenskind der Weimarer Republik, staken. Die politisierte Justiz des ersten *Kahr-Regimes* (vgl. S. 34 f.), die separatistischen Bemühungen der bayrischen Machthaber und die Rolle Münchens als Sammelpunkt der faschistischen Bewegung (vgl. S. 40 ff.) waren Themen, die von der deutschen Linkspresse immer wieder aufgegriffen wurden. Es muss für Feuchtwanger verlockend gewesen sein, seine Kenntnisse der bayrischen Zustände und seine Beunruhigung über die politische Entwicklung seines Landes künstlerisch zu verarbeiten, den komplexen Bayernstoff in der Verkleidung der Fiktion zu durchleuchten und eine tiefere Erklärung für die Missstände zu suchen. Er wählte dafür die epische Form, den Roman, mit dem er gerade während dieser Jahre grosse Erfolge erzielt hatte *(Die hässliche Herzogin,* 1923, und *Jud Süss,* 1925). Er scheint sich auch gerade aufgrund dieser Erfolge, die ihm in einem Alter von vierzig Jahren auf einmal einen internationalen Ruf einbrachten, dazu verpflichtet gefühlt zu haben, zu den aktuellen politischen Ereignissen in Deutschland Stellung zu nehmen. *Marta Feuchtwanger* bemerkt rückblickend dazu:

„Es waren keine persönlichen Erlebnisse, die Lion Feuchtwanger veranlassten, seine historischen Stoffe aufzugeben; es war nur die brennende Notwendigkeit, Zeugnis abzugeben, zu warnen, zu sagen, was ist." (In einem Brief an die Verf. vom 10.6.1974)

Da er mit der *Hässlichen Herzogin* und *Jud Süss* seine grösste Leserschaft im Ausland hatte, ist die Vermutung wohl richtig, dass er auch die westlichen Länder darüber aufklären wollte, was in Deutschland vor sich ging.

Was ihn neben der Darstellung bayrischer Politik und Lebensart und der Massenbewegung Hitlers in München gereizt hat, ist der Versuch einer historischen Deutung der ganzen Epoche nach dem 1. Weltkrieg (vgl. S. 104 ff.). Die Vorgänge in Bayern zwischen 1921 und 1924 wurden von Feuchtwanger als Ausdruck einer um-

und Anthropologie, das Thema seiner Diss. (1907) war H. Heines Fragment *Der Rabbi von Bacharach.* Er machte sich früh von dem Vater finanziell unabhängig, gründete eine literarische Zeitschrift *(Der Spiegel)* und schrieb ab 1908 Theaterkritiken für *Die Schaubühne* in Berlin. Er heiratete 1912 *Marta Löffler.* Beim Kriegsausbruch 1914 befand er sich in Tunesien. Wieder in Deutschland wurde er nach einem halben Jahr vom Militärdienst befreit. Seitdem lebte er in München als Schriftsteller. Biographisches zu L. Feuchtwanger enthalten die Darstellungen von Wolfgang *Berndt* (1956), Hans *Leupold* (1967) und Hilde *Waldo* (1972). Vgl. weiter Gisela *Berglund* S. 134–135.

fassenden wirtschaftlichen und sozialen Krise gesehen, von der aus das Verhalten der Vertreter „Alt-Bayerns" psychologisch zu erklären war.[1] Die Distanz zu den Ereignissen, die Feuchtwanger während der Jahre in Berlin und auf einer längeren Spanienreise (1926) gewonnen hatte, ermöglichte ihm eine tiefere Analyse des Krisenbewusstseins, so wie er sie als Verfasser von historischen Romanen zu vermitteln liebte.

Erfolg/Drei Jahre Geschichte einer Provinz wurde in Berlin während der Jahre 1927–1930 geschrieben, wo Feuchtwanger häufig mit Brecht, dem früheren Schüler, *Alfred Döblin* und *Sinclair Lewis* zusammentraf. Über die zwei ersteren äusserte er:

> „Von den Zeitgenossen haben drei mich stark beeinflusst, die Begegnung mit ihrem Werk das meine verändert. Heinrich Mann hat meine Diktion verändert, Döblin meine epische Form, Brecht meine dramatische." In *Versuch einer Selbstbiographie*, 1927.

Er stellte eine Sekretärin an, *Lola Humm-Sernau*, der er den Roman in mehreren Fassungen diktierte, bevor er sich zufrieden gab. (Über seine Arbeitsweise und seine Arbeit an *Erfolg* schreibt Hans *Leupold* S. 43 f.) Die Arbeit wurde mehrere Male von einer Nierenkrankheit unterbrochen. *Erfolg* erschien zweibändig im Verlag *Gustav*

---

[1] *Thomas Mann* hatte sich schon vor dem Weltkrieg mit einem ähnlichen Stoff beschäftigt, der in dem Roman *Königliche Hoheit* (1909) Gestaltung fand. In diesem „modernen Märchen" schildert er die wirtschaftliche Notlage eines unzeitgemässen kleinen Agrarstaates. Dass solche Stoffe noch gegeben waren, als Feuchtwanger sie Mitte der zwanziger Jahre aufgriff, zeigen u.a. auch die beiden Bauernromane *Ludwig Thomas Der Wittiber* und *Der Ruepp* (1911 bzw. 1921), in denen an Hand von typischen Einzelschicksalen Verfallserscheinungen und Nöte des altbayrischen Bauern gestaltet werden. Dokumentarischen Wert hat auch das Werk von *Oskar Maria Graf,* der 1894 in Starnberg geboren wurde und über das Proletariat auf dem Land und in der Stadt zu berichten wusste. (Vgl. S. 59)
In der Einleitung zu *Königliche Hoheit* beschreibt Mann, wie die Verwaltung des „Erzherzogtums" den für die Bevölkerung unentbehrlichen Staatswald abhauen lässt, um dem Notstand der Landwirtschaft abzuhelfen, was die Lage nur noch verschlimmerte:
„Wer kein Interesse daran hatte, die Dinge zu beschönigen, musste die Staatsfinanzen zerrüttet nennen. Das Land trug sechshundert Millionen Schulden, – es schleppte daran mit Geduld, mit Opfermut, aber mit innerlichem Seufzen. Denn die Bürde, an sich viel zu schwer, wurde verdreifacht durch eine Höhe des Zinsfusses und durch Rückzahlungsbedingungen, wie sie einem Lande mit erschüttertem Kredit vorgeschrieben werden, dessen Obligationen tief, tief im Kurs stehen, und das in der Welt der Geldgeber beinahe schon unter die „interessanten" Länder gerechnet wird."
Der *Grund* zu dieser katastrophalen Lage wird in dem Zusammenstoss zwischen der herkömmlichen Wirtschaftsstruktur des Landes und den Forderungen der neuen Zeit gesehen:
„Man war ein Bauernvolk, und in einem verkehrten, künstlichen und unangemessenen Eifer glaubte man zeitgemäss sein und rüchsichtslosen Geschäftsgeist an den Tag legen zu müssen." (S. 43 ff. Berlin 1918)
Die Finanzen des Fürstentums werden durch die Heirat des Prinzen Klaus-Heinrich mit der „Dollarprinzessin" *Imma Spoelmann* gerettet, was in *Erfolg* eine Art Parallele in dem Eingreifen des amerikanischen Dollarmagnaten Potter in die Wirtschaft und damit in die politische Entwicklung Bayerns im Jahre der Ruhrokkupation gefunden hat (vgl. S. 73).
Die Auswirkungen der Inflationswirren auf einen grossen Haushalt in München beschreibt Thomas Mann in der Novelle *Unordnung und frühes Leid* (1925), in der mit Humor aber ohne Begeisterung von der neuen Zeit gesprochen wird. Hauptfigur ist die stark selbstbiographische Gestalt des Professor Cornelius, der aus der Betrachterrolle des Historikers nicht herauskann oder will und ohne innere Anteilnahme an den Ereignissen des Tages ausserhalb seiner grossen Familie ist. (Vgl. auch *Horváths* Bayernsatiren III, S. 64–72, 91–95, IV, S. 514 f. *Fritz* 73, S. 44–50, 60–62)

Kiepenheuer, der von der ersten Auflage 40 000 Exemplare drucken liess. Gleichzeitig wurde das Buch in England, Amerika und Schweden verlegt. (Der schwedische Übersetzer Carl D. *Fägersten* arbeitete mit den Korrekturfahnen der deutschen Ausgabe als Unterlage, wie aus einem Brief Feuchtwangers vom 17.9.1929 hervorgeht. Im Besitz der Verf.)

Feuchtwangers Hinwendung zum gesellschaftskritischen Roman

In den Jahren vor 1930 waren viele grosse Romane und vor allem Dramen mit gesellschaftskritischer Tendenz in Deutschland erschienen bzw. aufgeführt worden. 1925 kam *Der Kopf,* der letzte Roman in Heinrich Manns grosser Kaiserreich-Trilogie, heraus. Es erschienen die Kriegsromane *Renns, Glaesers, Remarques,* die Angriffe auf die Klassenjustiz und auf das gestörte Rechtsgefühl: Arnold Zweigs *Grischaroman* 1927, H. J. Rehfischs und W. Herzogs *Affäre Dreyfus* 1929, F. Bruckners *Verbrecher* 1929. Im selben Jahr erschienen auch Leonhard Franks *Die Ursache* und Friedrich Wolfs *Cyankali.* J. Wassermanns *Der Fall Mauritius* war 1928 herausgegeben worden. Bertolt Brecht schrieb ab 1927 seine *Lehrstücke* (aktivierender Inhalt, knapper Stil). 1929 war vor allem das Erscheinungsjahr von Alfred Döblins *Berlin Alexanderplatz,* weitgehend ein Experiment mit den Möglichkeiten der Montage und den „proletarischen" Stoffen der Neuen Sachlichkeit.

Feuchtwanger wollte eine dem Massenzeitalter gemässe Kommunikation mit einer breiten Leserschaft. Diese glaubte er in der angelsächsischen Literatur zu finden.

> „Den Schreiber und den Leser fesselt Gestaltung des unmittelbar Greifbaren: Sitten und Gebräuche des heraufkommenden Proletariats, die Institutionen Amerikas, Fabriken, Konzerne, Autos, Sport, Petroleum, Sowjet-Russland. /.../ Stärker seit dem Krieg als irgend ein Romane formen die Amerikaner *Upton Sinclair, Jack London, Sinclair Lewis* die Anschauungen Europas."[1]

Er wollte eine ähnliche Wirkung erzielen wie diese Autoren und „die Anschauungen Europas" formen. Es ist interessant zu sehen, wie er in diesem Aufsatz über die zeitgenössische Literatur deutsche Schriftstellerkollegen, die auch seine persönlichen Freunde waren, nach diesem Masstab wertet. Folgende Würdigung unterstreicht sein eigenes Bemühen, um der breiten Wirkung willen ein leicht zugänglicher Erzähler zu werden.

> „Die beiden deutschen Dichter hingegen, die am sichtbarsten Geniezüge tragen, Alfred Döblin und Bertolt Brecht, haben es, trotzdem sie neue Typen von europäischem Interesse schaffen, deshalb schwer, Weltgeltung zu erlangen, weil sie sich auf deutsche Art mit Formproblemen herumschlagen, die für das übrige Europa keine Probleme sind, und weil diese eigenbrötlerische Bastelei ihre Werke fragmentarisch und schwer zugänglich macht." (Ibd.)

[1] In: *Die Konstellation der Literatur,* Berliner Tageblatt vom 2.11.1927. Auch in *Centum opuscula,* einer Auswahl von L. Feuchtwangers Aufsätzen und Kritiken, zus. gest. von Wolfgang Berndt (1956), im Folgenden verkürzt als CO angegeben (S. 419–422).
Über das Verhältnis zwischen Sinclair Lewis und Lion Feuchtwanger schreibt Marta Feuchtwanger in einem Brief an die Verf. vom 3.7.1969: „Lion Feuchtwanger war sehr beeindruckt von Lewis' Romanen, vor allem von ‚Babbitt', und es war dieses Buch, das ihn auf die Idee brachte, die PEP-Gedichte zu schreiben." (Vgl. unten S. 20) „Wir sahen Sinclair Lewis oft in Berlin." Seinen Roman *Ann Vickers* (1933) nannte Lewis selbst ein Plagiat; er griff das Gefängniswesen und die Justiz in den USA an.

Feuchtwanger suchte neue, sachliche Formen und Inhalte, die

„Krieg, Revolution, gesteigerte Technik ins Licht rücken. Produzierende und Konsumenten haben formalistischen, ästhetisch tändelnden Kram ebenso satt wie alles Extatische, gefühlsmässig Überbetonte. Was Schreibende und Leser suchen, ist nicht Übertragung subjektiver Gefühle, sondern Anschauung des Objekts: anschaulich gemachtes Leben der Zeit, dargeboten in einleuchtender Form." (Ibd.)

In diesem Programm wird nicht nur die Ablehnung früherer literarischer Richtungen (Symbolismus, Impressionismus, Expressionismus) klar ausgesprochen, sondern auch ein Hinweis auf die Ursache des neuen Epochengefühls der zwanziger Jahre gegeben: den Krieg und seine Folgeerscheinungen.

Moderne Stoffe oder „Leben der Zeit" hatte Feuchtwanger bereits früher in dem Drama *Thomas Wendt* (1918) verwendet, einem Revolutionsstück über einen Dichter, der seine Rolle als Anführer der ausgebeuteten Masse aufgibt und „angewidert" zu seiner Dichtung zurückkehrt. Feuchtwanger nannte diesen „dramatischen Roman"[1] später ein „Glaubensbekenntnis des nicht aktivistischen Schriftstellers" (in *Selbstdarstellung*, 1933, CO 365–370). In der Gestalt Thomas Wendts sah sein Dichter den Typus des „Revolutionsliteraten", der zu der Einsicht gelangt, dass Handeln und Betrachten unvereinbar sind, da sich der Handelnde nicht erlauben kann, ein Gewissen zu haben.[2] Wendts Gegenbild wird der Schriftsteller Jacques Tüverlin in *Erfolg*, der „auf stille Art" die Welt zu verändern versucht. Das Dilemma, in dem sich der Revolutionsliterat aus dem Jahre 1918 befindet, existiert für den älteren Schriftsteller nicht mehr. Der gescheiterte Versuch Thomas Wendts, in den Massen aufzugehen, mündet in einer Hinnahme der Aussenseiterolle, die in *Erfolg* von vornherein als die gegebene Situation des Schriftstellers gesehen wird. (Zu diesem Thema vgl. unten S. 129 ff. und 135 ff.)

Von den *Drei angelsächsischen Stücken* Feuchtwangers (1927 in Buchform) spielen zwei in der Gegenwart: *Wird Hill amnestiert?* nimmt das Thema der für die Befreiung eines Mannes kämpfenden Frau vorweg, *Die Petroleum-Inseln* greift das Thema des Romans *Die hässliche Herzogin* auf, ist aber in erster Linie ein Versuch, die neuen „sachlichen" Stoffe und Formen für ein Bühnenstück zu verwerten.

In den Jahren 1924 bis 1925 veröffentlichte Feuchtwanger im Berliner Tageblatt unter dem Autorennamen *Wetcheek*, einer englischen Übersetzung seines eigenen Namens, die Balladen PEP. Sie erschienen 1928 als Buch mit den Illustrationen *Caspar Nehers* und waren ein Versuch, das Phänomen Amerika satirisch zu erfassen. Sprachlich waren sie von Brecht beeinflusst und zeugen von der Lockung, die die *Revue* als literarische Form in diesen Jahren auf Feuchtwanger ausübte und die auch in *Erfolg* zum Ausdruck kommt. Die Balladen blieben ein vereinzelter Versuch in der Gattung, sie wurden nicht sehr bekannt und schmeckten den kritischen unter Feuchtwangers Zeitgenossen wie „verwässerter Brecht". (Über PEP und den Amerikanismus vgl. S. 126)

---

[1] Vgl. dazu Alfred *Kantorowicz:* Lion Feuchtwangers dramatischer Roman *Thomas Wendt.* Neue Deutsche Literatur II, Nr. 4 (1954) S. 112–122.

[2] Feuchtwanger erinnert im Nachwort zu *Centum opuscula* 1956 an den *Goetheschen* Satz: „Der Handelnde ist immer gewissenlos, Gewissen hat niemand, nur der Betrachtende" und bezeichnet sich selbst in seinen jungen Jahren, in denen er als Kritiker „mit dem und jenem Artikel etwas bewirken" wollte, als einen „Handelnden" (CO, S. 613).

Die neuen Massenmedien Film und Rundfunk

1926, im Jahr der Deutschlandspremiere von *Panzerkreuzer Potemkin*, erschien der Film *Metropolis*, gefolgt von dem Montageexperiment *Berlin, Symphonie einer Grossstadt* im Jahre 1927. (Vgl. *Kracauer*, 1970.) An Versuchen, den Roman unter dem Einfluss des Kameraauges zu erneuern, hat es nicht gefehlt: 1925 war der Grossstadtroman *Manhattan Transfer* von *John Dos Passos* erschienen (deutsche Übersetzung bei S. Fischer 1927), ein radikales Formexperiment ohne Hauptperson und mit vielen parallel laufenden Handlungen, deren gemeinsamer Nenner die Begegnung einiger sozial entwurzelter Menschen mit New York ist.[1] 1928 erschien Aldous Huxleys *Point counter Point*, dessen Technik der wechselnden Erzählperspektive eine neue Art der Personendarstellung bedeutete, wie schon der Titel besagt.

Feuchtwanger fühlte sich dem jungen Medium des Films tief verpflichtet, was er an mehreren Stellen bezeugt hat. In einem Artikel über den Film *Panzerkreuzer Potemkin* und seine Verwendung in *Erfolg* heisst es:

> „In dem Film *Potemkin* ging mir auch auf eine für mein weiteres Schaffen entscheidende Art die Erkenntnis über die technischen Mittel des Films und ihre Übertragbarkeit auf die epische Kunst auf. Die Erfahrungen, die ich in dem Film *Potemkin* an mir selber machte, haben dazu beigetragen, dass ich versuchte, auch die Technik des Romans zu erneuern, indem ich bewusst auf den Roman Mittel des Films anwandte (Gleichzeitigkeit, Belichtung des gleichen Menschen oder des gleichen Ereignisses von verschiedenen Seiten her), Mittel, die man bisher auf diesem Gebiet nicht verwandt hat."[2]

Rundfunk und Film konnten von Autoren epischer Kunstwerke nicht unbeachtet bleiben, wenn der Roman in Konkurrenz mit den neuen Medien überleben sollte:

> „Der heutige Mensch ist durch den Film rascher in der Auffassung geworden, wendiger in der Aufnahme schnellwechselnder Bilder und Situationen. Das heutige Prosaepos macht sich das zunutze. Es hat vom Film gelernt. Es wagt mit Erfolg, eine viel grössere Fülle von Gesichten zwischen zwei Buchdeckel zusammenzupressen als das frühere. Der heutige Roman wagt sich daran, die endlose Vielfalt der Welt in ihrer Gleichzeitigkeit darzustellen. Er gibt oft nicht eine oder zwei oder drei Handlungen, sondern zwanzig oder fünfzig, ohne doch die Einheitlichkeit seiner Grundvision zu gefährden." *(Der Roman von heute ist international,* im *Berliner Tageblatt* vom 15.9.1932. CO S. 433–437).

Die neuen Medien wurden auch ein Argument für eine „sachliche" Darstellung: „Der Autor von heute muss damit rechnen, dass seine Leser aus eigener Anschauung oder durch Film und Rundfunk die äussere Struktur der Welt ziemlich genau kennen." (Ibd.)

Feuchtwanger über Erfolg und über den historischen Roman

> „Als moderner deutscher Schriftsteller habe ich an einem Helden oder einer Heldin kein Interesse. Ich wählte für diesen Roman Gruppen von Charakteren und nicht Einzelindividuen. Acht der eine Gruppe bildenden Personen stehen, wenn man will, ein wenig höher als

---

[1] Vgl. V. *Klotz, Die erzählte Stadt*, S. 317 ff.

[2] Fotokopie von Marta Feuchtwanger („Der Film *Potemkin* und mein Buch *Erfolg*"). Das Manuskript ist undatiert, aus dem Text geht jedoch hervor, dass es um 1940 entstanden sein muss.

die anderen, ihnen folgen dreissig Gestalten, die ihnen an Wichtigkeit fast gleichkommen, und nach diesen weitere hundert, die unbedeutend sind, jedoch dem Werk jene Lebensfülle verleihen, die ich suche. Unter diesen, – den acht, den dreissig und den hundert – rangiert die grosse Masse, das bayrische Volk.
Das Land Bayern ist der eigentliche Held meines Romanes."

So schrieb Feuchtwanger in einem Artikel über *Erfolg* in der *Neuen Freien Presse*, Wien, veröffentlicht am 10.5.1931. (*Mein Roman ,,Erfolg"*, CO S. 397–399). Er hatte sich schon im Jahre 1928 öffentlich zu seinem Vorhaben, einen Schlüsselroman über das Bayern der frühen zwanziger Jahre zu schreiben, geäussert, und zwar im *Berliner Tageblatt*, das ihn aufforderte, über *Gestalten und Probleme meines nächsten Romans* zu schreiben (7.6.1928, Fotokopie von Marta Feuchtwanger). Feuchtwanger unterstreicht hier die Absicht, den Stoff *historisch* zu gestalten. Über das Bayern der Inflation und des Hitlerputsches will er ,,eine Historie unseres Jahrzehnts" schreiben.

,,Die Schicksale von 50 oder 60 bayrischen Menschen versuche ich einzuspannen in den grösseren Rahmen des deutschen und in den grossen des Weltgeschehens."

Was ihn beschäftigte, war die ,,historische Notwendigkeit" – das gemeinsame Gesetz, nach dem viele Einzelschicksale ablaufen. Der aktuelle Stoff bedeute nicht, dass er das Metier des Darstellers von historischen Stoffen aufgegeben habe:

,,Vielmehr wird dieses Buch, trotzdem seine Handlung in dem Bayern von heute oder genauer in dem Bayern von 1922/23 spielt, kein aktueller Roman sein und kein politischer, sondern ein historischer."

Rückblickend mag es befremden, dass der erste Roman in deutscher Sprache, der es unternahm, Deutschland vor Hitler zu warnen, von seinem Verfasser als nicht ,,aktuell" bezeichnet wurde. Wollte Feuchtwanger mit seinen Äusserungen im Berliner Tageblatt die politische Tendenz des Romans vorsichtshalber entschärfen? Er brachte ja mit *Erfolg* immerhin einen für ihn selbst nicht ungefährlichen Zündstoff und die Öffentlichkeit.[1]

In dem oben erwähnten Artikel ,,Mein Roman *Erfolg*" greift Feuchtwanger auch das Gerechtigkeitsthema auf. Das Schicksal Krügers (Vgl. Inhaltsangabe S. 69 f.) ist von politischen Verhältnissen abhängig, auf die Johanna Krain keinen Einfluss

---

[1]Das Gefühl, dass sich Feuchtwanger in seinem Bayernroman mit einem Stoff und einer in unverhülltem Spott ausgedrückten Gesellschaftskritik an die Öffentlichkeit wandte, die für seine eigene Zukunft verhängnisvoll werden könnten, dürften viele seiner deutschen Leser im Wahljahr 1930, als die Zahl der Hitlerwähler rasch anzusteigen begann, mit *Thomas Mann* geteilt haben, der sich rückblickend an die Wirkung erinnerte, die Feuchtwangers Sittenbild auf ihn hatte: ,,Zwanzig Jahre und ein paar mehr denk ich zurück: da las ich in München mit hellem Vergnügen seinen grossen satirischen Roman ‚Erfolg', – erheiterndes Labsal für jeden, der litt unter dem, was schauderhaft um sich griff, der politischen Viecherei, die heillos heraufkam, – erstaunliches Beispiel dafür, wie komische Kunst über das Gemeine zu trösten vermag, wo sie doch weiss, und man selber es weiss, dass sie es nur aufzeigen und köstlich blossstellen, seinen Sieg aber nicht aufhalten kann. Wie sonderbar leichtsinnig handelt doch einer in solchem Fall! Er weiss genau: kommt das, was ich da verhöhne, zur Macht, wie es nur zu wahrscheinlich ist, so bricht mir mein Werk den Hals, so ist meines Bleibens nicht, ich muss fliehen – wenn ich's noch kann. Wissentlich gräbt er sich selbst den Boden ab – aus Übermut kaum. Er muss es – es ist da ein Auftrag des Geistes, der keine Selbstschonung duldet und alle Furcht niederhält." (Freund Feuchtwanger, 1954). Vgl. auch *Viktor Mann* in *Wir waren fünf*, S. 503.

hat. Alles, was sie für ihn unternimmt, ist „irrelevant". In einer solchen Lage ist ein Kampf für Gerechtigkeit zum Scheitern verurteilt. Was den Verfasser weiter interessiert, ist das Zusammenwirken der Kräfte, von denen das Schicksal eines Menschen abhängt. Einseitige Erklärungsmodelle genügen ihm nicht:

> „Ich bin weder Fatalist noch Marxist, der glaubt, dass einzig ökonomische und materielle Gesetze die Welt machen. Ich bin auch kein Individualist, der meint, dass jeder Mensch Herr seiner Zukunft sein kann." (Ibd.)

Versteckt kann der heutige Leser aus diesen Zeilen eine Kritik sowohl gegen das Menschenbild der Klassik und der durch sie begründeten Tradition des Entwicklungsromans wie gegen dasjenige des dialektischen Materialismus herauslesen. Aufgabe des Schriftstellers sei es, die Gesamtheit dieser Faktoren auf überzeugende Weise in seinen Büchern zu vergegenwärtigen.

In dem oben erwähnten Aufsatz über den Film *Panzerkreuzer Potemkin* und *Erfolg* schreibt Feuchtwanger, dass es „eine Grundvision des Werkes" sei, den Film und seine Wirkung auf das damalige Kinopublikum durch das Wort wiederzugeben. Feuchtwanger hatte das Filmepos Eisensteins mehr als irgend eine Filmaufführung dieser Jahre beeindruckt.

> „Was Bücher und Erzählungen nicht vermocht hatten, hat dieser Film vermocht: er hat mich spüren lassen, was vermutlich jene Menschen spürten, die an den russischen Ereignissen handelnd beteiligt waren".

Daraus konnte folgende Lehre gezogen werden: wer das eigene Lebensgefühl auf andere Menschen zu überführen vermag, der zwingt auch den Gegner „gegen seinen Willen zu bekennen, was ist." Diese bezwingende Macht der „inneren Wahrheit" eines Kunstwerkes hatte Feuchtwanger davon überzeugt, dass die Unterdrücker eines Volkes für die Sache der Unterdrückten gewonnen werden konnten.

Im Vorwort für die italienische Ausgabe von *Erfolg* (verfasst 1930, Fotokopie im Besitz der Verf.) sah sich Feuchtwanger genötigt, noch einmal vor der Auffassung zu warnen, der Roman sei ein politischer. Er nennt ihn „ein Kapitel aus dem Kampf des Geistes gegen die Trägheit der Materie". So wollte er seinen Schlüsselroman über den aufkommenden Nationalsozialismus in Deutschland im damals faschistisch regierten Italien verstanden wissen. Mit seinem Vorwort wollte er offenbar eventuellen Eingriffen von seiten der italienischen Zensur zuvorkommen.

Dass sich Feuchtwanger als Erzähler in *Erfolg* das Jahr 2000 als Fixpunkt wählte, wissen wir aus seinem eigenen Munde. Er hat sich mehrmals zu diesem etwas ungewöhnlichen Erzählerstandpunkt geäussert (vgl. S. 80). Im Vorwort für die italienische Ausgabe heisst es:

> „Dass ich Geschehnisse unserer Zeit so schildere, als betrachte ich sie aus dem Jahre 2000, hat man im Ausland kühn, in Deutschland frech gefunden. Mein Standpunkt ist aber, scheint mir, weder das eine noch das andere. Es ist einfach das mir gemässe Mittel, die Distanz herzustellen, die allein aus Realität Kunst macht. Es gibt, glaube ich, kein gutes historisches Dichtwerk, das nicht zu jeder Zeit aktuell wäre, kein wirklich gutes aktuelles Buch, das nicht in einem grossen Sinne historisch wäre."

Zeitliche Distanz, wenn auch fingiert, sollte demnach dem Autor helfen, das erwünschte Mass von Objektivität gegenüber den aufwühlenden ersten Nachkriegsjahren zu erreichen, als deren Deuter der Historiker Feuchtwanger vor seine Leser treten wollte.

„Ich glaube, sagen zu dürfen, dass ich an dem Roman ohne Hass schrieb. Nicht aber ohne Tendenz. Meine Tendenz ist, das bunt Tragikomische, sensationelle Schicksal des Bayern jener Jahre einzureihen in die historische Notwendigkeit." (*Berliner Tageblatt*, a.a.o.)

Im Jahre 1935, in dem Feuchtwangers zweiter Roman über den Nationalsozialismus, *Die Geschwister Oppenheim*, in Amsterdam erschien und eine deutsche Neuausgabe von *Erfolg* in Holland vorbereitet wurde, schrieb Feuchtwanger einen Aufsatz mit dem Titel *Vom Sinn und Unsinn des historischen Romans* (in: *Internationale Literatur*, Moskau, Nr. 9, 1935, CO S. 508–515), in dem er den historischen Roman eine *Waffe* nennt.[1] Er leitet sein Plädoyer für diese Gattung mit der Feststellung ein, grosse Weltliteratur habe sehr häufig historische Stoffe benutzt. Er sieht die Gründe dazu hauptsächlich in dem Bedürfnis der Dichter, sich *zeitlich* von ihrer eigenen Epoche zu distanzieren, *inhaltlich* jedoch nicht. Das historische Gewand eines Homer oder Shakespeare, beide in Feuchtwangers Augen Dichter, die ganz bestimmte Forderungen an ihre Zeitgenossen stellten und im wahrsten Sinne des Wortes „zeitgemäss" seien, sei bloss ein Mittel, das eigene Lebensgefühl, das subjektive Weltbild des Dichters „so auszudrücken, dass es sich ohne weiteres auf den Leser übertrage". Wie sehr Feuchtwanger sich dem 18. Jahrhundert verpflichtet fühlte, geht aus diesem gross angelegten Vergleich hervor. Wie nur wenige Schriftsteller der Moderne sah er sich in einer grossen Tradition stehen, die bis in das bürgerliche Zeitalter hinein ästhetisch nachzuwirken vermochte, deren Klassizität aber im 20. Jahrhundert für die meisten Zeitgenossen unverbindlich geworden war. Er plädiert weiter:

„Der Tolstoi, der *Krieg und Frieden* schrieb, wollte bestimmt keine Geschichte der napoleonischen Feldzüge schreiben, sondern einfach seine (zeitgenössischen) Ideen über Krieg und Frieden darstellen, und August Strindberg wollte bestimmt auch in seinen historischen Dramen und Miniaturen nichts anderes geben als sich selber, seine Zeit, seine Ideen, genau wie in seinen autobiographischen Romanen. Wenn diese beiden in ihren historischen Werken ihre Menschen und Ideen zeitlich distanzierten, dann nur um der besseren Perspektive willen, in der Überzeugung, dass man die Linien eines Gebirges aus der Entfernung besser erkennt als mitten im Gebirge." (Ibd. S. 509 f.)

Geschichte also um des besseren Verständnisses der Gegenwart willen, ein bequemes Stilisierungsmittel, das Privates und Persönliches auf Abstand drängt. Feuchtwanger verschweigt die Schwierigkeiten nicht, die er empfunden hat, wenn er seine Dichtungen in der eigenen Gegenwart spielen lässt:

„Manchmal etwa gelingt es mir nicht, Teile meiner Handlung nach Wunsch zu stilisieren; sie bleiben, lasse ich sie mit zeitgenössischem Gewand, Rohstoff, sie bleiben Bericht, Erwägung, Gedanke, werden nicht zum Bild. Oder ich habe, wenn ich das Milieu der Gegenwart setze, das Gefühl des mangelnden Abschlusses. /.../ Ich habe bei der Darstellung zeitgenössischer Verhältnisse das Unbehagen des fehlenden Rahmens; es ist Duft, der verraucht, weil die Flasche nicht verschlossen werden kann. Dazu kommt, dass unsere sehr bewegte Zeit jede Gegenwart sehr rasch zur Historie macht, und wenn das Milieu von heute doch schon in fünf Jahren ein historisches sein wird, warum dann soll ich, um einen Inhalt auszudrücken, von dem ich hoffe, dass er noch in fünf Jahren lebendig sein wird, nicht ebensogut ein Milieu wählen dürfen, das eine beliebige Zeit zurückliegt? Zuweilen auch fürchte ich, ich könnte meiner Darstellung, wenn ich zeitgenössische Menschen und Dinge verwerte, nicht frei von den Trübungen kleiner und kleinlicher privater Erfahrungen und Interessen halten, ich könnte das Gleichmass verlieren, das die Voraussetzung jedes Kunstwerks ist." (Ibd. S. 510 f.)

[1] Dieser Aufsatz nimmt die Gedankengänge in Feuchtwangers theoretischem Spätwerk *Das Haus der Desdemona oder Grösse und Grenzen der historischen Dichtung* (ersch. 1961) vorweg. Vgl. dazu die Aufsätze von *W. Jahn, U.K.Faulhaber* und *M. Keune* (1972).

Da der historische Stoff in Feuchtwangers Augen nur ein Gewand ist, will der Verfasser von historischen Romanen, wenn er ernsthafte Absichten hat und nicht nur um der Unterhaltung willen sich in die Vergangenheit flüchtet, nicht mit dem Historiker in Wettbewerb treten und historische Belehrung in Romanform betreiben. Deshalb sei ihm freigestellt, schreibt Feuchtwanger, mit den historischen Fakten umzugehen, wie es seinen erzählerischen Absichten passt.

Er verteidigt diese dichterische Freiheit mit dem Argument, dass Mythos oder Legende eine viel stärkere Widerstandskraft gegen die Zeit gezeigt haben als die genauen Aufzeichnungen der Chronisten. *Nicht auf die Geschichte selbst, sondern auf das wirksame Bild von ihr* kommt es dem kämpfenden Dichter an, das Bild, das der Nachwelt einleuchtet und zeitgemäss wirkt.

> „Eine gute Legende, ein guter historischer Roman, ist in den meisten Fällen glaubwürdiger, bildhaftwahrer, folgenreicher, wirksamer, lebendiger als eine saubere, exakte Darstellung der historischen Fakten." (Ibd. S. 513)

Die Erfordernisse der Gegenwart und der Zukunft hätten das gültige Bild der Geschichte zu formen.

„Ob der Stoff aktenmässig wahr ist, ist für den historischen Roman gleichgültig", schrieb Feuchtwanger 1936 anlässlich Heinrich Manns *Die Jugend des Königs Henri Quatre* (zit. nach Leupold S. 59). „Wichtig ist, ob er glaubwürdig ist, das heisst, ob er wert ist, geglaubt zu werden." So wollte er auch seinen Schlüsselroman *Erfolg* verstanden wissen: *historisch* sollte z.B. sein Hitlerbild werden, das Bild des hohlen Rhetors, das er schon vor der Machtergreifung 1933 zum Mythos machte, um auf Gegenwart und Zukunft einzuwirken und um seinen Zeitgenossen zu einem besseren Selbstverständnis zu verhelfen. Im Ausgang des Hitlerputsches hatte er Hegels „List der Vernunft" am Werk gesehen. Dies dichterisch darzustellen bedürfte es der dialektisch zugespitzten Gegenüberstellung von Menschen und historischen Kräften, die einer „blinden" Gegenwart *die Umwege des Fortschritts* bildhaft aufzuweisen vermochte. Nicht *wirkliche*, sondern *historische* Menschen habe der Roman zu geben, wenn er eine Waffe in der Hand des Aufklärers werden wolle. (Vgl. Feuchtwangers Nachwort zu *Erfolg*, in dem er sich u.a. gegen Beschuldigungen von seiten der historischen Vorbilder für die Schlüsselpersonen wehrt: „Das Buch 'Erfolg' gibt nicht *wirkliche,* sondern *historische* Menschen.").

> „Es wäre noch zu sagen, dass Lion Feuchtwanger sich der Illusion hingab – es war eine vergebliche Illusion – dass Lächerlichkeit töten könne. Lion Feuchtwanger glaubte, er könne mit diesem Buch das Bayernvolk warnen, es zur Besinnung bringen. Es war wohl etwas Don Quichotisches in Lion Feuchtwanger: aber ist das nicht in den meisten Schriftstellern, die mehr wollen als nur unterhalten."
> Marta Feuchtwanger in einem Brief an die Verf. vom 12.8.1971.

Insgesamt sprechen alle diese Äusserungen Feuchtwangers zu *Erfolg* und zum historischen Roman von dem grossen Gewicht, das er dem Gleichnishaften in der Geschichte beimass. Da hier seine tiefsten Ambitionen mit diesem umfassenden Romanwerk lagen, schien mir das gegebene Thema einer wissenschaftlichen Monographie der *historische* Roman *Erfolg* zu sein. Feuchtwanger wollte nicht so sehr die Klassenjustiz und die Hitlerbewegung darstellen als vielmehr die tieferen Ursachen einer historischen Krise, in der die Vertreter einer sterbenden Epoche sich nur mit Hilfe von Gewalt und Willkür an der Macht halten konnten. Bemerkenswert in diesem Zusammenhang ist die Tatsache, dass Feuchtwanger damit einen Stoff aufgriff, der dann auch tatsächlich von weltgeschichtlicher Bedeutung wurde. Er hat fünf Jahre nach dem Hitlerputsch in epischer Form Vorgänge analysiert, die in den letzten zwanzig Jahren zu den meist erforschten in neuerer deutscher Geschichte gehören,[1] da sie den Auftakt zu der zehn Jahre später erfolgten *Machtübernahme* bilden.

Ein wichtiger Aspekt des Romans ist die tiefe Kluft zwischen der Republik von Weimar und ihren antiliberalen Bürgern: ein offizielles Deutschland, repräsentiert von der republikanischen Reichsregierung in Berlin, und ein inoffizielles, reaktionäres Deutschland, von Bayern mit seiner Eigenmächtigkeit und seinem ständigen Intrigieren gegen das „preussische" Berlin und die Bemühungen der „Erfüllungspolitiker" vertreten, liegen in geheimem oder offenem Streit miteinander.

Feuchtwanger wandte sich mit seinem Roman über den in Deutschland Ende der zwanziger Jahre schon fast vergessenen Putschversuch Hitlers in München im November 1923 gegen die politische Ahnungslosigkeit seiner Zeitgenossen und warnte vor den Kräften der Reaktion, die er in dem bayrischen Bündnis von klerikaler Macht, grossindustriellem Profithunger und bäurischem Konservatismus bestätigt sah. Die Erfolge der Nationalsozialisten nach Niederlage, Revolution und Inflation waren ihm ein Zeichen für eine tiefgehende Identitätskrise des deutschen Kleinbürgers, der aus sozialer Not und verlorener Ehre zum urteilsunfähigen Mitläufer wurde. Der Jude Feuchtwanger lehnte intuitiv den „wissenschaftlich" fundierten Antisemitismus völkischer Prägung ab und durchschaute die politische Justiz, deren Auswirkungen er in Bayern erlebt hatte. Er sah in den chaotischen Vorgängen der nächsten Vergangenheit einen historischen Stoff, den zu „ordnen" und deuten ihn lockte, da die politische Entwicklung in Bayern sein eigenes Leben entscheidend beeinflusst hatte.

---

[1]Ein Teil der wissenschaftlichen und sonstigen Dokumentation über den Aufstieg Hitlers in Bayern in den Jahren 1920–1923 werden in den Quellenangaben zu dem Abschnitt über den Tatsachenhintergrund (S. 40) gegeben. Vgl. *R. Hughes'* Roman *The Fox in the Attic* (1961).

Der Tatsachenhintergrund

Die Weimarer Republik[1]

Die knappen fünfzehn Jahre zwischen dem Zusammenbruch des zweiten Kaiserreichs und der sog. Machtübernahme Hitlers werden in der deutschen Geschichtsschreibung als eine politisch wie wirtschaftlich und sozial extrem unruhige Epoche beschrieben, die nur in den Jahren 1924 bis 1928, der *Ära Stresemann*, eine scheinbare Stabilität erreichte, von gewissen aussenpolitischen Erfolgen (wie dem Dawes-Plan zur Regelung der Reparationen, dem Vertrag von Locarno und Deutschlands Aufnahme in den Völkerbund) sowie gesteigerter Produktion und industriellem Aufschwung gekennzeichnet. Die Zeit vor und nach diesen „guten Jahren" standen im Zeichen der Auflehnung gegen die Weimarer Verfassung und ihre Schöpfung, die parlamentarisch regierte Republik, von Seiten politischer Extremisten auf der Linken und auf der Rechten, die dazu beitrugen, dass schnell wechselnde Minderheitsregierungen sowohl im Reich wie in den Einzelstaaten gebildet werden mussten. Diese waren zu schwach, den Kampf gegen Inflation und Arbeitslosigkeit auf der einen Seite und Grossgrundbesitzer, Schwerindustrie und einer dem alten Staatsgebilde treu gebliebenen Beamtenschaft auf der anderen aufzunehmen. Die politische und soziale Problematik eines zahlenmässig dezimierten Offizierskorps, das die Vorstellung vom verratenen Heer, die sog. Dolchstosslegende aus den Tagen des Versailler Vertrags, wach hielt, und die separatistischen Bestrebungen Bayerns und des Rheinlandes stellten die Reichsregierung in Berlin vor Krisensituationen wie die der beiden Rechtsputsche (Kapp 1920 und Hitler 1923), die nur mit Hilfe des Notstandgesetzes niedergeschlagen werden konnten. An den Rand des Bürgerkrieges führte Deutschland 1923 die Ruhrokkupation durch die Franzosen, der zufolge die Geldentwertung und die wirtschaftliche Not der Bevölkerung einen Höhepunkt erreichte. Die frühere Industriekonjunktur hatte sich als eine Scheinblüte erwiesen; Deutschland hatte den Verlust von 75 Prozent seiner Eisenvorräte, seiner Kriegs- und Handelsflotte und Teile seiner Kohlenförderung, von den Siegermächten diktiert, nicht ausgleichen können. Die Reform des deutschen Finanz- und Währungssystems im November 1923 machte aus einer Billion Mark *eine* Reichsmark. Der Wechselkurs stabilisierte sich. Erst 1927 hatten Löhne und Gehälter den Vorkriegsstand erreicht. In diesem Jahr stagnierte die Produktion aber wieder, und die hohe Belastung durch Verschuldung und Zinsen, infolge der enormen und überhasteten Expansion, erschwerte die Konkurrenzlage der deutschen Unternehmen. „Die deutsche Wirtschaft konnte sich von den Belastungen und den Folgen des Krieges nicht freimachen" schliesst *Böhme* (S. 119). Ende der zwanziger Jahre rächte sich auch, dass man die Agrarreform nicht durchgesetzt hatte, die Landwirtschaft wurde zum „schutzbedürftigen Kostgänger der Volkswirtschaft" (ders. S. 120). Unter dem Schutz der vereinigten Interessen von Grossgrundbesitz, konservativem Verwaltungsbeamtentum, Grossindustrie und Reichswehr wurde die Öffnung nach rechts eingeleitet, und die überlieferten Interessengegensätze erfuhren eine starke Radikalisierung, die die deutsche Politik in den Jahren zu kennzeichnen begann, als Feuchtwanger in Berlin seinen Roman über das Bayern der frühen zwanziger Jahre schrieb (1927–1930).

[1] Als Quellen wurden benutzt *H. Heiber* (1968) und *H. Böhme* (1972).

Im Jahre 1926 fiel der sog. *Volksentscheid über die Fürstenabfindung,* um die eine wahre Propagandaschlacht ausgefochten wurde. Die SPD und die KPD brachten im Januar einen Gesetzentwurf ein, der die entschädigungslose Enteignung des gesamten Fürstenvermögens zugunsten der Länder vorsah, und zwar zweckgebunden für soziale Leistungen an gewisse Gruppen der Bevölkerung, deren Lebensstandard seit dem Kriegsende erheblich gesunken war. Der Besitz der ehemals regierenden Dynastien war nach der Revolution nur beschlagnahmt und im Laufe der Jahre zum grossen Teil zurückgegeben worden. Obwohl bei der Abstimmung im Juni 1926 ein beträchtlicher Teil des Mittelstandes das Gesetz bejahte, wurde die erforderliche Hälfte aller Stimmberechtigten nicht erreicht. Die Enteignung konnte demnach nicht stattfinden. (Vgl. S. 86).

Politische Justiz in der Weimarer Republik

Der Hochverratsprozess gegen Hitler und Ludendorff nach dem Putschversuch in München im November 1923 war im Ergebnis ein Produkt bürgerlicher Klassenjustiz und wurde auch als ein solcher von den kritischen Zeitgenossen verstanden und bemängelt. Ausschlaggebend war für den Ausgang des Prozesses nicht so sehr eine bewusste Politisierung des Falles als vielmehr eine Unbeholfenheit der Richter gegenüber den Bedürfnissen der neuen politischen Lage in Deutschland nach 1918. Der Historiker *Karl Dietrich Bracher* schreibt in seiner Einleitung zu *H. und E. Hannovers* Dokumentation *Politische Justiz 1918–1933* u.a. folgendes:

> „Im Vergleich zwischen der Weimarer und der Vor-Weimarer Epoche zeigen sich verblüffende Ähnlichkeiten in der Mentalität und im Selbstverständnis der Justiz wie in der Anwendung juristischer Methoden auf politische oder halbpolitische Probleme: auch hier wird jene Kontinuität, jenes Fortbestehen vordemokratischer Denkweisen unter der Oberfläche scheinbar demokratischer Formen sichtbar, wie es so charakteristisch für die erste Republik war. Die Ursachen sind schon in der Auseinandersetzung liberaler und sozialistischer Kritiker mit der politischen Justiz der Weimarer Republik hervorgehoben worden. Es war die nicht einfach politische, sondern sehr wesentlich soziologische Bestimmtheit der Justiz, die sich schon aus dem Ausbildungsgang, aus der Herkunft, aus dem konservativ-bürgerlichen Milieu der Juristen wesentlich ergab. /.../ Die Fiktion vom überparteilichen Charakter der Justiz in der Weimarer Republik verdeckte die Tatsache, dass die Beamten und gerade auch die Juristen in ihrem Verhalten, in ihrer Tätigkeit, in ihren Entscheidungen doch wesentlich abhängig sind von politischen Einflüssen und sozialer Herkunft; aber gerade an der Einstellung auf die Gesellschafts- und Staatsidee der Demokratie hat es einem grossen Teil der Juristen in der Weimarer Republik gemangelt."

Bracher erinnert an die Einwirkung dieser Umstände auf den Verlauf vieler politischer Prozesse der Zeit. Einseitige Beweisführung, unangemessenes Strafmass und fragwürdige Anwendung der Amnestiemöglichkeiten waren Erscheinungen, die die Gegner der Republik schützten. Linksradikale Gruppen wurden von anderen Verfahren und Urteilen getroffen als die rechtsradikalen.

> „Wir erinnern nur an das ungleiche Vorgehen gerade auch der Justiz gegen die bayerische Räterepublik (1919) und den Kapp-Putsch (1920) oder gegen das Links-Regime in Sachsen und das Rechtsregime, bzw. den Hitlerputsch in Bayern. Gleichzeitig wurde jede Kritik, die liberale, pazifistische oder sozialistische Politiker und Publizisten an der illegalen Institution der *Schwarzen Reichswehr* und anderen Erscheinungen eines militaristischen Rechtsradikalismus übten, als Landesverrat geahndet, während es dagegen auf der anderen Seite in den Feme-Prozessen gegen die verbrecherische Tätigkeit rechtsradikaler Terroristen und Mörder meist zu erstaunlich milden Strafen gekommen ist." (Ibd.)

Welchen Nährboden die Weimarer Republik für antiliberale Bewegungen ausmachte, wird dem heutigen Betrachter vor allem durch die Festellung Brachers klar, dass in der Rechtsanschauung vieler Juristen schon die Entstehung der Demokratie aus der Revolution mit dem Geruch des Illegitimen behaftet war. Die Schlüsselstellung der Richter in der Zerstörung der demokratischen Institutionen wird mit aller Deutlichkeit dargestellt. Bracher fasst zusammen:

> „Man wird schliesslich sagen müssen, dass die Justiz in der Weimarer Republik mitgewirkt hat nicht nur an dem Scheitern dieser Republik, sondern geradezu an ihrer Überwältigung durch autoritäre und totalitäre Bewegungen. Insofern ist es durchaus berechtigt, die Weimarer Justiz zu einem guten Teil als Voraussetzung und Quellengrund des *Dritten Reiches* zu betrachten." (Ibd.)

In diesem Sinne kann man also von einem „ungebrochenen Weg" in das neue Regime sprechen, auf dem Nationalisten und Terroristen der radikalen Rechten zu wichtigen Positionen gelangten.

Sonderstellung Bayerns und Kampf gegen das Reich

Politische und soziale Struktur Bayerns vor und nach 1918

Die von Feuchtwanger in *Erfolg* gebrauchte Bezeichnung *Alt-Bayern* umfasste das Kurfürstentum Bayern und das Herzogtum Oberpfalz. 1803 kamen mit der Errichtung des Königstums unter den Wittelsbachern Tirol im Süden (vorübergehend) und das schwäbische und fränkische Gebiet im Westen und Norden hinzu, Gebiete, in denen eine gewisse Industrialisierung stattfand. Altbayern ist also nicht ohne weiteres mit dem 1803 entstandenen Staat vergleichbar. In diesem Staat lebte das alte „Baiern" weiter und verschaffte den Reichsgründern erhebliche Probleme, während in Neubayern das Reichsbewusstsein wesentlich stärker ausgeprägt war, ein Erbe der einstigen Zugehörigkeit zum Reich im alten, engeren Sinne. Oberfranken strebte sogar danach, sich von Bayern loszumachen.

Die nach 1850 erfolgte Strukturumwandlung in Deutschland verzögerte sich in Bayern, so dass dieser Teil des Reichs noch im Jahre 1914 in wirtschaftlicher Hinsicht ein anachronistischer Staat genannt werden konnte. Aus diesem Grunde hatten sich auch Herrschaftsformen erhalten, die zwar nicht wie im Osten Deutschlands pseudofeudal waren, da der selbständige Bauernstand in Bayern gross war, aber die dennoch ein Gefühl der Isolation im Regionalismus aufkommen liessen, aus dem die Bayern manchmal eine Tugend machten.[1]

Bayern war vor 1914 ein ausgesprochener Agrarstaat. 4 von den 7 Millionen Einwohnern lebten auf dem Lande in kleinen Gemeinden, eine weitere Million in Flecken und Kleinstädten. Noch 1919 gab es erst drei Grossstädte, von denen München mit seiner guten halben Million Einwohner fast doppelt so gross war wie Nürnberg und das Vierfache Augsburgs erreichte. Ein Viertel aller Anwesen auf dem Lande war ausgesprochen kleinbäuerlich, ein weiteres Drittel bestand aus Zwergbetrieben. Traditionalismus und verschleppte Flurbereinigung verhinderte eine Modernisierung der Betriebe, man war auf Eigenbedarf und nicht auf Erwerb und Rationalisierung eingestellt, obwohl das landwirtschaftliche Kreditwesen gut ausgebaut war. Die zentralistische Zwangswirtschaft während des Krieges liess verstärkten Preussenhass und radikale Tendenzen aufkommen, so im Bund der Landwirte. Nach dem Krieg ergab sich infolge der Inflation zunächst eine weitgehende Entschuldung; die Verschuldung nahm aber in den folgenden Jahren rasch wieder zu. Die Situation der Landwirtschaft blieb schwierig.

Die Zahl der Industriearbeiter war in Bayern sehr gering. Mangel an Bodenschätzen und eine verkehrsungünstige Lage verhinderten eine Industrialisierung. Die Bevölkerung der Städte war hauptsächlich in kleinen handwerklichen Betrieben beschäftigt, die bis 1914 Inhabern und Angestellten einen soliden kleinbürgerlichen Lebenszuschnitt ermöglichten. Während des Krieges verdoppelten sich die Lebenshaltungskosten der Arbeiterschaft und des Kleinbürgertums mehrfach, die Lohnentwicklung verlief demgegenüber ungünstiger. Arbeitslosigkeit und Inflation taten in den Nachkriegsjahren ein Übriges, die Lebensverhältnisse der mittleren und unteren Schichten, die noch 1914 dem alten Mittelstand angehört hatten, teilweise entschieden zu verschlechtern. Klassenspannungen, die im demokratisch gesinnten, ausgeprägt mittelständischen Bayern kaum vorhanden gewesen waren, wurden eigentlich erst bemerkbar, als die Proletarisierung der breiten bürgerlichen Schichten mit der wirtschaftlichen

---

[1] Als Quelle wurde die Darstellung bei *H. Fenske* (1969) benutzt.

Not der Nachkriegsjahre einsetzte. Dies erklärt auch die Tatsache, dass 1918/19 in Bayern eine Bevölkerungsschicht fehlte, die die Revolution hätte tragen können. Man dachte aus Tradition egoistisch, nicht klassenbewusst, und war nur an einem Umsturz interessiert, der zur Besserung der eigenen gegenwärtigen Zustände beitrug.[1] Auch 1923 waren es unmittelbare Nöte und die Besorgnis um die eigene soziale Stellung, die die Münchener Massen auf die Versprechungen Hitlers horchen und gegenüber den Kategorien des Klassenkampfes, die die Kommunisten propagierten, kalt bleiben liessen. Betroffen wurden vor allem Gruppen, die geringe Möglichkeiten hatten, ihre soziale Deklassierung aufzuhalten, da sie in der Tradition erzogen worden waren, dass der Staat sie schütze. Was *Hillmayr* für 1919 feststellt, ist 1923 nicht weniger aktuell:

> „Sehr verschlimmert wird die wirtschaftliche Lage gerade in München /.../ für die vielen Festbesoldeten, Rentner, Pensionisten und von den eigenen Ersparnissen Lebenden durch die in immer stärkerem Masse um sich greifenden Preissteigerungen und die immer deutlicher hervortretende Inflation. Die Teuerungszulagen hinken viel zu langsam hinter dem Anwachsen der Lebenshaltungskosten nach, das Geld reicht kaum noch, um sich die nötigen Lebensmittel auf Hamsterfahrten zu besorgen. Diejenigen aber, die dazu nicht in der Lage sind, werden buchstäblich gezwungen, Hunger zu leiden." (Ibd. S. 480. Über die Zustände in München im Inflationsjahr 1923 berichtet *L. Hollweck* in seiner Stadtchronik *Unser München/München im 20. Jahrhundert,* 1967, S. 169 f.)

Beobachter bayrischer Lebensart scheinen durchgehend in ihrer Beurteilung übereinzustimmen, wenn sie eine Erklärung dafür suchen, dass ein politischer Rhetor und Hysteriker wie *Adolf Hitler* bei den Bayern ein so starkes Gehör finden konnte. *H. H. Hoffman* (1961) spricht von der absoluten Neigung des Altbayerntums zu jäher Gefühls- und Temperamentspolitik, zum Übertragen der „Gaudi", der Wirtshaus- und Kirchweihrauferei auch in die Formen eines politischen Radikalismus. *Josef Hofmiller*, der bekannte süddeutsche Publizist (gest. 1933), meinte, seiner Veranlagung nach sei der Bayer politisch absolut passiv, könne jedoch in Augenblicken materieller oder seelischer Not in das „bis zum Selbstmord Samsonhafte" einer blinden Aufwallung umschlagen. (Zit. nach Hoffmann, ibd.) Aus einer gleichartigen Beurteilung des Münchener Sozialdemokraten *Wilhelm Hoegner* (1945 und 1954–1957 Ministerpräsident von Bayern) könnte hinzugefügt werden:

> „Ehrfurcht vor irgendwelchen Gewalten, vielleicht von der Geistlichkeit abgesehen, kennt sie (d.h. die Bevölkerung) nicht. Politisch ist sie wenig begabt. Ihre meisten Politiker hat sie von auswärts bezogen und sich von ihnen nicht selten missbrauchen lassen. Wer ihr nach dem Mund redete, wer am meisten schimpfen konnte, riss sie gewöhnlich mit." (Zit. nach Hoffmann S. 37).

Dies ist auch das Bild von den Bayern, das *Ludwig Thoma* in seinem schriftstellerischen Werk und in seinen Briefen gibt. Interessant in diesem Zusammenhang sind seine wohlbegründeten Ansichten über das *Rechtsgefühl* seiner Landsleute, das u.a. Feuchtwanger in den Jahren der Reaktion und der „Böotisierung" Münchens von der radikalen Rechten und ihren Handlangern in der SA und anderen halbmilitärischen Verbänden so stark beeinträchtigt sah. Nach Thoma habe der Bayer „wenig Sinn für das Opportune", er sei „sehr demokratisch für gleiches Recht, sehr

---

[1] Über die Münchener dieser Jahre urteilt *Hillmayr* (1969): „Sobald es darum geht, für die neue Staats- oder Wirtschaftsform an der eigenen sozialen Stellung oder gar im Einkommen Einbussen zu erleiden, zeigt sich überall blanker Egoismus, auch bei den Arbeitern." (S. 482).

empfindlich gegen Unrecht, das er sieht oder nur zu sehen glaubt und /.../ immer geneigt, dem Kleinen gegen die Grossen, dem Regierten gegen die gewappnete Obrigkeit seine überströmende Sympathie zuzuwenden." (*Ein Leben i Briefen*, S 295).

Die Erfahrungen der Bayern mit der Räterepublik und den Racheaktionen der Regierungstruppen dürfte das von Thoma gepriesene Rechtsgefühl tief erschüttert und den Willen zur Opposition eingeschüchtert haben.

Eisner-Revolution, Räteherrschaft und Revanchemassnahmen der „Weissen"

Ein Überblick über die Nachkriegswirren in Bayern[1]

Am 7. November 1918 stürzte in München die Monarchie der Wittelsbacher. *Ludwig III.* war unbeliebt, und das Agrarland Bayern hatte unter der strengen Kriegswirtschaft gelitten. Man verübelte es dem König, dass er auf den Gang der Reichspolitik nicht den geringsten Einfluss hatte ausüben können. In der Nacht zum 8. November wurde in München die Republik ausgerufen. Der Unabhängige Sozialdemokrat *Kurt Eisner* hatte die Mehrheitssozialdemokraten mit sich fortgerissen und die Einberufung einer konstituierenden Nationalversammlung versprochen. Eisners Revolution war ein Stück Überraschungsstrategie, mit dem er das alte Bayern aus den Angeln heben wollte. Eisner war Schriftsteller und Idealist, der hinterher mehrfach stolz betonte, dass bei seiner Revolution kein Tropfen Blut geflossen sei. Er wollte eine „tätige Demokratie", d.h. die Demokratisierung des öffentlichen Geistes und der Institutionen. Das Mittel dazu sollte ein Rätepluralismus für alle Berufsgruppen und alle wirtschaftlichen, sozialen und kulturellen Angelegenheiten sein. Eisner fürchtete die Konterrevolution, zog aber einen deutlichen Trennungsstrich zwischen sich und der radikalen Linken. Um ihn sammelten sich Männer wie *Felix Fechenbach, Gustav Landauer* und *Erich Mühsam,* der den Spartakisten nahe stand. Eisner hatte die von ihm geschaffenen Arbeiterräte auf seiner Seite; in den Soldatenräten aber, Keimzellen der Revolution, setzte sich die radikalere Richtung durch.

Die Ermordung Eisners durch den *Grafen Arco* am 21. Februar 1919 und das darauf folgende Attentat auf *Auer*, den Führer der bayrischen Sozialdemokratie, gab das Signal für die zweite Revolution und verhinderte die Bildung einer mehrheitssozialistischen Regierung in Bayern, die eine kontinuierliche Überleitung des Staates in die Demokratie ermöglicht hätte (Fenske). Unter der Führung der Berufsrevolutionäre *Levien* und *Leviné,* die beide aus Russland stammten, nahmen bayrische Kommunisten das Ruder in die Hand. Ihr Werkzeug, der Zentralrat, arbeitete, gegen den Wunsch des Landtags und der Parteien, darauf hin, Bayern zu einer Räterepublik zu machen. Anfang April musste die Mitte März gebildete Regierung *Hoffmann* nach Bamberg entweichen, und am 7. April 1919 wurde Bayern vom Zentralrat in München zur *Räterepublik* erklärt. Die radikalste Gruppe bildete eine rein kommunistische Ge-

---

[1] Als Quellen wurden benutzt *Heiber* (1968), *Hoegner* (1958) und *Fenske* (1969). Erinnerungen und Augenzeugenberichte aus dieser Zeit finden sich u.a. bei *Ernst Toller, Josef Hofmiller, Oscar Maria Graf* und *Klaus Mann,* der 1918 Gymnasiast war.

genregierung, die die völlige Entwaffnung des Militärs verlangte und nach dem Generalstreik rief. Sie schlug unter der Führung Levinés aber erst zu, als die *Thulegesellschaft* (vgl. S. 39) am Palmsonntag zu putschen versuchte. Die sogenannte *Zweite Räterepublik* beseitigte den alten Zentralrat und konzentrierte alle Funktionen des Staates auf einen Aktionsausschuss von fünfzehn Mitgliedern. Sie beschlagnahmten und „nationalisierten" u.a. die Wohnungen mit radikalem Eifer (Heiber) und organisierten eine „Rote Armee", der die Truppen Noskes und Hoffmanns in mehreren Gefechten das bayrische Oberland und zuletzt die Hauptstadt München (1. bis 3. Mai) entreissen mussten. Die Räterepublik verabschiedete sich mit zehn Geiselmorden, die Regierungstruppen revanchierten sich mit Hunderten von standgerichtlichen Erschiessungen. Am letzten Tag der bayrischen Räterepublik, dem 30. April 1919, wurden nämlich im Luitpoldgymnasium in München als Gegenmassnahme gegen die willkürliche Erschiessung von roten Soldaten und Sanitätern in Starnberg sechs verhaftete Mitglieder der Thulegesellschaft und vier andere von Rotgardisten standrechtlich erschossen.

Dieser Geiselmord diente wie kein anderer Mord der rechtsradikalen Bewegung zur Aufputschung des Bürgertums.

„In München wurde der Geiselmord schon von den einrückenden Regierungstruppen durch ein schauerliches Blutbad gesühnt. Allein nach amtlicher Angabe, die von der Wirklichkeit weit übertroffen ist, wurden 186 Menschen standrechtlich erschossen, 184 sind verunglückt, d.h. sie wurden einfach erschlagen oder an die Wand gestellt. /.../ Nie hat die Münchener Arbeiterschaft die 1100 Toten vom Mai 1919 verwunden. Immer wieder fand die Agitation der Kommunisten Nahrung an der furchtbaren Erinnerung", schreibt Hoegner (a.a.o. S. 80 f.)

Auch die spätere Forschung spricht von der „unmenschlichen Rache an allen, die irgend etwas mit der Revolution zu tun hatten", und von dem „rücksichtslosen, teilweise sogar barbarischen Vorgehen der Regierungstruppen und der nachkommenden Freikorpsleute". „Die Vorgänge bei der Einnahme Münchens und die Flut politischer Prozesse mit unglaublich einseitigen Urteilen, die bald darauf in München über die Bühne geht, wirken mit, die Münchener Einwohnerschaft für lange Jahre zu spalten und einen günstigen Boden für politischen Radikalismus zu schaffen." (Hillmayr, S. 491 f.)

In Bayern regierte seit der Niederschlagung der Räterepublik im Juni 1919 eine Koalition von Sozialdemokraten und Bürgerlichen, die Regierung *Hoffmann*. In Wirklichkeit lag die Macht freilich jetzt bei Monarchisten und Rechtsradikalen, auf jeden Fall bei antirepublikanischen Kräften, die nun auch laufend Zuzug aus dem übrigen Reich erhielten. Heiber urteilt:

„Sie fanden ihre Basis in der Stimmung des Bürgertums, die nach den aufregenden und zum Teil phantastischen Geschehnissen der Räteherrschaft weit nach rechts ausgeschlagen war, und wurden ebenfalls gestützt durch die partikularistische Tradition, die sich künftig nicht mehr von links (Eisner), sondern von rechts gegen Berlin, gegen die marxistische Reichsgewalt, richten sollte." (S. 46).

Nach dem Kapp-Putsch im März 1920 wurde die Sozialdemokratie in Bayern aus der Regierung ausgeschaltet[1] und die Rechtsregierung *von Kahr* gebildet (vgl. S. 36 f. und 39), deren Kurs im Einvernehmen mit den nationalen Wehrverbänden einen latenten, später offenen Konflikt mit der Reichsregierung heraufbeschwor.

---

[1] Zu dieser Epoche in der Geschichte der bayrischen SPD vgl. *P. Kritzer* (1969).

Die bayrischen Volksgerichte. Urteile gegen Räterepublikaner

Besondere Empörung in liberalen und linken Kreisen erweckte das Verfahren der bayrischen *Volksgerichte*. Diese waren in den stürmischen Tagen der Revolution von dem Kabinett Eisner als Provisorium verordnet, später legalisiert worden, um nach dem Zusammenbruch der Räterepublik die zurückkehrende staatliche Ordnung durch rasche, abschreckend harte Urteile zu befestigen.[1]

Noch im Jahre 1922 bestand diese Institution, die, weil sie keine Wiederaufnahme des Verfahrens zuliess, gerade von der bürgerlichen Justiz in Bayern oft missbraucht wurde. Die Reichsverfassung liess zu dieser Zeit keine Ausnahmegerichte zu; das Reichsgericht hatte aber noch im Jahre 1924 aus Rücksicht auf Bayern keine Entscheidung darüber getroffen, ob die Volksgerichte mit der Strafprozessordnung des Reichs vereinbar seien. Die *Weltbühne* schreibt 1923 in ihrer ersten Nummer:

> „Jedem aufmerksamen Beobachter bayrischer Verhältnisse musste seit 1919 aufgefallen sein, wie in Bayern, seitdem Müller-Meiningen Justizminister geworden war, eine Spielart von Richter aufkam, die sich bei ihrer Berufsausübung weniger um sachliche Rechtsfindung bekümmerte, als vielmehr den Ehrgeiz bekundete, politische Aufgaben zu lösen."

Anlass dieses Angriffes auf den bayrischen Richterstand war der *Fechenbachprozess*, der mit zu den grössten Justizskandalen der Weimarer Republik gehörte und auf dessen Ausgang nicht einmal der damals amtierende, demokratisch gesinnte Reichsjustizminister *Gustav Radbruch* einwirken konnte (vgl. Reichsjustizminister *Heinrodt* in *Erfolg*).

Der Journalist *Felix Fechenbach*, der nach dem 7. November 1918 Eisners Privatsekretär wurde, sich jedoch nicht an der späteren Räterepublik betätigte, wurde im Mai 1919 verhaftet. Er hatte in mehreren Veröffentlichungen den Papst und den Friedensunterhändler Erzberger kompromittiert, wurde des Landesverrats angeklagt und wegen eines bereits verjährten Verbrechens zu einer Zuchthausstrafe von zehn Jahren verurteilt. Ausschussberatungen und Parlamentsreden führten zu keiner Wiedergutmachung. Obgleich das juristische Verfahren des bayrischen Volksgerichts, das sich auf den Ausnahmezustand stützte, von Fachleuten sowohl auf der Rechten wie auf der Linken heftig beanstandet wurde und die öffentliche Meinung gegen das Urteil reagierte, wagte es die Regierung in Berlin nicht, gegen den Rechtsspruch und die Rechtshoheit des Volksgerichts vorzugehen. Fechenbach war von den bayrischen Partikularisten verurteilt worden, weil er ihnen in ihren Bestrebungen gefährlich war. Vergleiche zum Dreyfus-Prozess wurden gezogen. Die Proteste in der *Weltbühne* liessen nicht nach.[2] Ein Antrag auf ein Wiederaufnahmeverfahren wurde 1924 vom Obersten Bayrischen Landesgericht abgelehnt. In diesem Zusammenhang gestand Radbruch (vgl. oben), der Sozialdemokrat war, in einem Brief an Kurt Hiller, dass Fechenbach ein Opfer des gespannten Verhältnisses zwischen Bayern und Reich nach der Republikschutzgesetzgebung infolge des Rathenau-Mordes (1922) geworden war. Hiller erwiderte, dass das bayrische Volksgericht den Prozess Fechenbach absichtlich gleichzeitig mit dem Prozess gegen die Rathenau-Mörder führte, in dem ausnahmsweise die Rechte nicht geschützt wurde.

---

[1] Über die bayrischen Ausnahmegesetze aus dem Jahr 1918, ihr Fortwirken in den folgenden Jahren und über die Unfreiheit der Presse in einem Polizeistaat handelt der Artikel *Die Presse und das bayrische Volksgericht* von *C. G. Müller-Heintz* in der *Weltbühne* 1922, S. 433 f.

[2] *Die Weltbühne* erreichte nur einen kleinen Kreis von Intellektuellen (vgl. auch S. 63). Die Justizkritik fand vorwiegend in demokratischen und liberalen bürgerlichen Zeitungen und in der Linkspresse statt. Meine Darstellung des Falles Fechenbach baut auf die vielen Artikel zu diesem Thema in der Weltbühne 1922–1924.

Feuchtwanger dürfte Fechenbach gekannt haben, da er die Revolution in München mit Erich Mühsam verfolgte, mit dem er befreundet war, und dadurch auch Kurt Eisner, Gustav Landauer und Ernst Toller kennenlernte. Der Schriftsteller und Anarchist *Mühsam* wurde wegen seiner Tätigkeit bei der Errichtung der ersten Räterepublik zu 15 Jahren Festungshaft verurteilt. *Eisner* und *Landauer* wurden im Februar, bzw. Mai 1919 ermordet, während *Toller* wegen seiner Teilnahme an beiden Räterepubliken, die zusammen 3 1/2 Wochen dauerten, zu fünf Jahren Festung verurteilt wurde. *Leviné* wurde wegen Hochverrats zum Tode verurteilt. Protestkundgebungen in ganz Deutschland konnten die Vollstreckung des Urteils nicht verhindern. Andere Teilnehmer an der Münchener Räterepublik, die zu Festung verurteilt wurden, waren die kommunistischen Arbeiter *August Hagemeister* und *Fritz Sauber,* die mit Zustimmung der Regierung Hoffmann ausgezogen waren, um im Lande für die Ausrufung der Räterepublik zu werben. (Vgl. das Kap. IV/9, S. 546 in *Erfolg*)

Bayrische Zuchthäuser

Der Strafvollzug gegen die Teilnehmer der Münchener Räterepublik fand, soweit sie zu Festung verurteilt waren, in *Niederschönenfeld* statt. Fechenbach wurde in das Zuchthaus in *Ebrach* eingeliefert, das einen ebenso schlechten Ruf hatte wie Niederschönenfeld.

Die Verhältnisse in diesen Anstalten veranlassten im Juli 1921 das SPD-Organ *Vorwärts* in Berlin zu wiederholten Mahnungen an die verantwortlichen Behörden in Bayern. Die Zeitung gibt unter der Überschrift *Aus einer bayerischen Festung* Vorfälle in der Anstalt Niederschönenfeld wieder und verlangt eine völlige Aufhellung der Tatbestände, vor allem aber die sofortige Wiederherstellung der gesetzmässigen Zustände in der Anstalt. Am 23. Juli berichtet der Vorwärts aus München, dass der Antrag, in der Niederschönenfelder Affäre einen Untersuchungsausschuss einzusetzen, vom Landtag gegen die Stimmen der Sozialisten abgelehnt worden sei. Der Vertreter des Justizministeriums habe die Sache im Verfassungsausschuss in einer Weise behandelt, „die dem Ernst der ganzen Angelegenheit direkt Hohn spricht."

Die *Weltbühne* kommt in den Jahren 1923–24 häufig auf die Umstände zurück, unter denen politische Gefangene wie Fechenbach, Toller und Max Hölz, Mitglied der KPD und Führer von mitteldeutschen Arbeiteraufständen, in deutschen Zuchthäusern zu leben gezwungen waren. „Fechenbach sitzt hinter Zuchthausmauern; wie furchtbar sein Schicksal ist, ermisst, wer Einblick hat in die bayrische Praxis des Strafvollzugs an politischen Gefangenen." (1923/I, S. 244) *Siegfried Jacobsohn* schreibt in derselben Nummer unter dem Stichwort *Bayer:*

> „Da der mittelalterlichen Zuchthausverwaltung die ‚Intellektuellen' besonders verhasst sind, bietet man alles auf, um sie besonders zu treffen. Eignes Licht dürfen sie nicht mehr brennen, weil ihnen dabei im Geiste hell werden könnte. /.../ Während Graf Arco und Herr von Jagow ... Nein, wer kein Fischblut hat, ist ausserstande, über diese Dinge in ausgeformten Sätzen zu reden."[1]

[1] *Graf Arco,* der Eisner-Mörder (vgl. oben S. 32), war nach einem Jahr Haft, während dessen er auf einem Gut arbeiten durfte, entlassen worden; *Jagow* war als einziger Führer des Kapp-Putsches zu fünf Jahren Festungshaft verurteilt worden und wurde wie Hölz in Küstrin gefangengehalten. *Hannover* schreibt (S. 77), dass die Richter der Republik Hochverrat von rechts als Kavaliersdelikt behandelten, weshalb von Jagow im Jahre 1928 als „Regierungspräsident im einstweiligen Ruhestande" Pension erhielt. Vgl. *Horváth, Ein sonderbares Schützenfest; Fritz* S. 47 f.

Die Ablehnung einer Kontrolle der Festung Niederschönenfeld durch den bayrischen Landtag erregte Erbitterung. Jacobsohn bemerkt dazu:

> „Er weiss warum. Die ungeheuerlichste Kulturschande der neuern Zeit könnte offenbar werden: dass Männer wie Toller und Mühsam, und drüben in Ebrach Fechenbach, schlimmer als die Tiere behandelt werden." (Ibd.)

Anfang Januar 1923 erlitt *August Hagemeister* (vgl. S. 35) einen schweren Herzkrampf; der Anstaltsarzt *Dr. Steindle* erklärte aber, Hagemeister sei ein Simulant. Ich zitiere nach H. und E. Hannover:

> „Fünf Tage später erfolgte ein einstündiger rasender Schmerzanfall, der Hagemeisters Freunde das Schlimmste befürchten liess – nun sprach der Arzt von einer leichten Rippenfellentzündung. Da es in der Festung keine Krankenstube gab, wurde Hagemeister in eine ungeheizte Einzelselle verlegt, wo er auch den wohltätigen Beistand befreundeter Gefangener entbehren musste. Hagemeisters Frau, die am 9. Januar Besuchserlaubnis bekam, wurde vom Vorstand, Staatsanwalt Hoffmann, mit den Worten empfangen: ,Na, jetzt ist er krank, der Revolutionär! Als er 1918 gegen den Staat ging, war er nicht krank!' Frau Hagemeister wandte sich ans Justizministerium mit der dringenden Bitte, ihren Mann in ein Krankenhaus zu bringen, worauf er als Festungsgefangener ein Recht hatte. Das Gesuch wurde abgelehnt mit der Begründung, Hagemeister sei nicht so schwer krank. Immerhin liess man ihm in Niederschönenfeld soviel Fürsorge angedeihen, dass man eine leere Granathülse an sein Bett stellte; daran sollte er mit einem Messer klopfen, wenn er Hilfe brauche. Am 16. Januar wurde Hagemeister morgens in seiner Zelle tot aufgefunden. Seine Kraft hatte nicht mehr ausgereicht, um Lärm zu schlagen." (S. 66 f.)

Einer von Toller gegen den Anstaltsarzt erstatteten Anzeige wegen fahrlässiger Tötung wurde nicht stattgegeben.[1]

Bayern und Reich 1920–1924. Ein historischer Abriss[2]

Im Juli 1920 wird *Kahr* abermals zum bayrischen Ministerpräsidenten gewählt. Eine französische Gesandtschaft wird in München errichtet. Die sozialdemokratische Fraktion des bayrischen Landtags fordert die Abberufung des französischen Gesandten. Die *Organisation Escherich* wird gegründet und von der bayrischen Regierung, die die Einwohnerwehren fördert, anerkannt, obwohl andere Regierungen diese Art von Wehrorganisationen offiziell ablehnen. Im November 1920 treten die Unabhängigen Sozialdemokraten aus dem Landtagspräsidium aus.

Im Februar 1921 entbrennt der Konflikt Bayerns mit dem Reich in der Frage der Einwohnerwehr. Kahr bezeichnet die Pariser Forderungen der Alliierten als vollständige Versklavung des deutschen Volkes. Er spricht sich im Landtag gegen etwaige Eingriffe des Reichs in die innere Verwaltung der Länder aus. Im Mai erfolgt das Ultimatum der Alliierten zur Einwohnerfrage. In *Berlin* regiert das erste Reichskabinett

---

[1] Die Schriften *Tollers* sind heute wichtige Quellen zum Verständnis der politischen Kämpfe dieser Jahre. Vgl. *Prosa, Briefe, Dramen, Gedichte* (1961) S. 218.

[2] Die hier folgende Daten- und Faktenzusammenstellung gibt einen Überblick über den Zeitraum, in dem der Roman *Erfolg* spielt. Als Quelle wurde *K. Schwend: Bayern zwischen Monarchie und Diktatur* (1954) benutzt (Zeittafel S. 553 ff.).

Dr. Wirth. Dieser vertritt den linken Flügel des Zentrums und unternimmt die sensationelle Berufung *Walther Rathenaus* in die Regierung. Zusammen werden sie die Exponenten einer aussenpolitischen Marschrichtung, die als „Erfüllungspolitik" bekannt und von der Rechten heftig attackiert wird. Die Regierung Kahr verweigert nach der *Ermordung Erzbergers,* des von der Rechten verhassten Zentrumsabgeordneten, der im November 1918 in Compiègne den Waffenstillstand unterzeichnete, die von der Reichsregierung verlangte Aufhebung des bayrischen Ausnahmezustandes und tritt zurück. Ministerpräsident von Bayern wird *Graf Hugo von Lerchenfeld*, ein Beamter, der auch im Reichsdienst gestanden hatte. Im Oktober wird der Ausnahmezustand in Bayern aufgehoben. Der einstige Monarch *Ludwig III. von Wittelsbach* stirbt in Ungarn.

Im April 1922 äussert sich Lerchenfeld kritisch über die Beziehungen des Reichs zu Bayern und protestiert gegen die Versailler These von der Kriegsschuld Deutschlands. Nach der *Ermordung des Reichsaussenministers Rathenau* im Juni des Jahres 1922 erfolgt die Annahme des Republikschutzgesetzes durch den Reichstag, auf die Bayern mit einem Erlass zum *Schutz der Verfassung der Republik* antwortet. Nach Verhandlungen mit Berlin wird die bayrische Notverordnung aufgehoben. Lerchenfeld tritt zurück, und *Dr. Eugen Knilling* von der Bayrischen Volkspartei wird zum Ministerpräsidenten erwählt. Im Zusammenhang mit Gerüchten über bevorstehende Putschversuche Hitlers erklärt Innenminister Schweyer, die bayrische Regierung fühle sich stark genug, gegen Gewaltpläne jeder Art vorzugehen. Am 30.11. finden *nationalsozialistische Grosskundgebungen* in München statt.

Die *Besetzung des Ruhrgebiets* durch die Franzosen am 11.1.1923 veranlasst die bayrische Regierung, den Ausnahmezustand in Bayern zu verhängen. Knilling fordert zum Ausharren im Ruhrkampf auf. Die BVP scheitert in ihrem Versuch, den Posten eines bayrischen Staatspräsidenten zu schaffen. Am 1.3. greifen Nationalsozialisten das Gebäude der *Münchener Post* an. Der einflussreiche Abgeordnete *Dr. Heim* (vgl. S. 38 und S. 47) nimmt in der Bayerischen Staatszeitung gegen rechtsradikale Putschversuche Stellung. Knilling spricht sich am 16.9. gegen Dikaturpläne aller Art aus. In Berlin steht seit Mitte August *Gustav Stresemann* (Deutsche Volkspartei) an der Spitze der Reichsregierung. Am 26.9. verhängt die bayrische Regierung den *Ausnahmezustand über Bayern* und überträgt Kahr die vollziehende Gewalt und das *Generalstaatskommissariat.* Am 20.10. wird *General von Lossow,* Befehlshaber der Reichswehrtruppen in Bayern, vom Reichswehrminister abgesetzt, nachdem er die Durchführung der *Reichsausnahmeverordnung* in Bayern abgelehnt hat. Der Konflikt Bayerns mit dem Reich veranlasst Kahr, die Reichswehrtruppen in Bayern auf sich verpflichten zu lassen. Linksgerichtete Zeitungen werden in Bayern verboten. Am 8. und 9.11. erfolgt der *Hitlerputsch* in München, nachdem der Führer der NSDAP im Bürgerbräukeller die „nationale Revolution" ausgerufen hat. Ein Aufruf des von Hitler zum Mitspielen gezwungenen Kahr an die Bevölkerung und der Einsatz von Truppen gegen die Putschisten retten die Autorität der bestehenden Regierung; in Bayern werden die NSDAP und die Bünde Oberland und Reichskriegsflagge verboten.

Im Februar 1924 treten Kahr und Lossow zurück, und der Konflikt Bayerns mit dem Reich wird beigelegt. Die Niederschlagung des Hitlerputsches, an dem auch der pensionierte General *Ludendorff* beteiligt gewesen war, hat entspannend auf die gesamte innere Situation gewirkt, die „Diktaturepidemie" ist abgeflaut. Zwischen dem 26.2. und dem 27.3. findet vor dem Volksgericht München I der *Hochverratsprozess* gegen Adolf Hitler statt. Am 1.4. wird das Urteil gefällt. Hitler und seine

Hauptmittäter erhalten fünf Jahre Zuchthaus, Ludendorff wird ausserhalb des Rechts gestellt und freigesprochen. Das Urteil löst in der ganzen deutschen Öffentlichkeit, soweit sie nicht unter völkischem oder deutschnationalem Einfluss steht, Befremden und Entrüstung aus. Auch die Presse der BVP gibt in scharfen Worten dem verletzten Rechtsempfinden der Mehrzahl der bayrischen Bevölkerung Ausdruck. Der *Bayerische Kurier* schreibt von einem „schwarzen Tag der bayerischen Justiz" under geissel in scharfen Worten den ganzen Prozessverlauf.

In den bayrischen Landtagswahlen vom 6.4.1924 erhält die BVP 46 Sitze, die SPD nur 23, genau so viel wie der völkische Block.

Bayerns Kampf gegen das Reich

Die reichs- und republikfeindliche Haltung Bayerns seit 1920 beruhte auf zwei politischen Strömungen, die miteinander um die Herrschaft kämpften. Einerseits strebte man eine grössere Selbständigkeit Bayerns innerhalb des Deutschen Reichs und die Wiedereinsetzung der Wittelsbacher Monarchie an, auch wenn damit eine vorübergehende Trennung vom Reich in Frage kam. Andererseits entwickelte sich in Bayern ein kräftiger Ableger der norddeutschen schwarz-weiss-roten (kaiserlichen), vor allem aber der militärischen Reaktion. Die weiss-blaue (bayrische) Richtung kündigte sich schon am Ende des Weltkriegs an. Damals, im Herbst 1918, weigerte sich das bayrische Zentrum unter Führung *Dr. Heims*, des Bauernführers, einer Entschliessung über die bedingungslose Treue Bayerns zum Reich zuzustimmen. Nach der Revolution dachte man an einen Sonderfrieden mit Frankreich und an ein selbständiges, vergrössertes Bayern ausserhalb des Reichs, was Eisner aus verschiedenen Gründen in Überlegung zog. Dr. Heim verhandelte im Frühjahr 1919, in der Rolle eines bayrischen Aussenministers, mit den Franzosen und stimmte in der Nationalversammlung gegen die Weimarer Verfassung.[1] Er setzte auch nach dem Scheitern seines Plans die an Frankreich orientierte Politik fort, weil er der Ansicht war, dass die kulturellen und historischen Beziehungen Süddeutschlands zu Frankreich nicht nur nicht verleugnet, sondern einer neuen Mitteleuropapolitik nutzbar gemacht werden sollten.

Aus diesem Grunde schickte auch die französische Regierung unter Berufung auf den Versailler Vertrag, aber im Gegensatz zu den Bestimmungen der Weimarer Verfassung einen eigenen Gesandten nach München. In der *Bayrischen Volkspartei*, die 1918 als Abspaltung vom Zentrum gegründet wurde, wurden auch in den Jahren 1921/22 noch die wirtschaftlichen und politischen Möglichkeiten erörtert, Bayern als unabhängigen Staat wiederauferstehen zu lassen. Die Partei behielt auch im weiteren ihre pointiert separatistische Linie mit legitimistisch-restaurativer Zielsetzung bei.

[1] Die neue Reichsverfassung, die im Juli 1919 gegen die Stimmen u.a. der Deutschen Volkspartei und einiger Bayern angenommen wurde, war „zentralistischer" als die des Kaiserreichs. Sie liess den Ländern wenige Rechte. Das Votum des Reichsrats – Organ der Länder – konnte nunmehr mit qualifizierter Reichstagsmehrheit, also durch die Parteien, aufgehoben werden. Das Reich hatte sein Kompetenzgebiet stark erweitert, die alte territoriale Buntscheckigkeit und funktionale Unzweckmässigkeit des Reichs schien aber erhalten. Der Kampf Bayerns gegen die neue Republik, ein Hauptthema Feuchtwangers in *Erfolg*, war ein Ausdruck für die historisch gewachsene föderalistische Gesinnung weiter Bevölkerungskreise. *Heiber* (a.a.o S. 43 f.) betont das Beharrungsvermögen der Länderbürokratien und die Macht der Tradition, die den sachlichen Gründen der Zentralmacht entgegenwirkten.

Inzwischen hatten sich in Bayern unter ständigem Zuzug aus dem Norden nicht nur eine Anzahl aktiver Freicorps gebildet, sondern daneben auch, wie fast überall im Reich, milizartige Selbstschutzorganisationen, die *Einwohnerwehren*, die sich jedoch in Bayern unter der Leitung des Forstrats *Escherich* eine potente Dachorganisation geschaffen hatten.

Der lauteste Protest gegen die von den Alliierten verlangte Auflösung der Einwohnerwehren kam verständlicherweise aus Bayern, dem „Eldorado der heimatlosen Rechten" (Heiber S. 91), wo die Einwohnerwehren aktive Politik zu betreiben begonnen hatten. Die neue Regierung Kahr (1920) mochte auf ihre stärkste Stütze nicht gern verzichten. Es kam im Verlauf des kommenden Jahres zu harten Auseinandersetzungen zwischen Berlin und München, das statt der Auflösung mit einem grossen Aufzug der militärischen Verbände provozierte. Erst im Juni 1921, nach einem Ultimatum der Entente, kapitulierten die bayrischen Einwohnerwehren, liessen sich entwaffnen und auflösen, was vielfach bedeutete, dass sie stattdessen unter die Erde gingen und *Geheimbünde* wurden.

Die *Thule-Gesellschaft* in München verstand sich schon in den Jahren vor dem 1. Weltkrieg als die geheime Femeorganisation der Widerstandsbewegung gegen die Demokratisierung der deutschen Gesellschaft, obwohl ihre eigentliche Gründung während des Krieges unter der Führung *Rudolf von Sebottendorffs* stattfand. Sie war deutschvölkisch und antisemitisch und liess sich vom Zusammenbruch der alten Ordnung im Herbst 1918 nicht einschüchtern, sondern gründete am 10. November den *Kampfbund Thule*.

„Die Thule-Gesellschaft wurde so der erste nachrevolutionäre Kristallisationspunkt der völkischen Bewegung in Bayern und ein wichtiges Zentrum des Widerstandes. Sie arbeitete dabei eng mit den Alldeutschen zusammen, die ihre Sitzungen in ihren Räumen abhielten; auch gingen von ihr wesentliche Impulse auf die Deutsche Arbeiterpartei (später NSDAP) aus." (Fenske S. 54. Vgl. *Eddabund*, S. 84).

Der *Bund Oberland*, einer der illegalen Wehrverbände in Bayern, trieb unter dem Vorwand, Sport und Turnen zu fördern, militärische Übungen und hielt Waffen von der Abgabe an die Behörden zurück (Fenske S. 53 und 159 f.). Die Mitglieder sorgten in einigen Fällen dafür, dass Gefährdete München verlassen konnten und Unliebsame aus dem Weg geräumt wurden (Fememorde). Die Erzberger-Mörder konnten mit Hilfe des Münchener Polizeipräsidenten *Poehner*, der ihnen falsche Pässe ausstellte, nach Ungarn entfliehen. Verdeckt spielte hier auch die Thule-Gesellschaft eine Rolle. (Vgl. *Erfolg* S. 583).

Es begann die Zeit der politischen Morde. Der Fraktionsführer der bayrischen Unabhängigen Sozialdemokraten, *Otto Gareis*, wurde in München erschossen. Er hatte im Bayrischen Landtag die Einsetzung eines Untersuchungsausschusses bewirkt, um festzustellen, ob sich eine Organisation zur gewaltsamen Beseitigung von Menschen gebildet habe. Schon waren ein Mord und ein Mordversuch an Verrätern geheimer Waffenlager ruchbar geworden, die Politische Polizei Poehners war mit in die Sache verwickelt. Am 10. Juni 1921 wurde Gareis nachts bei der Rückkehr von einer Versammlung vor seinem Haus erschossen. Er hatte das missliebige Thema im Parlament nicht fallen lassen. Die Mörder prophezeiten in einem Brief an die Polizei, dass *Erhard Auer*, der Führer der Münchener SPD, als nächster drankommen werde.

Erstes Opfer der Fememörder in Bayern wurde aber ein 19jähriges Mädchen, *Marie Sandmayr* (vgl. S. 85), die ein auf dem Schloss ihres früheren Dienstherrn befindliches Waffenlager anzeigen wollte, jedoch infolge eines Missverständnisses Angehörigen der Einwohnerwehr in die Hände fiel. Sie wurde am 6.10.1920 im Forstenrieder Park in München erdrosselt aufgefunden. Wie in den weiteren bayrischen Fememordfällen endete das gerichtliche Verfahren mit der Voruntersuchung (Hannover S. 152 f.).

Die Auflösung der Einwohnerwehren hatte, wie schon angedeutet, einen förmlichen Dschungel aller möglichen radikalen Organisationen hinterlassen, die sich dann im November 1922 in den *Vereinigten Vaterländischen Verbänden* (VVV) eine Dachorganisation schufen. Unter diesen Grüppchen schob sich im Laufe des Jahres 1922 eines immer mehr in den Vordergrund: die *Nationalsozialistische Deutsche Arbeiterpartei*, abgekürzt NSDAP, unter der Führung *Adolf Hitlers*.

Im November 1922 wird, unter Einfluss der vielen Kahr-Anhänger, die den gemässigten Ministerpräsidenten Graf Lerchenfeld bekämpften, die bayrische Regierung von Knilling vereidigt. Hinter ihr stand die alte Koalition aus BVP und *Bayrischer Mittelpartei* (deutschnational). Der Regierungschef ist wiederum ein Beamter, „wieder ein von den wirklichen BVP-Führern vorgeschobener, bei Bedarf leicht auswechselbarer Strohmann" (Heiber S. 129. Vgl. S. 46). Er verbündet sich mit dem Rechtsradikalismus, bekennt sich zu dem alten Programm Kahrs, „der bisher grollend im selbstgewählten ländlichen Exil auf seine Stunde gewartet hat, aber nicht mehr lange warten muss" (ibd. Vgl. das Kap. V/6 S. 716 ff. in *Erfolg,* in dem sich die Haltung Kahrs in der Gestalt *Klenks* spiegelt, der als Schlüsselfigur jedoch sonst dem bayrischen Justizminister *Roth,* S. 46 f., näher steht). Denn die Ereignisse des Jahres 1923 bringen das bayrische Problem zum dritten Mal in Bewegung und diesmal zur Lösung.

Die Neigung, den *Hitlerspuk* als eine vorübergehende Erscheinung anzusehen, finden wir Anfang der zwanziger Jahre bei den Münchener Sozialdemokraten belegt, dessen Führer Auer als einziger der bayrischen Parteichefs Protest erhob, als Innenminister Schweyer im März 1922 Hitler, der wie bekannt kein deutscher Staatsbürger war, nach Österreich ausweisen wollte. In den Augen der SPD war Hitler damals nur eine komische Figur, um deren willen man keine demokratischen Prinzipien zu opfern bereit war. Wahrscheinlich fürchtete Auer die eigene Ausweisung, bei der reaktionären Stimmung in München kein unmöglicher Gedanke. (Vgl. *Horváth, Sladek, der Schwarze Reichswehrmann*).

Der Aufstieg Hitlers und der NSDAP bis zum November 1923.

Putschversuch und Hitler-Ludendorff-Prozess[1]

Adolf Hitlers Rolle als Trommler der Nationalisten – eine Rolle, in der er der republikfeindlichen Regierung in Bayern von grossem Nutzen sein konnte – begann in diesen Jahren. Nur wurde den bayrischen Ministern und ihren Hintermännern immer klarer, dass sie an Hitler keinen guten Separatisten hatten. Hitler seinerseits wollte nach Berlin vordringen, um die Macht im Reich in die Hand zu bekommen. Er erkannte aber seine Abhängigkeit von den bayrischen Nationalisten und ihrem Machtapparat, dem Ministerpräsidenten v. Knilling, der lokalen Wehrmachtsleitung unter General *v. Lossow*, den Wehrverbänden und dem Polizeipräsidenten von München.

[1] Quellen: *Heiber, Hoegner, Hoffman, Fenske, Schwend, Maser, Bullock, Fest.*

Hitler, geb. 1889 in Braunau/Österreich, war über seinen Auftrag als „Bildungsoffizier" eines Münchener Regiments (1919) an eine kleine politische Gruppe gelangt, die sich die *Deutsche Arbeiterpartei* nannte und die er im Auftrag des Heeres bespitzeln sollte. Die 25 Personen trafen sich zu der angekündigten Versammlung am 12. September im „Leiberzimmer" des Sterneckerbräu in München. Wenige Tage später schloss sich Hitler dem Vorstand an, der aus noch völlig unbekannten Männern bestand. Er fiel mit seinen antisemitischen Reden auf. Maser (a.a.O.S. 79) fasst die Entwicklung der folgenden Zeit zusammen:

„Er (Hitler) peitscht die Propagandaarbeit voran. Ein Geschäftszimmer wird organisiert. Versammlungen finden statt. Die Mitgliederzahl wächst. Hitler wird langsam in München bekannt und wird der Partei unentbehrlich. / . . ./ Harrer tritt zurück. Hitler wird der 'Trommler' der nationalen Sache. Er wird sein eigener Propagandist. Eifrig arbeitet er für die Partei und für sich. / . . ./ Hitler ist erster Parteivorsitzender mit diktatorischen Vollmachten. Ein neuer ‚Hitlerstil' wird entwickelt. Hitler ist bereits der ‚Führer'." (Vgl. die Romangestalt *Rupert Kutzners*, S. 95 f.)

1922, auf dem ersten Parteitag, machte sich laut Maser zum ersten Mal das Fehlen einer Idee bemerkbar:

„Der *Völkische Beobachter*, der *Stürmer*, der *Miesbacher Anzeiger* und andere, der NSDAP nahestehenden Zeitungen haben diese Lücke schlecht und recht gefüllt. Trommelwirbel, Fahnen, Plakate, blitzende Stiefel, Uniformen, Girlanden und pathosgeladene Reden, Demonstrationen und Vorbeimärsche, Massenbegeisterung und Verzückung; das waren die Momente, die das Vakuum, das dort klaffte, wo eine ‚Ideologie' fehlte, füllen sollte." (Ibd. S. 122. Vgl. die Bewegung der *Wahrhaft Deutschen* S. 95)

Den Rathenau-Mord „feierte" die Partei Hitlers mit folgendem Plakat:

„Rathenau ist tot, Ebert und Scheidemann leben noch!"

Im Gegensatz zu dem, was Hoegner den „trockenen Ton in Staat und Wirtschaft" nannte, wirkten die schlagkräftigen Vergröberungen Hitlers und seine Art, sie vom Podium den Zuhörern ins Gesicht zu schleudern, phantasiebelebend und hoffnungserregend, besonders auf die Jugend. *Konrad Heiden* (1933) meinte, Hitler sei „von allen Rednern, die sich zur Zeit vor deutschen Massen produzieren, / . . ./ wohl der rasendste Kämpfer." (1933, S. 79).

Auch die NSDAP hatte ihre „Turn- und Sportabteilung", die sich aus der Organisation der „Saalordnertruppe" schnell entwickelte und mit Hilfe von militärischen Führern aus den aufgelösten Einwohnerwehren zu einem „Sturmblock der Partei" wurde und ihrem Führer „zur Verfügung" stehen sollte (SA). Hier hatte Hitler es mit Männern zu tun, die schon fertige Vorstellungen vom Begriff des „Führers" oder besser des „Chefs" mitbrachten, was für die „Organisation der Führerlegende" (Maser S. 114 f.) von grundlegender Bedeutung wurde (Vgl. die Romangestalt *Toni Riedlers*, S. 94). Auch in ihrer Anziehungskraft für asoziale Elemente unterschied sich die NSDAP von den übrigen bürgerlichen Parteien, was von den Gegnern klar gesehen wurde:

„Selbst der Führer umgibt sich mit Leuten, die irgendwie brüchig sind. In seinen Anfängen steht ihm am nächsten sein Jüngling Esser, ein Schreier und Krakeeler, ein ‚Lump', wie ihn Hitler selbst beschimpft, aber einer, den er vorzüglich gebrauchen kann",

schreibt Hoegner (S. 129). *Rudolf Hess* und *Ernst Röhm* werden auch erwähnt. (Vgl. die Romangestalt *Erich Bornhaaks*, S. 97)

Hitler-Forscher wie Bullock und Maser haben betont, dass es keine leichte, ja z.T.

eine unmögliche Sache ist, sich ein vollständiges Bild von *Hitlers Geldgebern* in der Zeit von 1920 bis 1923 zu machen, da diese vielfach geheim waren und mit ihren Namen nicht an die Öffentlichkeit treten wollten. Fest (S. 241 f.) erwähnt ausser *Dr. Gansser,* der Hitler mit Industrieherren in Berlin in Kontakt brachte, den Geheimrat *Kirdorf,* die *Daimlerwerke,* den *Bayerischen Industriellenverband,* „doch auch tschechoslowakische, skandinavische und vor allem schweizerische Finanzkreise", die der Partei Geld liehen. In Bayern warben für Geld, Waffen und Ausrüstung für die SA vor allem *Dietrich Eckart,* ein politisierender Bohemien stark antisemitischer Färbung, Max Erwin *von Scheubner-Richter,* ein Abenteurer mit vielen Verbindungen zur Industrie und zum Hause Wittelsbach, und *Ludendorff,* der von den Grossgrundbesitzern und von der Industrie unterstützt wurde. Die grossen Geldgeber waren alle nicht Mitglieder der Partei Hitlers sondern vertraten das wohlsituierte Bürgertum, das sich gegen eine Wiederholung der Revolutionsmassnahmen der Räterepublikaner von Frühjahr 1919 (Konfiskationen, vgl. S. 33) abzusichern wünschte. In der Organisation einer Gegenwehr gegen die Kommunisten unterstützten sie alle Kräfte, die sich gegen eine Revolution von links stemmten. „Am persönlichen Erfolg Hitlers hatten sie kein Interesse." (Fest, ibd.)

Im Sommer 1921 besuchte Hitler einige Wochen Berlin, wo er Kontakt mit nationalistischen Klubs aufnahm, vor denen er seine politischen Ideen entwickelte.

In dem Masse, in dem er „begehrter" zu werden schien, wuchs auch das Bankkonto der Partei. Die prekäre Lage in finanziellen Belangen wich im Sommer 1922 endlich einem wirtschaftlichen Aufschwung. Trotz der katastrophalen Inflationsverhältnisse des Jahres 1923, die durch die Besetzung des Ruhrgebiets verursacht wurden, belief sich das Parteivermögen bei der Auflösung der Partei nach dem Putsch bereits auf 170 000 Goldmark. *Fritz Thyssen* allein spendete Hitler 100 000 Goldmark, andere Geldgeber waren der Lokomotivfabrikant *von Borsig* und der Augsburger Fabrikbesitzer *Grandel* (Maser S. 155)

Im Dezember 1920 wurde der *Völkische Beobachter* (in *Erfolg* S. 386 Vaterländischer Anzeiger) z.T. mit heimlichen Armeegeldern zum Organ der NSDAP und der Propaganda Hitlers gemacht. Zwei Jahre später konnte Hitler das Blatt in eine Tageszeitung umwandeln. Sie wurde von Spenden finanziert; Gelbgeber waren *Gertrud von Seidlitz* und *Putzi Hanfstängel,* Sohn des grossen Kunstverlegers in München, der eine Anleihe von 1 000 Dollars verschaffte. Auch die Münchener Familien *Bechstein* und *Bruckmann* gaben Geld (Fest S. 241).

1922 entschied sich der im oberbayrischen Ort Mies¹   ⁻ʰeinende antisemitische *Miesbacher Anzeiger* für Hitler und die NSDAP. Die Weltbühne nannte dieses bayrische Organ einen „Wegbereiter für den Faschismus" und brachte, wie der Vorwärts, oft Zitate daraus. Hier wurde eine Sprache „gepflegt", die laut Maser (S. 119) im preussenfeindlichen Bayern lange schon populär war (vgl. auch Hoegner a.a.O. S. 106 und 108). Am 16. März 1921 z.B. erliess die Zeitung in einem Artikel einen „Funkspruch an alle Sau- und Regierungsjuden". Der Miesbacher Anzeiger übertraf sogar den *Stürmer* Streichers an Brutalität. Er genoss den Schutz der Kahr-Regierung und durfte paradoxalerweise sogar offen erklären, dass Kahr ein „Reichsfeind" sei (Maser S. 119).

Wie Feuchtwanger dieses antisemitische Hetzorgan seiner Landsleute bewertete, zeigen seine spöttischen Zeilen darüber in *Erfolg*. In der sog *Information* an seine Leser, die er 1930 dem zweiten Band des Romans voranstellte, blickt der Chronist, aus seiner fingierten Zukunftsperspektive auf eine längst überwundene Kulturform wie die bayrisch-bäurische herab:

„Material über die Sitten und Gebräuche der altbayrischen Menschen jener Epoche findet sich in einer Zeitung, die damals in einem altbayrischen Orte namens Miesbach erschien, dem *Miesbacher Anzeiger.* Diese Zeitung ist in zwei Exemplaren erhalten; das eine befindet sich im Britischen Museum, das andere im Institut zur Erforschung primitiver Kulturformen in Brüssel."[1]

Der Berliner Vorwärts bekämpfte auch die ehemals demokratischen *Münchener Neuesten Nachrichten* mit ihrem Hauptschriftleiter *Dr. Gehrlich,* die man auf der Linken ein „Organ der Münchener Polizeidirektion" und eine „kritiklose Nachsprecherin der Kahr-Politik" nannte. (Vgl. den *Generalanzeiger,* S. 95).

Hitler hatte im Herbst 1922 energisch an der Hetze gegen das Gesetz zum Schutz der Republik teilgenommen, wurde im November aber von Schweyer vor den Folgen seiner feurigen Reden gegen die „Novemberverbrecher" und „Vaterlandsverräter" gewarnt; mit Unterstützung der Armee und der Polizei für einen Aufstand sei nicht zu rechnen.

Mit der französischen Ruhrbesetzung bekamen die Bewegung Hitlers neuen Zuzug und seine Hassreden einen konkreten Angriffspunkt. Ende Januar holte Hitler 5 000 Mann aus der SA zu einer Kundgebung nach München. Als diese und 12 geplante Versammlungen verboten wurden, bat Hitler auf seinen Knien den Polizeipräsidenten *Nortz,* das Verbot zurückzunehmen. Der Stabschef Röhm, Hitlers wichtigstes Bindeglied zur Reichswehr, intervenierte bei General von Lossow, der erst dann nachgab und auf den Polizeipräsidenten besänftigend einwirkte, als er sich dessen vergewissert hatte, dass seine Offiziere, wenn notwendig, auf die Nationalsozialisten schiessen würden. Unter dem Vorwand, es sei im Interesse der nationalen Verteidigung, die nationalistischen Elemente nicht zu reizen, liess Nortz im Einverständnis mit der Regierung die Demonstration zu. In seiner Rede auf diesem ersten sog. Parteitag liess Hitler keinen Zweifel daran, dass es sein Ziel war, die Regierung in Berlin auf revolutionäre Weise zu stürzen.

Nach diesem Sieg Hitlers veränderte die Partei ihr Aussehen: aus einem politischen Verein für asoziale Abenteurer, Wirrköpfe und Empörer wurde eine stosskräftige Partei mit bürgerlichem Ansehen auch in Regierungskreisen. Im Jahre darauf bekam die NSDAP 35 000 neue Mitglieder, während die SA auf 15 000 Mann wuchs. In ganz Bayern wurde die „Führerlegende" propagiert, und ein Netz von Parteiversammlungen wurde über Stadt und Land ausgelegt.

Die nächste grosse Kraftprobe kam am *1. Mai,* als Hitler plante, durch eine Sprengung der traditionellen Demonstrationen der Sozialisten und Gewerkschaften die Aufmerksamkeit auf sich zu lenken. 20 000 SA-Leute versammelten sich auf dem Oberwiesenfeld in München, die Aktion wurde aber durch General von Lossow verhindert, der die von Röhm beschlagnahmten Waffen der Reichswehr zurückverlangte. Hitler kapitulierte, da er sich ohne die Zustimmung der Offiziere keinen Sieg versprach, versuchte aber in einer Rede am selben Abend im Zirkus Krone die „Verschiebung" der Aktion vor seinen Leuten zu rechtfertigen.

Das Unternehmen hatte keine Folgen für Hitler; eine staatsanwaltschaftliche Untersuchung wurde bald darauf eingestellt. Hitler hatte mit „landesverräterischen Enthüllungen" gedroht (Maser S. 153).

Im Herbst 1923 durchkreuzten sich nicht nur in Bayern verschiedene Versuche, die legale Reichsregierung zu stürzen. Der Putschversuch Hitlers im November war das Ergebnis einer hektischen Bemühung, die Stimmung in Deutschland seit dem ersten Tag der Ruhrokkupation in nationalistischer Richtung zu radikalisieren. Berlin,

---

[1] In der Rowohlt-Ausgabe 1956 als *Nachwort.*

nicht die Ruhr, war Hitlers eigentlicher Feind, da seine Partei vor allem zu fürchten hatte, der passive Widerstand gegen die Franzosen könne das Reich hinter der Regierung vereinen. Die bayrischen Minister dagegen suchten in diesen Tagen den süddeutschen Separatismus kaltzustellen und behandelten bis zum Zusammenbruch des passiven Widerstandes Ende September die Bewegung Hitlers als unangenehmen Störenfried, da immer deutlicher wurde, dass seine radikalen Ziele und seine persönlichen Machtansprüche weit über diejenigen der bayrischen Reaktion hinausgingen.

Anfang September gelang es Hitler, bei einer Demonstration sämtlicher patriotischer Verbände in Nürnberg an der Seite Ludendorffs wieder als Führergestalt zu erscheinen. Seine grosse Chance sah er aber gekommen, als Stresemann am 24. September den passiven Widerstand an der Ruhr aufgab. Vierzehn Massenversammlungen der Nationalsozialisten wurden angekündigt, die 15 000 Mann der SA aktionsbereit gemacht. Über Putschpläne ist nichts bekannt, es scheint, als wollte Hitler die Volksstimmung den weiteren Verlauf bestimmen lassen. Die bayrische Regierung liess sofort den Ausnahmezustand für Bayern proklamieren, um die Versammlungen Hitlers verbieten zu können. Die Reichsregierung in Berlin misstraute den Absichten Kahrs und antwortete ihrerseits mit dem *Ausnahmezustand für das ganze Reich,* wonach das offizielle Bayern, provoziert durch Hitler einen Kurs einschlug, der offenen Trotz gegen Berlin und den Reichspräsidenten Ebert bedeutete.

Es herrscht noch Unsicherheit darüber, welchen Zielen Kahr in diesen Tagen eigentlich nachging: ob er eine konservative Regierung in Berlin wollte, oder ob er eine Loslösung Bayerns vom Reich und die Errichtung eines süddeutschen Staates unter den Wittelsbachern anstrebte. Hitler, der eine nationale, stark zentralisierte Erneuerung auf Reichsbasis propagierte und den Separatismus offen bekämpft hatte, verstand, dass er den Streit zwischen Bayern und Berlin für seine Zwecke ausnützen konnte. In derselben Weise war es Kahr möglich, Hitler und die im Kampfbund vereinigten Kräfte zu benützen. *Aus dieser zweideutigen Situation heraus entwickelte sich ein unruhiger Bund zwischen Kahr und den Nationalsozialisten, in dem jeder den anderen zu überlisten und für die eigenen Zwecke auszunutzen trachtete.* (Vgl. *Erfolg* S. 720 ff.)

Am 27. Oktober verlangte Kahr den Rücktritt der Reichsregierung und befahl den bewaffneten Verbänden ausserhalb Bayerns, die zu ihm hielten, sich an den Grenzen Sachsens und Thüringens zu versammeln. In diesen beiden Staaten hatten Kommunisten in den sozialdemokratischen Regierungen Aufnahme gefunden; Kahr konnte also mit Unterstützung in weiten Kreisen rechnen, wenn er hier die Gefahr einer Revolution von links beseitigte. Von Dresden aus war der Weg nach Berlin dann nicht mehr weit. Lossow und Kahr versicherten Hitler und Röhm und den Führern des Kampfbundes, d.h. der VVV (vgl. S. 40), dass sie zuschlagen würden, sobald die Lage reif sei. Vorbereitungen wurden in beiden Lagern getroffen, jedoch verloren die Nationalsozialisten mit jedem Tag in zunehmendem Masse das Vertrauen zu Kahr und Lossow. Die Lage im Reich stabilisierte sich, und Sachsen und Thüringen boten keinen Anlass mehr für eine bayrische Intervention.

Nach einem Zusammentreffen mit Kahr und Lossow und den Kampfbundführern am 6. November verstand Hitler, dass er Staat und Reichswehr nur durch eine Überrumpelung in seinen Plan würde einfügen können. Er fürchtete, dass Kahr einen monarchistischen Putsch ohne die NSDAP vorbereitete, und es kam zu den dramatischen Vorgängen am Abend des *8. November* im *Bürgerbräukeller* in München, bei denen Hitler und seine SA das Triumvirat Kahr, Lossow und Seisser, Polizeipräsident von Bayern, vor das Fait accompli der Machtergreifung stellten, das hiess:

44

mitmachen oder sterben. (Fest S. 260 ff.)

Der Putsch brach am folgenden Vormittag auf dem Odeonsplatz endgültig zusammen, als auf Befehl Kahrs und Lossows Reichswehrsoldaten auf die marschierenden Nationalsozialisten, mit Hitler und Ludendorff an der Spitze, schossen.

> „Die Vorgänge des 8. und 9.11.1923 können deshalb im strengen Sinne nicht als Putsch gewertet werden, ihr Zweck war einzig die Stimulierung des von Kahr geplanten Putsches", urteilt Fenske (S. 222). Was Kahr den Verbandsführern am 6. November versprochen hatte, nämlich die Schaffung einer nationalen Regierung, eines Direktoriums, sollte mit Hilfe von Hitlers dramatischem Überrumpelungsmanöver nur in die Bahn geleitet werden, ehe es zu spät war. Der Vorschlag Hitlers, Kahr zum Landesverweser zu machen, deutet ja auch daraufhin, dass er den Rivalen nicht verdrängen, sondern einstweilen an seiner Seite haben wollte, um die bayrische Reichswehr und womöglich auch einen Schein der Legalität für die Operation zu gewinnen.

Der Prozess gegen die am Putsch Beteiligten fand vor einem Sondergericht in den Lokalen der alten Infanterieschule in München statt und wurde ein Triumph für Hitler, der vor dem grossen Publikum und den ausländischen Berichterstattern seine rhetorische Begabung demonstrierte. Kahr, Lossow und Seisser wurden nur als Zeugen geladen und von der Verteidigung der Lächerlichkeit preisgegeben. Über die Beziehungen zur Reichswehr und zur Polizei sowie über die Aufmarschpläne gegen Berlin war in öffentlicher Verhandlung nichts zu erfahren.[1] Das Gericht duldete eine hemmungslose Beschimpfung der Republik von Seiten der Angeklagten, die die wahren Helden des Prozesses wurden. Nach weniger als neun Monaten auf der Festung Landsberg war Hitler wieder in Freiheit.

Politisch massgebliche Personen im damaligen Bayern. Biographische Angaben

Dr. Gustav Ritter von Kahr (1862–1934) war vom März 1920 bis November 1921 bayrischer Ministerpräsident. Wegen der Folgen des alliierten Ultimatums zur Einwohnerwehrfrage (vgl. S. 39) zum Rücktritt gezwungen, wurde er Regierungspräsident von Oberbayern und erhielt im Krisenjahr 1923 wieder eine Schlüsselstellung in der bayrischen Politik, als die Regierung in München den Ausnahmezustand über Bayern verhängte und Kahr zum Generalstaatskommissar ernannte (S. 37). Nach Hitlers Putschversuch verlor das Staatskommissariat an Autorität und wurde im Februar 1924 aufgehoben, worauf sich Kahr endlich aus dem öffentlichen Leben zurückzog. (Schwend S. 251 ff.) Er wurde 1934 anlässlich der Röhmaffäre von den Nationalsozialisten ermordet.

> Über Kahr schreibt *H. H. Hoffmann* (S. 47): „Der fünfundfünfzigjährige, von österreichischen Glaubensflüchtlingen im mittelfränkischen Aischtal abstammend, klein und gedrungen von Statur dem Hunnenkönig Etzel zu vergleichen, stets in korrektes Schwarz gekleidet, besass kaum volkstümliche Eigenschaften. Und doch wurde seine Popularität fast zum Nimbus gesteigert wie bei keinem bayrischen Regierungschef vor und nach ihm. Seine starke persönliche Wirkung beruhte in der Ausstrahlung eines grundsoliden, fast hausbacken wirkenden, als unbedingt ehrlich und sauber empfundenen Wesens, das frei von aller Kom-

---

[1] Eine Zusammenfassung des Hitler-Prozesses machen H. und E. Hannover S. 145–153.

pliziertheit und Problematik und darum als kompromisslos erschien, das ihn aber auch so heterogene Probleme, wie sie die Zeit aufwarf, allzu leicht als terrible simplificateur zu behandeln geneigt machte. Der alte bayerische Staat, dessen Verwaltungskarriere der Sohn des königlichen Verwaltungsgerichtspräsidenten durchlief, hatte aber nur neutrale Fachbeamte herangebildet, kein politisches Feingefühl und erst recht keine Kenntnis wirtschafts- und sozialpolitischer Zusammenhänge, keinen Weitblick, keine Schöpferkraft."

Wilhelm Hoegner nennt Kahr (S. 103) „einen alten monarchistischen Beamten, einen verschlagenen und ehrgeizigen, aber wenig entschlusskräftigen Mann". Andere wieder sprechen von einem „seltsamen Gemisch von bürgerlicher Biederkeit und sentimentaler Romantik" und nennen Kahr „eigensinnig, oft fanatisch-stur" (Hoffmann ibd.)

Kahr hatte während der ersten Jahre der Republik hinter dem Rücken seines sozialdemokratischen Innenministers in Studentenkreisen eifrig für die Wiederherstellung der bayerischen Monarchie gewirkt. Als im Herbst 1923 der Konflikt mit Berlin offenkundig wurde, polemisierte er gegen den undeutschen Geist der Weimarer Verfassung, nannte das Regime einen „tönernen Koloss" und sah sich in einer Rede als Exponent der nationalen Sache in dem entscheidenden Weltanschauungskampf gegen die internationale marxistisch-jüdische Auffassung. *Fest* (S. 252) gibt hierzu den Kommentar, dass Kahr durch seine lärmenden Reaktionen wohl in erster Linie den Erwartungen gerecht werden wollte, die mit seinem Generalstaatskommissariat verbunden wurden.

Über die Haltung Kahrs in der berühmten Szene im Bürgerbräukeller, als Hitler mit rauchender Pistole den redenden Generalstaatskommissar unterbrach und ihn zum Mitmachen zwang, schreibt *Fest*:

> „Zur Verblüffung Hitlers zeigten die drei Männer sich jedoch kaum beeindruckt, vor allem Kahr war der Situation gewachsen. Sichtlich gekränkt durch das verrückt anmutende Räuberstück und die Rolle, die ihm darin zugedacht war, äusserte er: ‚Herr Hitler, Sie können mich totschiessen lassen, Sie können mich selber totschiessen. Aber sterben oder nicht sterben ist für mich bedeutungslos." (Vgl. die Romangestalt *Franz Flauchers,* S. 91 f.).

Über den bayerischen Ministerpräsidenten des Krisenjahres 1923, *Dr. Eugen von Knilling,* schreibt *Schwend:*

> „Man sah und achtete in ihm mehr den ehemaligen königlich bayerischen Staatsminister, der von 1912–1918 das Kultusministerium geleitet hatte, als den Parlamentarier. Seine Berufung zum Ministerpräsidenten lag noch ganz auf der bei Kahr und Lerchenfeld von der BVP befolgten Linie, *keinen führenden Mann aus der Partei mit der Leitung der Staatsgeschäfte zu betrauen,* sondern einen Beamten", (Hervorhebungen von der Verf.; vgl. die Romangestalt *von Ditrams,* S. 92)

Eine entscheidende Rolle für die Entwicklung Bayerns zur „Ordnungszelle" des Reichs und Zuflucht reaktionärer Elemente spielte *Dr. Christian Roth* (1873–1934), prominentes Mitglied der Thule-Gesellschaft. Er war Jurist und wurde nach der scharfen Rechtswendung der bayerischen Politik im Jahre 1920 zum Justizminister ernannt. Er gehörte der Bayrischen Mittelpartei an, die rechts von der BVP stand. Fenske (S. 72f.) würdigt seinen Eintritt in die bayerische Politik wie folgt:

> „Der Amtswechsel von Müller-Meiningen zu Roth ist kaum hoch genug zu veranschlagen: damit wurde der unglückliche deutsch-nationale Einfluss auf die bayerische Justiz geschaffen, der sich bei der Verfolgung der Vorgänge vom 1.Mai und vom Herbst 1923 so nachteilig auswirkte. In der Auseinandersetzung um den Republikschutz war Roth zusammen mit Kahr der konsequenteste Kämpfer gegen Berlin."

Roth schied mit Kahr aus der Regierung.

Im Jahre 1923, als Ernst Röhm sich unter dem Druck der Ruhrokkupation bemühte, aus den VVV und den noch selbständigen Bünden sowie der SA ein schlagkräftiges Instrument zu machen, erhielt Roth die politische Geschäftsführung der Arbeitsgemeinschaft und übte in der bedrängten Lage einen unübersehbaren Druck auf den Ministerpräsidenten von Knilling aus. Die Zusammenarbeit mit der NSDAP und den Anhängern einer provokativen Politik gegenüber Berlin sollte zu einer neuen Regierungsbildung führen, bei der der einstige Justizminister Roth als Vertrauensmann des Kampfbundes den Posten des Innenministers übernehmen sollte. Roth vertrat also diejenigen Kräfte in Bayern, die von Anfang an die Republik zu untergraben versuchten.

Roth schied im Oktober 1923 aus der Bayrischen Mittelpartei aus und ging zum *Völkischen Rechtsblock* über, ein Schritt auf dem Wege zur NSDAP. (Fenske ibd., vgl. die Romangestalt *Otto Klenks*, S. 92 f.).

Wirkliche Macht hatten nur die Drahtzieher hinter der Regierung. Der grosse Bauernführer *Georg Heim* (1865–1938), eine starke politische Persönlichkeit, galt vielen als „die eigentlich bestimmende Kraft der bayrischen Politik in der Weimarer Zeit" (Hoffmann S. 33). Heims *Christlicher Bauernverband* hatte zwischen den Kriegen mit seinen rund 150 000 Mitgliedern zeitweise einen erheblichen Einfluss auf die Agrargesetzgebung ausgeübt. Das Ansehen des blinden „Bauerndoktors", der auch „Bayerns ungekrönter König" genannt worden ist, erweckte in den Tagen der Revolutionswirren die Hoffnung bei vielen Bürgerlichen, er würde als starker Mann die konservative Antwort auf die sozialistische Provokation werden. In einem Brief vom 14.1.1919 schreibt *Ludwig Thoma* (an Maidi Liebermann):

> „Die deutsche Volkspartei? Sie hat nicht den geringsten Einfluss. Die gemässigte Sozialdemokratie? Sie wirkt nur als Vorläuferin der Radikalsten. Heim aber, an der Spitze einer mächtigen Organisation von 168 000 Bauern, als Leiter auch der organisierten Dienstboten, kann helfen, wenn das noch möglich ist. Er geniesst grosses Ansehen und unbedingtes Vertrauen, und er ist selber so demokratisch und volkstümlich in seinen Ansichten, wie in seiner Art, sich zu geben, dass von ihm aus Rettung kommen kann." (*Ein Leben in Briefen*)

Heim aber blieb im Hintergrund. Obwohl er der eigentliche Gründer der BVP war (vgl. S. 38), wurde er doch sehr schnell ein Aussenseiter, dem man zwar ein breites Feld der Eigeninitiative liess, dessen Ansichten man jedoch oft missachtete. (Vgl. Fenske S. 67; vgl. die Romangestalt *Dr. Bichlers*, S. 93).

Kronprinz Rupprecht von Bayern (Wittelsbach, 1869–1955) spielte in den Jahren nach dem Sturz seines Vaters, *Ludwigs III.* (vgl. S. 32), der in den Revolutionstagen nach Holland entflohen war, keine aufdringliche Rolle in der bayrischen Politik, obwohl es Gruppen auf der Rechten und sogar eine politische Partei, die *Bayrische Königspartei*, gab, die die Wiederherstellung der Monarchie wünschten. Rupprecht suchte eher die Gegensätze zu mildern und war im Herbst 1923 direkt an der Errichtung des Generalstaatskommissariats beteiligt. Dass Rupprecht die Macht nicht für sich anstrebte, geht u.a. daraus hervor, dass er im November 1921, bei den Beisetzungsfeierlichkeiten für König Ludwig III. nicht wie von vielen erwartet und erhofft als rechtmässiger Erbe die Zügel der Regierung putschartig in die Hand nahm. (Vgl. die Romangestalt des *Kronprinzen Maximilian*, S. 93)

Trotz seiner Abneigung gegen die Wittelsbacher und gegen die katholische Kirche, die er mit seinem Germanenglauben provozierte, liess sich *Erich Ludendorff* (1865–1937) im Sommer 1920 in der Nähe von München nieder, was auf die nationale

Bewegung stark einwirkte, da er, der abgedankte General und ehemalige Feldherr, zunehmend in den Mittelpunkt der auf einen gewaltsamen Umsturz zielenden Bestrebungen rückte. Aus bayrischer Sicht hatte seine Anwesenheit in München, wo er an so gut wie allen vaterländischen Versammlungen teilnahm, manche Möglichkeiten ruhiger Entwicklung versperrt. Er machte aus seiner Skepsis gegenüber der BVP kein Hehl, zeigte aber für die NSDAP ein gewisses Interesse, da ihn Hitler stark beeindruckte. (Fenske S. 168 f.; vgl. die Romangestalt *General Vesemanns*, S. 93 f.)

Zwei Namen auf dem Gebiet der Wirtschaft und Industrie sollen in dieser Personendarstellung, die keinen Anspruch auf Vollständigkeit erhebt, angeführt werden. *Oscar von Miller* (1855–1934), der berühmte Gründer des *Deutschen Museums* in München, wurde nach dem 1. Weltkrieg von der bayrischen Regierung mit dem Bau des *Walchenseekraftwerkes* betreut. Er war der Initiator des *Bayernwerks*, das sich im April 1921 mit einer „Bayrischen Elektrizitäts-Anleihe" an die Öffentlichkeit wandte, um die Versorgung des rechtsrheinischen Bayern mit Elektrizität zu ermöglichen. Ein Hochspannungsnetz wurde durch das ganze Land gezogen, und im Jahre 1924 konnte es in Betrieb genommen werden. Oscar von Miller war in München eine legendäre Gestalt, der in seinen späteren Jahren auch viel auf Reisen ging und überall feierlich als grosser Organisator empfangen wurde. (Vgl. die Romangestalt *Sebastian von Gruebers*, S. 94)

Die *Holdinggesellschaft Friedrich Flick K.G.* mit Sitz in Düsseldorf hatte in den Jahren nach dem 1. Weltkrieg zu *Daimler-Benz* in Stuttgart und den *Bayrischen Motorenwerken* in München sehr intensive Geschäftsbeziehungen. Den Namen hatte sie nach ihrem Gründer *Friedrich Flick* (1883–1972). Als Grossindustrieller gehörte Flick zu denjenigen, die am Währungsverfall 1923 verdienten, da er Produktionsmittel und Grundstücke besass. Da die Reparationen 1923 auch de facto geringer wurden, konnten sie die deutsche Industrie nicht mehr so wie früher belasten. Industriezweige aber, die geringwertige Verbrauchsgüter herstellten, deren Kunden praktisch ausschliesslich die „kleineren Leute" waren, gehörten zu den Verlierern, da die Nachfrage nach ihren Waren in dem Moment aufhörte, als die proletarisierten Kleinbürger keine Zahlungsmittel mehr hatten. (Vgl. das Schicksal der *Süddeutschen Keramiken Ludwig Hessreiter & Sohn* in *Erfolg*, dazu S. 122 f.) Dagegen funktionierte die Grossindustrie 1923 immer noch auf dem Weg des internationalen Tauschhandels: so konnte sich die Schwerindustrie bei etwas geringerer Produktion ganz gut behaupten.

Die *Daimlerwerke* in Stuttgart und der *Bayrische Industriellenverband* gehörten, wie S. 42 angeführt, seit dem Sommer 1922 zu den bekanntesten inoffiziellen Geldgebern Hitlers. (Vgl. die Romangestalt *Baron von Reindls*. S. 94)

Feuchtwanger und sein Freundeskreis in München. Gelehrte, Künstler, Schauspieler und Schriftsteller, die in *Erfolg* verschlüsselt vorkommen. Die Kritik Feuchtwangers an den Passionsspielen in Oberammergau

Bereits vor 1918 gab es in der *Torggelstube* in München, einem Weinrestaurant in der Nähe der Münchener Kammerspiele, mit deren Leiter *Otto Falckenberg* Feuchtwanger eng befreundet war, zwei Künstlerstammtische. An ihnen „thronten" (Marta F.) die Freundfeinde *Max Halbe* und *Frank Wedekind*. Wedekind war der moderne und fortschrittliche, und *Lion Feuchtwanger* gehörte mit Mühsam (vgl. S. 32) in sein Lager. Trotzdem rechnete er mehrere Persönlichkeiten auf der Rechten zu seinen Bekannten. Er hatte sich jedoch schon als Theaterkritiker in den Jahren vor dem Krieg auf die Seite der Jungen gestellt, denn seit seiner Studienzeit in Berlin hatte er die Kluft zwischen dem offenen, psychologisierenden Berliner Theater und dem biederen München schmerzhaft empfunden und in seiner Kritikertätigkeit zu überbrücken versucht. (Vgl. Abschnitt über *E. Possart,* S. 57 f.). Seine eigene Jugend hatte im Zeichen der Auflehnung gegen den Vater gestanden, eine Erfahrung, die ihn mit dem wahrheitsliebenden Wedekind verband. In seiner kurzlebigen Zeitschrift *Der Spiegel* hatte er die „germanisch-christliche Kunst" des Münchener Künstlertheaters verurteilt. Auch in dem von ihm selbst gegründeten literarischen Verein *Phoebus* war er für das moderne Theater eingetreten. Trotz dieser klaren Stellungnahme haben Journalisten und Kritiker, die ihn politisch bekämpften, seine Werke oft günstig besprochen.

Feuchtwanger lebte die Jahre nach dem 1. Weltkrieg mit seiner Frau Marta in einer möblierten Wohnung in der Georgenstrasse in München. Er war vom Fach des Theaterkritikers in das des Dramatikers übergewechselt, und lebte von den Tantiemen seiner Dichtungen oder auch von Artikeln für Zeitungen und Zeitschriften, was zu der Zeit noch mit bescheidener Lebensführung möglich war. Er hatte 1916, als sein Vater starb und sein Bruder Fritz die Margarinefabrik der Familie übernahm, nicht auf der Auszahlung seines Erbes bestanden. Als die Inflation mit der rapiden Geldentwertung einsetzte, wurde die Situation schwieriger[1]. Feuchtwanger nahm beim *Drei Masken Verlag,* um eine gewisse soziale Sicherheit zu haben, ein Lektorat an, das er von seiner Wohnung aus betrieb. München war in den Tagen der Hitlerversammlungen für Juden nicht erquicklich, viele verliessen die Stadt. Der Dirigent *Bruno Walter* wurde bei einer Vorstellung in der Staatsoper mit faulen Eiern beworfen, worauf er nach Berlin an die dortige Staatsoper ging. Feuchtwangers blieben, trotz Schikanen von Seiten der Behörden und der „braunen Banden", und hielten sich auch am Tage des Hitler-Ludendorff-Putsches in München auf, die Entwicklung der Dinge abwartend. Dies hätte gefährlich werden können, wenn die Machtübernahme gelungen wäre, denn Lion Feuchtwanger stand zusammen mit Bertolt Brecht auf Hitlers Liste der zu Verhaftenden.

Die doppelten Erfahrungen als Kritiker mit fundiertem akademischen Wissen in Dingen der Literatur und Verfasser von erfolgreichen Dramen machten Feuchtwanger zu einer Autorität in seiner Heimatstadt. Als er nach Berlin hinüberwechselte, wurden die Aufführungen seiner *Angelsächsischen Stücke* mit den besten dortigen Kräften

---

[1] „Bis man Tantiemen bekam, waren sie eine Briefmarke wert", schreibt *Marieluise Fleisser* (vgl. S. 000 f.) in *Erinnerungen an Brecht* in: *Gesammelte Werke* Bd. II. S. 301.

besetzt, da sie „neusachlich" waren. Gross aufgezogen wurde vor allem das Drama *Die Petroleum-Inseln*. In ihm spielten *Maria Koppenhöfer, Eugen Klöpfer* und *Lotte Lenya,* die die Songs vortrug. „Die Regie jedoch, obwohl von berühmten Regisseuren geführt, war fast immer gegen die Absichten des Autors." (Marta F. in einem Brief an die Verf. vom 26. Juni 1974).

Die Begegnung mit dem vierzehn Jahre jüngeren Bertolt Brecht (vgl. S. 52 ff.) bedeutete für Feuchtwanger vor allem, dass sein Selbstgefühl, künstlerisch wie menschlich, stark herausgefordert wurde, da Brecht mit seinem Skeptizismus und seiner Heftigkeit alle Werte auf den Kopf stellte. Es ist bekannt, dass sich die beiden in den Jahren, als Brecht bei Feuchtwangers in München ein- und ausging (1919–1924) und als u.a. die gemeinsame Arbeit *Leben Eduards des Zweiten von England* entstand, oft und gern bis tief in die Nacht stritten. Etwas davon ist in Feuchtwangers Aufsatz *Bertolt Brecht. Dargestellt für Engländer* (CO, S. 556 ff.) zu spüren, in dem von „wüstem Geschrei" die Rede ist.

Eine Vorstellung von den Meinungsverschiedenheiten, die zwischen Feuchtwanger und Brecht herrschen konnten, bekommt man, wenn man z.B. ihre jeweiligen Beurteilungen des 1928 erschienenen Romans *Die Welt des William Clissold* von *H.G. Wells* liest, zumal in den „marxistischen" Jahren Brechts sich die Gegensätze natürlich verschärft hatten. Feuchtwanger bezeichnet in einem Aufsatz (CO, S. 430) diesen Roman als ein Musterbeispiel sachlicher Literatur, wie er sie sich auch für Deutschland wünsche. Brecht dagegen nennt den Roman von Wells ein „Machwerk". In seiner Antwort auf eine Rundfrage der Zeitschrift *Das Tagebuch* nach den besten Büchern des Jahres spricht er von einer „monströsen Sammlung von pseudophilosophischen Gemeinplätzen in verlogen objektivem Stil, die aufschlussreich ist über die respektable Dummheit der Ansichten eines Durchschnittsengländers." (In *Gesammelte Werke* 18, S. 65; vgl. *Jaques Tüverlin, Siegbert Geyer* S. 96 f. bzw. 97)[1]

Marta Feuchtwanger, geb. *Löffler* (1894), hatte Lion Feuchtwanger im Jahre 1910 kennengelernt und 1912 geheiratet. Sie begleitete ihn auf manchmal recht strapaziösen südlichen Reisen, auf denen ihnen ein paar mal das Geld ausging und sie nach „billigen" Gegenden wie Calabrien und Sardinien gehen mussten. Feuchtwanger erinnerte sich 1933 in seiner *Selbstdarstellung* (C.O. S. 368) and die gemeinsamen „Wanderjahre".

Frau Marta war als junge Frau ausgesprochen sportlich und ihrem Mann eine loyale Ehefrau und gute Kameradin. Auch sie interessierte Kunst und Literatur. Das literarische Motiv der für die Befreiung eines Mannes wirkenden Frau und Feuchtwangers Vorbilder zu dieser Gestalt in *Erfolg* berührt sie in einem Brief an die Verf. vom 2. Juli 1970:

> „Unsere geglückte Flucht aus der Kriegsgefangenschaft in Nordafrika während des ersten Weltkrieges (F. wurde beim Kriegsausbruch als deutscher Staatsbürger in Tunis gefangengenommen, konnte aber mit Hilfe seiner Frau nach einigen Tagen sich auf ein italienisches Schiff retten. Vgl. *Flucht aus Tunis*, CO S. 358–362. Anm. der Verf.) und meine Bemühungen

---

[1] Vgl. ibd. S. 51, die Äusserung Brechts zum Thema Literatur: „Praktisch gesprochen: Wünschenswert ist die Anfertigung von Dokumenten. Darunter verstehe ich: Monographien bedeutender Männer, Aufrisse gesellschaftlicher Strukturen, exacte und sofort verwendbare Information über die menschliche Natur und heroische Darstellung des menschlichen Lebens, alles von typischen Gesichtspunkten aus, und durch die Form nicht, was die Verwendbarkeit betrifft, neutralisiert" (1926).

damals, *Madame Legros* von Heinrich Mann[1] und *Censi Mühsam,* die Frau des Schriftstellers Erich Mühsam, haben wohl die Figur der Johanna Krain angeregt. Censi Mühsam, ein katholisches Bauernmädchen, während des Krieges Krankenschwester, vergötterte ihren Erich, der nach der Räteregierung eingesperrt wurde. Sie rannte auch zum Bischof oder einem ähnlichen hohen Geistlichen, der Sonnnenschein hiess[2] und den sie ihr 'Sonnenscheinchen' nannte. Dieser hatte auch immer geholften, bis die Nationalsozialisten endlich Schluss mit ihrem Mühsam machten." (Vgl. die Romangestalt *Johanna Krains,* unten S. 97 f).

August Liebmann Mayer, geb. 1883 in Darmstadt, wurde 1914 Kustos an der Alten Pinakothek in München, wo er, obwohl Jude und „Zuageroaster" und daher von den Antisemiten nicht gern gesehen, bis 1933 verblieb. *U. Weisstein* (vgl. S. 15) hat über Mayer, der ein Bekannter Feuchtwangers war, Nachforschungen angestellt, um herauszubekommen, inwieweit es auch in der Wirklichkeit einen *Fall Krüger* gegeben hat (S. 178). „Mayer was an expert in Spanish art and published numerous monographs on painters like Velazquez, El Greco, Murillo and Goya. Nothing, however, is known about a trial similar to that which figures prominently in the novel." (Vgl. August L. Mayer: *Francisco de Goya,* München 1923). Mayer war gleichzeitig ausserordentlicher Professor und Privatdozent an der Universität München. Ordinariate waren in Bayern Juden, die sich nicht taufen liessen, versperrt. Dass Mayer jedoch als Vorbild der Krügerfigur, obwohl nicht ihr alleiniges, gedient hat, ist sowohl Weisstein als der Verf. d.A. von Marta F. bestätigt worden. Auf eine Anfrage bei der Direktion der Bayerischen Staatsgemäldesammlung erhielt die Verf. die Auskunft, dass Mayer am 8.1.1931 von seinen Berufskollegen „übler Machenschaften auf dem Kunstmarkt" bezichtigt wurde, also erst im Jahre nach dem Erscheinen von *Erfolg* (Brief vom 28.10.1970). Diese Bezichtigungen könnten eventuell als Ausdruck antisemitischer Anfeindungen gesehen werden, die auch in den Jahren vor 1930 vorgekommen sein können. Professor *Dr. Karl Bosl* am Institut für Bayrische Geschichte an der Universität München schrieb der Verf., dass der Fall August L. Mayer „in den Akten sehr schwer greifbar" ist, „da es sich doch um ein sehr spezielles Problem handelt" (Brief vom 18.11.1970). Da aber die nötigen Recherchen über Mayer nun von Weisstein ohne Ergebnis für die Zeit vor 1930 angestellt worden sind, dürfen wir annehmen, dass der in Feuchtwangers Bayernroman geschilderte Meineidsprozess eine freie „Erfindung" des Autors ist. (Vgl. die Romangestalt *Martin Krügers,* S. 98)

Der Schriftsteller *Bruno Frank* (1887–1945) stammte aus Stuttgart, studierte Jura in Tübingen und München, machte Reisen durch Frankreich, Italien und Spanien und liess sich in den Jahren vor dem 1. Weltkrieg als freier Schriftsteller in Bayern nieder. Er verbrachte die Jahre bis 1933 in Oberbayern und in München, ein Nachbar und Freund Thomas Manns. Als Erzähler von Romanen, Novellen und erfolgreichen

---

[1] Dieses 1913 entstandene Drama wurde 1917 von den Kammerspielen in München uraufgeführt und sollte als moralisches Beispiel wirken. In seinem Essay über *Zola* vergleicht H. Mann diesen mit der historischen Bürgersfrau *Legros* des Jahres 1784: beide hätten unter ihrem Volk gelebt als sein Gewissen. Die Fabel: Madame Legros hat durch einen Brief aus der Bastille erfahren, dass dort seit 43 Jahren der Gefangene Latude unschuldig eingekerkert sei. Seiner Befreiung widmet sie nun ihr Leben. Der Unschuldige wird gerettet, aber nur um den hohen Preis der Gewaltanwendung.

[2] Es handelt sich um den Prälaten *Dr. Carl Sonnenschein,* der sich durch seine soziale Arbeit in Berlin und München hervorgetan hatte und nach Ende des 2. Weltkrieges an den Folgen seiner Haft während der NS-Zeit starb.

Bühnenstücken (*Die Fürsten* 1915, *Tage des Königs* 1924, *Trenck* 1926 und *Zwölf-tausend* 1927) fühlte er sich formal der klassischen Tradition des 19. Jahrhunderts verpflichtet und war ein grosser Bewunderer der Stilkunst Thomas Manns. Aufsehen erregte 1926 seine *Politische Novelle*, die die deutsch-französische Verständigung zum Thema hatte. Er war darin Feuchtwanger nicht unähnlich, dass er Stoffe über historische oder zeitgenössische Persönlichkeiten aufgriff, die er psychologisierend darstellte. Die Flüssigkeit seines Stils wird in den Handbüchern allgemein hervorgehoben.

Feuchtwanger, den seit Wedekinds Tod 1918 eine enge Freundschaft mit Bruno Frank verband, schätzte an ihm vor allem sein Sprachgefühl und seine Belesenheit. Die beiden lernten sich schon Anfang des Krieges am Stammtisch Wedekinds in der Torggelstube kennen. Feuchtwanger besuchte den Freund oft in Tutzing am Starnberger See. *Leupold* behauptet, dass sich die Freunde eine Zeitlang fast täglich trafen.

> „Frank sah sehr gut aus und hatte viele Beziehungen zu Frauen, er wusste äusserst amüsant von seinen Abenteuern und Erlebnissen zu erzählen und war ein ausgezeichneter Gesellschafter" (S. 26 f.)

Über Lion Feuchtwangers Verhältnis zu Frank schrieb mir Marta Feuchtwanger:

> „Es war eine echte Freundschaft, schnell geschlossen, als sich beide zu Anfang des Ersten Weltkriegs kennen lernten. Das Verhältnis kühlte sich etwas ab, als Frank heiratete, vor allem aber als Bertolt Brecht in Erscheinung trat, für dessen Bedeutung Bruno Frank keinen Sinn hatte. Er, der formvollendete, äusserst kultivierte Schriftsteller, hatte keinen Geschmack an dem Ikonoklasten Brecht gefunden." (In einem Brief vom 26.6.1974).

Marta Feuchtwanger hat mir bezeugt, dass Frank „von Frauen verwöhnt" war, und dass der Kunsthistoriker Krüger in *Erfolg* äussere Züge und Eigenschaften Bruno Franks hat. Als Feuchtwanger *Marieluise Fleisser* (vgl. S. 56 f.) zum ersten Mal sah, sass sie – es war auf einem Faschingsfest – „auf der Schulter Bruno Franks". „Lion", vermittelte Frank, „das ist die Frau mit dem schönsten Busen Mitteleuropas." (*Materialien* S. 354).

In seinem Gruss zum 50-jährigen Geburtstag Franks erwähnt *Thomas Mann* die *Goya-Studien* des deutschlandflüchtigen Prinzen, einer Romanfigur in Franks Exilroman *Der Reisepass* (Vgl. Berglund S. 207 ff.), die zugleich ein Selbstporträt war.

> „Seelisch gesehen ist er nicht viel anders über die Grenze gekommen als dieser, der durchaus keine politische Kämpfer- und Fanatikernatur, sondern einfach ein anständiger Mensch ist."
> (*Reden und Aufsätze*, 1965, S. 262)

Über Franks gesundheitliche Veranlagung sagt Th. Mann in seinem Nachwort (ibd.): „Eine Neigung zur Gicht trat zeitig auf, auch ein nervöses Asthma, das sein Herz ermüdete." Von diesen Leiden dürfte auch Feuchtwanger gewusst haben, als er Frank in München traf und später in Berlin den herzkranken Krüger gestaltete. (Vgl. die Romangestalt *Martin Krügers*, S. 98)

Als „Geräuschemacher" in Karl Valentins Theater wirkte zuweilen der junge, aus Augsburg gebürtige und offiziell Medizin studierende *Bertolt Brecht* mit (Kesting S. 22), zu der Zeit, als er in München mit Lion Feuchtwanger Kontakt aufnahm. In dem Aufsatz *Bertolt Brecht. Dargestellt für Engländer*, den Feuchtwanger im Jahre 1929 auch im Programmheft der Städtischen Bühnen in Düsseldorf drucken liess (CO, S. 556ff.), schilderte er ihre erste Begegnung mit folgenden Worten:

> „Um die Jahreswende 1918–1919, bald nach Ausbruch der sogenannten deutschen Revolution, kam in meine Münchner Wohnung ein sehr junger Mensch, schmächtig, schlecht rasiert,

verwahrlost in der Kleidung. Er drückte sich an den Wänden herum, sprach schwäbischen Dialekt, hatte ein Stück geschrieben, hiess Bertolt Brecht." Brecht sah „alles eher aus als deutsch". „Er hat einen langen schmalen Schädel mit stark hervortretenden Jochbogen, tiefliegende Augen, in die Stirn hineinwachsendes schwarzes Haar. Auch gibt er sich betont internationalistisch, und seinem Aussehen nach dürfte man ihn für einen Spanier oder für einen Juden oder für beides halten." (Ibd.)[1]

Sehr schnell hat Feuchtwanger verstanden, dass es sich nicht um einen gewöhnlichen „Dichterjüngling" handelte:

„Das Stück hiess *Spartakus*. Im Gegensatz zu der Mehrzahl der jungen Autoren, die, wenn sie Manuskripte überreichen, auf das blutende Herz hinzuweisen pflegen, aus dem sie ihr Werk herausgerissen hätten, betonte dieser junge Mensch, er habe ein Stück *Spartakus* ausschliesslich des Geldverdienstes wegen verfasst." (Ibd.)

Durch Feuchtwangers Vermittlung geriet das Stück *Spartakus*, das den neuen Titel *Trommeln in der Nacht* erhielt, in die Hände des Dramaturgen *Rudolf Frank*. Die Begegnung mit Brecht blieb nicht ohne Wirkung auf Feuchtwangers Bühnenstück *Thomas Wendt*. Sicher ist auch, dass der Redestil Brechts die Wendung Fechtwangers zur Umgangssprache und zum Dialekt, die in *Erfolg* deutlich zu erkennen ist, bewirkte. Andererseits dürften die ästhetischen Theorien Feuchtwangers über den *dramatischen Roman* Brechts Versuche mit dem epischen Drama beeinflusst haben (Vgl. *Weisstein*, 1966, S. 36ff.).

In den folgenden Jahren half Feuchtwanger bei der Entstehung von *Baal*, *Trommeln in der Nacht*, *Im Dickicht der Städte* und der *Dreigroschenoper* mit. Zusammen dichteten sie Marlowes *Eduard II.* um. Heftige Diskussionen begleiteten die gemeinsame Arbeit, über die folgender Augenzeugenbericht vorliegt:

„Der Gedanke an eine auf den Jahrmärkten gezeigte Moritat lag nicht fern, und die Arbeit scheint so vor sich gegangen zu sein, dass Brecht zuvor sein Geschriebenes mitbrachte, dies Geschriebene wurde dann gemeinsam von beiden abgeklopft. Der Lion war der Eiserne, der viel jüngere Brecht kam noch gern in ein geniales Schludern, und so konnte mir Feuchtwanger vorstöhnen. Brecht sehe schon nicht mehr, was er mache, er sei jetzt zwei Tage in Augsburg gewesen und habe von dort ganz abscheulich glatte Rhythmen mitgebracht, es sei recht mühsam, das alles wieder aufzurauhen, damit es gehörig holpere, bei Brecht müssten die Dinge nämlich holpern." (*Marieluise Fleisser* in *Süddeutsche Zeitung* vom 8.6.1951. Ähnlich in Ges. Werke Bd. 11, S. 312 f.).

Marta Feuchtwanger schrieb in einem Brief vom 19.6.1974:

„Feuchtwanger und Brecht haben sich nicht eigentlich gestritten – es waren Diskussionen, im Wesentlichen während der gemeinsamen Arbeit über Stil, über das Alter der Personen in den Stücken, über Logik oder Unlogik, über einen bestimmten Ausdruck, den sie gemeinsam suchten. Einmal ging Brecht unzufrieden weg, um dann nachts um 12 Uhr vor unserm Haus zu pfeifen und heraufzurufen: „Doktor, Sie haben Recht gehabt, Ihres war das richtige Wort."

Eine enge Freundschaft entstand also seit dem Tag der ersten Begegnung, nicht zuletzt auf dem Gefühl fussend, dass hier der eine viel von dem anderen zu lernen hatte. „Wer einmal seinen Ton begriffen hat, kommt schwer los von ihm", meinte

[1] *Carl Zuckmayer* erinnerte sich 1948 in dem Aufsatz *Drei Jahre* (S. 88) and das Jahr 1924, als er und Brecht bei Reinhardt in Berlin als Dramaturgen angestellt waren: „Brecht trat nur selten in Erscheinung, in seiner lose hängenden Lederjacke ausschauend wie eine Kreuzung aus einem Lastwagenchauffeur und einem Jesuitenschüler."

Feuchtwanger in dem oben genannten Brecht-Aufsatz. Rudolf Frank, der *Trommeln in der Nacht* zur Uraufführung brachte, erinnert sich in *Spielzeit meines Lebens:*

> „Den jungen Brecht sah ich zum ersten Mal bei Feuchtwangers auf der Chaiselongue, wo er Tag für Tag, Band für Band zu seiner Anregung und Belehrung das Konversationslexikon las. Dann schrieb er Szenisches oder auch jene makabren Balladen, die er nachts mit Gitarrenbegleitung vortrug, hart, dünn, böse." (S. 265)

In *Feuchtwanger, Brecht and the ‚Epic‘ Media: The Novel and the Film* schreibt *John Fuegi:*

> „To oversimplify the incomplete and tangled history of Brecht and Feuchtwanger in Munich (as Feuchtwanger develops the dramatic novel Brecht gropes for his own style of writing and staging), we might see the older man, whether consciously or unconsciously, investing his own knowledge of the dramatic medium in the brilliant but unseasoned Brecht, while he himself could concentrate on continuing to open up an adjacent and largely unexplored area of literary endeavor, the hybrid genre, the dramatic novel." (S. 308)

Die Anregung Feuchtwangers bedeutete für Brecht also teils, dass sein Glauben an die Möglichkeiten eines epischen Theaters gestärkt wurde, und teils, dass die günstige Beziehung zu einem etablierten Fachmann Brechts Chancen, aufgeführt zu werden, vermehrten. Feuchtwanger verschaffte Brecht 1923 eine Anstellung als Dramaturg an den Münchener Kammerspielen. Neben Theaterleuten, Literaten und Malern war Brecht besonders gern mit Menschen zusammen, die nicht zu seinem „Fach" gehörten, ausgesprochen nichtintellektuellen Existenzen (wie z.B. dem Boxer *Samson-Körner*).

Eine aufschlussreiche weil subjektiv-impressionistische Quelle zum jungen Brecht und zu dem Verhältnis zwischen ihm und dem vierzehn Jahre älteren Feuchtwanger ist die schon einmal zitierte *Marieluise Fleisser* (vgl. S. 53 und 56f.) in ihren *Erinnerungen an Brecht,* sowie in der Geschichte *Avantgarde*, beide nach Brechts Tod geschrieben (Ges. Werke Bd. II und III). In der Einleitung zu *Frühe Begegnung* heisst es:

> „Rathenau wurde schon bald ermordet, es gärte in Deutschland. Um diese Zeit, im Frühjahr 22, ging ich bei Lion Feuchtwanger in seiner Münchener Wohnung an der Georgenstrasse ein und aus, und da hörte ich viel von einem jungen Augsburger, den Feuchtwanger – und nur halb im Spass – seinen Hausdichter nannte. Und das wurde ein sagenhafter Mann, den ich vorderhand nicht zu Gesicht bekam, entweder war er schon gegangen oder ich drang nicht in den Arbeitsraum vor, und Feuchtwanger kam mit intensiven Blicken, die noch ganz woanders waren, nur auf einen Sprung heraus, weil ihm über der Mitarbeit mit dem Augsburger dort im Zimmer der Schädel rauchte. Ich spürte, da drin ging was Besonderes vor.
>
> Der Dichter kam unregelmässig, spontan, er hatte in München kein eigenes Zimmer. Er fuhr von Augsburg herüber, wo in der Bleichstrasse 2 an einem dunklen Wasser für Träume sein Vaterhaus stand. Oder er kam aus Starnberg, hatte dort über das Wochenende ein winziges Quartier und dichtete am See.
>
> Schon drückte Feuchtwanger mir die Balladen des Dichters in die Hand, sie machten mir sehr zu schaffen. Seltsame Dinge erfuhr ich über diesen Brecht. Dass er einen Horror vor Schwangerschaften hatte und auf den Zustand der Weiber schimpfte, hatte er sie in den Zustand versetzt, als täten sie es ihm mit Fleiss. Dass er nichts gegen die Kinder hatte, bei leibe, ‚lasst sie wachsen, die kleinen Brechts!‘ Es war geradeso, als ob Feuchtwanger an irgend einem Menschen auslassen musste, was in ihm rumorte. Denn dieser Brecht rumorte in ihm. Er war auf Anhieb genial, frech wie ein junger Gott und eines Maschinenzeitalters liebstes Kind.

/. . ./ ‚Wie ein Radfahrer schaut er aus‘, sagte ich, als man mich fragte nach dem jungen Bert Brecht, und meinte damit den unauffälligen Mann von der Strasse, den man die technischen Dinge in einer Fabrik eher zutraut als dichten, und erst im Sprechen und in der Bewegung kam das Besondere an ihm heraus. Unter Künstlern zeigte sich seine Eleganz. Wie einen gekonnten Strich zog er sparsam eine Gebärde, eine Offenbarung konnte draus werden.“ (Bd. II, S. 297 ff.)

In seinem Tagebuch hat Brecht die Zusammenarbeit mit Feuchtwanger und ihre Freundschaft mit folgenden Worten beurteilt:

„Die Zusammenarbeit geht gut . . . Er hat Sinn für Konstruktion, versteht sprachliche Feinheiten zu schätzen, hat auch poetische und dramaturgische Einfälle, weiss viel von Literatur, respektiert Argumente und ist menschlich angenehm, ein guter Freund.“ (Zit. nach *Lion Feuchtwanger 1884–1958*, S. 29).

Abgesehen von den technischen Problemen ihres Metiers, die die beiden Schriftsteller verbanden, ergeben sich mehrere Übereinstimmungen zwischen Feuchtwanger und Brecht, über die die Gegensätze leicht hinwegtäuschen. Sie fanden beide, dass der Schriftsteller sich dem wissenschaftlichen, „sachlichen“ Zeitalter anzupassen hätte, für das er schreibt (vgl. Brechts Plädoyer für eine „unliterarische“ Tradition). Sie sahen beide die chaotische Zeit, in der sie lebten, als ein Übergangsstadium an: was sie diskutierten, war die Aufgabe der Kunst in einer solchen Epoche (vgl. das Kap. II/21, S. 257 ff. in *Erfolg* mit dem sprechenden Titel *Die Funktion des Schriftstellers* und S. 129 ff. d.A.)[1] Sie arbeiteten beide mit Distanzierungsmitteln, da die Darstellung objektiv, „kalt“, sein sollte, damit der Leser, bzw. Zuschauer zum kritischen Denken gezwungen würde. Beide stellten sie die Forderung nach der Veränderung der Welt und erkannten die Dynamik des historischen Prozesses. Beide hielten sie schliesslich die Kunst für ein Mittel zu dieser Veränderung und erkannten in dem Glücksverlangen des Menschen die Triebfeder ihrer „Helden“. (vgl. die Romangestalt *Kaspar Pröckls,* S. 98f.)

George Grosz (1893–1959), der berühmte satirische Graphiker und Zeichner, mag Feuchtwanger zu der Figur des Erfinders und Irrenanstaltsinsassen *Fritz Eugen Brendel* angeregt haben (vgl. S. 99), der unter dem Pseudonym *Landholzer* das grosse Gemälde *Josef und seine Brüder* malt, das im Roman eine zentrale Rolle spielt (vgl. Inhaltsangabe S. 77). Grosz besuchte 1917 nach Kriegdienst eine Nervenheilanstalt, lebte 1918 bis 1932 in Berlin, wo er die Welt der Emporkömmlinge und Neureichen kennenlernte. Zu seinen bekanntesten Bildern behört das 1926 entstandene „*Stützen der Gesellschaft*“ (200 x 108 cm), auf dem fette Bürger und ein strammer, seine Mannschaften anbrüllender Offizier dargestellt sind. Ein Priester macht eine segnende Geste. Die Bürger haben oben offene Schädel, die mit Kanonen und stinkendem Menschenkot gefüllt sind. Berühmt wurden auch das Bild *Ecce homo* und die Zeichnung *Christus mit der Gasmaske*, wegen der Grosz verklagt (1932) und zu einer Geldstrafe von 2 000 Mark verurteilt wurde. Er gehörte also nicht zu der Münchener „Kulisse“ Feuchtwangers, es ist aber möglich, dass Feuchtwanger ihn in Berlin persönlich kennengelernt hat. Nicht nur seine Bilder, sondern auch sein Lebenslauf dürften dem Verfasser von *Erfolg* bekannt gewesen sein, da Grosz viel mit Brecht verkehrte und mit *Bronnen,*

---

[1] Dies waren Dinge, die Brecht auch mit seinen nächsten Freunden heftig erörterte: in der Münchener Zeit mit dem Bühnenbildner *Caspar Neher* und in Berlin mit dem jungen Bühnenautor *Arnolt Bronnen* (*Vatermord*). „Die beiden waren ein Gespann“, schreibt M. Fleisser (II, S. 310) von Brecht und Bronnen.

Benn und den Brüdern *Herzfelde* zu dem Kreis gehörte, der sich bei Schwaneke und im Romanischen Café in Berlin traf. Grosz illustrierte auch Dichtungen von Brecht. (*Die drei Soldaten. Ein Kinderbuch*, 1932).

Marieluise Fleisser (1901–1974) wuchs in Ingolstadt auf, wo ihr Vater Eisenwarenhändler war. Sie kam 1920 zum Studium der Theatergeschichte nach München, wo sie möbliert bei einer „Frau Hofrath" wohnte und bald an die Intelligenzia geriet. Sie hatte eine Klosterschule besucht.

Feuchtwanger hat sie als Schriftstellerin entdeckt und ihre Schreibversuche gefördert. Er hat sie auch mit Bertolt Brecht zusammengeführt, der ihr Leben und Werk entscheidend beeinflusste. Sie verliebte sich sehr in Brecht, beeindruckt von dem „herrlichen Jochbogen in dem mageren Gesicht". Brecht hatte damals schon einen Namen, da seine Stücke *Trommeln in der Nacht* und *Im Dickicht der Städte* in München aufgeführt worden waren. Er behandelte sie ziemlich unfreundlich und fiel, wie sie sich in bitterem Ton erinnert, „immer wieder ins Sie zurück" (vgl. die Erzählung *Avantgarde*, Ges. W. III, S. 117–168). Er riet ihr ab, ein Examen abzulegen, liess sie dafür an seiner Arbeit teilnehmen und lud sie heim nach Augsburg ein. Sie lebte in ständigen Geldnöten und litt unter den zerstörten Relationen zu Verwandten und Bekannten in der Heimatstadt, wo sie einen schlechten Ruf bekam. Sie bezeugte später, dass die Frauen von Brecht „fasziniert" waren. „Er war sehr witzig und konnte überlegen formulieren; darauf fallen Weiber immer rein." (In: Materialien S. 354. Vgl. auch die späten Briefe Fleissers an Lion Feuchtwanger, ibd. S. 206 ff.) Auch sie wurde „ganz stark gebrochen" (vgl. *Avantgarde*) und nennt die Jahre mit Brecht ein „Trauma". Brecht hat ihr Drama *Pioniere in Ingolstadt* (1928) angeregt, das ihr die Ingolstädter sehr verübelten. Schon 1926 wurde sie von der Heimatstadt beschimpft und wollte Lion Feuchtwanger zu Rate ziehen, als man sie in Berlin dazu überreden wollte, den Namen Ingolstadt in einer Dichtung zu verwenden. Marta Feuchtwanger kommentiert:

> „Da wir im Jahre 1925 München für Berlin verliessen, wusste L.F. nicht von ihren Schwierigkeiten, die sie vor allem in ihrer Heimatstadt Ingolstadt hatte. *Moriz Seeler*, der in einer Matinee Fleissers Stück *Fegefeuer in Ingolstadt* aufführte, bedauerte in einem Brief an sie, dass Lion Feuchtwanger sich gerade in Spanien befindet." (In einem Brief an die Verf. vom 10.6.1974).

Lion Feuchtwanger hat M. Fleisser also als Schriftstellerin gefördert und der literarischen Welt Münchens vorgestellt. Er hat auch ihre aufreibende Bekanntschaft mit Brecht in die Wege geleitet. Den Schritt nach Berlin und zur *Jungen Bühne*, der sie gewissermassen überforderte, musste sie jedoch ohne Feuchtwangers Rat und Hilfe tun, was er sich nachher vorgeworfen haben dürfte, obwohl er nichts davon gewusst hat. Vor allem der Skandal mit den *Pionieren* hat die Ahnung bestätigt, dass sie mit dem engen katholischen Milieu ihrer bayrischen Heimat Schwierigkeiten haben würde. Es ist nicht undenkbar, dass Feuchtwanger das Risiko gefürchtet hat, durch M. Fleisser in einen Prozess hineingezogen zu werden, und dass man seine Zeugenaussage irgendwie gegen ihn wenden würde, da er ja eine Literatur gefördert hatte, die auch in Berlin Anstoss erregt hatte. „Sachlichkeit" in Sexualdingen war damals noch offiziell Tabu.[1]

---

[1] Dass sie durch die Vermittlung u.a. Feuchtwangers und Brechts von den Theorien der Neuen Sachlichkeit stark beeinflusst wurde, zeigen nicht nur ihre Dramen, sondern auch z.B. der Titel ihres ersten Romans, den sie *Mehlreisende Frieda Geier* nannte und der 1931 in Gustav Kiepenheuer Verlag, Berlin, erschien (1972 neugedruckt unter dem Titel *Eine Zierde für den Verein. Roman vom Rauchen, Sporteln, Lieben und Verkaufen* (in Ges. W. Bd. II).

In ihren 1964 als eine Art Berichtigung nach den heftigen Reaktionen auf die Erzählung *Avantgarde* geschriebenen *Erinnerungen an Brecht* sagt sie über Fechtwanger:

> „Meine früheste Bekanntschaft mit den Münchener Kammerspielen machte ich noch in ihrem alten Haus in der Augustenstrasse. Es waren die Jahre, wo ich an der Uni Theatergeschichte studierte. Im Steineckesaal in Schwabing hatte ich beim Künstlerfasching den damals achtunddreissigjährigen Lion Feuchtwanger kennengelernt. Ich brachte ihm alles, was ich schrieb. Und was noch wichtiger war, er las es, obwohl er Vieles von andern zurückwies. Was ich ihm brachte, nannte er Expressionismus und Krampf. Mit meinen zweiundzwanzig Jahren durfte ich zwar den Krampf noch schreiben. Aber es komme jetzt eine ganz andere Richtung auf, die sachlich sei und knapp, in ihren Umrissen deutlich, und daran müsse ich mich halten. Er liess nichts gelten, bis ich eine Geschichte *Meine Zwillingschwester Olga* (späterer Titel *Die Dreizehnjährigen*) schrieb. Das war das erste, was er mir durchgehen liess. Die Geschichte wurde im *Tagebuch* von Stefan Grossmann erstmals veröffentlicht. Und so habe ich an einem zornigen Nachmittag alles, was ich vorher geschrieben hatte, verbrannt; ich nahm den Lion sehr ernst." (Ges. W. Bd. II, S. 309. Vgl. die Romangestalt *Anna Elisabeth Haiders*, S. 100)

Karl Valentin (eig. Valentin Ludwig *Fey*, 1882–1948) hatte grossen Erfolg als Kabarettist in München und unternahm zahlreiche Gastspielreisen nach Wien, Zürich und Berlin. Er verfasste Couplets. Monologe und kurze grotesk-komische Szenen voller abstrakter, absurder Logik, z.T. von beissender Ironie, die er zusammen mit *Liesl Karlstadt* aufführte. Er beeinflusste die Jugendarbeiten Brechts. Sein Thema war die Hilflosigkeit des Menschen in der verworrenen Alltagswelt; seine lange dürre Gestalt kämpfte dabei in grotesken Situationen mit den widerspenstigsten Objekten. Für Valentins Sprachwitz ist kennzeichnend, dass er, indem er ernsthaft bemüht die Sprache als Denkvehikel benutzte, auf ihren Spuren zu einer absurden, abgründigen Logik gelangte, die ihn zu einem Vorläufer des absurden Theaters machte.

W. Hausenstein sagt in der Einleitung zu seinem Buch *Die Masken des Komikers Karl Valentin:*

> „Das Komische war dem Spiel Valentins in so homöopatisch feinen Dosen eingegeben, dass man höchstens zu dem Schluss gelangen konnte, die Komik sei nichts anderes als die lächerliche Form des Traurigen, ja des Tragischen, das viel mehr ist als das bloss eben Traurige. Für den Stil Valentins war es überhaupt bezeichnend, wenn in dem Gemüt eines völlig naiven Zuschauers das Misslingende, das allen Valentiniaden die Pointe versetzte, eine das Komische geradezu schon ausschliessende Wirkung hervorbringen konnte."

Kurt Tucholsky nannte Valentin nach einem Gastspiel in Berlin einfach den „Linksdenker". Wie Brecht scheint Feuchtwanger von der Bühnenkunst Valentins und seinem Kontakt mit einem breiten Publikum sehr fasziniert gewesen zu sein. Trotz – oder gerade wegen – seiner Rationalität war der Skeptiker Feuchtwanger mit dem melancholischen Clown seelisch verwandt. Valentin war ihm eine stete Quelle des Vergnügens, aber da beide schüchtern waren, hat sich kein näheres Verhältnis gebildet. Valentin war eine sehr ängstliche und hypochondrische Natur, was u.a. in *V. Manns* Erinnerungen, vgl. Anm. S. 22, bezeugt wird. (Mann vergleicht Valentin mit Christian Buddenbrook.) (Vgl. die Romangestalt *Balthasar Hierls*, S. 100)

Der gefeierte Schauspieler *Ernst von Possart* (1841–1921) war in den Jahren 1893 bis 1905 Generalintendant der Münchener Hofbühnen. In diesem Zusammenhang schreibt *H. Wagner* zurückblickend:

„Gewiss war Possart, der grosse Komödiant, nicht frei von menschlichen Schwächen, als Schauspieler und Bühnenleiter war er eine künstlerische Persönlichkeit von hohem Rang. Sein Aufstieg vom einfachen Charakterspieler zum Intendanten ist beispiellos. Unter ihm erlebte das Hoftheater eine nie übertroffene Blüte." (s. 77).

Das Münchener Hofschauspiel unter Possart verschloss sich engherzig dem Naturalismus. Feuchtwanger sah dagegen in *Otto Brahms* und *Max Reinhardts* Theater die Hochburg der deutschen Bühnenkunst und führte einen zähen Kampf gegen den Konservatismus der Münchner Bühnen und gegen seinen Hauptvertreter Ernst v. Possart.[1]

In einem Aufsatz aus dem Jahre 1910 sucht er sich den Widerstand der Alten mit ihrer Kunstauffassung zu erklären:

> „Man führte ein Leben der Tätigkeit, ein Leben ohne Pathos und Pose, ohne grosse Worte und Gesten, ein schlichtes, höchst bürgerliches Leben. Alle die Würde nun, den Schimmer, das Pathos und Erhobensein, das diesen Menschen der Alltag weigerte, verlangten sie von der Kunst. Die Kunst sollte sie, ohne anzustrengen, mit heiterer Würde erheben: im Theater fühlten sie sich wie in ihrer Sonntagsstube."

Würde und Schönheit seien deshalb die Ziele der alten Schule, Wohlklang und schöne Linien. Daran auszusetzen war ihre „Affektation, Theatralik, Unwahrheit, Unbeseeltheit". (CO S. 228 f.)

Ernst von Possart habe, meint Feuchtwanger, mit seiner Darstellungskunst eine schlimme Saat gesät, da seine Manier immer wieder Verwirrung bei den Jüngeren stifte.

> „Er aber ist lächerlich und jede Faser an ihm ist verlogen und komödiantisch, und jeder Anlass ist willkommen, ihn zu bekämpfen, ihn und seine Schule und seine Jünger, die das Wachstum unsres Münchener Hofschauspiels und das Wirken unsres gesunden Nachwuchses gefährden."

(Vgl. die Romangestalt *Konrad Stolzings,* unten S. 145.)

Der Schauspieler *Gustav Waldau,* Gustl W. genannt, hiess eigentlich *Baron Rummel* und hat laut Marta Feuchtwanger dem Industriellen *Baron Andreas von Reindl* in *Erfolg* (vgl. S. 94) seine äusseren Züge geliehen. Unter der Überschrift *Grosse Komödianten* schreibt *L. Hollweck* über Gustav Waldau: „Viele grosse Schauspieler haben auf den Brettern der Münchner Bühnen Triumphe gefeiert, wenige konnten aber so sehr die Liebe der Münchner erringen wie Gustl Waldau /. . ./." (a.a.O.S. 200 f.) Er bringt ferner ein Zitat von *H. Sinsheimer,* der den Freund auf folgende Weise zeichnete:

> „An Waldau war in der Tat jede Fiber bayrisch, vom ländlich Bäuerlichen über städtisch Bürgerliches bis zum höfisch Noblen. Ob er im Leben ein ,Kocherl' umwarb (wozu der Trieb in ihm stark war) oder einer Dame den Hof machte (wozu ihn seine urbane Männlichkeit trieb), er hing und ging, schwebte und lebte zwischen Klassen und Rassen . . . Lange genug spielte er kleine Episodenrollen der klassischen und modernen Literatur, bis ihn sein Lehrer ans Schauspielhaus holte. Hier wurde er ,der' Bonvivant, der Münchner Liebling, der unwiderstehliche Salonlöwe, aus dem sich aber schon damals neben dem unerlässlichen ,Brüllen' die leisere, übrigens auch immer etwas heisere vox humana hören liess." (Ibd.)

Auch die beiden führenden Gestalten im literarischen Leben Bayerns, *Thoma* und *Ganghofer,* sind in *Erfolg* porträtiert: Der grosse Satiriker *Ludwig Thoma* (1867–1921)

---

[1] Über die „idealistische" und die „kritizistisch-psychologische" Richtung schreibt er in dem 1908 publizierten Aufsatz *Zur Psychologie der Bühnenreform,* in *Der Spiegel,* Nr. 5/6 1908, CO S. 133 ff.

hatte die Revolution in Bayern 1918–1919 bekämpft und eine grosse Menge anonymer Kampfbriefe im *Miesbacher Anzeiger* veröffentlicht. Wegen seiner Verbindung mit dieser antirepublikanischen Zeitung (vgl. S. 42) war Thoma der Linken verhasst. Seine Skepsis gegenüber den neuen Zuständen nach Revolution und Räterepublik beruhte auf einer gründlichen Kenntnis der bayrischen Landbevölkerung, deren Primitivität seines Erachtens nicht überschätzt werden konnte. In dem oben S. 47 zitierten Brief vom Januar 1919 heisst es:

> „Wir in Bayern stehen vor der furchtbaren Gefahr der Revolutionierung der landwirtschaft-lichen Arbeiter und Dienstboten. Sie würde vollen Zusammenbruch bedeuten, Zusammen-bruch der Arbeit und damit der Ernährung. Sie würde zur Verrohung einer schon immer zur Zügellosigkeit und Roheit neigenden Bevölkerung führen und Zerstörung des Landes verursachen. /Ich kenne die Leute. Es ist nicht wahr, dass sie gute Katholiken sind; sie sind etwas abergläubisch, aber nicht tiefgläubig. Der altbayrische Dienstbote ist unwissend, unbändig, zu vielen Ausschreitungen aufgelegt, und wird in sozialistischen Theorien nur die Aufforderung wie die Möglichkeit zu schlimmsten Verbrechen sehen. Die Gerichtsakten in Niederbayern sprechen eine deutliche Sprache. Davon macht man sich bei euch noch keine Vorstellung."

Was der Jurist Thoma hier berührt, ist das Problem der autoritären Gesellschaft, die sich ohne Übergang in eine demokratische verwandeln will. Ein Volk, das sich selbst regieren soll, muss ein aufgeklärtes Volk sein. Thoma kannte das Bildungsniveau der Landbevölkerung und zweifelte an ihrer Erziehbarkeit:

> „Der Industriearbeiter liest, will sich bilden, vorwärtsbringen, diese aber sind Tiere, wenn sie losgelassen werden. Wer hilft gegen die Desorganisation auf dem Lande? / Ich wünschte mir nichts Besseres, als dass auch hier eine starke bürgerliche demokratische Partei in Stadt *und* Land zur Macht käme. Das ist ausgeschlossen. Die Schuld liegt begründet im Charakter des altbayrischen Bauern – aber auch etwas im Wesen der demokratischen Führer. Sich Quidde (sozialdemokratischer Führer, der 1919 an der Seite Auers für einen Ausgleich mit Eisner wirke – Anm. der Verf.) als werbenden Kraft unter Bauern vorzustellen, ist unmöglich." (Ibd.)

Auch das Ansehen des *Dichters* Ludwig Thoma dürfte sich in dem neuen geistigen Klima der zwanziger Jahre geändert haben. Feuchtwanger schrieb 1937 rückblickend über den starken Eindruck, den der Realismus *Oskar Maria Grafs* auf ihn machte, ein Realismus, der die satirischen Dichtungen Thomas schlagartig in ein fahles Licht rückte[1]:

> „Ludwig Thoma seinesteils wirkte gerade auf dem Hintergrund des Ganghoferschen Zuck-erbackwerks wie die schiere, reine Natur. Es bedurfte der Bücher Oskar Maria Grafs, um die Verlogenheit der Thomaschen Welt aufzudecken. Vor Grafs Treue in der Wiedergabe des wirklichen Oberbayern, vor der brutalen Sachlichkeit seiner Geschehnisse, seiner Men-schen und vor allem seiner Sprache wirkt nun wieder Thomas Welt als verlogenes Theater, süsslich und arrangiert. Bei Oskar Maria Graf ist alles so erschreckend echt, dass er sich zu Thoma verhält wie Thoma zu Ganghofer." (CO, S. 531f.)

Feuchtwanger hat offenbar Thomas letzte Romane, vor allem den *Ruepp* (ersch. 1922) nicht gekannt.

---

[1] Grafs *Bayerisches Lesebücherl*, seine Dorfgeschichten *Finsternis* und die erschütternde Selbst-biographie *Wir sind Gefangene* (1972) waren alle im Drei Masken Verlag in München erschienen, dem selben Verlag, der die ersten Erfolgsromane Feuchtwangers herausgab. Der Novellenband *Bayerisches Dekameron* war ein stark naturalistisches Gegenstück zu den heiteren Geschichten Thomas.

Lion Feuchtwanger kannte Thoma vom Stammtisch in der Torggelstube (S. 49) her, jedoch entwickelten sich nur wenig Sympathien zwischen den beiden. Zweifelsohne dürfte aber die Leistung Thomas als *Simplicissimus*-Mitarbeiter in den Jahren 1897 bis 1914 den liberal gesinnten und in der Münchner Boheme verkehrenden Feuchtwanger beeindruckt haben, da der grosse Aufschwung dieses über das ganze Reich gelesenen Blattes erst mit Thoma begann. „Es war weder leicht noch harmlos", meint Thomas Biograph *F. Heinle*," damals die ‚Schnoddrigkeit und Gottähnlichkeit' der Militärs, die Salonmoral oder die politischen Missgriffe Wilhelms II. anzuprangern, und jeder, der es tat, setzte viel aufs Spiel: die Künstler wurden wie Revoluzzer und Staatsfeinde behandelt." (S. 78) Relativ harmlos erscheinen aus der heutigen Sicht die Methoden der Justiz gegenüber den Bekämpfern von „Thron und Altar", die im Grunde keine waren, verglichen mit dem härteren Klima der Weimarer Republik. Die Auflösung der alten Welt, die Thoma mit der Revolution kommen sah, löste in ihm eine tiefe Depression und ein Gefühl des Verlorenseins aus. Nun zeigte sich, dass er im Grunde ein konservativer Mensch war, der nur die Auswüchse der alten Gesellschaft und ihrer Institutionen angeprangert hatte.

Thoma hatte sich 1905, mit 38 Jahren noch Junggeselle, leidenschaftlich in eine Tänzerin, die schon verheiratet war, verliebt, und sie schon im selben Jahr zu seiner Frau gemacht. Die 25-jährige *Marietta di Rigardo* war in Manila geboren, wo ihr Vater Schweizer Konsul war, und Thoma war hingerissen von ihrem fremdländischen Temperament. „Zwei Welten stiessen zusammen", schreibt Heinle über diese Ehe zwischen dem bürgerlichen Schriftsteller und der *Schlawinerin*, die immer ein Publikum brauchte. Nach wenigen Jahren löste sich die Verbindung. (Vgl. die Romangestalt *Olga Insarowas*, S. 101)

Obwohl Thoma klar Stellung gegen den Sozialismus in Bayern und gegen Eisner bezog, hat auch er als Jurist auf die Praktiken der bayrischen Volksgerichte reagiert. In der *Weltbühne* (1923/2, S. 549) spricht er von den Blutrichtern, die ihr ganzes Prestige auf eine Verurteilung setzten. Thoma wandte sich ebenso, wie eine wachsende öffentliche Meinung, gegen das Fechenbachurteil, das der bayrische Staatsanwalt *Emminger* (vgl. Landesgerichtsdirektor *Hartl*, S. 87) später Reichsjustizminister, nicht überprüfen wollte:

> „Diese Herren beantragen und sprechen Strafen aus, von deren Wesen und Wirkung sie keine Ahnung haben; es gibt keinen Paragraphen, der ihnen den Besuch der Gefängnisse, die Kenntnis der Strafvollstreckung vorschreibt."

Thoma hatte selbst als junger Rechtsanwalt und Simplicissimus-Mitarbeiter wegen Majestätsbeleidigung im Zuchthaus gesessen, jedoch unter erheblich besseren Umständen als die politischen Gefangenen nach der Revolution. (Vgl. die Romangestalt *Dr. Lorenz Matthäi*, S. 100 f.)

> „Ganghofer, der ungeheuer erfolgreich war, aber der schlechtere Schriftsteller, kam nie in die Torggelstube; doch trat er mit grosser Entschiedenheit und mit Erfolg für das Theaterstück *Jud Süss* ein, das zunächst von der Zensur verboten wurde",

schrieb mir Marta Feuchtwanger in einem Brief (vom 26.6.74) über die Schlüsselfiguren und ihre Vorbilder, in dem sie auch Feuchtwangers Verhältnis zu Thoma charakterisiert (vgl. oben).

Die Dichtungen des „Volksdichters" *Ludwig Ganghofer* (1855–1920) behaupteten sich über alle Manifeste und Manifestationen, schreibt *W. Koch* in einer Würdigung zum 50. Todestag des bayrischen Heimatdichters (*Der Monat* 1970, Heft 262). Alle seine Romane erreichten eine Mindestauflage von 100 000, und das Gesamtwerk umfasst bis jetzt eine Auflage von über 30 Millionen. Er kam, wie Feuchtwanger, ursprünglich vom Theater, war in Wien Dramaturg gewesen und hatte von 1880 bis 1913 51 Romane, Schauspiele, Novellen und Gedichtbände publiziert. Seine Erinnerungen nannte er *Lebenslauf eines Optimisten*. *Friedrich von der Leyen* fasst die Beurteilung Ganghofers in den Literaturgeschichten der BRD zusammen:

> „Sentimentale Schönmalerei, falsch verklärte Wirklichkeit, hier ideale, dort verworfene Menschen, die es gar nicht gibt, verschwimmende Umrisse, unleidliche Rührseligkeiten, eine viel zu breite Rederei, die tief sein will und sich doch nur in Gemeinplätzen ergeht – das sind einige Liebkosungen, mit denen man Ganghofer streichelt." (Zit. nach Koch, ibd.)

Mit 53 Jahren war Ganghofer endlich anerkannt und konnte von den Tantiemen seiner Schauspiele und Romane leben. Er wurde zum Vorsitzenden der literarischen Gesellschaft in München gewählt, führte ein grosses Haus und verdiente viel Geld mit seinen „gebirglerisch mund- und waidgerechten Romanen" (Max Halbe). König Ludwig III. von Bayern erteilte ihm die ehrenvolle Erlaubnis, im königlichen Berchtesgadener Leibgehege zu jagen, er war der Freund Kaiser Wilhelms II., der ihn bewunderte. Er liebte seine Familie und pflegte eine Vielzahl von Freundschaften, darunter die zu Ludwig Thoma. In seiner Dichtung sah er die Aufgabe der Erziehung zum Guten, er schilderte die Menschen so, „wie sie sein könnten, wenn sie nur wollten" (Koch ibd.). Ausserdem wollte er unterhalten. Er beherrschte „die Naivität des Laien", schliesst Koch, der das Arbeitszimmer Ganghofers eine „Traumfabrik der Jahrhundertwende" nennt.

In dem Aufsatz über Graf (vgl. S. 59) spricht Feuchtwanger von der „Rührseligkeit und Verlogenheit seiner (Ganghofers) Romanhelden", fügt aber hinzu:

> „er selber glaubte übrigens ehrlich an die Wahrhaftigkeit seiner Figuren, an das ‚Gute' im Menschen.". (Vgl. die Romangestalt *Josef Pfisterers*, S. 101 f.).

Die Kritik Feuchtwangers in *Erfolg* sollte auch die *Passionsspiele in Oberammergau* hart treffen. Sie sind ein Volksschauspiel um die Passion Christi, finden jedes 10. Jahr statt und gehen auf ein Gelübde der Gemeinde zur Pestzeit des Jahres 1633 zurück. Schon um 1750 überflügelten sie mit 12 000 bis 14 000 Besuchern in jedem Spieljahr die zahlreichen anderen Passionsspiele in Altbayern und Tirol. Der Text wurde 1850 von *Alois Daisenberger* umgeschrieben und behauptete sich ins 20. Jahrhundert hinein, obwohl er vielfach mit der Begründung angegriffen wurde, er sei antisemitisch und veraltet. Die Musik zu den Spielen wurde 1815 von *Rochus Dedler* komponiert, von *Ferdinand Feldigl* geändert und in Fachkreisen wiederholt als wertlos beschimpft. (Vgl. Hierzu Feuchtwanger, CO S. 240 ff.). Für die Aufführungen auf der Freilichtbühne wurden durchgehend Laienspieler benutzt; ausser den 124 Sprechrollen beschäftigen die Spiele heute noch Hunderte von Statisten in den grossen Volksszenen. Mit drei grossen Sprechrollen war an den Spielen des Jahres 1910 die Familie *Lang* beteilig; *Hafner Anton Lang* war der Christusgestalter und *Andreas Lang* spielte den Petrus. Die Münchner Kritiker schrieben begeistert über die Spiele, besonders hervorgehoben wurde das schauspielerische Talent Hafner Langs (Vgl. Feuchtwangers Besprechung der Spiele in der *Schaubühne* 16/1910, CO S. ibd.)

Feuchtwanger gehörte zu den ärgsten Kritikern der Passionsspiele in Oberammergau, deren ursprüngliche Naivität er vermisste und die er voll von antisemitischen Feindseligkeiten fand. Vor allem störte ihn die Sprache des Textes,

> „dieser Wechselbalg, gezeugt vom Sprachgeist des Evangeliums und eines Landgeistlichen, der statt des gewohnten Dialekts ein krampfhaftes Schriftdeutsch anstrebt." (Ibd. S. 243)

„Den Ammergauern selber ist's nicht zu verdenken, dass sie aus diesem Gemisch von Sensationslust, sentimentaler Hysterie und Snobismus Kapital schlagen." (Ibd. S. 250)

Seinerseits wurde Feuchtwanger nach diesem Angriff von *Georg Queri* in den *Münchener Neuesten Nachrichten* angegriffen, wonach er in der *Schaubühne* feststellte:

„Charakteristisch aber ist es, dass selbst in München für die Passionsspiele kein anderer eintritt als ein Lokalreporter /. . ./ Und typisch für München ist es, wovor man sich zu hüten hat, wenn man von der Presse nicht sogleich zum prinzipiellen Frondeur gestempelt werden will. Davor nämlich: in Kunstdingen, die irgendwie mit dem Fremdenverkehr zusammenhängen, andere Rücksichten entscheiden zu lassen als cliquenhafte, lokalpatriotische, finanzpolitische." (19/1910, CO S. 252 f.)

In der Besprechung der Spiele vom „Passionsjahr" 1910 (CO S. 254 f.) schreibt Feuchtwanger über *Hafner Lang:*

„Seine Gebärden sind grösser, bedeutungsvoller geworden, sein Mienenspiel bewusster, gehaltener. Aber er spricht mit unmetallischer Stimme, breit, breiig, dialektisch, langweilig, oberlehrerhaft." Er rundet seine Eindrücke mit folgenden Sätzen ab: „Im allgemeinen schien das Publikum der Generalprobe sehr wohlwollend: die malerischen Wirkungen des Spiels fanden viel Anerkennung /. . . Sehr übel ward von vielen der allzu geschäftsmässige Betrieb vermerkt, und das Modern-Amerikanische, Zirkusmässige, das dem Spiel als Ganzem anhaftet, wurde von manchen als blasphemisch empfunden." (S. 56 ff.)

Im Jahre 1910 hatten in den Monaten Mai bis September 268 000 Zuschauer die Passionsspiele besucht, berichtet die *Frankfurter Zeitung* vom 10. Juli 1921 in einem Artikel über die Vorbereitungen für das Jahr 1922. (Die Spiele des Jahres 1920 mussten um zwei Jahre verschoben werden, da der Krieg die Vorbereitungen verhindert hatte.) „Eine grosse Attraktion waren die Mitglieder der Familie Lang, die Spielleiter und Hauptschauspieler stellte und die grosse Menge der Laienspieler und Statisten aus dem Dorf überglänzte", schreibt die Mitarbeiterin der FZ.

Die Familie Lang schloss sich der NSDAP an und musste sich 1945 entnazifizieren lassen, um ihre Tätigkeit in Oberammergau wiederaufnehmen zu dürfen. (Vgl. die Passionsspiele in *Oberfernbach* und *Rochus Daisenberger* unten S. 102)

Die Quellen Feuchtwangers

Das Problem Bayern in der demokratischen Presse

Feuchtwanger hatte die Krisenjahre 1921–1924 in seiner Heimatstadt München verbracht, in engem Kontakt mit Männern der Revolution, soweit sie nicht ermordet oder eingesperrt waren. Durch die Presse hat er sich weitere Information, in dem Ausmass, wie sie damals der Öffentlichkeit geboten wurde, verschafft. Frau Marta Feuchtwanger hat mir bestätigt, dass eigene Erfahrungen und Beobachtungen neben den Zeitungen seine einzigen Quellen waren (in einem Brief vom 23.2.1968). Dass der Autor nicht nur die Daten kannte, sondern auch die Beweggründe der Hauptakteure, ihre Intrigen und Machtansprüche, die kriminellen Methoden, mit denen bayrische Industrielle, Minister, Behörden und Reichswehr Gesetz und Republik bekämpften, verdankte er in erster Linie der sozialdemokratischen *Münchener Post*. Sie war die wichtigste oppositionelle Tageszeitung der Landeshauptstadt und zeichnete sich durch hohes Niveau in ihrem Feuilleton und ihren Beiträgen gesellschaftskritischer Art aus. Hier enthüllte *Auer* (a.a.O. S. 32 und 40) Vorgänge und Machenschaften, die ihm durch seinen verschwiegenen Nachrichtendienst zugetragen wurden. Darin war die *Münchener Post* der übrigen deutschen Presse weit voraus. In der Berliner Zeitschrift *Die Weltbühne* läuft das Problem Bayern wie ein roter Faden durch die Jahrgänge dieser Periode. Die wichtigste Waffe dieser von *Siegfried Jacobsohn* und *Carl von Ossietzky* geleiteten Zeitschrift, war das Aufzeigen von Tatsachen, mit denen sie ihre Gegner bekämpfen konnte. Berühmt wurden ihre Enthüllungen über die illegale Reichswehr, die Klassenjustiz und die Fememorde. Die Fronten erhärteten sich 1927, als es zum Prozess kam.[1] Diese Entwicklung mag Feuchtwanger in seinem Vorsatz bestärkt haben, die Mechanismen der Reaktion aufzuzeigen. Material lieferte auch die bereits S. 34 genannte Zeitschrift *Das Tagebuch*.

Ein Beispiel für die Bemühungen der Weltbühne, die Aufmerksamkeit des Reichs auf das Problem Bayern hinzuleiten, ist die Artikelfolge von *Ernst Niekisch (Bayern*, 1–9 in WB 1923/1 s. 382–660), veröffentlicht nach einem Putsch-Ansatz der Münchener Separatisten im Herbst 1922. Niekisch war sozialdemokratisches Mitglied des bayrischen Landtags; 1919 war er wegen Beteiligung an der Räterepublik zu zwei Jahren Festungshaft verurteilt worden. Er beschäftigt sich in seiner Artikelfolge u.a. mit der illegalen Aufrüstung Bayerns, den politischen Morden, der Verurteilung Fechenbachs (vgl. S. 34), der Kommunistenhetze und der Mobilmachung gegen Berlin, die eingeleitet wurde, als sich das Verhältnis zu Frankreich verschärfte.

„Der Münchener Hindenburg-Rummel vom Ende August 1922, der zu einer grossen Kundgebung für Rupprecht Wittelsbach ausartete, und an dem die bayrischen Minister mitwirkten, war eine Veranstaltung, die den Feldzug gegen das Reich wirksam abschloss",

schliesst Niekisch.

Anfang 1923 schreibt der Schriftsteller *Otto Flake*:

„Die deutsche Lüge frisst weiter. Das Verhältnis zwischen Bayern und Reich ist verlogen von Grund auf. Die Bayern verhöhnen die Reichsgesetze, und das Reich tut so, als ob

---

[1] Eine Würdigung der *Weltbühne* und K. Tucholskys bringt *Laqueur* auf den Seiten 68–70.

es nichts wisse. /.../ Der Terror der Nationalsozialisten wächst, bereits kuscht das ganze bayrische Beamtentum, die Ministerien, das Parlament vor ihnen. Es gibt so auch eine interne bayrische Lüge, man wird die Geister, die man rief, nicht mehr los." (WB 1923/1 S. 62 f.)

Die Signatur Morus weist in WB 1923/2, S. 485 f. darauf hin, dass vom Reich besoldete oder pensionierte Generäle, wie Ludendorff, und Soldaten offen gegen das Reich arbeiteten, ohne dass ihnen der Sold entzogen wurde. Er konnte weiter auf Geldgeber hinweisen, die diese Arbeit unterstützten, darunter *Fürst Wrede*, Generalkonsul *Schorer*, die geheimen Kommerzienräte *Aust, Hugenberg* und *Haniel* von den *Münchener Neuesten Nachrichten*. (Vgl. den *Generalanzeiger* und *Dr. Sonntag*, S. 95)

Der Zulauf der Bauern zu den Separatisten wird vor allem aus der Tatsache erklärt, dass eine nationalistische Politik die bayrische Landwirtschaft durch Schutzzölle schützte.

Schon 1920 heisst es von dem Münchener Polizeipräsidenten *Poehner* (vgl. S. 39), im Januar 1924 einer der Angeklagten im Hitler-Prozess, in der Weltbühne (S. 281 f.):

„Von ihm rührt die unerhörte Schnüffelei nach verdächtigen Elementen her, von ihm die schikanöse Drangsalierung der Fremden und Ausländer, die Unterbindung des Verkehrs und damit des Wirtschaftslebens durch Absperrungsmassnahmen lächerlichster Art /.../ ,Kommunisten und Juden' waren das Freiwild, das man überall aufzuspüren suchte /.../ Alle Proteste der Stadt, der Handelskammer, der Fremdenverkehrsorganisationen verhallen wie leeres Geschrei. Die „Entlausung" Münchens von verdächtigen, landesfremden Elementen – diese geschmackvolle Wendung ist von der Höhe des Herrn von Kahr bis zum Strassenschutzmann hinuntergewandert – zeitigt täglich die unerhörtesten und zugleich einfältigsten Übergriffe."

Auch mit Mitteln der Satire versuchte man in der Weltbühne dem reaktionären Bayern beizukommen. In dem Gedicht *Der letzte bayrische Republikaner* von *Hellmuth Krüger* (1923/2, S. 440) macht der Unternehmer Zündebolt Riesengeschäfte mit einer Figur, die er auf Jahrmärkten, städtischen Vergnügungsplätzen und Vogelwiesen vorzeigt. Sie wird aber von den kgl. bayrischen Behörden „beschlagnahmt" und ausser Landes verwiesen. Die Figur war Huber, „der letzte lebende bayrische Republikaner." Ähnlich spotten die Strophen von *Siegfried von Vegesack* mit dem Titel *Christus in München* (1923/1, S. 354): Christus kommt nach München, um sich in Oberammergau die Passionsspiele anzusehen. Ein Schupo fragt ihn nach Einreiseerlaubnis. Er wird auf das Polizeirevier gebracht und gefragt, ob er Jude oder Christ sei, was er beides bejaht. Er wird zum Bahnhof gefürt und in einem Viehwagen abtransportiert. Der Verfasser schliesst:
„Vielleicht dass man ihn auch gefangen hält
In der Ordnungszelle Niederschönenfeld."

Noch ehe die sozialdemokratische Regierung Hoffmann im März 1920 unter dem Druck des Wehrkreiskommandeurs von München der Rechtsregierung von Kahrs weichen musste (vgl. S. 33), schrieb *Heinrich Mann* über die geistige Atmosphäre der Stadt:

„Ich habe die Überzeugung, dass München derzeit die von der gesamten deutschen Bildung verachtetste Stadt ist /.../ Von Feinden umringt zu leben, ist mir weder eine Ehre noch ein Genuss. – Der Trost in alledem ist, dass der ganze reaktionäre Betrieb mit allen seinen Schamlosigkeiten doch ganz vergebens arbeitet. Sie bekommen weder ihre Monarchie zurück, noch entgehen sie den sozialen Wirkungen der Revolution. Das Betriebsrätegesetz bleibt ihnen auf dem Nacken sitzen." (Nach *Schröter*, S. 103).

Der Ruf Münchens als liberale Kunststadt musste unter den hier beschriebenen Umständen verloren gehen. Der Historiker *W. Laqueur* beschreibt den Verfall der Stadt in den Jahren nach dem Weltkrieg:

„Before the war Munich had been a cultural centre in many respects superior to Berlin; drinking a cup of coffee in the Café Luitpold or Stefanie, one would meet within an hour almost everyone who was anyone among the leading painters of both the older and the younger generation, not to mention a great many writers and composers. Munich had lost out to Berlin even before 1914 because it was not sufficiently open to the new trends; it had never liked Naturalism, embraced Impressionism only half-heartedly and was not really interested in the Post-Impressionist fashion, even though it was the birth-place of the Blaue Reiter. Thomas Mann in an essay on *Munich as a Cultural Centre* (1927) listed some of the reasons for the city's decline: Once there had been a climate of humanism, of tolerant individualism, of humour and youth, an artistic atmosphere which presented a conscious and deliberate contrast to misantropic Berlin; prewar Munich stood for democracy against Prussian feudalism and militarism. This Munich ceased to exist after the war; in the early 1920s the city became a stronghold of all the reactionary forces. The atmosphere was no longer congenial to a flowering of the arts – it was in some respects anti-cultural. They said *Mir san gesund* (We are in good health), and meant that philistinism had triumphed. But even if Munich was no longer the rival cultural capital, it still counted among its residents Thomas and Heinrich Mann, Feuchtwanger, and for a while Brecht, Wolfskehl and Karl Vossler, Pfitzner and Halbe; *Simplicissimus,* Germany's foremost satirical periodical, was published there; it had excellent theatres, an opera and museums, not to forget Karl Valentin, the great comic actor. Munich's decline was relative; depressing when compared with the prewar state of affairs, it was less abjects when compared with contemporary Marseilles or Birmingham and their standings as cultural centres." (S. 29 f.)

Dokumentation und Tatsachenberichte über politische Justiz und Zuchthäuser

Nach H. und E. Hannover hat das grösste Verdienst um die Aufklärung der Öffentlichkeit über das Versagen der Justiz der Weimarer Republik der Mathematiker Prof. *Dr. Emil Julius Gumbel.* Er veröffentlichte 1922 eine Broschüre *Zwei Jahre Mord,* in der er unter Angabe genauer Tatsachen und Namen den Beweis führte, dass *seit dem 9. November 1918 in Deutschland 314 politische Morde der radikalen Rechten mit insgesamt 31 Jahren 3 Monaten Freiheitsstrafe und einer lebenslänglichen Festungshaft geahndet wurden, die insgesamt 13 Morde der Linksradikalen jedoch zu 8 Todesurteilen, 176 Jahren und 10 Monaten Freiheitsstraffe geführt hatten.* (Vgl. S. 34 f.). Eine vom Reichsjustizministerium zusammengestellte Denkschrift, die nach Untersuchungen Gumbels Darstellung Seite für Seite bestätigt, wurde dem Reichstag in *einem* Exemplar vorgelegt, aus „Sparsamkeitsgründen" kam es nicht zu einer weiteren Veröffentlichung der Schrift. Diese erfolgte im Mai 1924 auf Gumbels eigene Kosten. Hannover bemerkt dazu:

„Es ist heute kaum zu ermessen, wieviel persönlicher Mut dazu gehörte, in einem Staat, in dem der politische Mord ungesühnt Opfer um Opfer forderte, die Mörder von Rechts und ihre Hintermänner beim Namen zu nennen. Gumbel gehörte /.../ zu den leider so wenigen Menschen in Deutschland, die Zivilcourage hatten." (S. 152–153)

Gumbel setzte seine Dokumentation des Unrechts, die auf umfassenden eigenen Ermittlungen beruhte, 1929 unter dem Titel *Verräter verfallen der Feme* fort. Diese mit *Berthold Jacob* und *Ernst Falck* zusammen herausgegebene Schrift über politische Morde in der Weimarer Republik zeigte die von der Justiz geförderte Umkehrung der Moral- und Rechtsbegriffe. In dieser Zusammenstellung Gumbels werden u.a. die Ermordung des USP-Abgeordneten *Gareis* in München (S. 39) und der erste bayerische Fememord (S. 39 f.) geschildert, die beide in *Erfolg* erwähnt, bzw. gestaltet werden (vgl. S. 85).

Neben Gumbels Büchern zur politischen Justiz gab es eine Reihe von Sammelwerken und Einzeldarstellungen. Hervorzuheben ist die von der *Liga für Menschenrechte* herausgegebene Denkschrift *Das Zuchthaus – die politische Waffe: acht Jahre politische Justiz,* in der eine Fülle dokumentarischen Materials und kommentierender Darstellungen zusammengetragen worden ist (nacht Hannover). Gumbel, *Robert Kempner* und *Kurt Grossmann* waren an dieser Dokumentation beteiligt.

> „Aber die, die es anging, lasen weder diese kritischen Schriften noch die *Justiz* (Fachzeitschrift mit „Gewissen". Anm. der Verf.) noch die liberalen oder sozialistischen Tageszeitungen, es sei denn ‚in amtlicher Eigenschaft', um Strafverfahren und Verbotsverfügungen gegen sie zu veranlassen." (Hannover S. 19)

Die *Relativierung des Rechtsgefühls,* ein allgemeines Problem der Nachkriegs- und Nachrevolutionszeit, kommt vor allem in den Schriften nationalistischer Verteidiger wie *Friedrich Grimm* und *Rüdiger Graf von der Goltz* zum Ausdruck. Sie empören sich über die Verurteilung nationaler und nationalsozialistischer Männer, deren kriminelle Handlungen als vaterländisch verdienstvoll deklariert, deren Verurteilung durch deutsche Gerichte als Verbeugung vor einer feindlichen Macht diffamiert werden. Goltz münzte mit einer Schrift das Wort „Tribut-Justiz" für diese Erscheinung. (Hannover S. 16).

Dass Feuchtwanger mit der Schilderung der Strafanstalt *Odelsberg* an sehr konkrete und wohldokumentierte Erlebnisse und Zustände gedacht hat, geht schon aus seiner *Information* (vgl. S. 42) hervor, in der es heisst:

„Ausführliche Berichte über die deutschen Einsperrungsanstalten jener Zeit sind uns erhalten in den Aufzeichnungen der Schriftsteller Felix Fechenbach, Max Hoelz, Erich Mühsam, Ernst Toller, die in solchen Anstalten untergebracht waren."

Im Haus der Freudlosen heisst das kleine Erinnerungsbuch *Fechenbachs,* das 1925 in Berlin erschien. Fechenbach (vgl. S. 34) wurde nach zwei Jahren und vier Monaten Haft im Dezember 1924 entlassen, als die beiden Hochverräter *Hitler* und *Jagow* (S. 35) von den bayrischen Behörden nach ca. 9 Monaten entlassen wurden. Die Überzeugung, Opfer eines Fehlurteils zu sein, liess Fechenbach in Ebrach nicht verzweifeln; sein Buch ist eher im Ton einer sozialen Anklage gehalten. Detaillierte Schilderungen von Vorschriften, Hausordnung, Tütenkleben, Dunkelarrest, Stufensystem und allerlei Verboten gaben Feuchtwanger reichlichen Stoff für seinen Roman. Vor allem scheint er von Fechenbachs Schilderung der langen, quälenden Nächte beeindruckt. Der Zuchthausdirektor in Ebrach, der mit übertriebener Briefzensur den politisch Bestraften quälte, taucht in Feuchtwangers Roman unter dem Namen *Förtsch* wieder auf (vgl. S. 89).

1927 gab die Laubsche Buchhandlung in Berlin die *Justizerlebnisse* von *Ernst Toller* heraus. Im ersten Teil erzählt der Verfasser von seinen Erfahrungen, in einem Agrarland wie Bayern eine Revolution zu versuchen, „die das bayerische Wolk in seiner Gesamtheit nicht hat haben wollen" (Tucholsky in der *Weltbühne* 1927). Im zweiten Teil zeigt Toller mit seinen Aufzeichnungen, dass die bayrischen Beamten die Festungsstrafe der Revolutionäre von 1918–1919 nicht als Strafvollzug praktizierten, sondern als pure Rache und um ihre Hassgefühle auszuleben. Toller erzählt von den Qualen der Einzelhaft, von Schreib- und Besuchsverbot, von Bett-, Kost- und Bücherentzug, vor allem auch von Willkür und Denunziationen von seiten des Anstaltspersonals.

Noch 1928, zehn Jahre nach der Einsperrung der nicht ermordeten Männer der Münchner Revolution, waren die Folgen der Volksgerichtsurteile lebendige, durch Freunde und Bekannte spürbare Wirklichkeit. Die Art, wie Hinterbliebene und Angehörige der Verurteilten von den bayrischen Behörden vernachlässigt wurden, war auch ein Thema, das von Toller und der Linkspresse behandelt wurde.

Angeregt durch ein Buch *Karl Plättners* griff *Die Weltbühne* auch die Sexualnot der Gefangenen auf. Plättner hatte festgestellt, dass hysterische Leiden aller Art, Beklemmungszustände, namentlich sog. Herzkrämpfe mit hochgradigen Beängstigungen, nach längerer Abstinenz nicht selten waren.

Tollers *Justizerlebnisse* geben vor allem einen Einblick in die Willkür und die Verstösse der Beamten gegen den gesetzmässigen Strafvollzug in deutschen Zuchthäusern. Das Buch war eine Streitschrift und wollte den Vorkämpfern einer humanisierten Strafpflege Argumente liefern.

Einen heute noch erschütternden Eindruck macht das Erinnerungsbuch *Vom weissen Kreuz zur roten Fahne* von *Max Hölz* (Berlin 1929), der in der Festung *Sonnenburg* bei Küstrin seine Haft bis zur Amnestierung im Jahre 1928 erlebte. Die masslose Willkür bei der Behandlung vor allem der politisch Bestraften wird hier immer wieder dokumentiert. Hölz beschreibt das Stufensystem als ein Lock- und Drohmittel des Vorstands und das wiederholte Erlebnis der sogenannten Tobzelle, in der die physische und psychische Gesundheit der Gefangenen ernstlich gefährdet wurde. Er gibt Einblicke in die sexuelle Not in der Anstalt und sieht den Verfall junger Burschen, die den Gebräuchen der Anstaltswelt nicht gewachsen waren oder von älteren Mitgefangenen belästigt wurden. Die Anstaltsärzte werden als Sadisten oder Schwächlinge dargestellt, die selbst in Agressionen oder Angst vor dem Vorstand befangen sind, auch wenn sie Mitleid empfinden und zu lindern versuchen. Dem krassen Realismus dieser Erinnerungsbilder gegenüber wirken die Zuchthausszenen bei Feuchtwanger gedämpft, obwohl die Vorlage deutlich erkennbar ist. Hölz hielt sich mit Turnübungen und volkswirtschaftlichen Studien den zermürbenden Einfluss der Anstalt vom Leibe, auch halfen ihm ohne Zweifel seine ungewöhnlichen physischen Kräfte die lange Haft zu überstehen. Er zwang sich dazu, kurz nach der Entlassung seine Erinnerungen zu schreiben. Obwohl auch dies mit Qualen verbunden war, empfand er es als seine Pflicht, über die Zustände Zeugnis abzulegen. Seine wiedergewonnene Freiheit wurde von den Gewerkschaften Berlins, die ihn bei seiner Ankunft in der Reichshauptstadt begrüssten, gross gefeiert. Seine persönliche Ausstrahlung und Haltung in der Haft war legendarisch geworden.[1]

Hölz schildert in seinem Buch auch die sogenannten *Scheinehen*, die sympathisch eingestellte Frauen mit politisch Bestraften eingingen, um den Kampf linksstehender Organisationen gegen die Behörde zu erleichtern. Auch für Hölz wirkte ein solches Mädchen. Ihre Hauptaufgabe war es, die Öffentlichkeit immer von Neuem an das ungerechte Urteil und an die Existenz des Inhaftierten zu erinnern. Auch diese Erscheinung hat Feuchtwanger für seinen Roman verwertet: Johanna Krain geht die Ehe mit dem Gefangenen Krüger ein, nachdem sie von den Behörden gefragt worden ist, wodurch sie eigentlich legitimiert sei, für ihn zu wirken.

Feuchtwanger durfte den Freund *Mühsam* (S. 35) im Zuchthaus nicht besuchen.

---

[1] Vgl. Erich Weinert in Die Weltbühne 1923, S. 820 f.: „Wer Max Hölz einmal gegenüber gesessen hat, wird sein Antlitz nie wieder aus dem Gedächtnis verlieren."

Auf eine Frage von mir nach Feuchtwangers persönlichen Erfahrungen mit deutschen Strafanstalten antwortet Marta Feuchtwanger in einem Brief:

> „Es war schon immer für Privatpersonen nicht möglich, ein Gefängnis zu besuchen. In der damaligen Zeit wäre ein solches Ersuchen mit Hohnlachen und Drohungen quittiert worden. Das Zuchthaus, in dem Mühsam sass, war nicht in München. Nur seine Frau konnte ihn sehen. Wir haben von Censi Mühsam erst viel später in Berlin Näheres erfahren." (vom 13.9.1973)

Neben der *Münchener Post* und der *Weltbühne* scheinen also die Schriften von *Gumbel* und die Zuchthausschilderungen von *Fechenbach, Toller* und *Hölz* Feuchtwangers hauptsächliche Quellen gewesen zu sein, soweit gedruckte Materialien in Frage kommen. Für das Kapitel *Einige historische Daten* (II/14 S. 213 ff.) wurden die *statistischen Jahrbücher* der Jahre 1923–1928 herangezogen, deren Angaben z.B. über Einwohnerzahl, Erwerbstätige und Stimmabgaben bei politischen Wahlen in Deutschland nur mit geringen Änderungen vom Chronisten Feuchtwanger in *Erfolg* angeführt werden.

Der Roman

Die Haupthandlungen und ihre Verteilung auf die fünf Bücher des Romans.

Drei Handlungsstränge sind in einander verwoben und halten die Vielfalt der Personen, Vorgänge und Nebenhandlungen zusammen:

1. Der Fall Krüger. Der Kunsthistoriker und stellvertretende Direktor der Staatlichen Galerien in München, *Dr. Martin Krüger,* wird wegen einer vom bayrischen Justizminister *Klenk* konstruierten Anklage zu drei Jahren Zuchthaus verurteilt, weil seine liberale Kunstpolitik dem reaktionären Kultusminister *Flaucher* nicht gefällt und weil er nicht gewillt ist, sich der Regierung gegenüber subaltern zu benehmen. Um eine Wiederaufnahme des Prozesses und später um die Amnestierung des Gefangenen bemüht sich Krügers Freundin und spätere Frau *Johanna Krain.* Auf Krügers Seite stegen auch sein jüdischer Anwalt *Dr. Siegbert Geyer,* sein Freund *Kaspar Pröckl,* Autokonstrukteur bei den *Bayrischen Kraftfahrzeugwerken,* und Johannas neuer Freund, *Jacques Tüverlin,* der Schriftsteller ist. Krüger stirbt nach zwei Jahren in der Zelle an einem Herzleiden, einige Tage vor seiner Amnestierung, die Tüverlin durch gute Beziehungen bewirken konnte.

2. Die politische Reaktion in Bayern bis zum Zusammenbruch des Kutznerputsches. Die Entwertung der Reichsmark geht ihrem Tiefpunkt zu. Die Franzosen besetzen wegen ausbleibender Zahlungen das Ruhrgebiet. Die bayrische Hetze gegen die Republik und gegen die Regierung in Berlin bekommt neue Nahrung. Die Bewegung der *Wahrhaft Deutschen* unter ihrem Führer *Rupert Kutzner* wird von der Schwerindustrie finanziell unterstüzt. Die Not der Bevölkerung ist gross, es fehlt an Kohle und Lebensmitteln. Die Bauern bereichern sich auf Kosten der Stadtbevölkerung.

Der Justizminister *Klenk* muss aus der Regierung ausscheiden, da er nicht gewillt ist, der heimlichen Aufrüstung im Land und den Wahrhaft Deutschen freie Zügel zu lassen. Als Racheaktion wirft er sich in den Kampf *für* Kutzner und wirbt für seine Sache bei der Industrie. Der neue bayrische Ministerpräsident *Flaucher,* vorher Kultusminister, unterstützt die illegalen Wehrverbände, um die politische Selbständigkeit Bayerns gegenüber dem Reich zu sichern. Monarchistische Sympathien im Volk werden von dem Wittelsbacher Prinzen *Maximilian* wachgehalten. Flaucher benutzt für seine Zwecke den „Trommler" Kutzner und seine Bewegung. Als dieser immer populärer wird und sich in der bayrischen Politik breit zu machen beginnt lässt Flaucher den *Ausnahmezustand* über Bayern verhängen und sich zum Generalstaatskommissar ernennen, um ein Machtmittel gegen die Wahrhaft Deutschen zu bekommen. Klenk scheidet ebenso unvermittelt aus der Kutznerbewegung aus, wie er in sie eingestiegen ist, Kutzner kapituliert vor dem bayrischen Landeskommandanten und würgt somit den von Klenk ersehnten Putsch ab.

Als die Regierung in Berlin nach der Aufgabe des passiven Widerstandes an der Ruhr den *Ausnahmezustand über das ganze Reich* verhängt, antwortet Flaucher mit einem eigenen Ausnahmezustand für Bayern und vereidigt die in Bayern stehenden *Reichswehrtruppen* auf sich. Kutzner rechnet darauf, mit Flaucher zusammen gegen Berlin vorzustossen und die Reichsregierung zu stürzen. Flaucher sieht die Stabilisierung der Mark und die Verständigung der Reichsregierung mit den Franzosen kommen und zögert. Am Abend des 8. November zwingt Kutzner im Saal des Kapuzinerbräus Flaucher, vor einer grossen Versammlung die nationale Revolution auszurufen und die bayrische Regierung für abgesetzt zu erklären. Flaucher schwört den Eid, entkommt aber und schlägt den Putsch mit Hilfe der Reichswehr nieder. An der Seite General *Vesemanns* marschieren Kutzner und ein Teil seiner Anhänger am nächsten Tag in Richtung Odeonsplatz und Feldherrnhalle. Sie werden durch Schüsse aufgehalten, die Demonstration endet im Chaos. Kutzner flüchtet in einem Auto.

Das Reich ist konsolidiert, die Reichsmark stabilisiert, aber der Hochverratsprozess gegen die Putschisten wird zu einem Triumph für Kutzner und seine Bewegung. Flaucher, als Zeuge geladen, steht in den Augen der vielen Zuhörer als Verräter der nationalen Sache da.

3. Die Entstehung des Romans ,,Das Buch Bayern oder Jahrmarkt der Gerechtigkeit''. Mit den beiden ersten Handlungen verwoben wird die Liebesgeschichte von Johanna Krain und Jacques Tüverlin. Sie gestaltet den Konflikt Johannas zwischen den Verpflichtungen gegenüber Krüger, die ihr das Gewissen auferlegt, und dem Gefühl einer tieferen Zusammengehörigkeit mit dem neuen Freund. Was Tüverlin betrifft, führt die innere Anteilnahme, in die er durch die Liebe zu Johanna gegen seinen Willen hineingezogen wird, am Ende der Geschichte zu einer dichterischen ,,Vision'', einer fruchtbaren Bewältigung des Bayernstoffes, mit dem er sich schon als *Revueverfasser* beschäftigt hat. Seine Liebe zum bayrischen Volk wendet sich nach der Normalisierung der politischen Lage, die auf Inflation und Rechtsputsch folgt, in unverkennbaren Hass. Er gibt seine distanzierte Haltung auf und erlebt seinen Beruf als einen ,,Auftrag'', der ihn verpflichtet, von den Gewalttaten der bayrischen Politiker gegenüber Unschuldigen Zeugnis abzulegen. In seinen Augen sind er und Johanna ,,die wirklichen Märtyrer'' des Krügerprozesses. Er schreibt sein Buch, in dem er den Fall Krüger in einen grösseren Zusammenhang einzuordnen versucht und historisch-psychologisch erklärt. Es gelingt ihm und Johanna, Krüger in den Augen der Welt zu rehabilitieren.

Erfolg ist also in gewissem Sinne auch ein Roman über die Entstehung eines Romans. Buch I, JUSTIZ (20 Kap., 125 S., S. 7–130) enthält die Exposition und gestaltet den Prozess bis zur Verurteilung *Krügers* wegen Meineids. Zur Vorgeschichte gehört der Prozess gegen die Malerin *Haider,* die von ihrem Schuldienst als Zeichenlehrerin suspendiert wurde, hauptsächlich weil dem Kultusminister *Flaucher* ihr Selbstbildnis, ein Aktporträt, nicht gefiel, das Krüger für seine Galerien gekauft hatte. Krüger war zu den Verhandlungen geladen worden und hatte einen Eid geschworen, der allgemein als ein sogenannter Kavaliereid aufgefasst wurde. Daraufhin hatte Haider ihre Bilder vernichtet und sich mit Leuchtgas vergiftet, nachdem sie vergebens mit dem nach Spanien verreisten Krüger in Kontakt zu kommen versucht hatte. *Klenk* präpariert, unterstützt vom Vorsitzenden des Gerichts, *Dr. Hartl,* den Zeugen *Ratzenberger,* im Prozess eine für Krüger ungünstige Aussage zu machen. Der Justizminister weiss nämlich, dass die Fuhrkonzession des Taxifahrers in Gefahr ist, da dieser einmal in betrunkenem Zustand einen Fahrgast verprügelt hatte. Es gelingt Hartl mit dieser Zeugenaussage und einigen Liebesbriefen der toten Malerin an Krüger, die er im Gerichtssaal verlesen lässt, die Mehrheit der sorgfältig zusammengestellten Geschworenen von der Schuld des Angeklagten zu überzeugen, obwohl dessen Verteidiger, der jüdische Anwalt *Geyer*, mit gutem Beweismaterial die Glaubwürdigkeit des Hauptbelastungszeugen anzweifelt, und *Johanna Krain* auf eine Weise für Krüger aussagt, die Ratzenbergers Aussage ins Wanken bringt (Kap. 1–16). Im letzten Kap. des 1. Buches findet die Begegnung Johanna Krains mit dem Schriftsteller *Tüverlin* statt: als sie am Tag nach der Verurteilung Krügers auf der Strasse von ein paar Rowdys belästigt wird, greift ein unbekannter Passant ein, der sich als Jacques Tüverlin vorstellt und sie in seinem Auto nach Hause bringt.

Im *Buch II, BETRIEB* (23 Kap., 171 S., S. 133–302) gestaltet Feuchtwanger die Bemühungen Johannas, auf *gesellschaftlichem Weg* die Wiederaufnahme des Prozesses zu bewirken. Krüger, der nach seiner Verurteilung ins Zuchthaus *Odelberg* überführt wird, versucht Johanna von ihren Verpflichtungen zu lösen; er glaubt auch nicht an eine Revision des Urteils. Er hat einen Tobsuchtsanfall, der in einem schweren Herzkrampf endet. Er wird von der Anstaltsleitung ins Krankenhaus überführt. Johanna entschliesst sich, Martin zu heiraten, um eine „Legitimation" zu haben. Sie wird von dem Kommerzienrat *Hessreiter,* einem der fünf Geschworenen, zu einem Diner eingeladen, bei dem sie die beiden Schriftsteller *Matthäi* und *Pfisterer,* Hessreiters Freundin *Katharina von Radolny,* den Geheimrat *Kahlenegger,* den Maler *Greiderer,* den „Vergnügungsindustriellen" *Pfaundler* und die russische Tänzerin *Insarowa* kennenlernt (7). Hessreiter hat als eine Demonstration gegen das Urteil das Selbstbildnis Haiders gekauft, das nun in seinem Haus in der Seestrasse hängt. Als Pfisterer Johanna verspricht, sie mit dem *Kronprinzen Maximilian* bekanntzumachen, der zum Wintersport nach Garmisch geht, beschliesst Johanna, sich Hessreiter anzuvertrauen und einige Wochen in Garmisch zu verbringen, wohin auch der *Reichsjustizminister* erwartet wird. Sie hat, in der Begleitung Geyers, ein Zusammentreffen mit dem Minister *Dr. Heinrodt,* dessen „alles verstehende Milde" und Zynismus dem eigenen Amt gegenüber sie „bis zur Übelkeit" reizen (12).

Die Hoffnung auf eine Wiederaufnahme des Prozesses wird von dem jähen Tod Ratzenbergers zunichte gemacht, der mit einem Bierkrug erschlagen wird, als er sich gegen die Anklage wehren will, die ein Bäcker in seiner Stammtischrunde gegen ihn vorbringt. Der Bäcker schimpft ihn einen „Meineidigen", was sich auf seine Aussage im Krügerprozess bezieht – und greift in Notwehr zu seinem Bierkrug, mit dem er den Schädel Ratzenbergers zerschmettert (13). Wieder in München betreibt Johanna doppelt eifrig, aus Trotz, wie Hessreiter feststellt, die Vorbereitungen zur Heirat mit Krüger, die dann schliesslich in der Gegenwart vom Zuchthausdirektor *Förtsch,* einem Zeugen und ein paar Journalisten in der Anstalt in Odelsberg stattfindet (16). Johanna kehrt zum Skilaufen nach Garmisch zurück, wo sich auch Tüverlin aufhält. Ein Zusammentreffen mit dem Kronprinzen erweist sich als ergebnislos (20). Tüverlin erhält von Pfaundler das Angebot, eine grosse Revue für sein Theater in München zu schreiben. Die Idee, den einheimischen Komiker *Balthasar Hierl* für das Unternehmen zu gewinnen, sagt ihm zu, und die beiden Herren einigen sich, dass Tüverlin fortan für Pfaundler arbeiten soll (21).

Inzwischen geht in München das Gerücht um, der Chauffeur Ratzenberger habe im Krügerprozess einen Meineid geschworen. Zwei junge Kommunisten, Genossen Pröckls, gehen zu der Witwe *Crescentia,* ihr ein Geständnis abzuzwingen. Ihr erscheint nämlich der Tote im Traum, in den Flammen des Fegefeuers, und bittet sie flehentlich, sein falsches Zeugnis aus der Welt zu schaffen. Bevor es aber zu etwas Schriftlichem kommt, erscheint der Sohn des Toten, ein begeisterter Kutzneranhänger, und eine Rauferei hebt vor den Augen der von schwerer Herzensnot bedrückten Frau an (22).

Krüger, der die Veränderungen im Kabinett am eigenen Leibe zu spüren bekommt, wird von der Nachricht vom Geständnis des Verstorbenen aus seiner Seelenruhe gerissen und erlebt eine wilde Sehnsucht nach dem Leben in Freiheit (22). Auf einem Maskenball in Garmisch treffen sich Johanna und Tüverlin, Johanna hat aber Hemmungen bei dem Gedanken an Krüger in der Zelle und überwirft sich mit Tüverlin, dem einzigen Mann, mit dem sie zusammensein möchte. Hessreiter, der sich über seine Freundin Katharina wegen ihrer plötzlichen Bosheit gegenüber Johanna ärgert, bemüht sich um Johanna, in die er sich ernstlich verliebt hat. Der Rundfunk bringt die Nachricht, dass Dr. Geyer ein Wiederaufnahmeverfahren im Falle Krüger beantragt habe. Dankbar verlässt Johanna den Ball mit Hessreiter, dessen Geliebte sie wird (23).

Buch III, SPASS. SPORT. SPIEL (26 Kap., 191 S., S. 305–494) Johanna lebt mit Hessreiter in Paris, wo sie eine Unterredung mit dem Bauernführer *Bichler* hat (2). Tüverlin schreibt in München an der Revue *Kasperl im Klassenkampf oder Höher geht's nimmer* und überwirft sich mit Pfaundler, der keine Politik in seiner Revue haben will (3). Im Kabinett, dessen Umbildung Klenk bewirkt hat, ergeben sich Gegensätze zwischen denjenigen Ministern, die die Bewegung der *Wahrhaft Deutschen* begünstigen, und denjenigen, die sie nur benutzen wollen, wo sie sie brauchen können. Zu den ersteren gehört *Flaucher,* der die Ansprüche *Kutzners* „weitgehend, aber verständlich" findet. Zu den letzteren gehört Klenk, der sich über Kutzner und seine „miserablen Reden" lustig macht (5). Der neue Ministerpräsident, *Herr von Dittram,* verhält sich gegenüber Berlin abwartend und ist eine Strohpuppe in den Händen der „heimlichen Machthaber" (5). Klenk wird nierenkrank und nach einigen Wochen aus der Regierung ausgeschlossen. *Baron von Reindl,* der „Mann am Schalthebel," macht den liberalen und demokratischen Juristen *Anton von Messerschmidt* zum neuen Justizminister, nicht wie erwartet Dr. Hartl, den einstigen Vorsitzenden im Krügerprozess (13, 20). Die Gerichte lehnen den Antrag Geyers nicht ab, zögern das Verfahren aber hinaus, was mit einer Bestimmung der Strafprozessordnung zusammenhängt, wonach das gleiche Gericht, das das Urteil gesprochen hat, über die Wiederaufnahme zu entscheiden hat. Mit der Versetzung Hartls, dem schon zu Klenks Zeiten das Referat für Gnadensachen angetragen worden war, wird in Johanna die Hoffnung wieder wach, Krüger helfen zu können. Dr. Geyer bezweifelt, dass der Nachfolger Hartls seinem mächtigen Vorgänger einen Fehler unterschieben wird (17).

Es kommt zur Premiere der Pfaundlerschen Revue, nachdem die meisten Texte und Ideen Tüverlins aus Spekulationsgründen gestrichen worden sind. Der Komiker Hierl hat seinen Vertrag gebrochen und ist zu den Minervasälen zurückgegangen, wo er sein eigenes Theater hat. Johanna und Tüverlin finden zueinander (26), nachdem sich Johanna von ihrer Passion für den jungen „Patrioten" und Kutzneranhänger *Erich Bornhaak* freigemacht hat.

Buch IV, POLITIK UND WIRTSCHAFT (32. Kap., 189 S., S. 497–684). Klenk wirbt in Berlin für die Wahrhaft Deutschen (2). Die Inflation läuft weiter: schon kostet der Dollar 1665 Mark. Tüverlin und Johanna mieten für ausländisches Geld, Einnahmen von Tüverlins Büchern, ein Haus am Ammersee. Tüverlin arbeitet an einem Hörspiel *Weltgericht* und schreibt einen neuen Essay zum Fall Krüger, „heute noch beispielhaft durch die klare Darstellung jenes Prozesses und seiner Vorgeschichte, die kühlste, schärfste Beschreibung der erschütternd unentwickelten Justiz jener Zeit". Geyer ist Reichstagsabgeordneter in Berlin; ein langer Brief von seinem Vertreter, der den Fall Krüger seit Geyers Abreise übernommen hat, ein Schreiben vom Kronprinzen Maximilian und ein Brief von Pfisterer sind alle wenig geeignet, Johanna neue Hoffnung einzuflössen. Von Tüverlin, dessen Einnahmen aus dem Ausland zunehmen, erhält sie ein eigenes Auto (3). Ihre Lage bedrückt sie.

Mr. Daniel W. Potter, amerikanischer Dollarmagnat, kommt aus der Sowjetunion, um seinen alten Freund Baron Reindl zu besuchen. Er bekommt eine Übertragung von Pfaundlers Revue im Radio zu hören und wünscht, den Verfasser des *Stierkampflieds*, Jacques Tüverlin, kennenzulernen. Dem Geheimrat *Sebastian von Grueber* stellt er eine grössere Anleihe für die rasche Elektrifizierung des Landes in Aussicht, wobei sich Tüverlin als Gegenleistung der bayrischen Regierung die Amnestierung Krügers erbittet (16). Potter lädt Tüverlin nach Amerika ein. Krüger har noch Herzanfälle, aber sonst geht es ihm gesundheitlich im Zuchthaus nicht schlecht. Wieder werden ihm Vergünstigungen entzogen, da mit der Berufung Messerschmidts zum Justizminister die Hoffnungen des Direktors Förtsch auf Erreichung der höchsten Gehaltklasse enttäuscht worden sind. Krüger knüpft an den unbekannten Namen Messerschmidt erneute Hoffnungen auf Wiederaufnahme seines Falles.

Die *Wahrhaft Deutschen* versprechen der Bevölkerung Münchens, dass sie bald „losschlagen" werden. Mit der Losung „Noch vor der Baumblüte", mit Hakenkreuzabzeichen und roten Fahnen halten sie die Stadt in ihrem Bann. Kutzner redet vor Tausenden in den grossen Biersälen der Stadt (8). Baron Reindl unterstützt inoffiziell die Kutznerbewegung, die in den Tagen der Ruhrokkupation „in Geld schwimmt" (10). In den Minervasälen bringt Hierl die Münchner dazu, über die Völkischen und ihre Veranstaltungen zu lachen (13).

Krüger schlägt, als er erneut eine Strafe zudiktiert bekommt, dem Direktor Förtsch ins Gesicht und muss 36 Stunden in der Tobzelle verbringen. Im Dunkeln verliert er das Gefühl für die Zeit. Als er sich hinterher wiederholt beim Anstaltsarzt *Dr. Gsell* über Herzanfälle beklagt, nennt ihn dieser einen Simulanten. In den Nächten träumt er davon, die ganze Stadt München zu vergiften. Er erzählt Johanna von dem Vernichtungsgefühl bei den Anfällen. Sie klagt Tüverlin an, der jedoch nichts von dem Versprechen Potters bekannt macht (18). Messerschmidt, der gegen die zunehmende Gewalt der Patrioten einen vergeblichen Kampf kämpft, da er seine Ministerkollegen gegen sich hat, verspricht Johanna, dass sie innerhalb von zwei Monaten über das Wiederaufnahmeverfahren Bescheid haben soll (15). Tüverlin reist nach Amerika. *Kaspar Pröckl* gelingt es, die Witwe Ratzenbergers zu einem Geständnis zu bringen. Als Messerschmidt der Öffentlichkeit über die wahren Zusammenhänge des Fememordes an *Amalia Sandhuber* aufklären will, findet schnell eine Regierungsumbildung statt. Franz Flaucher wird mit der Aufgabe betraut. Er macht Hartl zu seinem Justizminister (25). Klenk versucht, Kutzner dazu zu bringen, im Zusammenhang mit dem Parteitag der Wahrhaft Deutschen und ihrer Fahnenweihe, in München den Putsch zu versuchen, auf den das Volk, von den Folgen der Geldentwertung und der Ruhrokkupation schwer bedrängt, ungeduldig wartet. Kutzner zögert und Klenk ahnt, dass sich die deutsche Schwerindustrie bald mit der französischen einigen wird und betreibt hektisch die Vorbereitungen zur Machtübernahme. Flaucher verbietet Versammlungen unter freiem Himmel. Die Wahrhaft Deutschen lassen sich nicht einschüchtern. In letzter Minute wird der drohende Bürgerkrieg indirekt durch ein Telegramm einer kalifornischen Bank verhindert, welche die Anleihe für die Bayrischen Kraftwerke bestätigt. Ein solcher Wirtschaftserfolg in Notzeiten erlaubt dem bayrischen Ministerpräsidenten, gegen die Rebellen das äusserste Mittel zu gebrauchen, ohne Konflikte mit dem Reich zu riskieren: den Ausnahmezustand. Als Generalstaatskommissar hat Flaucher das Recht, gegen die Wahrhaft

Deutschen marschieren zu lassen, falls sie von ihrem Plan nicht ablassen (29). Kutzner hält am Tag der Fahnenweihe „Generalprobe"; er weiss, dass er gegenüber der anrückenden Reichswehr machtlos ist. Klenk hat sich nach Berchtoldzell zurückgezogen, auf seine Jagdhütte im Gebirge, wütend auf den feigen Kutzner (30).

Johanna erhält von Tüverlin ein Telegramm über die bevorstehende Amnestierung Krügers (31). Krüger stirbt in derselben Nacht an Angina pectoris in seiner überheizten Zelle (32).

Buch V. ERFOLG (23 Kap., 121 S., S. 687–807) Nun entbrennt erst recht der Kampf zwischen Flaucher und Kutzner, dem „Marschall" und dem „Trommler". Nach der Aufgabe des passiven Widerstandes gegen die Ruhrbesetzung erreicht die Popularität der Berliner Regierung einen Tiefpunkt, der nur mit Hilfe des Ausnahmezustandes überwunden werden kann. Flaucher macht die zugkräftigsten Punkte Kutzners zu seinen eigenen und weigert sich, Anordnungen des Reichs auf bayrischem Boden vollziehen zu lassen. Die in Bayern stehenden Truppen der Reichswehr werden auf ihn, Flaucher, vereidigt. Er macht den von Berlin abgesetzten General zum bayrischen Landeskommandanten. Eine Bemerkung von Reindl bringt ihn aber zu der Erkenntnis, dass die Tage gezählt seien, in denen ein bayrischer Kampf gegen das Reich mit der Unterstützung der Industrie rechnen könne. Er entschliesst sich, seinen eigenen Putschplan aufzugeben, Kutzner „zurückzupfeifen" und sich dafür vom Reich bezahlen zu lassen. „Verkaufen an das Reich wird er seinen Verzicht, Kompensationen wird er verlangen, Zugeständnisse einhandeln, die Bayerns gefährdete Eigenstaatlichkeit stärken sollen." (S. 714) Die Führer der Wahrhaft Deutschen hält er mit Versprechungen warm. Kutzner dagegen versammelt heimlich seine Unterführer und plant, Flaucher zu einer Stellungnahme vor dem angegebenen Termin zu zwingen. Er verdächtigt Flaucher, ohne ihn gegen Berlin marschieren lassen zu wollen (5). Am Abend des 8. November spricht Flaucher in der Kapuzinerbräu vor allen vaterländischen Vereinen und einem grossen Publikum. Er wird von dem rasch durch den Saal sich vordrängenden Kutzner unterbrochen, der, mit erhobener Pistole, ihm in die Rede fällt und die „nationale Revolution" proklamiert. Kutzner nötigt nach einer kurzen, bejubelten Ansprache Flaucher, den bayrischen Landeskommandanten und den Chef der Landespolizei in ein Nebenzimmer, wo inzwischen auch der militärische Führer des Putsches, General *Vesemann*, eingetroffen ist. Hier werden sie zur Mitarbeit gezwungen, was hinterher auf dem Podium durch einen gemeinsamen Eid erhärtet wird. *Flaucher* soll bayrischer Landesverweser sein. Es gelingt ihm, hinterher in einem Auto zu entkommen, um den Erfolg Kutzners noch rechtzeitig zu verhindern (7). Der Marsch der Putschisten am nächsten Tag wird durch Schüsse in der Nähe vom Odeonsplatz aufgehalten. Der Mitläufer *Cajetan Lechner* flieht erschrocken vor den Kugeln der Reichswehr. *Erich Bornhaak,* der illegitime Sohn Geyers, ist unter den Gefallenen. Kutzner flüchtet in einem Auto (8). Im *Herrenklub* lächelt man über den „läppischen" Putsch Kutzners, der zu spät gekommen ist: bald werde sich die Mark wieder stabilisieren. Über Flauchers Stellung beim Putsch wird viel geredet, in der Stadt hasst man den „Verräter", der sich seit dem Putsch nur im Panzerauto durch die Strassen bewegen kann. Tüverlin bewundert die Tat Flauchers, da er darin den Mut zum Verzicht erkennt (9). Im Hochverratsprozess verzichtet Flaucher weiter darauf, als Zeuge die Hintermänner hinter der Regierung zu verklagen. Das Prestige des öffentlichen Anklägers wird unter den Drohungen der Kutznerleute immer geringer. General Vesemann wird vom Gericht freigesprochen, die anderen Angeklagten zu Festungshaft von einem bis zu fünf Jahren (Kutzner) verurteilt. Kutzner und Vesemann nehmen hinterher die Huldigungen grosser Menschenmassen entgegen (12).

Johanna kommt nach dem Tod Krügers und seiner feierlichen Bestattung, von der sich das offizielle München fernhält, von dem Schuldgefühl, für Martin nicht ihr Äusserstes getan zu haben, nicht los. Der Tote stellt sich zwischen sie und den aus den USA zurückkehrenden Tüverlin. Das Verfahren wegen fahrlässiger Tötung gegen Dr. Gsell wird wegen mangelnden Beweises nach der Obduktion der Leiche eingestellt (2, 3). Tüverlin und Pröckl arbeiten am schriftstellerischen Nachlass Krügers (4). Johanna wird von Förtsch angeklagt, weil sie ihn auf der Bestattung Martins beschimpft hat. Sie erglüht vor Zorn, als sie bei der Prozessverhandlung die Schuldigen für den Tod Martins nicht anklagen darf, sondern bloss auf mildes Unverständnis stösst (13). Tüverlin erhält die Idee zu einem Buch über den Fall Krüger und das Land Bayern (18). Er geht eine Wette mit Klenk ein, der auf seiner Hütte in den Bergen seine Erinnerungen schreibt, dass er dem Toten „die Zunge lösen" wird (19, 20). Johanna dreht mit amerikanischem Geld (Potter) einen Krüger-Film, in dem sie ihrem Zorn Gestalt verleiht (21). Die Uraufführung des Films findet in Berlin statt. Tüverlin, der Johanna beigestanden hat, fährt hin, um an ihr teilzunehmen. Das Kinopublikum ist von Johanna beeindruckt. Daraufhin verlässt er mit Johanna zusammen München und schliesst in einem Dorf im Bayrischen Wald sein Buch ab. Er schickt einen Abzug des fertigen Manuskripts an Klenk, der ihm darauf bestätigt, dass er die Wette gewonnen habe (22, 23).

Die Gliederung des Romans. Architektonik und Komposition. Erzählperspektive. Sonderstellung der fünf Anfangskapitel. Der Gebrauch von Montage. Standort des Erzählers. Erzähltechnik und Rythmus.

Die fünf Bücher des Romans gliedern den Kampf Johannas um die Befreiung Krügers und bezeichnen äussere wie innere Stadien auf ihrem Weg zur offenen Kampfansage an den bayrischen Staat (Film über Krüger). Das 1. Buch schliesst mit ihrer wirkungslosen Zeugenaussage für Krüger, am Ende des 2. Buches leitet Johanna das Liebesverhältnis zu Hessreiter ein, von dem sie sich günstige Beziehungen verspricht. Das 3. Buch schliesst mit der Aufgabe dieses taktischen Spiels und der Hinwendung Johannas zu Tüverlin, den sie liebt. Im 4. Buch stirbt Krüger, und im 5. macht Johanna den Film „Ich hab's gesehen", der zusammen mit Tüverlins Bayernbuch den in einem Scheinprozess verurteilten Krüger in den Augen der Welt rehabilitiert.

Die beiden ersten Handlungsstränge (vgl. S. 69 f.) überschneiden sich zum ersten Mal in der Stammtischszene (Kap. II/13, S. 204 ff.), in der der gewaltsame Tod des Hauptbelastungszeugen im Prozess Krüger mit den ersten politischen Anfängen des Rhetors Rupert Kutzner verbunden wird. Zum zweiten Mal überschneiden sich diese beiden Linien, als die amerikanische Anleihe an den bayrischen Staat die Amnestierung Krügers erwirkt und dem mit diktatorischen Vollmachten ausgerüsteten Flaucher ermöglicht, die Bewegung der Wahrhaft Deutschen zu verbieten. *Eine ansteigende und eine absinkende Linie durchkreuzen sich in einem Punkt, der die Funktion einer Peripethie erhält*, da der Fall Krüger (absinkende Linie) und der Aufstieg der Faschisten (ansteigende Linie) sich nach diesem Ereignis in ihr Gegenteil zu wenden scheinen (vgl. *Linn* S. 13). In Wirklichkeit erfolgen aber daraus der Tod Krügers im Zuchthaus

und der für die Kutznerbewegung vielversprechende Ausgang des Prozesses gegen
die Hochverräter (Kap. V/12). Dass der Schluss dennoch „heiter" erscheint und den
Sieg der Gewalt auf beiden Seiten überschattet, ist ein Zeichen dafür, in welch hohem
Masse der Autor in *Erfolg* einen Schriftstellerroman sah (dritte Handlungslinie): der
von Tüverlin postulierte Glaube, dass „gut beschriebenes Papier" die Welt verändere,
findet in seinem Bayernbuch einen kämpferischen Ausdruck, vor dem sich die Macht
(Klenk) zu beugen hat (Schlusskapitel).

Diese Handlungsstränge werden wiederum von Einzelschicksalen durchkreuzt
(Geyer, Erich Bornhaak, Hessreiter, Frau von Radolny, Kaspar Pröckl, die Familie
Lechner etc.), die das grosse Gewebe in eine Fülle von Gesichtspunkten zerfallen
lassen. So ergeben sich eine Reihe von *Nebenhandlungen*, deren gemeinsamer Nenner
die veränderte Lebenslage nach den dramatischen Ereignissen des Jahres 1923 ist:
bei allen greifen die ökonomischen und politischen Folgen der Inflation und des
Kutznerputsches tief in ihre Lebensumstände ein, so dass sie als veränderte, zum
Teil tief erschütterte Menschen aus der Krise hervorgehen.

Bei der Einführung der Hauptpersonen im Kap. I/2 begnügt sich der Erzähler
mit sehr knappen Regieanweisungen und berichtet vornehmlich in der maskierten
Form des personalen Monologs. Dass er nicht in der 1. sondern in der 3. Person
erzählt, dürfte vor allem durch die Tatsache bedingt sein, dass die Form der *erlebten
Rede* sich in die epische Darstellung leichter einschmelzen lässt, da sie syntaktisch
gesehen keinen Wechsel von indirekter zu direkter Rede voraussetzt.[1]

Dadurch, dass der Autor Personeneinführung und Exposition aus der Sicht seiner
Romanpersonen vornimmt, strebt er eine Effektivität an, die für seine Personendarstellung überhaupt charakteristisch ist: die Technik der Blitzbeleuchtung einer Person in einem genau angegebenen Moment ihres Lebens, wie in Kap. I/2 am Vorabend
des Krügerprozesses, ermöglicht das Auslassen alles dessen, was zu dem aktuellen
Konflikt und seiner Motivierung nicht gehört.

Wir haben es hier mit einer Art Stilisierung zu tun, die der für Feuchtwanger charakteristischen Bemühung um klare ideologische Gegensätze entstammt. Seine Vorliebe für historische Übergangszeiten liess ihn alle Kraft auf die in der Krise dynamisch
zusammenstossenden Vertreter zweier Epochen konzentrieren. *U. K. Faulhaber* spricht
in seinem Aufsatz *Lion Feuchtwanger's Theory of the Historical Novel* von „a minimum
of material and a maximum of relevancy" und sieht in allen Werken Feuchtwangers
eine Neigung des Autors, nur die Tatsachen auszuwählen, die die Handlung zu einem
logischen Schluss führen können. Für die Personengestaltung bedeutet „overriding
attention to historical perspective", dass der Leser über die Vergangenheit der Personen
sehr wenig oder gar nichts zu wissen bekommt.

> „How they came to be the characters they are is irrelevant, since Feuchtwanger was interested
> in only that segment of their lives when they gained historical and therefore exemplary
> significance." (S. 74 f.)

Dies trifft im höchsten Grade auf die Personen in *Erfolg* zu: Erinnerungsbilder
oder Rückblicke kommen nur vor, um eine gewisse Handlungsweise oder Stellungnahme einer Romanperson zu motivieren, so z.B im Falle Johannas S. 90 oder auch
S. 210, wo es darum geht, dem Leser das Bild des halbkriminellen Zeugen Ratzenberger
einzuprägen. Faulhaber erblickt hierin eine Gefahr:

[1] Vgl. *Vogt*, S. 74 und die Arbeit von *Steinberg*.

„He enforces the strictest historical perspective, no event is out of place, and indeed he becomes at times almost too austerely efficient in streamlining his plots." (S. 74)

Diese indirekte Art der Personeneinführung, verbunden mit einem ständigen Wechsel der Erzählperspektive, behält Feuchtwanger in seiner Darstellung bei. Hessreiter, Krüger, Johanna und Geyer stellen sich alle selbst in Einzelauftritten vor, nachdem der Erzähler ihnen, direkt oder indirekt, ihre Rollen im Prozess Krüger zugeteilt hat. Das Voranschreiten des Prozesses, die täglichen Verhandlungen vor Gericht, bilden den natürlichen Anlass zu dieser Art von Personeneinführung, die eher darum bemüht ist, die Menschen durch ihre Gefühle, Gedanken und Motive zu charakterisieren als durch Handlungen.

Die beiden Minister Klenk und Flaucher werden dem Leser in dem oben genannten Einführungskapitel des Romans gewissermassen doppelt vorgestellt, da sie von zwei Seiten subjektiv beleuchtet werden (vgl. Feuchtwangers Worte über „filmische" Erzähltechnik S. 21). Unfreiwillig charakterisieren sie sich aber selbst am deutlichsten durch die erzählerische Ironie, die Doppelheit in der Darstellung, die dadurch entsteht, dass sich im Leser ein anderes Bild von ihnen abrundet als das, welches sie selber von sich haben. *Klenk* steht am Ende des Kapitels als der zynische Machtmensch da, ein Bild, das sich weder mit seinem eigenem selbstzufriedenen noch mit Flauchers hass- und neiderfülltem deckt. *Flaucher* dagegen lernt der Leser als den borniertem katholischen Kleinbürger kennen, der nichts von dem begriffen hat, was in München infolge des Krieges geschehen ist. Das satirische Porträt, das Feuchtwanger erzielt, entsteht also bei dieser scheinbar objektiven Darstellungsform, die *Hans Mayer* als „kalt" bezeichnet hat (S. 293), dadurch, dass der Leser dasjenige negativ verwertet, was die Romangestalt selbstgefällig verherrlicht. Damit hat ihn der unsichtbare Erzähler dahin gebracht, dass er seine Figuren mit den kritischen, der Karikatur zugeneigten Augen des Autors sieht. Es entsteht in diesem Kapitel das Bild zweier Minister, die dabei sind, einen Justizmord zu begehen, der eine „aus Spass", der andere aus Hass auf einen Andersdenkenden.

Das 1. Kapitel in jedem der fünf Bücher hat nur einen losen Zusammenhang mit der äusseren Handlung des Romans. Thematisch gesehen sind sie aber als „Ecksteine" des erzählerischen Bauwerks zu betrachten. Hier folgt eine kurze Inhaltsangabe dieser fünf Kapitel; ihr Parabelcharakter soll im weiteren Verlauf der Textanalyse untersucht werden.

Das Kap. I/1, Josef und seine Brüder, enthält eine Beschreibung des von *Franz Landholzer* gemalten und Dr. Krüger eingekauften grossen Bildes *Josef und seine Brüder oder: Gerechtigkeit* und seiner Wirkung auf das Publikum, das „im ersten Jahr nach dem Krieg" die Staatliche Sammlung moderner Meister in München besuchte. Der Erzähler geht knapp auf die Ansichten der professionellen Kritik ein und stellt am Ende des kurzen Kapitels, das einem Prolog gleichkommt, fest, dass das Bild nach einigen Monaten aus der Galerie verschwand und der unbekannte Maler vergessen wurde.

Das Kap. II/1, Ein Waggon der Untergrundbahn, schildert die Reaktion einiger Fahrgäste der dicht besetzten Berliner U-Bahn auf die Nachricht der Abendzeitungen, dass auf den Abgeordneten Geyer in München ein Attentat verübt worden ist. Den Erzähler interessieren die individuelle Sicht des Einzelnen und die ausbleibende Empörung über die zunehmende Gewalt gegenüber den Vertretern der Republik.

Das Kap. III/1, Stierkampf, schildert einen Stierkampf in Spanien aus der Sicht des bayrischen Malers Andreas *Greiderer*, der in München mit seinem „blutrünstigen"

Gemälde *Kruzifixus* Aufsehen erregt hat. Auf „Gaudi" eingestellt vergeht dem Bayer beim Ansehen des sterbenden Stieres die Lust an dem von der katholischen Kirche gutgeheissenen Volksvergnügen, und Ekel und Abscheu stellen sich inmitten der jubelnden Volksmassen ein.

In *dem Kap. IV/1, Panzerkreuzer Orlow*, stellt der Erzähler dar, wie der ehemalige bayrische Justizminister Otto Klenk sich in einem Berliner Kino den russischen Revolutionsfilm *Panzerkreuzer Orlow* (Verschlüsselung von *Potemkin*) ansieht, und schildert, wie er allmählich von dem Pathos der Vorgänge auf der Leinwand ergriffen wird, seiner reaktionären politischen Überzeugung zum Trotz. Am Ende, als das meuternde Schiff mit der roten Fahne den geladenen Kanonenrohren seiner Verfolger im Hafen von Odessa entgegensteuert, wünscht Klenk „mit der wilden Kraft seines Herzens", dass die Gegner nicht schiessen sollen. Benommen kommt er nachher aus dem Kino und muss erkennen, dass man die Revolution zwar „verbieten" aber als Tatsache nicht verleugnen kann.

In *dem Kap. V/1, Polfahrt,* wird verschlüsselt der Wettkampf zwischen dem norwegischen Polarforscher *Roald Amundsen* und dem italienischen Flugzeugkonstrukteur *Umberto Nobile* geschildert, der mit dem Tod Amundsens und der Verurteilung Nobiles endete. Amundsen kam auf der Suche nach dem verschwundenen Luftschiff *Italia* und dessen von Nobile geleiteten Besatzung im Eismeer um (1928); Nobile überlebte die Expedition und wurde von einer italienischen Untersuchungskommission als verantwortlich für das Scheitern der Expedition erklärt. Der Erzähler betont die Mitverantwortung des „Nordländers" und beschreibt den jähen Sturz des Italieners in der Gunst der Welt. Da keiner den Erfolg mit dem anderen teilen wollte, gehen beide an den Folgen ihrer Erfolgssucht zugrunde.

Mit den Kapiteln I/4, I/18, II/14, III/10, IV/4, IV/9 und IV/20 wird die Darstellung der bayrischen Vorgänge in einen grösseren Rahmen hineingestellt. Der Romancier wechselt in die Rolle des Historikers oder Chronisten über und fasst in einigen straff gegliederten Abschnitten historische Daten und Tatsachen, gestützt von statistischen Angaben, zusammen. Durchgehend dienen diese Kapitel dazu, die in der Fabel ausgedrückte Tendenz zu verstärken. So zeigt der Autor in dem Kap. I/4, *Kurzer Rückblick auf die Justiz jener Jahre* an Hand von Beispielen, dass die Justiz auch in anderen Ländern „mehr als sonst politisiert" war. S. 28 ff.

Unter der Überschrift *Einige historische Daten* (II/14) entwirft der Autor ein Bild der Epoche, das ihm erlaubt, sich zu den Erscheinungen der Zeit kritisch zu äussern und diese Kritik scheinbar objektiv, mit den Methoden der Soziologie, zu fundieren. S. 213 ff. Diese Art von Dokumentation, in die Fabel einmontiert, wiederholt er in dem Kap. *Bayrische Lebensläufe* (III/10), in dem er sie parodiert. Die fingierten statistischen Angaben, deren stereotype Wiederholung in jedem der fünf Lebensläufe den erstrebten satirischen Effekt bedingt, haben die Funktion, das Weltbild des Durchschnittsbayern zu umreissen (s. 371 ff.). Wie das Kap. II/14 ermöglicht diese Art von Montage dem Verfasser, den Rahmen der Fabel zu durchbrechen und Stoffe in den Roman einzubringen, die in der Fiktion nicht verarbeitet werden konnten.

„Es kamen am Sonntagvormittag vornehmlich Politiker in die Tiroler Weinstube. Sie sassen da im schwarzen Sonntagsrock, grossspurig. Bayern war ein autonomer Staat: bayrischer Politiker sein, das war etwas.

Zerfiel nämlich damals Europa in zahlreiche souveräne Einzelstaaten, von denen einer das Deutsche Reich war, so zerfiel dieses Reich wiederum in achtzehn Bundesstaaten. Diese sogenannten Länder, an ihrer Spitze das Land Bayern, wachten, wiewohl sie ihrer wirtschaftlichen Struktur nach längst Provinzen waren, eifersüchtig über ihre Eigenstaatlichkeit. Hatten ihre Tradition, ihre historischen Sentiments, ihre Stammeseigentümlichkeiten, ihre Sonderkabinette." S. 62 f.

Mit diesen Zeilen rückt der *Standort des Erzählers* schlagartig in eine weite Zukunft, von der aus wir mit den Augen des Chronisten auf das Deutschland der „Vergangenheit" herabblicken. Die höhere Perspektive des Erzählers ist damit im wahren Sinne des Wortes eine Vogelperspektive geworden, die unsere Auffassung von dem Zeitpunkt des Erzählens grundsätzlich verändert. In dem Kapitel *Einige historische Daten* (II/14) spricht der Erzähler aus einer, wie es scheint, noch grösseren Distanz zu seiner zukünftigen Leserschaft, der auf diese Weise auch eine Rolle im Roman zukommt:

„Die Bevölkerung des Planeten zählte in jenen Jahren 1800 Millionen Menschen, darunter etwa 700 Millionen Weisshäutige. Die Kultur der Weisshäutigen wurde für besser gehalten als die der andern, Europa galt als der beste Teil der Erde; eine langsame Gewichtsverschiebung fand statt hinüber nach Amerika, wo etwa ein fünftel der weissen Menschen lebte." (S. 213)

Der Abstandseffekt steigert sich in den letzten Zeilen dieses Kapitels ins Kosmische, wenn der Chronist mit den Worten schliesst: „Solcher Art waren die weisshäutigen Menschen, die der Planet in jenen Jahren durch den Raum drehte und die zwei fünftel seiner menschlichen Gesamtbevölkerung bildeten". (S. 219)[1]

Ausdrücke wie *„in jenen Jahren"* oder *„in jener Epoche"*, Satzanfänge wie *„Denn in jener Zeit hatte sich die Sitte verbreitet . . ."* sind kleine, aber beliebte Mittel des Erzählers, die Tendenz zu zeitlicher Distanzierung auch bei der Darstellung der Romanhandlung beizubehalten. Im Zusammenhang mit der Tennisspielerin Fancy De Lucca z.B. kommentiert der Autor S. 191: „Tennis war ein Ballspiel jener Zeit, mit Schlägern gespielt, sehr in Mode." Vgl. auch Ausdrücke wie „ein deutscher Professor namens Einstein" (S. 216), „Bernard Shaw, ein grosser Schriftsteller jener Epoche" (S. 400) und den Satz: „Sie (die Holzskulptur) trug vier Gesichter, zwei davon gehörten Feldherren des grossen Krieges mit Namen Ludendorff und Hindenburg, damals allgemein bekannt." (S. 562)

Als „optisch ungleichmässig" erleben wir diesen Versuch Feuchtwangers in *Erfolg*, sich von den allzu nahe liegenden Themen zu distanzieren, indem er einen zeitlichen *Erzählerstandpunkt* wählt, der in einer fiktiven Zukunft liegt, während das historische Detail die tatsächliche Gegenwartsschilderung beherrscht. Von Interesse in unserem Zusammenhang sind aber in erster Linie die Absichten des Autors mit dieser eigenartigen Distanzierungstechnik, mit der er die Gattungstypen Schlüsselroman, historischer Roman und „Zukunftsroman" in einem und demselben Werk zu verschmelzen versuchte. Fragen wir uns nämlich, welchen Zwecken die Verschiebung des Erzählerstandpunktes dient, dann können wir feststellen, das der Verfasser damit drei Ziele verfolgt. Die Rolle als Chronist *und* Romancier sprengt den Rahmen der epischen Darstellung und erlaubt eine Komposition, die offen ist und Dokumente der Zeit mit einbezieht. Die umgekehrte Zukunftsperspektive (über die eigene Zeit einen „historischen" Roman schreiben) schafft den erzählerischen Boden für eine

---

[1] Vgl. die einleitenden Abschnitte in Arnold Zweigs *Grischa-Roman*, der auch „kosmisch" ansetzt: „Die Erde, Tellus, ein kleiner Planet, strudelt emsig durch den kohlschwarzen, atemlos eisigen Raum, der durchspült wird von hunderten von Wellen, Schwingungen, Bewegungen eines Unbekannten, des Äthers /. . ./ (Vgl. *Happ* S. 18 f.)

utopische Gesellschaftsschilderung, mit der doppelten Funktion einer solchen: die dargestellten, bestehenden Verhältnisse satirisch zu verfremden *und* das Wunschbild einer besseren, gerechteren, friedsameren Welt heraufzubeschwören (Vgl. hierzu S. 125).

Die grössere Zeitperspektive erlaubte Feuchtwanger die Vorverlegung einiger allgemein bekannter Zeitereignisse in die frühen zwanziger Jahre, da sie der Tendenz seines Epochenbewusstseins entsprach. Der *Bayrische Rundfunk* strahlte erst im Jahre 1924 seine ersten Sendungen aus, das sowjetische Filmereignis *Panzerkreuzer Potemkin* wurde nicht 1922, sondern erst 1926 in Berliner Kinos vorgeführt, der Fall *Sacco und Vanzetti*, der eine Weltreaktion auslöste, wurde erst 1927 abgeschlossen (vgl. *Erfolg* S. 29), und die Nobileexpedition ereignete sich, wie auf S. 78 angeführt, im Jahre 1928.

Feuchtwanger äusserte sich zehn Jahre später, im Nachwort zu *Exil*, kritisch zu der fingierten Erzählperspektive in *Erfolg* und sah darin einen Ausdruck von „Übermut".

„Vielleicht war ich zu überheblich, als ich mir bei der Konzeption von ‚Erfolg' vornahm, den Roman so zu halten, als schriebe ihn ein Autor des Jahres 2000".

Verständlich ist die Konzeption aus erzähltheoretischer und thematischer Sicht, da Feuchtwanger den Stoff historisch behandelt und deutet, und da nur ein distanzierter Blick ihm ermöglichte, eine Vergangenheitsbewältigung zu betreiben, die – trotz aller Satire und allem Skeptizismus – im Zeichen des Fortschrittsglaubens stehen sollte.

So wie Feuchtwanger in seiner Personendarstellung die Erkenntnisse der Tiefenpsychologie berücksichtige und dadurch zu den Schichten des kollektiven Unterbewussten (Atavismus, Triebhaftes) hinabstieg (vgl. S. 108 ff.), so hat er auch vom *Film* gelernt, der die neuen Erkenntnisse der Massenpsychologie in eine Dimension der Oberfläche, des Zweidimensionalen verwandelte (Montage und Gleichzeitigkeit)[1]. Die Verschmelzung dieser beiden Techniken bestimmt den Rhytmus des Romans und zeugt von dem Ehrgeiz, sich vom individuell-bürgerlichen Roman, vom Bildungsroman des 19. Jahrhundertz zu entfernen. Montage und Grossaufnahmen sind die filmischen Mittel, deren sich Johanna Krain in ihrem Film über Martin Krüger bedient (S. 802 f.). Erstaunlich ist, dass Feuchtwanger Johanna auf der Leinwand eine Ansprache halten lässt, die in ein Plädoyer mündet, statt die Möglichkeiten des Films auszunützen, die er im Potemkinfilm so sehr bewundert und begrüsst hatte.

Die Sendungen des *Rundfunks* und die Möglichkeiten des Schriftstellers, für das neue Medium Radio zu arbeiten und damit ein grösseres Publikum zu erreichen als dasjenige, das ihm traditionell zur Verfügung stand, hat auf Feuchtwanger eine Lockung ausgeübt, die an mehreren Stellen in *Erfolg* zum Ausdruck kommt. Mit Übertragungen im Radio sind entscheidende Augenblicke im Leben der Romangestalten verbunden. Der Rundfunk unterstreicht die Zusammengehörigkeit der Men-

---

[1] Im *Reallexikon der deutschen Literatur* heisst es (1958, Bd. II, S. 110): „An den Film erinnert die Tendenz zum Dokumentarischen, Authentischen, Faktischen, weiterhin die Steigerung des Erzähltempos. Der Film ist das Resultat einer technischen Zivilisationswelt (Mechanik und Automatismus der motorischen Bewegung) und ihres maschinellen Kollektivismus; indem der moderne Erzähler sich ihrer Problematik stellt, nähert er sich seinen Methoden der Weltabbildung."

schen im Zeitalter der technisch fortgeschrittenen Kommunikation (vgl. S. 123, 294, 529).

Erfolg enthält zweifelsohne viel „Rohstoff", wie Feuchtwanger selbst sagt (vgl. S. 24), Bericht, Erwägung, Gedanke. Einzelheiten des Buches, z.B. die kritischen Bemerkungen über schlagende Studentenverbindungen oder die Polemik des Autors gegen das Gesetz gegen Abtreibung, wirken auch tatsächlich dem „Gleichmass" des Ganzen entgegen und trüben die Sicht des Lesers auf die gross angelegten Linien des Romans. Retardierende Elemente, die auf das Gebiet der ästhetischen Auseinandersetzung gehörten, wie die Wiedergabe von Karl Valentins Nummern (S. 219 ff.) oder den Passionspielen in Oberammergau, zeugen von mangelnder Distanz zu den Erscheinungen des Tages und damit verbundenem Engagement oder Ressentiment.

Die inspirierte Darstellung eines Gegenstandes oder einer Erscheinung im Werk eines Autors meint Feuchtwanger später erklären, gewissermassen entschuldigen zu können:

> „Der Autor und der wohlwollende Kritiker können gewöhnlich erklären, warum solche Schilderungen, die mit der Handlung und mit dem künstlerischen Grundplan nichts zu tun haben, erlaubt, ja notwendig sind. Doch der wahre Grund ist gewöhnlich der, dass im Verlauf der Arbeit solche Details den Dichter fesselten, dass es ihn verlangte, sie darzustellen, und dass er sie ohne viel Überlegung in das Werk hineinstopfte." (*Das Haus der Desdemona oder Grösse und Grenzen der historischen Dichtung*, a.a.O., S. 184). Er meint aber auch dazu:
> „Das grosse Epos, die grosse Erzählung verlangt solche Ruhepunkte, und manchmal inspiriert die Darstellung solcher Gegenstände den Dichter derart, dass aus der Anschauung Erlebnis, aus der Schilderung Gestaltung wird. /.../ Ein grosser Teil der modernen Romane kommen ohne solche Schilderungen nicht aus, sie sind im Grunde lange Reportagen mit eingesprengter Fabel. Nun ist die Grenze zwischen Realismus und Naturalismus schwer zu ziehen, und oftmals gewinnt der schöpferisch realistische Roman durch Excursionen ins Naturalistische."

Ein solches Detail ist in *Erfolg* die Geschichte des *Reliquienschreins* auf den Seiten 235 f.

Das Wechseln zwischen gerafften szenischen Darstellungen, die die Handlung vorwärts bringen, und weitläufigen Schilderungen, die geeignet sind, den laufenden Bericht zu retardieren, verleiht dem Erzählerton Feuchtwangers in *Erfolg* einen ungleichmässigen Puls, des sowohl Tempo wie Montagetechnik des neuen Mediums Film erkennen lässt und dahinter den gehetzten Rhythmus expressionistischer Prosa und modernen Lebenstils (vgl. *Erich Kästners* Worte „Die Zeit fährt Auto und kein Mensch kann lenken" in *Herz auf Taille*, 1929). Die vielen Gesichter des Grossstadtromans, der vom personellen Helden wegstrebt, erleben wir vor allem in den Szenen, in denen der Autor soziale Breite anstrebt. Einen für das heutige Menschenauge unfassbaren Eindruck dürfen die Massenszenen des damaligen Films auf den Kinobesucher gemacht haben. Oft glitt das Kameraauge von einem Gesicht zum nächsten und las auf expressionistische Art die Stimmung des bewegten Volkes ab. Wer die ersten Seiten von *Jud süss* liest, erkennt eine ähnliche Technik der Breitenwirkung: der Romancier breitet mit einer Schilderung des deutschen Landstrassennetzes das ganze 18. Jahrhundert vor dem Leser aus, indem er mit kräftigen Pinzelzügen die Fahrenden aller Stände erstehen lässt.

Um schnellen Bilderwechsel und das Erlebnis der Gleichzeitigkeit zu erzeugen, benutzt Feuchtwanger eine Technik der Häufung, bei der er die Reaktion verschiedener

Menschen auf dieselbe Erscheinung zeigt: einen Zeitungsbericht, eine Vorstellung im Theater, die Rede eines Predigers usw. Das Kapitel II/1 *Ein Waggon in der Untergrundbahn* demonstriert das Bemühen des Autors, die Masse der Modernen Grossstadt in kurzen Augenblicksbildern einzufangen (S. 133 ff.) Ähnlich das Kapitel I/13 „Eine Stimme aus dem Grab und viele Ohren": der Zeitungsbericht über die von der Staatsanwaltschaft schamlos verwendeten Liebesbriefe der toten Malerin Haider an Martin Krüger dient dem Autor als Anlass, detailliert und mit epischer Breite das arbeitende Volk als Publikum der Grossmacht Presse, die aus seelischer Not Sensationen macht, darzustellen (S. 83 ff.). Ähnlich S. 81, wo der Autor die Gesichter des Geschworenen im Gerichtssaal belichtet und die sorgfältig ausgewählte Gruppe schildert, die gerufen ist, um möglichst objektiv und nach ihrem Gewissen über die Schuld des Angeklagten zu entscheiden und dabei völlig irrational reagiert und denkt. Auf ähnliche Weise werden auch die Kleinbürger, die zu Kutzners Massenversammlungen kommen, mit dem Kameraauge des Erzählers eingefangen (S. 53 ff.). Die Kapitel II/15, S. 219 ff., und III/12, S. 381 FF., zeigen dieselbe erzählerische Tendenz, *das Volk* sozusagen als Romanperson dem Zeitgemälde des Autors einzuverleiben und den Eindruck der Gleichzeitigkeit in dem Nacheinander des epischen Vorgangs zu erzeugen.

Zeitchronik und Fiktionalisierung der massgeblichen Personen

Das historische Bild der Epoche: „weisser" Terror in München, Inflation, Ruhrokkupation, Fememord

Sieht der Verfasser von *Erfolg* den misslungenen Hitlerputsch als den (vorläufigen) Schlusspunkt eines fünfjährigen Albtraums, dessen Charakteristikum der Terror war, dann stehen am Anfang dieser von Gewalt und Justizwillkür geprägten Zeit die Racheaktionen der „Weissen", d.h. der nach München zurückkehrenden Regierungstruppen im Mai 1919 (vgl. S. 33). Diese werden in dem Kapitel IV/9 S. 545 ff. und S. 199 geschildert. Nüchtern, sachlich, mit kalter Leidenschaft bei der Zusammenstellung der Daten, reiht Feuchtwanger Mord an Mord, Gewalttat an Gewalttat, Namen an Namen, Zahlen an Zahlen. So, stellen wir uns vor, müsste ein Kapitel aus dem Buch der Romanfigur Geyer *Geschichte des Unrechts im Lande Bayern* aussehen. Die Strafmassnahmen gegen die Hochverräter des bayrischen Linksputsches werden mit denjenigen gegen die Teilnehmer am Berliner Kapp-Putsch verglichen, der eine Aktion von rechts war und deshalb so gut wie ungesühnt bleiben durfte. Der Autor betont, wie auch in dem Kap. II/14, dass sich Anhänger der Rechtsparteien der politischen Morde bedienten, da sie den Führern der Linken „ in der Handhabung geistiger Waffen" nicht gewachsen seien. Der Leser erfährt weiter, dass *Kurt Eisner* (vgl. S. 32 als Ministerpräsident in Bayern Ordnung geschaffen habe, und dass sein Mörder, *Graf Arco* (vgl. S. 35) nach kurzer und bequemer Festungshaft „von einer vom Staate subventionierten Gesellschaft in eine führende Stellung berufen" wurde. Die Art der Aneinanderreihung von Fakten, die Gegenüberstellung von Zahlen und die Tendenz der Beweisführung folgen, wie schon in dem Kapitel über die Quellen (S. 65 ff.) verzeichnet wurde, der Aufstellung *Gumbels* in *Vier Jahre politischer Mord*.

Als entscheidende Vorgänge der folgenden Jahre sieht der Chronist die Inflation und die Ruhrokkupation, deren Auswirkungen das Vertrauen der Bevölkerung in den neuen Staat von Weimar gründlich erschütterten und sie für radikale Lösungen im Geiste Hitlers reif machten. *Die Inflation*, die Aufblähung des Geldes, die dem Mittelstand sein Erspartes wegnahm, wird verschiedentlich beschrieben und kommentiert. Mit Zahlen wird der sinkende Kurs der Mark durch den ganzen Roman hindurch verzeichnet, auch die veränderten Preise von Lebensmitteln und Bier werden notiert (vgl. S. 381, 620, 657). Die Auswirkungen der Inflation treffen nicht alle in ihrer Existenz: Grossunternehmer und führende Industrielle erleben einen ungeahnten Boom und können sich auf Kosten des Staates bereichern (vgl. S. 621 f.).

Der als Geschworener im Krügerprozess auftretende *Altmöbelhändler Cajetan Lechner*, der sich aus Verbitterung den antisemitischen „Patrioten" anschliesst, soll die Anziehungskraft der radikalen Rechten auf die Einwohner Münchens in den Krisenjahren bis zur Stabilisierung der Reichsmark im Spätherbst 1923 illustrieren. Der Autor schildert diesen Vertreter des deutschen Kleinbürgertums der zwanziger Jahre mit Verständnis, Sympathie und nicht wenig Ironie als einen im Grunde unpolitischen Menschen, der sich aufgrund der zunehmenden Geldentwertung in die radikale Politik verirrt. Gegen seinen Sohn, der eine Zuchthausstrafe abdienen musste, weil er in einem Lokal Klavier spielen lernte, in dem sich eine Gruppe Kommunisten zu Sitzungen traf, hegt er Misstrauen.

> „Er ging zum Kutzner, überzeugt, der Führer werde ihn rächen und bewirken, dass er doch noch hochkommt." (S. 539)

Die Lehre, die er aus seiner Erfahrung zieht, erschüttert ihn tief. Er verzichtet darauf, selbst Hausbesitzer zu sein, und sichert statt dessen seinem Sohn und Enkel ein gutes Leben, indem er der jungen Familie ein eigenes Haus in Schwabing kauft.

Mit dem psychologischen Porträt des von Sorgen bedrückten Lechner will Feuchtwanger zeigen, wie eng das Selbstgefühl des Bürgers mit seinem Besitz verknüpft ist und dass er, solange er „in Ruhe" gelassen wird, zu keinem politischen Extremismus neigt. Ausführlich werden Lechners innige Gefühle für den alten Reliquienschrein, ein Leitmotiv, das zu einem Symbol wird, für das „gelbe Haus" und das Bauernhaus in Schwabing beschrieben. Trotz Satire und Ironie zeigt der Autor, dass er für die desperate Lage der Bevölkerung, die Inflation und Ruhrokkupation erzeugten, grosses Verständnis hat. Schliesslich war er ja selbst ein Opfer dieser Kräfte.

Der hungernden Stadtbevölkerung stellt der Chronist wiederholte Male die sich bereichernden Bauern gegenüber:

> „Den Bauern schwand ihr Besitz nicht wie den Städtern unterm Arsch weg, sie konnten die Schulden, die auf ihrem Boden lagen, mit entwertetem Geld abdecken."

Ihre Art, mit dem neuen Reichtum zu prahlen, wird satirisch angeprangert:

> „Der Landwirt Greindlberger fuhr aus der schmutzigen Dorfstrasse von Englschalking nach München in einer eleganten Limousine mit livriertem Chauffeur." (S. 517 f.)

Die Not in den Städten hat ein anderes Gesicht:

> „Tuberkulose, Kindersterblichkeit nahmen zu. Viele von den Dreiviertelliter-Rentnern konnten sich jetzt auch nicht mehr einen Viertelliter leisten. Ausgehungert schlichen sie herum in den grossen Biersälen, in denen sie früher mit Behagen ihre Abende verhockt hatten, suchten sich Brotrinden zusammen, Käserinden, Bierneigen." (S. 657)

Die kritische Lage motiviert die Bevölkerung für die politische Hei⸱ ⸱ehre der Nationalsozialisten. Die soziale Deklassierung des Akademikerstandes in der Weimarer Republik und die wirtschaftliche Not der Inflationsjahre machten auch Beamte, Ärzte und ehemalige Offiziere zu Kleinbürgen (vgl. S. 436). Feuchtwanger stellt die auf diese Weise sozial verbreitete Unterlage als einen breiten Boden für gewaltsame Methoden dar, die das Selbstgefühl dieser Gruppen zu stärken versprachen: "München mit seiner halbbäurischen Bevölkerung ist das gegebene Zentrum einer kleinbürgerlichen Diktatur." (ibd.) Auch die Spitzen der Münchner Gesellschaft hören auf Kutzner; im "aristokratischen Klub" *Eddabund* (vgl. S. 39) hält der Führer "seine besten Reden". Sogar die äusserste Linke, die Kommunisten, fühlten sich von den schlagenden Argumenten und dem militanten Auftreten der Wahrhaft Deutschen angezogen. "Viele unter den Patrioten waren früher Kommunisten gewesen", heisst es S. 628.

Ein grosser Teil des 2. Buches spielt in *Garmisch,* wo die Reichen so leben, als gebe es keine Inflation und keine Not. Die soziale Tendenz dieser Gegenüberstellung ist unverkennbar. Die Begehrlichkeit des Dollars geht aus der liebevollen Beschreibung eines Dollarscheins S. 522 f. hervor und spiegelt sich in der neu errungenen wirtschaftlichen Sicherheit Tüverlins, der von seinen ausländischen Verlegern Dollars erhält.

In seiner Schilderung der *Ruhrbesetzung*, S. 616 f. und 657 f. betont der Autor durch seine Faktenzusammenstellung das tief Ungerechte und Gewaltsame an der französischen Aktion, die „das Herz Deutschlands" lahmlegte. Er beschreibt die Folgen des passiven Widerstandes, die Repressalien der Franzosen, das verstopfte Eisenbahnnetz, die sich weit in das Land hineinfressenden Kohlenhaufen, die nicht abtransportiert werden konnten. Dieser Tatsachenbericht dient aber nur als eine Einleitung zu der umfassenderen Darstellung der Auswirkungen der Vorgänge an der Ruhr auf den deutschen Rechtsradikalismus im allgemeinen und auf die Kutznerbewegung im besonderen. Dies hindert ihn nicht daran, auf das Absurde hinzuweisen, das darin lag, dass bei der Vergewaltigung des Ruhrgebiets ein Agrarland wie Bayern die grössten Hassreden erzeugte. In den folgenden Zeiten ist wieder der Satiriker am Werke:

> „In Altbayern wussten nicht viele, was die Ruhr war. Die meisten hielten sie für eine unangenehme Krankheit. Die Zeitungen hatten es nicht leicht, ihnen auseinanderzusetzen, dass es ein Fluss war, der durch ein reiches Industriegebiet lief, und dass sie Ursache hätten, sich zu empören. Dann aber empörten sie sich mächtig." (S. 617)

Das Unglücklichste an der Ruhrbesetzung und ihren Folgen scheint Feuchtwanger in dem Umstand zu sehen, dass die Notlage, in die die Reichsregierung hineingezwungen wurde, den Terror legalisierte. Deutsche Aktivisten, die die Franzosen bekämpften, wurden verherrlicht. Er beschreibt, ohne Namensnennung, die *Schlageter* – Gedenkfeiern[1], die Kutzner nur als Vorwand dienten, die Gemüter gegen Berlin aufzupeitschen:

---

[1] Märtyrer im Kampf gegen den Ruhreinbruch. Albert Leo *Schlageter,* ehemaliger Freikorpsmann und Nationalsozialist, wurde am 26. Mai 1923 bei Düsseldorf von einem französischen Hinrichtungskommando erschossen.

„Strassen werden nach ihm genannt, Wehrverbände trugen seinen Namen, Seinen Namen auf den Lippen überfielen Wahrhaft Deutsche, sogenannte Ruhrflüchtlinge, in München das Gebäude einer Linkszeitung, verwüsteten es. In zündenden Reden forderte Kutzner, die Regierung müsse diesem Manne von der Ruhr nacheifern, die Nation in einen Taumel von Raserei versetzen; an jedem Laternpfahl müsse ein gehenkter Novemberverbrecher baumeln. Die Seelen in den ausgefrorenen und ausgehungerten Leibern entzündeten sich, kochten." (S. 658).

Sehr nahe an die tatsächlichen Vorgänge hält sich auch die in die Fabel eingearbeitete Darstellung der Ermordung des Dienstmädchens *Marie Sandmayr* (vgl. S. 39 f.). Der Autor ändert lediglich Namen und äussere Umstände dieses ersten bayrischen Fememordes, begnügt sich aber mit einer absichtlich durchsichtigen Verfremdung der Tatsachen. Mehr als die Grausamkeit der Tat selbst interessiert ihn ihre Sinnlosigkeit. Das Dienstmädchen *Amalie Sandhuber* wird zum unschuldigen Opfer einander bespitzelnder Kommunisten und Völkischer (S. 632 ff.). Der junge *Erich Bornhaak* begeht den Mord aus purem Geltungsdrang. Sein Handlanger ist Alois Kutzner (vgl. S. 96), der ein Romantiker ist und von der Befreiung des mythenumsponnenen „Märchenkönigs" Ludwigs II. schwärmt. Was den Autor hier und auch in der Darstellung der Völkischen beschäftigt, ist das Gesetz, das er auf der Rechten immer wieder wirken sah: dass Jugendliche und vom Krieg entwurzelte Landsknechte von Menschen in verantwortlicher Stellung zu Gewalttaten benutzt wurden, deren politische Reichweite sie nicht verstanden.

Dem frommen Alois Kutzner schlägt die Erinnerung an das tote Dienstmädchen auf das Gemüt. Als er sich auf einer Münchner Polizeistation stellen will, ahnt der Kommissar den Zusammenhang mit Rupert Kutzner und atmet erleichtert auf, als er den melancholischen Mann unter dem Vorwand wegschicken kann, dass er keine Legitimation vorweisen könne.

Die kaum geheimgehaltene Zusammenarbeit der Münchner Polizei unter ihrem Präsidenten *Poehner* (vgl. S. 39) mit den Geheimverbänden wird an einer zweiten Stelle des Romans direkt ausgesprochen: ohne den Namen Erzberger zu nennen, berichtet der Autor, dass der Polizeipräsident einem „vom Reich steckbrieflich wegen eines gemeinen Verbrechens verfolgten Landsknechtführer einen gefälschten Pass ausgestellt" hatte. S. 344 werden Anspielungen auf die Ermordung des Abgeordneten *Gareis* (vgl. S. 39) gemacht. Auch hier ist Erich Bornhaak der Täter. Er führt seinen Zynismus auf seine Erfahrungen im Krieg zurück:

„Im Krieg hiess man uns Helden, jetzt Mörder. Ich finde das unfair und unlogisch." (S. 345)

Auch die Ermordung *Rathenaus* und die Reaktion in Bayern wird mit den Augen einer Romanfigur gesehen; sie trägt dazu bei, den jungen *Pröckl* davon zu überzeugen, dass für ihn in seiner Vaterstadt München keine Bleibe mehr ist. (S. 360)

Kriegsschuld und Rapallovertrag werden mit den Plänen *Baron Reindls* verbunden, in der Sowjetunion eine Autofabrik zu bauen. Eigenmächtige Aussenpolitik betreiben heimlich die Bayern, wenn sie, nicht zum ersten Mal in ihrer Geschichte, Rheinbundpläne schmieden, und dafür eine „grosspurige" französische Gesandtschaft in München unterhalten. (Vgl. S. 312)

Die achte Jahre während politische Streitfrage der sogenannten *Fürstenenteignung* (vgl. S. 28) und der Volksentscheid darüber spiegeln sich in den Ängsten und Nöten *Katharina von Radolnys*, die von einer Rente vom Haus Wittelsbach lebt. Der Autor hat es vorgezogen, diese Problematik an einer Vertreterin der „alten Zeit" zu vergegenwärtigen, in die er sich mit Verständnis und nicht wenig Sympathie hineinversetzt. *Tüverlins* Empfindungen gegenüber Frau von Radolny sind eher von Neugier geprägt als von Aggressivität, und das Lebensgefühl der bayrischen Aristokratie zwingt ihm Bewunderung ab. Das hindert Feuchtwanger nicht, die Taktik der Rechtsparteien bei der Abstimmung klar anzuprangern (S. 401). Dass es sich im wahrsten Sinne des Wortes um einen Klassenkampf handelte, gestaltet er an dem Verhältnis Radolnys zu Johanna Krain: als ihre Rente in Gefahr ist, kann sie in Johanna, bzw. Krüger nur den Klassenfeind sehen. Feuchtwanger will zeigen, dass die Liberalität wie eine Glasur von einem Menschen abspringt, dessen ganzes Selbstgefühl auf Besitz aufgebaut ist und der erfahren hat, dass Geld die Voraussetzung für seine gesellschaftliche Stellung ist. In dem Konflikt zwischen Altem und Neuem, zwischen Privilegienstaat und Demokratie, stellt sich Katharina auf die Seite der alten Machthaber, weil sie die Wertschätzung der kapitalistischen Gesellschaft teilt. Sie wird in dem Moment ein Feind des neuen Staates, als er ihr die Privilegien nehmen will (vgl. S. 277 f.)

Johanna wundert sich über die kühle Haltung der früher so herzlichen Frau. In Katharinas Reaktion sieht der Autor die Abwehrhaltung einer ganzen herrschenden Schicht, die sich weigert, die Revolution und ihre Voraussetzungen als Tatsache hinzunehmen, die „die Fäuste vor die Augen presst" (vgl. S. 295).

Die Darstellung der politisierten bayrischen Justiz. Das Zuchthaus. Auswirkungen der Krisenpolitik auf die Anstaltsführung

In seiner Beschreibung des „in dem freundlichen Speisesaal der ehemaligen Kriegsschule" stattfinden Prozesses gegen die am Kutznerputsch Beteil'gten (Kap. V/12, S. 747 ff.) deckt Feuchtwanger die Rechtsbeugung der bayrischen Regierung auf, die ängstlich ihre eigene Unschuld vorzutäuschen bemüht war:

> „Die Anklage beschränkte sich also auf Kutzner, Vesemann und acht andere Führer und begriff Flaucher nicht mit ein. Der wurde vielmehr als Zeuge geladen, doch nicht von seinem Amtsgeheimnis befreit. In dieser Eigenschaft konnte er unter Eid alles bekunden, was für die Unschuld der Regierung sprach; wurde aber eine Tatsache heraufgeschwemmt, die sie belasten konnte, so durfte er sich auf sein Amtsgeheimnis berufen. Um ihm die Aussage in diesem Sinne zu erleichtern, übertrug die Regierung die Führung des Prozesses einem Manne, der ihm nahestand. Auch hielt sie die Anklage des Staatsanwalts zurück, so dass Flaucher und der Landeskommandant sich in Ruhe über eine einheitliche Zeugenaussage verständigen konnten." (S. 748 f.)

Der Kunsthistoriker Martin Krüger fällt einem Eid zum Opfer. Es handelt sich scheinbar um einen sog. *Kavaliereid,* der, wie der Verfasser an mehreren Stellen des Buches zeigt, zum bayrischen Brauchtum gehörte und den die Justiz in gewöhnlichen Fällen nicht so genau nahm. Herrn Hessreiter, den Vertreter alten liberalen Münchener Bürgertums, wundert die Art, wie die Justiz den Fall Krüger aufzieht.

> „Er interessierte sich wenig für Politik, und es schien ihm ein starkes Stück, einen Mann wegen eines Kavaliereids zu Fall zu bringen." (S. 32) „Wenn man alle ins Zuchthaus schicken

wollte, die einmal mit einer Frau geschlafen und es hinterher abgeschworen hatten, wohin käme man da. Die Bevölkerung war doch sonst nicht so." (S. 36)

Vom Landesgerichtsdirektor *Dr. Hartl*, dem Vorsitzenden des Gerichts im Krügerprozess, heisst es:

> „Es gab unter den bayrischen Richtern nicht viele, die einen Prozess, auf den die Augen des Reichs gerichtet waren, halbwegs mit Anstand führen konnten. Er wusste also, dass die Regierung mehr oder minder auf ihn angewiesen war, dass er ziemlich willkürlich vorgehen konnte, wenn nur das Endresultat, in diesem Fall die Verurteilung des Angeklagten, der Politik des Kabinetts entsprach." (S. 19)

Bei der Zeugenvernehmung lässt der Vorsitzende den Verteidiger den Hauptbelastungszeugen nur so lange vernehmen, bis seine Glaubswürdigkeit zu wackeln beginnt; dass er mit seiner Aussage die eigene Fuhrkonzession rettet, wird nicht zur Kenntnis genommen, da Hartl sich in dem Moment wie eine Mauer vor den Zeugen stellt, als Krügers Verteidiger *Geyer* die wahren Zusammenhänge aufdecken will.

Krüger wird zu drei Jahren Zuchthaus verurteilt, obwohl er sich tatsächlich keines Meineids schuldig gemacht hat (vgl. S. 47). Die heftige Reaktion der ausserbayrischen Presse macht den Fall zu einer Prestigesache für die bayrische Regierung, was die Aussichten auf eine Wiederaufnahme des Verfahrens und eine Revision des Urteils eher verringert als fördert. Geyer wird am vorletzten Tag vor dem Ablauf der Revisionsfrist auf offener Strasse von drei Männern überfallen und mit Gummiknüppeln niedergeschlagen (Kap. II/1).

Auch die Demaskierung des Amnestieverfahrens ist eine Illustration zu dem Thema, dass das Recht nur ein Mittel in den Händen der Erfolgreichen, d. h. der Macht, ist. Wenn Krüger nicht in der Zelle gestorben wäre, hätte man vielleicht von Gerechtigkeit gesprochen, obwohl die Motive der Behörden für seine Amnestierung ganz andere waren. (Vgl. Inhaltsangabe S. 73)

Summarisch werden auch einige weitere Fälle aus der Praxis Klenks wiedergegeben, die zeigen sollen, dass das „Pech" Krügers, in das Netz der bayrischen Justiz zu geraten, nichts Einmaliges war. Wie im Prozess Krüger müssen Unschuldige dafür büssen, dass die Mächtigen, d.h. der Staat und das Kapital nicht angeklagt werden:

Der Vagabund *Woditschka* erhält zehn Jahre Zuchthaus, damit die bayrische Eisenbahnverwaltung für eine Entgleisung nicht zu haften braucht, die auf ihrer Strecke stattgefunden hat (Kap. I/18, S. 114 ff.). Der Heizer *Hornauer* wird zu sechs Monaten Gefängnis verurteilt, damit die Schuld für einen Betriebsunfall im Münchener Kapuzinerbräu nicht auf die Betriebsleitung fällt (ibd.).

> „War der Heizer Hornauer unschuldig, so waren die Geheimräte von Bettinger und Dingharder schuldig, angesehene, gewissenhafte Grossbürger /.../ Es war verlockend, einem an sich bedauernswerten Burschen ein paar Monate Gefängnis zu ersparen /.../ Aber andernteils handelte es sich um ein altverdientes Unternehmen, um die wichtigste bayrische Industrie, um allgemeine bayrische Belange." (S. 120)

Vgl. weiter das Kapitel II/5 „Fundamentum regnorum", S. 153 ff.

So wie *Gustav Radbruch* das bayrische Fechenbach–Urteil bedauert, aber auch entschuldigt hatte (vgl. S. 34), lässt Feuchtwanger den *Reichsjustizminister Heinrodt* die Ohnmacht des Reichs gegenüber der Rechtsbeugung bayrischer Minister deutlich werden. Seine Neigung, jeden Einzelfall ins Allgemeine zu ziehen, zugebend, dass

Martin Krüger mit grosser Wahrscheinlichkeit unschuldig sei, nimmt Johanna jede Hoffnung, dass von *der* Seite Hilfe zu erwarten sei.

> „Was sie aus den klugen, scharfsichtigen Deduktionen heraushörte, war dies: dass in vielen Fällen die Rechtssicherheit der Gerechtigkeit vorangehen müsse, dass Fälle denkbar seien, in denen einem Mann zu Recht unrecht geschehe, dass Macht, von Erfolg begleitet, Recht wirke: Summe: es sei oft wichtiger, dass ein Streit überhaupt als wie er beendet werde." (S. 197)

Das Unrecht in Bayern, von Geyer, der Hunderte von Fällen nach dem Einzug der „Weissen" in München verzeichnet hat, in detaillierter Darstellung aufgezählt, stösst zwar auf die starke Missbilligung des Reichsjustizministers, was jedoch nicht verhindert, dass er auch hier wohlwollendes Verständnis zeigt. Er liess

> „auch diese Irrtümer und Fehlsprüche einmünden in das Meer allgemeiner Erkenntnis. Autonomie des Rickters musste sein; denn ohne sie keine Rechtssicherheit. Soweit er, Heinrodt, immer mit Wahrung der Grundsätze, mildern konnte, tat er es." (S. 199)

Mit dem Porträt des Reichsjustizministers, der keiner Anteilnahme an den Schicksalen der Opfer fähig ist, gibt Feuchtwanger seinen Richterspruch über die ganze deutsche Justiz ab und legt die Schuld nicht nur auf die bayrischen Politiker, sondern auch auf das Reich, das in den kritischen Tagen der jungen Republik gegen Bayern nicht einzugreifen wagte.

Der Anwalt Geyer (vgl. unten S. 97) hat sich in das bayrische Unrecht verbissen, „wohl wissend, dass es im übrigen Reich nicht viel besser zugeht, und dass es auch sonst in der Welt mit der Gerechtigkeit schlecht steht." (S. 000) In Bayern jedoch sieht Geyer am deutlichsten die Ursache des zerstörten Rechtsgefühls: *die Widerspenstigkeit der alten Mächte gegen die neue Gesellschaft.* Feuchtwanger lässt den Justizminister *Messerschmidt*, der die Politisierung der Gerichte aufzuhalten versucht (vgl. S. 73), die Erkenntnis aussprechen:

> „Er weiss, warum es so schwer ist, warum er nicht aufkommt gegen seine Beamten. Seine Richter, seine Staatsanwälte sind im Unrecht: aber sie fühlen sich im Recht. Er selber, wie oft hat er gegen solche Verlockung ankämpfen müssen. Die Militärs haben nicht standgehalten, die Militärs haben die Ordnung nicht geschützt. Sie, die Richter, sind die letzten Verteidiger des guten alten Staates /.../" (S. 583. Vgl. S. 28 d.A.)

Als tiefste Ursache der Zustände in Bayern sieht der Autor die Vertrauenskrise der Justiz, die den Begriff der Gerechtigkeit „schäbig" gemacht hatte (S. 800), da er „von keinem lebendigen Gefühl mehr legitimiert" sei (ibd.). Das Ergebnis konnte der Autor an seinem eigenen Volk beobachten:

> „Ihm genügt das leere Gestell der Justiz, auch wenn es schmerzhaft einschneidet, den Sinn will es nicht." (S. 122)

Sehr konkret schildert Feuchtwanger in den wenigen Kapiteln über Martin Krüger (I/7, II/3, II/9, II/16, III/7, IV/7, IV/18 und IV/32), die vielen Schikanen der Anstaltsleitung und die Öde seiner Tage in *Odelsberg.* Der Leser soll die Monotonität der Beschäftigungen der Gefangenen spüren und den psychischen Druck des Eingeschlossenseins zwischen vier Wänden fühlen (vgl. z.B. S. 179 f.). Nach 22 Monaten Zuchthaus erliegt Krüger einem Herzleiden, aufgrund dessen ihn der Anstaltsarzt, *Dr. Gsell,* einen Simulanten genannt hatte (S. 609). Als der Tod Krügers bekannt wird und der Skandal offenbar ist, deckt die bayrische Regierung die Anstaltsleitung und den Dr. Gsell, der sofort ein Verfahren gegen sich beantragt. Der Justizminister (Hartl) freut sich, den Verurteilten nun nicht amnestieren zu müssen, wie er Tüverlin, bzw. Potter versprochen hatte.

Es ist das Verdienst Feuchtwangers, in *Erfolg* anschaulich gezeigt zu haben, wie das Regime in den Zuchthäusern letzten Endes auch eine Folge der politischen Wirren der Zeit nach dem 1. Weltkrieg war. Direktor *Förtsch* von der Strafanstalt Odelsberg ist den wechselnden politischen Schwankungen ausgesetzt.

> „Er (Förtsch) ersehnte also Karriere, wartete gierig mit jedem Tag, schielte nach einer Gelegenheit, sich hervorzutun, immer auf der Lauer." (S. 181).

Die Auswirkungen auf den Gefangenen, der von diesen Mechanismen weiss, blieben nicht aus:

> „Ohne dass irgend ein Grund angegeben wurde, gewährte man ihm Vergünstigungen, die man ihm ebenso unvermittelt wieder entzog. Bewirkt wurden diese Veränderungen durch die wechselnden Strömungen der politischen Lage. /.../ Er bekam die jeweilige Schattierung des Kabinetts zu merken an Kost, Schlaf, Gewährung und Entziehung von frischer Luft, Besuchen, Schreibgelegenheit." (S. 271)

Kultur- und Zeitkritik

> „Alle Länder der Blassfarbigen, am sorgfältigsten die Vereinigten Staaten Nordamerikas, führten Statistiken über diese und alle möglichen anderen Dinge und legten die Ergebnisse in umfänglichen Jahrbüchern nieder, ohne indes praktische Folgerungen daraus zu ziehen." (S. 219)[1]

„Diese Dinge" waren die Themen, die der Autor von *Erfolg* in dem Kapitel *Einige historische Daten* (S. 213 ff.) aufgriff, wahrscheinlich aus dem Gefühl heraus, dass kein richtiges Bild der Epoche entstehen würde, wenn ihre Leidenschaft für statistisch belegbare Dokumentation und ihre neu erweckte Begeisterung für die Soziologie nicht gespiegelt würden. Selbst war Feuchtwanger ein eifriger Leser von statistischen Jahrbüchern, deren historischen Dokumentationswert er zwar einsah, deren Möglichkeiten, über das „Lebensgefühl" einer Epoche etwas auszusagen, er aber bezweifelte. Es hat ihn gelockt, auf verschiedene Weise parodierend mit der Zahlenfaszination seiner Zeitgenossen umzugehen: so dienen ihm statistische Angaben z.B. als ein Mittel zur satirischen Beschreibung der Altbayern in dem Kapitel *Bayrische Lebensläufe* (S. 371 ff.). Grosses Vergnügen scheint ihm auch die im Jahre 1928 in der Frankfurter Zeitung zum ersten Mal gedruckte Selbstbiographie *Der Autor über sich selbst* (CO S. 374–378) bereitet zu haben, in der er an Hand von statistischen Angaben einen fingiert posthumen Lebenslauf zusammenstellt, auch diesmal z.T. in polemischer Absicht. So heisst es z.B. über das eigene Schaffen:

---

[1] Vgl. Feuchtwangers Feststellung in dem Aufsatz *The Essentials of German Character*; „People go mad over quantity – figures and statistics are beloved." (CO S. 416)

„Der Schriftsteller L.F. schrieb 11 Dramen, darunter 3 gute, die niemals, 1 sehr mittelmässiges, das 2346 mal aufgeführt wurde und 1 recht schlechtes, das, da er die Erlaubnis zur Aufführung nicht erteilte, 876 mal widerrechtlich gespielt wurde."

In *Erfolg* ergänzt der Chronist das episch gestaltete Bild der Epoche mit einer zahlenmässigen Angabe der Selbstmorde im Jahre 1921, die für Deutschland erschreckend hoch ist (S. 214). Er macht weiter eine Zusammenstellung von Stimmabgaben in politischen Wahlen und über den Lebensstandard, woraus der Leser den Schluss ziehen kann, dass 20 % der Wähler gegen ihre eigenen Klasseninteressen stimmten. Er verzeichnet die hohe Anzahl der bei Post und Eisenbahn Beschäftigten und die Gesamtzahl der Personenkraftwagen und bedauert dabei, dass man den Verkehr „nach den Bedürfnissen der Kriegerkaste" und nach den Wünschen kapitalkräftiger Einzelinteressen organisiere.

„Von den 11669 Flugzeugen, die auf dem Planeten vorhanden waren, dienten 874 dem Personenverkehr, 1126 der Schulung von Piloten, 9669 waren Kriegsflugzeuge." S. 251.

Der gesteigerte Verkehr war nach Feuchtwanger das Merkmal der Epoche; er nannte ihn *die neue Völkerwanderung*, vgl. S. 258. Selbst war er ein begeisterter Autofahrer. 1930 hatte er sich einen Buick leisten können, bis dahin fuhr er einen Fiat. Ein Foto aus dem Jahre 1932 zeigt ihn im Flugzeug über New York, fröhlich winkend. In *Erfolg* bringt Tüverlin Johanna Krain das Autofahren bei, auch wird ein Flug von Berlin nach München geschildert. (S. 508)

Das Kapitel II/14 besteht zum grossen Teil aus direkter Polemik gegen Zeiterscheinungen, die im Roman selbst nicht gestaltet werden. Diese Art von Zeitkritik gleicht Äusserungen Tüverlins und wendet sich gegen die *Überheblichkeit der weissen Rasse* und ihren Nationalismus, der zu Völkerhass erzieht. Die Bildung der Epoche findet der Chronist unzeitgemäss und vermisst darin die Weisheit des Ostens. Er sieht die Ethik der Zeit von den jeweiligen Bedürfnissen der Regierungen bestimmt und findet den Lehrstoff in den Schulen unverwendbar für das praktische Leben. Er kritisiert den Geschichtsunterricht, weil er ökonomische Zusammenhänge verheimlicht, stellt sich aber auch skeptisch gegenüber der marxistischen Auslegung der Geschichte, die er eine *revolutionäre Mode* nennt. Hier wie auch sonst lehnt der Autor das Alte als überholt ab, ohne jedoch die Modelle des wissenschaftlichen Zeitalters, in das er sich hineinversetzt sieht, vorbehaltlos zu bejahen (vgl. S 128f. d. A.).

Er wendet sich gegen die „Normisierung und Typisierung" der Zeit, damit das neue Erlebnis des Massenzeitalters umschreibend, und erwähnt die Psychoanalyse *Freuds*, die er „eine listige Methode, die Seele des Menschen zu ergründen" nennt. Zentrale Begriffe der Zeit sind der der *Relativität* (Einstein), und der *Rasse*, den er als „gefühlsmässig" abweist. Weiter polemisiert er gegen die Lebensweise der Epoche, die er „unhygienisch" findet, was mit Gesichtspunkten zusammenfällt, die er in seinem oben genannten Lebenslauf äussert. Selbst war er sportlich, „hasste" Tabak, trank wenig Spirituosen und Kaffee, „neigte zur Theorie der Vegetarier".

Ein Thema, auf das er in *Erfolg* ein paar Mal zurückkommt, ist das der offiziellen *Sexualmoral*, vor allem das Verbot von Geburtenkontrolle und Abtreibung. Er stellt fest: „Alle Komödienschreiberei der Epoche zog ihren Stoff aus dem Gegensatz zwischen natürlichem Trieb und allgemeiner Praxis auf der einen, Gesetzgebung und offizieller Moral auf der anderen Seite." (S. 217)

Die Einstellung der katholischen Kirche zu diesen Dingen erfahren wir S. 385 in *Erfolg*, wo ein Prediger unter lautloser Aufmerksamkeit seiner Gemeinde von der Wollust der Zeit spricht.

„Anschaulich, kundig, ergreifend malte er die gottgefällige Lust am ehelichen Weibe, die teuflische an der Buhldirne." Von *Abtreibungen* und äusseren Umständen, die sie in die Wege leiten können, berichtet der Autor in der lakonischen Kurzszene S. 600 f. S.576 f. stellt der Schriftsteller Tüverlin das offizielle Verbot von Geburtenkontrolle und Abtreibung in einen weiteren Rahmen. Er findet es „bevölkerungspolitisch" logisch, da Leben im Überfluss vorhanden sein musste, wenn es billig sein und den Zwecken der Politiker dienen sollte. „Der Staat selber tat alles, um den Kurswert des Lebens zu drücken." Tüverlin erkennt den Zynismus der Regierungen in einem Zeitalter, in dem dem Planeten Überbevölkerung drohe. Aus seinen Auslegungen spricht der Humanist, der den Menschenwert höher als die Staatsraison setzt. Wie so oft kleidet er seine Gedanken in zynische Feststellungen, die eher von Gleichgültigkeit als leidenschaftlichem Engagement zeugen, in Wirklichkeit aber Ausdruck allgemeiner Misanthropie sind:

„Schätzte der Staat das entstandene Leben sehr gering ein, so verteidigte er mit um so grösserem Nachdruck das entstehende, das keimende Leben. Eine solche Gesetzgebung schien unlogisch, war es aber nicht. Gerade um den Kaufpreis der Ware niedrig zu halten, bestand der Staat auf Gebärzwang statt auf Gebärverhinderung." (S. 577)

Romanpersonen und Gruppen auf der historischen „Oberbühne"

In seinem Aufsatz *Formen historischen Erzählens in den zwanziger Jahren* schreibt *Walter Schiffels* (Anm. 33):

„Das Problem, in tatsächlich geschehene Geschichte hineindichten zu müssen, wird seit Scott mit dieser Zwei-Bühnen-Technik umgangen: Die Ereignisse der grossen Historie – die *Oberbühne* – spielen zwar in den Roman hinein, bleiben aber selbst unangetastet. Die fiktionalen romanhaften Ereignisse sind von der Oberbühne bestimmt und halten sich im Rahmen der historischen Wahrscheinlichkeit, spielen aber auf einer *Unterbühne*, deren Figuren sich in historisch unerheblichen Positionen befinden. Döblin verwendet für den gleichen Sachverhalt die Terminologie ,Spitzen- und Tiefengeschichte' ".

Wir wollen uns im Folgenden den einzelnen Romanpersonen zuwenden, den sog. Schlüsselpersonen, um Feuchtwangers Grad und Art der Fiktionalisierung der historisch erkennbaren Vorbilder feststellen zu können. Wir beanspruchen dabei keine vollständige Aufdeckung der Fäden und Zusammenhänge, uns interessiert lediglich die Gegenüberstellung von *facts* und *fiction* in dem Masse, als sie die erzählerischen Absichten des Autors mit seiner „Verkleidungstechnik" aufhellen kann. Wie bei der Darstellung des Tatsachenhintergrunds werden auch die Hauptakteure im privaten Kern des Romans, die Gestalten auf der „Unterbühne", im einzelnen charakterisiert. Die Reihenfolge bleibt diselbe wie auf S. 45 ff.

Der Kultusminister *Franz Flaucher*, später Ministerpräsident und Generalstaatskommissar von Bayern, ist überzeugter Monarchist und Katholik kleinbürgerlicher Prägung. Mit seiner Kulturpolitik bekämpft er alle Äusserungen, die seiner eigenen Überzeugung nicht entsprechen. Die Bildereinkäufe Krügers für die staatlichen Galerien lösen in Flaucher einen physischen Widerwillen aus. Mit dem Hass auf die *Schlawiner* verbindet er eine starke Abneigung gegen den Kollegen Klenk, den Grossbürger, der sich heimlich oder offen über ihn lächerlich macht (vgl. Kap. I/2). Für Flaucher wird die „Ausrottung" Krügers eine Herzenssache, mit der seine Kulturpolitik steht und fällt. Seine Verankerung im Katholisch-Bäurischen ist eine Komponente, auf die der Autor immer wieder zurückkommt. Flauchers Glaube an eine Vorsehung und eine höhere Macht, der zu dienen er bestellt ist, leitet in entscheidenden Augenblicken seines Lebens sein Denken und Fühlen (vgl. S. 384, 646, 665). Als Illustration der Auswirkungen von Flauchers Kulturpolitik dient die im Kap. I/9 geschilderte Episode mit dem Geheimrat Kahlenegger, ein Beispiel für Feuchtwangers als Satire verkleidete Kritik an der Machtvollkommenheit der katholischen Kirche (S. 67 f.). Flauchers zeitweiliges Paktieren mit der Kutznerbewegung wird als eine Verblendung dargestellt. Konsequent führt der Autor das Porträt eines in anachronitischen Denkkategorien befangenen Beamten durch, der von seiner Sicht aus gesehen in jeder Lage nach bestem Gewissen das Richtige tut und dennoch gezwungen wird, die ganze Schuld für ein gescheitertes Unterfangen auf sich zu nehmen (vgl. S. 723).

Mit seinem letzten Streiflicht auf den verbitterten Flaucher, der im Hochverratsprozess der Versuchung widersteht, seine Auftraggeber hinter den Kulissen zu verraten, liefert Feuchtwanger das Weltbild eines im Grunde apolitischen Menschen, der selbst die ökonomischen Zusammenhänge, in denen er nur ein Spielball ist, nicht durchschaut oder durchschauen will, sondern in ein christlich gefärbtes Gesellschaftsbild umdeutet, dessen statische Weltordnung jeden Aufruhr als nicht gottgewollt im Keim erstickt. (Vgl. *Gustav Ritter von Kahr,* S. 45 f.)

Der „behutsame" *Herr von Ditram,* „ein Aristokrat aus dem Kreis des feinen, stillen Rothenkamp", verkörpert in Feuchtwangers Roman die beiden bayrischen Minister *Lerchenfeld* und *Knilling* (vgl. S. 37 und 46), die Kahr zeitweilig ablösten. Eine nähere Vorstellung dieser Marionettenfigur findet nicht statt.

Für den bayrischen Justizminister *Otto Klenk* steht in jedem Rechtsfall, der politisch ausgelegt werden kann, die Entscheidung zwischen „Bayern und Reich, Staat und Recht, Rechtssicherheit und Gerechtigkeit" (S. 159) Der Prozess Krüger bietet ihm in erster Linie eine Möglichkeit zu demonstrieren, dass man gegen einen aufsässigen, republikanisch gesinnten Beamten Machtmittel hat. Stärker als seine juristische und logische Schulung beherrscht ihn sein Instinkt in Fragen der Ethik:

> „Er, Klenk, wisse mit naturwissenschaftlicher Sicherheit, was er tue, sei gut für dieses Land Bayern. Er passe zu dem Land, sei gut wie seine Wälder und seine Berge, gut wie seine Menschen, seine Elektrizität, seine Lederhosen, seine Bildersammlungen, sein Fasching und sein Bier. Recht und Ethik, behaupte ein gewisser norddeutscher Philosoph namens Immanuel Kant, stünden ausser jedem Verhältnis: Recht und Boden aber, Recht und Klima, Recht und Volk, das meine er, der Otto Klenk aus München, die seien zweieinig, nicht zu trennen." (S. 159 f.)

Klenk duldet keine offene Provokation des Reichs und wird in den Tagen des zunehmenden Patriotismus aus der Regierung hinausmanövriert. Von seinem Instinkt geleitet wirft er sich mit aller Kraft in die Arme der Kutznerbewegung, deren Kopf er wird (S. 503). Er lernt den verlogenen Patriotismus grosser Berliner Industrieherren kennen (S. 671). Sein Versuch, mit der Hilfe Kutzners wieder an die Macht zu gelangen, scheitert an seiner zunehmenden Verachtung des hohlen Rhetors.

Das Porträt von Klenk gehört zu den nuancenreichsten des Romans. Durch die Darstellung seiner Musikalität und seiner Liebe zur einsamen Jagd in den Bergen mildert der Autor das Bild vom rücksichtslosen Gewaltmenschen. Tüverlin provoziert Johanna mit seiner Sympathie für Klenk (S. 178 und 740 f.). Klenk hat die gute Eigenschaft, auch in einem Widersacher den Menschen zu sehen, was ihn von einer fanatischen Natur wie Flaucher unterscheidet. Deshalb lässt er trotz besseren Wissens an einer entscheidenden Stelle Flaucher in der Regierung (S. 338 f.). Eine ähnliche „Menschlichkeit" dem Feind gegenüber zeigt er, als er erfährt, dass Geyers Sohn *Erich Bornhaak* (vgl. S. 97) an der Feldherrnhalle gefallen ist (vgl. S. 74). Ein Bedürfnis, den Feind zu trösten, steigt in ihm hoch (S. 740 und 791 ff.). Einen gewissen Sinn für Fairness zeigt er auch, als er Tüverlin im letzten Kapitel des Romans die Wette gewinnen lässt.

Sympathie beim Leser gewinnt Klenk auch dadurch, dass er Mitgefühl mit seinen Beamten und einen sicheren Blick für die verschlechterten Lebensumstände hat, in die sie die Situation nach dem Krieg versetzt hat.

> „Vor dem Krieg waren sie überaus angesehen gewesen und hatten sichere Aussicht gehabt auf reichliche Pension und ein Alter in Fülle /.../ Dazu hatte sich ihre Arbeit gehäuft /.../ Alle hatten sie jetzt drei - oder viermal soviel Akten zu erledigen wie früher, jeder hatte morgens seine acht oder zehn Termine." (S. 330 f. Vgl. *Dr. Christian Roth*, S. 46 f.).

Die wahren Regenten Bayerns sind der Ökonom *Bichler*, der Kardinalbischof *Graf Rothenkamp, Kronprinz Maximilian* und der Leiter der Bayrischen Elektrizitätswerke, *Grueber*. Sie bleiben im Hintergrund. Ihr „Mann am Schalthebel" ist *Andreas Freiherr von Reindl*, Besitzer der Bayrischen Kraftfahrzeugindustrie, der Donauschiffahrtsgesellschaft, des Kapuzinerbräus und des *Generalanzeigers*, der Minister ein- und absetzt, ganz wie es sich die Machthaber ausgemacht haben. Der mächtigste von diesen ist *der Bauernführer Bichler*, der blind ist und von seinem niederbayrischen Gutshaus aus Weisungen über Regierungsbildungen und -auflösungen gibt und die endgültige Entscheidung über die Politik Bayerns hat. Er muss in allen wichtigeren Fragen von den Ministern befragt werden (vgl. S. 11 und 18). Auf seinen Auslandsreisen gibt er sich geheimnisvoll (vgl. S. 311 f.) und zwielichtig. Er gehört zu den einflussreichen Personen, zu denen Johanna Krüger Beziehungen aufnimmt, um die Wiederaufnahme des Krügerprozesses zu erwirken. Seinetwegen reist sie mit Hessreiter nach Paris, wo man vermutet, dass der Blinde sich nicht nur wegen seiner Augenkrankheit aufhält (S. 312. Vgl. *Georg Heim*, S. 47).

Kronpri Maximilian[1] tritt nur einmal auf und zwar, als der Schriftsteller Pfisterer (vgl. S. 101 f. d. A.) ein Zusammentreffen Johannes mit dem Prinzen arrangiert (Kap. II/20). Dieser bringt Johanna ein „anspruchloses, herzhaftes Mitgefühl" entgegen, verlässt aber bald darauf Garmisch, ohne für sie etwas unternommen zu haben und antwortet ihr auch später in einem Brief nur mit wohlwollenden Floskeln. (Vgl. *Rupprecht von Wittelsbach*, S. 47 f.)

General Vesemann, den die Niederlage im Krieg „spinnert" gemacht hat, erscheint in ein paar kurzen Abschnitten des Romans und steht am Putschabend an Kutzners Seite im Kapuzinerbräu. Ebenso tritt er den Marsch zur Feldherrnhalle mit ihm an. S. 376 wird vermerkt:

> „Der General Vesemann hatte sich in München ein Haus gekauft und liess sich endgültig dort nieder, das machte die Stadt zum Zentrum der patriotischen Bewegung."

---

[1] Der Kardinalbischof *Graf Rothenkamp* wird an zwei Stellen des Romans (S. 76 und 85) kurz erwähnt und ist der einzige der heimlichen Regenten, der überhaupt nicht auftritt. Er wird dem Leser als „jener stille Herr auf dem Schloss in den Bergen" vorgestellt, der „oft nach Rom fuhr, in den Vatikan, und nach Berchtesgaden zum Kronprinzen Maximilian, der reichste Mann südlich der Donau, von grossem Einfluss auf die leitende klerikale Partei, von leisen Manieren, ängstlich von jeder offiziellen Betätigung sich fernhaltend." (S. 85) Dieser Vertreter der katholischen Kirche und ihrer politischen Interessen scheint kein direktes Vorbild im damaligen Bayern zu haben.

Eine Charakteristik von ihm gibt der Autor S. 584 f. Er berichtet, wie der demokratisch gesinnte *Anton von Messerschmidt* bei einer Begegnung mit dem General zu zittern anfängt, da ihm auf einmal klar wird, dass dieser mächtige Mann „verrückt" ist:

> „Augen wie er hat der Büffel gehabt im zoologischen Garten, der, toll durch die Gefangenschaft, dann erschossen werden musste. Kein Zweifel: jetzt, wie der Mann dasass und dem Kellner nachstierte, müd, gehetzt und fanatisch, hatte er genau die Augen jenes Tieres . . . Der Mann war ein Heros gewesen; aber dann, wahrscheinlich noch vor dem Ende des Krieges, war er ein Narr geworden. Deutschland, in seinen entscheidenden Stunden, hatte einen Narren zum Führer gehabt. Und hat den Narren auch nach dem Zusammenbruch nicht davongejagt oder eingesperrt. Der Narr sass da, sass in seinem München, zettelte mit einem andern, um dessen Gehirn es auch nicht zum besten stand. Und diese beiden Männer, dem übrigen Deutschland zum Gespött, waren die Führer seines Landes Bayern." (S. 585. Vgl. General *Ludendorff,* S. 48)

Der Geheimrat *Sebastian von Grueber,* bleibt im Hintergrund. Von ihm heisst es S. 525, dass er sich ausschliesslich mit seinem Museum und seiner Elektrizität befasste, dass er aber dadurch die Industrialisierung Bayerns „von innen" erwirkte und dass dieser technische Fortschritt von grösster Bedeutung sei, da sie Bayern unabhängig von der Kohle des übrigen Deutschland mache (S. 526. Vgl. *Oscar von Miller* S. 48)

Eine um so grössere Rolle im Roman spielt *Baron von Reindl*, dessen wirtschaftliche Stellung ihm ermöglicht, auf die bayrische Tagespolitik einzuwirken. Vor anderen Industrieherren seines Landes zeichnet ihn aus, dass er Kontakte mit der westlichen Schwerindustrie aufgenommen und dadurch einen Einblick in die politischen und wirtschaftlichen Gesetze gewonnen hat, die den Weltmarkt und damit den eigenen Markt bestimmen. Das Kapitel II/4 (S. 146 ff.) enthält eine ausführliche Beschreibung seiner Herkunft und Leistungen auf wirtschaftlichem und kulturellem Gebiet. Seit zwanzig Jahren trägt er den Spitznamen Der Fünfte Evangelist. Zentral für das Verständnis der Rolle Reindls in der bayrischen Politik sind die beiden Kapitel *Der Mann am Schalthebel,* S. 432 ff. und *Die Tarnkappe,* S. 550 ff., in denen dargestellt wird, wie ein Wirtschaftsführer den Gang der Politik und die Presse entscheidend beeinflusst, ohne sich jedoch auf etwas Bindendes festlegen zu wollen. In den Augen Reindls ist die Eigenständigkeit Bayerns im Zeitalter der grossen Konzerne ein Anachronismus; er unterstützt Kutzner, damit „den Sozialisten Leute weggenommen werden." (S. 553).

„Trotz der Münchener" liebt Reindl seine Stadt und das Bäurische an seinem Land Bayern. Er ist aber Kosmopolit genug, die Machenschaften der reaktionären bayrischen Politiker und die Kunstpolitik eines Flaucher zu verachten. Aus purer Verwunderung, unter ihnen einen anständigen, selbstlosen Menschen zu finden, macht er den Senatspräsidenten *Messerschmidt* zum Justizminister nach Klenk (vgl. S. 437 f.). Seinen jungen Autokonstrukteur *Pröckl* (vgl. unten S. 98 f.) versucht er wiederholte Male an sich zu binden, gerade weil dieser die Sache, für die er kämpft, über den eigenen Erfolg setzt. (Vgl. *Friedrich Flick* und *Gustav Waldau,* S. 48 bzw. 58)

Militärisch provokant treten *Toni Riedler* (vgl. S. 76) und seine sog. *Sportverbände* auf. Sie halten Paraden ab und verstecken auf Riedlers Gut einen Major Guenther, wahrscheinlich einen Fememörder aus dem Reich. Riedler arbeitet hinter den Kulissen dafür, dass die gemässigten Kräfte der bayrischen Regierung hinausmanövriert werden Bei Flaucher und Hartl (vgl. oben S. 87) findet er für seine geheimen Wehrverbände

Verständnis. (Vgl. *Ernst Röhm* und den *Bund Oberland*, S. 39.)

Der *Eddabund*, ein aristokratischer Klub, der die „Creme der Wahrhaft Deutschen" zu Mitgliedern hat, beschäftigt sich damit, den Putsch von rechts und den Marsch auf Berlin im voraus zu geniessen und den Redner Rupert Kutzner mit Geldgebern zusammenzuführen. „Viele trugen heftiges Verlangen, an den Abenden des Eddabundes teilzunehmen; doch dies war sehr erschwert." (S. 571. Vgl. die *Thulegesellschaft*, S. 39)

Organ der Regierungspartei ist der *Generalanzeiger*, dessen Chefredakteur *Dr. Sonntag* am Gängelband Baron Reindls läuft, der als Besitzer der Zeitung Weisungen über die Stellungnahme ihrer Leitartikel gibt. (Vgl. *Münchener Neuesten Nachrichten*, S. 43 und 64) Von den gedrillten „Patrioten" und ihrem „Führer" heisst es:

> „Ihre Bewegung, wie Gas, breitete sich aus, schon formierten sie reguläre Truppenkörper, hielten in aller Öffentlichkeit Übungen ab. Hatten Stab, ein richtiges Oberkommando. An der Spitze stand natürlich Rupert Kutzner. Er hiess allgemein der Führer. Gläubige drängten sich um ihn, Alte und Junge, Arme und Reiche, wollten den Retter sehen, brachten Geld, Verehrung. /.../ Alle stimmten darin überein, dass in Bayern niemals jemand so populär gewesen war wie der Rupert Kutzner." (S. 435)

Rupert Kutzner, gebürtig aus Bayern, von Beruf Monteur, „zur Zeit stellungslos", später politischer Schriftsteller und Führer der *Wahrhaft Deutschen*, taucht zuerst in der Stammtischrunde des Chauffeurs Ratzenberger auf und erweist sich als ein „beredter" Mann:

> „Mit heller, manchmal leicht hysterischer Stimme deklamierte er; mühelos von langen, blassen Lippen flossen ihm die Worte; mit eindringlichen Gesten, wie sie er predigenden Landpfarrern abgesehen hatte, unterstützte er seine Rede. Man hörte ihm gern zu, er hatte Gesichtspunkte, unter denen sich die Dinge des Staates und des Tages bequem bereden liessen. Schuld an allem Bösen war das Zinskapital, war Juda und Rom. Wie die Lungenbazillen die gesunde Lunge, so zerstörten die international versippten Finanzjuden das deutsche Volk. Und alle Dinge werden gut und renken sich ein, sowie man nur die Parasiten ausschwefelt. Schwieg der Monteur Kutzner, so gaben die dünnen Lippen mit dem winzigen, dunkeln Schnurrbart und das pomadig gescheitelte Haar über dem fast hinterkopflosen Schädel dem Gesicht eine maskenhafte Leere. Tat aber der Mann den Mund auf, dann zappelte sein Antlitz in sonderbarer, hysterischer Beweglichkeit; die höckerige Nase sprang bedeutend auf und ab, und er entzündete Leben und Tatkraft in der Stammtischrunde." (S. 205)

Kurze Rückblicke auf seine Kindheit und Jugend (S. 389 und 659) sollen seine Asozialität erklären (Relegierung von der Realschule wegen Ungehorsams gegen die Kirche) und den schwachen Punkt blosslegen, den er immer wieder mit theatralischen Auftritten zu überdecken sucht: seine innere Unsicherheit und seine persönliche Feigheit. Am Vorabend des grossen Parteitages, an dem Klenk und die Patrioten den Putsch versuchen wollen, bekommt er Angst vor den Folgen seines Grössenwahns, die ihm seine greise Mutter vor Augen hält.

> „So grossartig der Führer abgefahren war, an seinen Nerven hatte das Geflenn der Alten arg gerissen. Waren nicht auch andere Führer feinnervig gewesen? Napoleon zum Beispiel, oder war es Cäsar?, konnte das Krähen des Hahnes nicht vertragen. /.../ Er brauchte Begeisterung um sich, Bestätigung; der leiseste Zweifel in seiner Umgebung machte ihn kribbelig." (S. 663)

Ein wiederkehrendes Bild bei der Darstellung des Führers ist die geschlossene Schublade, in dem er seine Pläne für die Umgestaltung des Reichs verbirgt. Am Tage nach dem Putschversuch wird der Führer vor den Augen seiner Gönner entlarvt: die Schublade, als man sie öffnet, ist leer.

Die Verwandten Kutzners werden alle als gutmütige, aber etwas schwachsinnige „einfache Leute" dargestellt: der Bruder Alois, der Boxer ist, der Onkel Xaver – einen Vater gibt es nicht – und die Mutter, von der es S. 338 heisst:

> „Sie las beglückt von den Erfolgen ihres Sohnes Rupert in der grossen Politik und von den Erfolgen Alois im Ring. Aber sie war mürb von Alter, Sorgen, unaufhörlicher Arbeit, ihr Gedächtnis versagte, sie warf die Erfolge ihrer beiden Söhne durcheinander, fand sich zwischen Kinnhaken, Poincaré, deutschblütiger Gesinnung, Punktsiegen, Juda und Rom, Knockouts nicht mehr zurecht."

In einem weit ausholenden Abschnitt macht sich der Chronist über den vermeinten historischen Ursprung des *Hakenkreuzemblems* lustig, das die Wahrhaft Deutschen zu ihrem Heilszeichen machten und mit dem u. a. „patriotische Galanteriewarenhändler" grosse Erfolge hatten (S. 538 f.).

> „Patriotische Ethnologen hängten Theorien daran, ethische, ästhetische Deutungen. Mit dem Wachstum der Wahrhaft Deutschen wurde das Zeichen, das bisher vornehmlich in japanischen und chinesischen Spielklubs und an den Tempeln vielgliedriger indischer Gottheiten zu sehen war, neben den haubenförmigen Kuppen des unvollendeten Doms und dem als Mönch maskierten Kind das populärste Wahrzeichen Münchens". (ibd.)

In demselben Kapitel (IV/8) werden die *Kutzner-Anhänger* als enttäuschte Kleinbürger dargestellt, die in den Drohungen und Versprechungen des *Führers* Wiedergutmachung für persönlich erlittene Schmach sehen.

> „Die Leute lauschten benommen, glücklich. Der prächtige Schall Rupert Kutzners riss sie mit. Sie vergassen, dass ihre paar Wertpapiere wertlos waren, die Versorgung ihres Alters gefährdet. Wie dieser Mann es verstand, ihren Träumen Worte zu geben. Wie seine Hände gross durch die Luft fegten, gewaltig aufs Pult schlugen, sich markig reckten, wohl auch ironisch Bewegungen imitierten, mit denen die schlichteren Witzblätter jener Zeit Juden charakterisierten. Glückselig hingen sie an seinen Gesten, zwangen, wenn sie die Masskrüge auf den Tisch setzten, die schweren Finger zu besonderer Behutsamkeit, damit nicht das Geräusch eines der köstlichen Worte übertöne." (S. 542)

In der nationalen Krise des Jahres 1923 sieht die Bewegung Kutzners die grosse Chance, sich militant zu formieren, um mit organisierter Gewalt gegen Andersdenkende, Juden und die Regierung in Berlin vorzugehen (vgl. Kap. IV/28. Vgl. *Adolf Hitler* und die *Nationalsozialisten,* S. 41)

Die Hauptpersonen auf der „Unterbühne". Schauspieler und Schriftsteller

Jacques Tüverlin, 38 Jahre, gebürtiger Westschweizer und naturalisierter Deutscher – „eine sentimentale Demonstration für den Besiegten" (S. 141) – lebt in München als freier Schriftsteller und besitzt zusammen mit seinem Bruder ein Hotel in der Schweiz, von dessen Einkünften er leben kann. Als ihn der Bruder beschwindelt, steht er in den Tagen der rapide ansteigenden Inflation ohne festes Einkommen da. Ausländische Einnahmen von seinen Büchern erlauben ihm jedoch bald wieder, ein finanziell gesichertes Leben zu führen.

Jacques Tüverlin ist ein schlanker, sportlicher Typ mit rötlich blondem Haar und einem „nackten" Gesicht. Er blinzelt vergnügt und gibt sich salopp. Im Umgang

mit Menschen strebt er eine freudliche Sachlichkeit an (vgl. S. 139 ff.). Seine schriftstellerische Arbeit diktiert er einer Sekretärin. Auch sonst stellt er einen Typ von
Schriftsteller dar, der in auffallender Weise mit dem herkömmlichen „Elfenbein-
turmdichter" kontrastiert (vgl. S. 176). Den Bayern ist der elegant schlenkrige Tüverlin
ein „Floh", seine Toleranz „billig", sein Unernst ärgert und erbittert sie; er gehört
nicht in ihren Kreis. (Vgl. *Lion Feuchtwanger*, S. 49 f.)

Der jüdische Anwalt *Siegbert Geyer*, der Verteidiger Krügers, ist der Vertreter des
absoluten Rechts und somit Klenks Widerpart.

> „Er hat ein weit über Verstand und Logik hinausgehendes, anormales, fanatisches Bedürfnis
> nach Sauberkeit im Recht, nach Klarheit." (S. 122)

Er arbeitet an einem Buch *Geschichte des Unrechts im Lande Bayern vom Waffenstillstand 1918 bis zur Gegenwart*, in dem er 300 Fälle verzeichnet. Er plant, einmal
ein grosses Werk *Recht, Politik, Geschichte* zu schreiben. Davon heisst es: „Es wird
auf bessere Leute wirken als auf Richter und Abgeordnete, vielleicht sogar gelangt
es einmal an einen, der seine Gedanken in Taten umsetzt." (S. 56) Als Reichstagsabgeordneter in Berlin hält er eine Rede über die Zustände in Bayern, die in ihrer
leidenschaftlichen Sachlichkeit die schon abgestumpften Hörer zur Aufmerksamkeit
zwingt (S. 656).

Geyer lebt mit seiner Haushälterin *Agnes* zusammen. Er ist mit politischer und
juristischer Arbeit überhäuft, verwahrlost sein Äusseres und hat für sinnliche Eindrücke oder ästhetische Reize kein Organ. Er hat ein nervöses Augenleiden, das
bei heftiger Anspannung zunimmt, so dass ein anormales Blinzeln entsteht. Unter
seinen sozialdemokratischen politischen Kollegen in Bayern fühlt er sich nicht wohl,
sondern sehnt sich nach dem regeren und sachlicheren Berlin. „Abscheu, Scham
und Ekel" packen ihn, wenn er Klenk über eine „volkstümliche Justiz" sprechen
hört (vgl. S. 160).

Geyers unehelicher Sohn, *Erich Bornhaak*, macht zusammen mit seinem Freund
Georg von Dellmayer, einem der Geschworenen im Krüger-Prozess, abenteuerliche Geschäfte (Katzenfarm, Hundeversicherungen, Abzüge von Hundemasken), die sich an
der Grenze des Gesetzwidrigen bewegen. Er leiht sich von Geyer Geld für seine
verschiedenen Projekte und bittet ihn, die Verteidigung von Dellmayer zu übernehmen, als dieser wegen eines Versicherungsschwindels verhaftet wird. Nach dem Mord
an der Hausgehilfin Amalia Sandhuber schreibt er einen Brief an den Vater und
teilt ihm mit, dass sein Geld für diese Tat verwendet wurde. Er bittet ihn ferner,
sich der *Köningsberger Blutprobe* zu unterziehen. Erich hofft damit einen Beweis zu
erhalten, dass er nicht Halbjude ist. Dieser Brief bewirkt eine Veränderung in Dr. Geyer,
der auf einmal die ganze Reichweite des Antisemitismus der Völkischen zu
begreifen scheint. Seine Interpellation im Reichstag über die Gewalttaten in Bayern
wird verschoben. Als er nach einiger Zeit das Thema aufgreift, unterlässt er es, den
Mord an Sandhuber zu erwähnen. Nach Erichs Beerdigung, bei der Geyer von antisemitischen Rowdys belästigt wird, gibt der Anwalt seine Tätigkeit in Deutschland auf
und zieht mit seiner Haushälterin und die französische Rivera, wo er beschäftigungslos
hinvegetiert. Der Mut, der ihn früher auszeichnete, ist in Angst verwandelt (vgl. *Gareis,
Auer, E. J. Gumbel* und *Lion Feuchtwanger,* oben S. 39, bzw. 40, 65 und 49).

Johanna Krain, ung. 24 Jahre alt, seit mehr als drei Jahren die Freundin Krügers,
ist von Beruf Graphologin (vgl. S. 53 und das Kap. I/14, S. 87 ff.). Sie hat ihre Analysen

zuerst „aus Sport" gemacht, dann hat sie die Verantwortung ihrer Begabung erkannt und einen ernsten Beruf daraus gemacht. Sie wohnt mit ihrer Tante *Franziska Amets-rieder* zusammen, die ihr den Haushalt führt (vgl. S. 89 und 110 f.). Sie ist finanziell unabhängig, da sie von einer kleinen Rente lebt, die ihr der Vater, dem sie als Mädchen den Haushalt führte, hinterliess (S. 90 f.). Sie wird als gross und hübsch beschrieben, eine sportliche Natur, die Tennis spielt, Skifahren kann, gern schwimmt und Auto fährt. Ihre Haare trägt sie, trotz Bubikopfmode, in einem Knoten, was ihrem Äusseren eine Ähnlichkeit mit einem bayrischen Bauernmädchen verleiht. Das Bayrisch-Bäurische an ihrer Gestalt und in ihrem Wesen wird öfters hervorgehoben: sie soll ein Mädchen aus dem Volk sein (vgl. S. 587. Vgl. *Marta Feuchtwanger* und *Censi Mühsam*, S. 50 f.)

In *Martin Krüger* zeichnet der Autor das Bild eines gebildeten, durch Frauen, Reisen und Schönheitseindrücke verwöhnten Mannes, der trotz der kulturellen Reaktion in der Landeshauptstadt München umstrittene junge Maler gefördert hat. Ein guter Stilist und Verfasser von international anerkannten Büchern über spanische Kunst, hat er an der schriftstellerischen Arbeit die grösste Freude. In der Einsamkeit seiner Zuchthauszelle und vor dem scharfen, zur politischen Umkehr auffordernden Blick seines Freundes Pröckl sieht er jedoch seine wissenschaftliche Leistung mit kritisch distanziertem Blick,

> „die grossen, weissen Bogen seines Manuskriptpapiers, sich bedeckend mit raschen Schrift-zeichen, davon aufsteigend der leicht giftige Hauch glänzender, nicht ganz ehrlicher Arbeit." (S. 186)

Seine Arbeit bedeutet ihm mehr als Erfolg und Menschen (vgl. S. 52), mehr auch als der Kampf mit der kleinbürgerlichen Kunstpolitik eines Flaucher. Er ist geneigt, seine Verurteilung als Strafe dafür zu sehen, dass er die Entfernung von Landholzers Bild *Josef und seine Brüder* aus der Galerie ohne Streit duldete und sich vom Kul-tusministerium mit einem langen, unerwarteten Urlaub bestechen liess (vgl. S. 51). Die politische Naivität Krügers ist offenbar: dem Justizminister Klenk hat er, als ihn dieser zur Vorsicht mahnte, auf seine Unabsetzbarkeit als Beamter hingewiesen und sich über die Proteste seiner Vorgesetzten mockiert. Tüverlin ist ein solcher Leichtsinn unbegreiflich: Krüger hätte einsehen müssen, dass die Justiz dieser Jahre ihn einmal treffen würde und hätte „Präventivmittel" dagegen anwenden müssen (S. 140). Krügers politische Unschuld ist auch gerade daran erkennbar, dass er das Urteil gleich fatalistisch zu deuten bereit ist. (Vgl. *August L. Mayer*, S. 51 und *Bruno Frank*, S. 51 f.)

„Es war ein sicherer Geruch von Revolution um ihn", heisst es S. 150 von *Kaspar Pröckl*, dem jungen Ingenieur und Autokonstrukteur an den Bayrischen Kraftfahr-zeugwerken.

> „Seine finstere, despotische Art stiess viele ab. Dafür gab es einige, die der sonderbare Mensch mit den tief in die Stirn gewachsenen schwarzen Haaren, den starken Jochbogen, den schräg nach innen gekehrten, heftigen Augen vom ersten Augenblick an faszinierte." (S. 359)

Dazu gehören vor allem Frauen. „Offenbar macht er es mit seinen hundsordinären Balladen", denkt Baron Reindl, Pröckls Arbeitsgeber. „Wenn er die sang, mit seiner grellen Stimme, dann wurden die Weiber schwach." (S. 150)

Den Autor interessieren die Beweggründe Pröckls mehr als seine politische Über-zeugung. Seine Aggressivität gegen die bestehende Gesellschaft beruht nicht auf eigenen Erfahrungen mit dem Kapitalismus, denn er selbst ist Bürgersohn, sondern auf Einsichten, zu denen er über seinen Intellekt gelangt ist. Vgl. S. 398.

Feuchtwanger gestaltet den 29jährigen Ingenieur in seinen Beziehungen zu mehreren Figuren des Romans, denen er Pröckl dialektisch gegenüberstellt. Das Schicksal *Krügers* berührt den Freund nur in dem Masse, als er in ihm eine Möglichkeit des Freundes sieht, sich von seiner Befangenheit in den Wertungen des Bürgertums freizumachen und seine Kräfte in den Dienst einer neuen, auf den Marxismus bauenden Gesellschaft einzusetzen (vgl. Kap. I/10). Da er die innere Bekehrung Krügers im Zuchthaus abwartet, unterlässt er es, den „goodwill" Reindls zu Krügers Vorteil auszunutzen. Den Tod Krügers empfindet er als eine Niederlage für seine Sache. Gegenüber dem Leiden seiner Mitmenschen macht er sich hart:

> „er wolle nicht von Einzelschicksalen hören, die Zeit der Einzelkonflikte sei vorbei; er selber wolle kein Einzelschicksal, er wolle aufgehen in die Masse." (S. 599)

Über sein Verhältnis zu *Anni Lechner,* seiner Freundin, heisst es: „Kaspar Pröckl war heftig, verlangte viel und gab nichts." (S. 359) Ohne dafür Dank zu ernten sucht sie seinem verwahrlosten Leben einen äusseren Halt zu geben. Als sie schwanger wird, lässt sie stillschweigend das Kind abtreiben, weil Pröckl ihrer Ansicht nach damit nicht „fertig geworden" wäre (S. 599).

Von zentraler Bedeutung ist Pröckls Verhältnis zu *Reindl,* dem Vertreter des Kapitals. Am Ende kommt Pröckl zu dem Ergebnis, dass seine Würde, auf die er viel gehalten hat, ein „Privatspass" ist, den er sich nicht leisten kann. Eine Art Symbolfunktion für den Protest Pröckls gegen die kapitalistische Gesellschaft bekommt seine alte, zerrissene Lederjacke. Als er endlich einen Ausweg aus seinem Dilemma findet und mit dem Kapitalisten Reindl einen Vertrag schliesst, nimmt er schimpfend von seinem Chef und Förderer eine „grossartige, grüne Lederjacke" entgegen (S. 768).

Entscheidend für seinen Entschluss, „in die Masse aufgehen", wird die Begegnung mit dem Doppelgänger *Fritz Eugen Brendel* (vgl. Bertolt *Eugen Friedrich Brecht*) in der Irrenanstalt, einem hoch begabten Erfinder, der aus Rechthaberei und einem übertriebenen Bedürfnis, die Wahrheit zu sagen, in Schizophrenie verfallen ist und in seinen Bildern immer wieder darlegt, dass er die Gesellschaft und ihre Würdenträger durchschaut (Kap. III/25). Bestürzt erkennt der streitsüchtige Pröckl, wohin ihn sein Konflikt mit der Umwelt führen kann, wenn er in einer Gesellschaft weiterlebt, die er einmal mit den Augen des „irren" Künstlers gesehen hat. Die Zeichnungen Brendels kanalisieren auf surrealistische Art Inhalte aus dem Unterbewussten.

Die Figur Brendels, dessen Kontaktlosigkeit in Krankheit entartet, unterstreicht die Tendenz, Pröckl als einen „verirrten Bürger" zu sehen. Auf Krüger macht die Haltung des Freundes keinen überzeugenden Eindruck, im Gegenteil, er beklagt ihn. S. 357 f. heisst es:

> „Dass Sie auf den Kommunismus hereingefallen sind, sagte er einmal zu Pröckl, liegt einfach daran, dass Sie von Geburt auffallend wenig Instinkt mitgekriegt haben. Was für andere Instinkt ist, selbstverständlich Schnee vom vergangenen Jahr, überrumpelt sie durch seine Neuheit, durch seine wissenschaftliche Fassade. Sie sind ein armer Mensch. Sie können nicht mitfühlen mit anderen, darum suchen Sie sich das künstlich zu verschaffen /.../ Sie sind anormal egozentrisch, Ihr Autismus ist ein viel schlimmeres Zuchthaus als Odelsberg. Dazu sind sie Puritaner. Ihnen fehlen die wichtigsten menschlichen Organe: genussfähige Sinne und ein mitleidendes Herz." (Vgl. *Bertolt Brecht* und *George Grosz,* S. 52 ff. und 55.)

S. 47 f. zeichnet Feuchtwanger das Porträt der Malerin *Anna Elisabeth Haider*, wie sie Martin Krüger in der Erinnerung geblieben ist. Er fragt sich, warum er gerade sie gefördert hatte, und begründet es mit seinem musischen Instinkt.

„Denn er hielt die dumpfe, unbequeme Frau, die so recht das war, was die Stadt unter einer Schlawinerin verstand, und die durch schlecht und unregelmässig versehenen Zeichenunterricht in einer staatlichen Schule dürftig ihr Leben bestritt, er hielt diese Frau für einen der seltenen geborenen Künstler der Epoche."

Ihre Liebe zu Krüger, die dieser „Quartalssinnlichkeit" nennt, wird ihr und auch ihm zum Verhängnis: der Staatsanwalt trägt Tagebücher und an Krüger nicht abgeschickte Briefe zusammen, um sie nach dem Selbstmord Haiders gegen ihn zu verwenden.

„Es war ein dumpfer Brand in den Worten, eigentümlich gemischt mit der Luft katholischer Vorstellungen, wohl aus der klösterlichen Erziehung des Mädchens herrührend /.../" (S. 79. Vgl. *Marieluise Fleisser*, oben S. 56f.).

Der Komiker *Balthasar Hierl*, dessen hauptsächliche Funktion im Roman es ist, eine Art Kasperl oder Hanswurst zu sein, der die Münchener über sich selbst und den Kutznerspuk lachen lässt, spielt eine zentrale Rolle im Roman. Hierl führt seinem Publikum den kleinen Mann vor, der aus einer verzwickten Situation nicht herausfindet, da er unfähig ist, mehr als eine Sache gleichzeitig zu tun. Dazu kommt eine verbohrte Logik, die das Chaos noch verschlimmert (S. 219 ff.). Der Musiker mit der Gurkennase und den roten Clownflecken auf den Backen gelangt in der Szene *Orchesterprobe* nach kurzer Zeit zu einer Art Lebensphilosophie der Selbstaufgabe.

„Das ganze Leben war schwierig. /.../ Überhaupt war es hoffnungslos, sich zu verständigen. Alle einfachsten Dinge gerieten sogleich ins Problematische. Das Sprachliche reichte nicht." (S. 222 f.)

Der hypochondrische Komiker mit den schlechten Nerven und der spezifisch münchnerischen Ausdruckskunst gehört in den Strudel einer modernen amerikanisierten Revue nicht hinein. Mit der Vorstellung *Der Handschuh* verwirklicht Hierl die Ideen Tüverlins vom *Kasperl im Klassenkampf* (vgl. unten S. 149 f.). Die von Hierl in seinem eigenen Theater gespielte Satire wird von der Bevölkerung mit unverstellter Schadenfreude aufgenommen, auch die betroffenen Führer der Wahrhaft Deutschen ergötzen sich daran (S. 568 ff.). Das Kapitel II/15 enthält auch eine Schilderung des Komikers nach der Vorstellung, wie er hinter der Bühne mit seiner Gefährtin herumschimpft und seiner Misanthropie freien Lauf lässt (S. 226. Vgl. *Karl Valentin*, S. 57.)

Ganz ohne versöhnliche Seiten in Charakter und Benehmen ist der Schriftsteller *Dr. Lorenz Matthäi*. Er tritt schon im 3. Kap. des 1. Buches auf, „ein breiter Mann in graugrüner Joppe, kleine Augen in dem runden Schädel", bekannt weit über Bayern hinaus für seine „klassischen" Darstellungen oberbayrischen Lebens. Ihm ist die Verfolgung Krügers und der von ihm protegierten Künstler ein „Gaudi", er lässt nur „gewachsene, bodenständige Kunst" wie die der Alten gelten, alles andere ist „Kohl und Mist". Er schreibt gehässige Verse für seine Zeitschrift über den Kunstskandal, die er Kollegen und Politikern am Stammtisch in der Tiroler Weinstube vorliest.

---

[1] Hierls *Darstellung eines Brandes und der amtierenden Feuerwehr* (s. 224) wurde von Karl Valentins Szene *Grossfeuer*, Ges. Werke I s. 218 ff. angeregt.

„Sie kamen dick, bösartig aus seinem von Säbelhieben zerhackten Gesicht; hinter dem Kneifer beobachtete er, ein gieriger Köter, die Wirkung." (S. 64)

Er schimpft eifersüchtig auf alles, was Erfolg hat – eine dankbare Zielscheibe ist ihm der Dichterkollege *Pfisterer* (vgl. unten) mit seinem „rosenroten Optimismus".

Stark satirisch erzählt Feuchtwanger auch von den Versuchen Matthäis, sich der russischen Tänzerin *Olga Insarowa* aus dem Pfaundlerschen Cabaret zu nähern, die S. 172 näher vorgestellt wird. Aus Eifersuchtsgründen stimmt er der reaktionären Pressuregroup bei, die Klenk aus der Regierung entfernen will, und empört sich öffentlich über das Verhältnis Klenks mit der oben genannten Tänzerin (S. 392). Nicht ohne Absicht lässt Feuchtwanger die beiden grossen Bekämpfer des „Volksschädlichen", Klenk und Matthäi, einer „Schlawinerin" nachlaufen, einer „Zuageroasten", während sie über das vermutete Verhältnis Krügers zu der Malerin Haider offiziell entrüstet sind.

Den Dr. Mätthäi bringt das ungewohnte Erlebnis einer ausser seiner Kontrolle stehenden Leidenschaft völlig aus dem Gleichgewicht, so dass er sich selbst nicht wiedererkennt:

> „Der klobige Mann mit dem Kneifer auf dem zerhackten, bösartigen Mopsgesicht fühlte sich nicht behaglich in Garmisch. Er wollte in sein Haus am Tegernsee, zu seiner Jagd, seinen Hunden, seinen Geweihen, seinen Pfeifen, seinem Förster, seinen langsamen, schlauen Bauern. Aber die Insarowa hielt ihn /. . ./ (Er) Schickte, sich selber zum Hohn, der Tänzerin Schokolade, Blumen, Früchte. War gereizt gegen alle Welt. Behandelte den Pfaundler wie einen Haufen Dreck, hatte wüste Szenen mit ihm, weil er die Insarowa nicht genügend herausstellte." (S. 253)

Es mag heutige Leser verwundern, dass der grosse Satiriker Ludwig Thoma, dessen Beiträge im *Simplicissimus* den Stil Feuchtwangers in *Erfolg* natürlich stark beeinflusst haben (vgl. Kap. III/12, S. 381 ff., II/22, S. 266 ff.), das Vorbild abgegeben hat zu einem reaktionären und kunstfeindlichen Schriftsteller, der keinen Finger rührt, um Krüger aus der Falle zu retten, die ihm die bürgerliche Justiz gestellt hat. Der Autor gibt in seinem Roman selbst eine Erklärung dafür, indem er den gutmütigen und liberalen Herrn Hessreiter über die Unbeliebtheit Dr. Matthäis nachsinnen lässt:

> „War der Lorenz nicht einmal ein Rebell gewesen? Hatte er nicht saftige, bösartige Gedichte gemacht gegen die harte, ichsüchtige, dumme, heuchlerische Verstocktheit des bayrisch-klerikalen Systems? Es waren tapfere Versuche gewesen, den Gegner mit photographischer Akribie treffend. Aber jetzt war er fett geworden, wir wurden wohl alle fett, sein Witz war verstumpft, seine Zähne fielen aus. Nein, es war nichts mehr Erfreuliches an dem Dr. Matthäi /. . ./ Ekelhaft überhaupt war es, dass jetzt auch einen Mann wie den Dr. Lorenz Matthäi sein dickes Blut der regierenden bäuerlichen Schicht so blind in die Arme getrieben hatte. Je nun, kritisch war er wohl nicht, kritisch waren wir alle nicht, *sein Herz war wahrscheinlich immer dort gewesen."* (S. 34 Hervorhebungen von der Verf. Vgl. *Ludwig Thoma*, S. 58 ff.)

Zu der Münchner „Kulisse" Feuchtwangers in *Erfolg* gehört auch der Schriftsteller *Josef Pfisterer.*

> „Wohnhaft in München, zur Zeit in Garmisch, 54 Jahre alt, katholisch, Verfasser von dreiundzwanzig unfangreichen Romanen, vier Theaterstücken und achtunddreissig grösseren Novellen." (S. 252).

Im Gegensatz zu dem gehässigen Matthäi ist Pfisterer ein gutmütiger Mensch, der z.B. die Malerin Haider gegenüber den zynischen Kommentaren des Kollegen verteidigt. Mit einem einzigen Satz umschreibt Feuchtwanger S. 64 das „heile" Weltbild Pfisterers, indem er ihn sagen lässt, die Haider, hätte man sie nicht so gehetzt, hätte sicherlich „ins Gesunde heimgefunden". Über Pfisterers eigene Dichtkunst heisst es:

> „Auch er schrieb umfängliche Geschichten aus den bayrischen Bergen, die ihm Erfolg überall im Reich brachten. Allein seine Geschichten waren optimistisch, rührten ans Gemüt, schufen Erhebung: er glaubte an das Gute im Menschen ausser in dem Dr. Matthäi, den er hasste." (S. 64 f.)

Der Fall Krüger, die Bekanntschaft mit Johanna Krain, die ihm wie eine Gestalt aus seinen Dichtungen erscheint, und sein misslungener Versuch, ihr ohne Nebenabsichten im Kampf für Krüger beizustehen, tragen dazu bei, seinen schon zerbröckelnden Glauben an Bayern zu untergraben (vgl. S. 254). Über seinen Tod heisst es S. 575:

> „Alle wussten, dass er gestorben war an der Verlumpung seines Landes Bayern durch die Wahrhaft Deutschen. Rupert Kutzner, am Tage, da Pfisterer beerdigt wurde, verkündete: der grosse Schriftsteller sei gestorben, weil er die Versauung des Vaterlandes durch die Juden nicht habe verwinden können." (S. 575. Vgl. *Ludwig Ganghofer*, S. 60 f.)

S. 402 f. wird dem Leser der Ort der traditionsreichen *Passionsspiele in Oberfernbach* vorgestellt. Die Amerikanisierung des Gebirgsdorfes ist weit vorgeschritten, die einfältige Feier ist zur „gut organisierten, rentablen Industrie" geworden. „Lähmende Langeweile" verbreitet sich in der primitiven Holzhalle, wenn nicht gerade der Fuhrmann *Rochus Daisenberger* auftritt. Der fromme, aber lebenslustige Apostelspieler, der Dorfbewohner und Touristen in den Lokalen der Stadt mit seinem wilden Tanz fasziniert, stellt im weiteren Verlauf der Handlung einen der vielen enttäuschten Bauern und Kleinbürger dar, die Kutzner zulaufen. Als ihm von der Gemeinde in Oberfernbach die Rolle des Petrus weggenommen wird, sieht Daisenberger darin eine tiefere Weisung und stellt sein Talent in den Dienst der Kutznerbewegung (vgl. S. 543 f.). Der Erfolg, den dieser frommfanatische Mensch als Redner der Bewegung hat (vgl. S. 658 f.), stellt die Verbindung her zwischen dem bäuerischen Katholizismus der Landbevölkerung Bayerns und der Inbrunst, mit der sie die Versprechungen eines Kutzners in sich aufnimmt. (Vgl. die *Passionsspiele in Oberammergau* und den Laienspieler *Hafner Lang* S. 61)

Erste Zusammenfassung

Geschichtsbild und Menschenbild in *Erfolg.* Feuchtwangers Deutung der Vorgänge in Bayern. Historische Analyse und gesellschaftskritische Tendenz. Die Verarbeitung der Tatsachen. Der Schlüsselroman.

Das Kapitel I/2 dient der dramatischen Exposition: auf der bayrischen Bühne werden einige Hauptpersonen eingeführt, die Vorgeschichte des Krügerprozesses wird in wenigen Sätzen skizziert. In der kurzen Szene, die den Weg Klenks in die Tiroler Weinstube gestaltet, lernt der Leser die für die weiteren Vorgänge entscheidenden Fakten kennen: den historischen Rahmen und die politischen und persönlichen Gegensätze der Hauptfiguren, die auf einen Konflikt hinweisen.

Eine auch nur oberflächliche Analyse dieser ersten zehn Seiten zeigt, wie sehr Feuchtwanger den Techniken des Dramas verbunden war. Die Effektivität, mit der das Kapitel *Zwei Minister* alles auslässt, was der dialektischen Tendenz der Handlung nicht dient, zeugt von der Gewohnheint, Bühnenstücke und nicht Romane zu bauen. Auch die beiden früheren Romane Feuchtwangers aus den Zwanziger Jahren, *Jud Süss* und *Die hässliche Herzogin,* sind in erster Linie szenisch gebaute Darstellungen von Menschen in Konflikt, miteinander und mit der Umwelt.[1]

Wir erfahren in diesem Kapitel, dass der Agrarstaat Bayern mit dem Reich in Fehde liegt und das die wirkliche Macht im Lande nicht in der Hand der Regierung, bei den kleinbürgerlichen Ministern, sondern bei Männern im Hintergrund liegt, unter ihnen dem Bauernführer Bichler. Diese Tatsache deutet wiederum darauf hin, dass nicht die Parteien im Parlament, sondern hinter oder neben ihnen stehende Organisationen wie der Verband der Bauern die eigentlichen Vertreter des Volkes sind. Zu den Mächtigen gehört zur Zeit des Krügerprozesses der Justizminister Klenk, der schon in mehreren erfolgreichen Prozessen das Interesse Bayerns behauptet hat (vgl. S. 87). Ihm vermittelt das Regieren ein echtes Gefühl der Macht, weshalb er auf seine „subalternen" Ministerkollegen herabsieht. Wir erfahren weiter, dass die bürgerlichen Machthaber nach der Überwindung der Revolution keine liberalen Elemente im Staatsdienst dulden, wofür die Anklage gegen den Beamten Krüger ein Zeichen ist. Am Fall Krüger werden auch Gegensätze innerhalb der Regierung sichtbar. der Kultusminister *Flaucher* vertritt die kleinbürgerliche Reaktion monarchistischer Prägung. Für *Klenk,* den Patrizier, steht der Kampf um die Eigenstaatlichkeit Bayerns gegenüber dem Reich und eine „volkstümliche Justiz" im Mittelpunkt seiner Bestrebungen.

---

[1] Auf die Gewohnheit Feuchtwangers, mit szenischen Mitteln episch zu gestalten, macht *W.E. Yuill* in seinem Aufsatz über *Jud Süss* aufmerksam (S. 126): „It is not only in its characterization that *Jud Süss* is reminiscent of a well-drawn strip-cartoon. It is constructed from a series of scenes in which the background is simply but clearly sketched and the foreground dominated by colorful characters stylized for instant recognition. Superimposed on these scenes rather than integrated in narrative or description are blocks of dialogue or inner monologue." Diese Beobachtung könnte ebenso gut an *Erfolg* gemacht worden sein.

Was der Erzähler mit seiner Einführung in die bayrischen Verhältnisse vor allem unternimmt, ist eine bewusste Betonung der *Rolle der Einzelpersönlichkeit* in der Geschichte. Das Kapitel I/2 bemüht sich, die Bedeutung der persönlichen Motive für den Gang der Geschichte zu zeigen. Klenk lässt den Prozess gegen Krüger beginnen, weil dieser sich nicht untertänig genug gezeigt hat. Flauchers Hass auf Krüger und die von ihm eingekauften Bilder wird mit seiner Herkunft und Laufbahn in Zusammenhang gebracht, ebenso die Eifersucht auf den Grossbürger Klenk, die sich mit einer tief empfundenen Entrüstung über die zynische Haltung der Kollegen mischt (vgl. S. 14).

Feuchtwangers Bild von der Rolle des Einzelmenschen, vorzugsweise des Machtmenschen, in der Geschichte wäre aber kein dialektisches, wenn die Erfolgssucht des einzelnen die einzige Geschichte schaffende Kraft wäre. Deutlich stellt er dar, wie die Minister von den „heimlichen Regenten im Lande Bayern" abhängig sind, wie ihre Handlungsfreiheit und ihre Möglichkeit, die Geschicke des Landes nach eigenen psychologischen Motiven zu formen, von den wirklichen Machthabern begrenzt werden. Als Flaucher den Triumph über Krüger in allen Zeitungen des Landes auskosten möchte, lässt Klenk den Bauernführer Bichler wissen, dass er diese Methode nicht billigt. „Selbstverständlich hatte Dr. Bichler, wie das von dem klugen Bauern nicht anders zu erwarten war, seine, Klenks, Meinung geteilt. Hatte von den Eseln in München gesprochen, die immer zeigen wollten, dass sie die Macht hätten. Als ob es auf den Schein der Macht ankäme und nicht auf ihren tatsächlichen Besitz." (S. 11 f.)

Einerseits also die Möglichkeit der Einzelpersönlichkeit, entscheidend in die Geschichte seines Landes einzugreifen, andererseits ihre *Abhängigkeit von den wirtschaftlichen Mächten,* in deren Händen sie zu einer Marionette wird. Im weiteren Lauf der Personeneinführung werden dem Leser auch die anderen heimlichen Machthaber in Bayern vorgeführt. Entscheidend ist nur die wirtschaftliche Potenz, was vor allem an der Figur *Reindls* (vgl. oben S. 94) demonstriert wird. Konsequent führt Feuchtwanger dieses Geschichtsbild in *Erfolg* durch. *Klenk* fühlt sich erst dann im Besitz der wirklichen Macht, als er hinter den Kulissen die Finanzen der Wahrhaft Deutschen verwaltet (vgl. S. 503: „So absolut wie jetzt war er noch nie Diktator gewesen"). *Flaucher* stützt sein Staatskommissariat auf die grosse Anleihe einer kalifornischen Bank für die Elektrifizierung Bayerns. Den Ungehorsam gegenüber dem Reich kann er sich erst dann erlauben, als er die Reichswehr und die heimlichen Wehrverbände auf sich verpflichtet hat, was wiederum ein Zeichen dafür ist, dass er das Kapital im Rücken hat.

Eine Untersuchung der Personeneinführung lässt also erkennen, das Feuchtwanger der Erfolgssucht des einzelnen, dargestellt an typischen Machtmenschen, eine andere Kraft gegenüberstellt, die ebenso auf die Geschichte wirkt und in das Leben des Individuums eingreift: die wirtschaftlichen Bedingungen seiner Epoche. Der Politiker, sei er eine noch so starke Persönlichkeit, ist den Bewegungen des Kapitals ausgeliefert, nach ihnen hat er sich letztes Endes zu richten.

Für die dichterische Auslegung des Historikers Feuchtwanger kommt aber auch eine dritte Erkenntnisstufe hinzu, nämlich die *Geschichtsphilosophische Erklärung* der geschilderten Vorgänge. Was zwischen 1920 und 1923 in Bayern geschah, der Ausbruch einer hemmungslosen Reaktion, ist als gewaltiger Versuch einer sterbenden Epoche und ihrer Vertreter anzusehen, die zu schnell vor sich gehende Industrialisierung Mitteleuropas aufzuhalten. In diesem Licht betrachtet wird auch der Kampf

Bayerns gegen das Reich zu einem Werkzeug des *Fortschritts*; er wird von oben gesehen „notwendig", ein Bremsklotz der überstürzten Entwicklung. Vgl. S. 739. *Der Einzelmensch ist für den Geschichtsprozess da*, die Geschichte beherrscht ihn, nicht er sie, auch wenn es so aussehen kann (vgl. oben). Die persönlichen Motive der Politiker und die wirtschaftlichen Bedingungen, denen sie sich zu fügen haben, erhalten, von dieser Stufe aus gesehen, nur begrenzte Bedeutung.

Dieser geschichtsphilosophische Überbau rückt die Gewalttaten, die der Autor im einzelnen verurteilt, in ein gefährlich relativierendes Licht, das sich auf die moralische Stellungnahme des Schrifstellers auswirkt. Mittelbar kommt sie in der Ambivalenz Tüverlins zum Ausdruck. Sie ähnelt ein wenig einer Flucht in die nichtkämpferische Rolle des Betrachters, und das in einer Zeit, die zu ideologischer Stellungnahme herausforderte. Sie erklärt das Bedürfnis des Autors, eine Erzählersicht „von oben" zu konstruieren, und sie bestätigt den Leser in seinem etwas schillernden Erlebnis der im Roman geschilderten Machtmenschen wie Klenk und Reindl, deren zynisches Handeln verurteilt wird, die dem Leser aber dennoch nicht unsympatisch erscheinen und in gewissen Fällen sogar als Sprachrohr des Verfassers auftreten, d. h. in der Rolle desjenigen, der das Geschehen deutet.[1] Im Endeffekt bleibt einerseits der Eindruck einer angestrebten Objektivität, andererseits aber das etwas beklemmende Gefühl der historischen Doktrin, nach der die Menschen nur Werkzeuge der Geschichte Sind und Unabwendbares nicht zu verhindern vermögen.[2]

Feuchtwanger konzentriert seine Darstellung der Machtmenschen (Klenk, Flaucher) auf ihr Streben nach persönlichem *Erfolg,* das er psychologisch motiviert. Da dieses Streben den Menschen für die Erkenntnis blind macht, dass er nicht Lenker, sondern nur Werkzeug des historischen Prozesses sein kann, und da die Erfolgssucht einem triebhaften Bedürfnis nach Selbstbehauptung entspringt, hindert sie den einzelnen, seine historische Rolle zwischen Gestern und Morgen zu erkennen. Da die Richtung des Geschichtsprozesses in den Augen des „Aufklärers" Feuchtwanger von vornherein vorgeschrieben ist, hat der Mensch bloss die Wahl, zum Träger und Helfer des Fortschritts zu werden oder in Unvernunft sich dagegen zu stemmen. Ohne den geschichtsphilosophischen Überbau Feuchtwangers kann seine tiefere Absicht mit der Gestaltung des Erfolgsthemas und der Konzentration auf den Aufstieg *Flauchers* bis zur Wende, bei der er gesellschaftlichen Sturz mit innerem Wachstum verbindet, nicht verstanden werden. Hier ist der Punkt, wo der Erzähler des Historischen aus Geschichte Dichtung macht.

Feuchtwanger schilderte die Vorgeschichte des Hitlerputsches in erster Linie als einen Machtkampf zwischen drei Männern. Mit der Figur Flauchers gestaltet er den

---

[1] Besonders aufschlussreich für den hier behandelten Sachverhalt ist eine Stellungnahme Feuchtwangers zur Figurendarstellung in seinem Goya-Roman: „Natürlich habe ich meine Menschen jeweils mit Sympathie oder Antipathie behandelt, aber ich habe versucht, nicht zu moralisieren, und ich glaube, im Grunde kann man sich in meine Menschen, auch in die schädlichen, einfühlen, so dass man selbst ihre 'unsympathischen' Eigenschaften mit Sympathie oder auch mit Humor betrachtet." Zit. nach *Washausen*, S. 27.

[2] *Faulhaber* sagt in seinem Aufsatz über Feuchtwanger und den historischen Roman (S. 79): „The individual himself is swept along, reduced to utter helplessness by forces he cannot control /. . . / Instead of deriving from Feuchtwanger's novel the author's actual optimism regarding the future, the modern reader is faced with a dilemma. He must choose between futile activity in the present and faith in a future paradise which he may not be able to enjoy. It is significant that the popularity of Feuchtwanger's novels reached an acme at a time when inaction meant tacit resignation to Nazi madness, when even futile action was preferable to merely witnessing."

langen Weg zum Verzicht auf den persönlichen Erfolg, der ihn auch in früheren Werken beschäftigt hatte.[1] „Grösse" erhält Flaucher erst in dem Augenblick, als er sich entschliesst, sich für höhere Zwecke zu opfern, im Augenblick der „Erkenntnis".

Um dieses Thema aus dem Wirrwarr der Gestalten und Vorgänge in der bayrischen Politik dieser Jahre herauszuschälen, bedurfte es der „Destillation" – Feuchtwanger hat selbst dieses Wort von seiner Arbeitsmethode benutzt und dem Schriftsteller Tüverlin in den Mund gelegt (vgl. S. 510) – denn ohne die Konzentration auf den Machtkampf Flauchers wäre der dialektische Umschlag im Augenblick des Verzichts ohne dramatische Spannung und tieferen Sinn geblieben. Es ist bemerkenswert, dass Feuchtwanger im selben Jahr, als er seinen grossen Zeitroman begann und die historischen Themen, die er liebte, für einige Zeit zurückstellte, folgendes „Selbstbekenntnis" ablegte:

> „Wenn ich aber 42-jährig, auf dem Scheitel meines Lebens, betrachte, was ich bisher gemacht habe, versuchend, ein Gemeinsames zu finden, eine Linie, die meine Bücher an mich, an mein Leben und an einander bindet, einen Generalnenner, dann glaube ich, trotz aller scheinbarer Differenz doch immer nur *ein* Buch geschrieben zu haben: das Buch vom Menschen, gestellt zwischen Tun und Nichttun, zwischen Macht und Erkenntnis." (*Versuch einer Selbstbiographie,* CO, S. 363)

Dem zentralen Platz, den er dem Streben nach Erfolg im Leben der Menschen einräumt – vgl. den Titel des Romans –entspricht die Behandlung und Durchführung dieses Themas an einem Material, das aktenmässig einer grossen Öffentlichkeit schon bekannt war. So gesehen ist der Bayernstoff nur ein Vorwand, um ein Menschenbild zu dichten, das einer tieferen Erfahrung entsprang als der mit der „Ordnungszelle Bayern" gemachten historisch-politischen, mit der er sich an eine, wie er hoffte, aufgeklärte Welt wandte.

Das Schicksal *Amundsens* und *Nobiles* (vgl. S. 78) gab Feuchtwanger einen Stoff, in dem er eine auffallende Parallele zu den sensationellen Vorgängen in Bayern sah, weshalb er ihn leicht verschlüsselt in seinen Roman einmontierte (Kap. V/1 687 ff.). Er schildert den Italiener als den „Strahlenden", der nach der gemeinsamen Überfliegung des Nordpols von einer Welt begrüsst und bejubelt wird, während der zäh arbeitende und misstrauisch veranlagte *Nordländer* ganz in den Schatten gestellt wird. Nach der gescheiterten Expedition zwei Jahre später ist der „Südländer" in den Augen der Welt ein toter Mann, verachtet und allein schuldig an dem Tod mehrerer seiner Gefährten und seines Rivalen, der bei einem Rettungsversuch im Eismeer umgekommen ist. *So jäh der Aufstieg, so jäh der Absturz.* Was den Erzähler interessiert, ist die Schuldfrage. Wie in der bayrischen Politik Flaucher wird in der Parabel *Polfahrt* Amundsen als der ältere, verdienstvolle geschildert, der mit Hilfe eines Jüngeren, ungemein Populären, dem Geldmittel von überall her zufliessen, sein lang ersehntes Ziel erreicht. Da er den Erfolg aber mit diesem nicht teilen will, wird er von dem Jüngeren überspielt – dieser macht sich selbständig. Feuchtwanger will damit auf den destruktiven Zug einer jeden Erfolgssucht hinweisen

---

[1] In *Jud Süss* muss es zu einer Katastrophe kommen – zum Tod der Tochter – ehe die Einsicht von der eigenen Schuld zu einem Verzicht auf die Macht führt und Süss zu einer wahren Selbstverwirklichung bringt. So auch in *Der jüdische Krieg,* den Feuchtwanger während der Arbeit am *Erfolg* konzipierte: Josef gibt erst im Angesicht des Todes seinen fanatischen jüdischen Nationalismus auf.

und die Mitverantwortung Flauchers für die politische Krise und den eigenen Sturz unterstreichen. Daran, dass keiner den Erfolg mit dem anderen teilen vill, gehen beide zugrunde. Auch die Unberechenbarkeit der Gunst der Welt wird demonstriert: der *Südländer* erlebt nach der Katastrophe nur die Schmach des Verlierers, nach „Recht" oder „Schuld" fragen die Verantwortlichen nicht, die den Günstling erheben oder Stürzen.

Die Gunst der Menge ist unberechenbar, sie erhebt den Erfolgreichen, um ihn im nächsten Augenblick ins Verderben zu stürzen. In der Gestalt *Kutzners* entschärft Feuchtwanger das Phänomen Hitler zu einem erfolgreichen Instrument Höhergestellter, das hinterher die offizielle Schuld für das Misslingen der Reaktion allein zu tragen hat (Hochverratsanklage).

Erfolg ist bezeichnenderweise dasselbe wie *Glück*, und Feuchtwanger nimmt sich an mehreren Stellen seines Romans vor, das Wesen des Erfolgs zu ergründen. Am Beispiel des erfolgreichen *Stierkämpferlieds* zeigt er wie das Glück im Handumdrehen Türen öffnet, die vorher mit hundert Riegeln verschlossen zu sein schienen. Was Johanna zwei Jahre lang ohne Ergebnis erstrebt hatte, nämlich die Befreiung Krügers, erreicht Jacques Tüverlin mit einem Revuetext, der durch den Rundfunk zufällig das Ohr des Dollarmagnaten Potter erreicht (vgl. S. 73). Dass auch typische Nebenfiguren der Erörterung und Analyse des Erfolgsbegriffes dienen, hat schon *Weisstein* (S. 182) gezeigt. Er weist auf die Stelle in *Erfolg* hin, wo Tüverlin sich selbst die Frage stellt, *ob nicht fast immer der Falsche Erfolg habe* (S. 410). Dazu veranlasst wird er durch die Betrachtung der beiden Akrobaten in der Revue Pfaundlers, *Bianchini I* und *Bianchini II,* von denen der Ältere die Kunst beherrscht, der Jüngere aber den Beifall des Publikums erntet. So auch bei der *Melodie* des Stierkämpferlieds: den Beifall ernten die für die Revue kontraktierten Komponisten, das Verdienst daran hat aber ein unbekannter Musikant in der Kapelle. Ebenso lässt der Erzähler Frau von Radolny einsehen, dass das spezifisch Münchnerische des Komikers Hierl in seinem Riesenerfolg *Der Handschuh* „eigentlich auf des Westschweizers Tüverlins Boden gewachsen war" (S. 754).

Wer Werke der Kunst schafft, sucht das Glück einzufangen und festzuhalten (*Osternacher* S. 65 f), muss aber erkennen, dass *Verdienst und Glück* nur selten in einem gerechten Verhältnis zueinander stehen.

Das antithetische Denken Feuchtwangers, das sich in den Gegensätzen Macht und Recht, Verdienst und Erfolg, scheinbare und heimliche Machthaber, m.a.W. in der Gegenüberstellung von *Schein* und *Wirklichkeit* spiegelt, fusst auf der Erkenntnis, dass die Gunst der Masse ein zweischneidiges Schwert ist, auf das kein Verlass ist. Von dieser Erkenntnis handelt u.a. der oben genannte Roman *Jud Süss,* der die alte jüdische Erfahrung von der Dauer und Lebenskraft der "Lehre Asiens" zum Thema hat und den langen Weg eines von Macht und Reichtum berauschten Hofjuden des 18. Jahrhundert zum Verzicht und zur tieferen Erkenntnis in dialektischer Weise gestaltet. Wenn er steigt, fällt er, und wenn er fällt, steigt er. So dienen auch die gegenwartsbezogenen Stoffe, die Feuchtwanger in seinem Bayernroman über die zwanziger Jahre aufgreift, schliesslich der Verbreitung zeitloser Vorstellungen von den tieferen Beweggründen menschlichen Handelns und Fühlens. Von dieser hohen Warte aus gesehen wird z.B. die Person *Hitlers* nur ein bedeutungsloser Clown, der für einen Augenblick das Rad der Geschichte und des Fortschritts zum Stehen zu bringen vermag, von Kräften unterstütz, die der historischen Notwendigkeit nicht weichen wollen und somit zu Trägern der Reaktion werden.

Sicher hatten die ihn selbst so überraschenden Erfolge mit den beiden Romanen *Die hässliche Herzogin* und *Jud Süss* Feuchtwanger Anlass zum erneuten Nachdenken über das Verhältnis von Verdienst und Glück, Recht und Erfolg gegeben, was auch zur Gestaltung des Erfolgsthemas in seinem Bayernroman beigetragen haben mag.

Dem unzuverlässigen Erfolg gegenüber stellt *Tüvelin* eine Moral der „fairness", die auch dem Gegner eine Chance geben soll in einer Zeit, in der es nicht mehr möglich ist, „ethisch" oder „gerecht" zu sein, da eine gemeinsame, für alle verbindliche Moral nicht länger herrscht. Tüverlin will seine menschliche Würde bewahren, indem er nicht immer an den eigenen Vorteil denkt, sondern, wie im Fall Krüger, lieber mit einem *freien* Mann um die Gunst Johannas kämpft. Wenn er sich um die Befreiung Krügers bemüht, tut er es nicht aus Gerechtigkeitspathos, sondern aus „fairness".

Ein Roman, in dem die Personen zu Sprachrohren einander bekämpfender gesellschaftlicher Systeme werden, erzeugt leicht den Eindruck eines mechanischen Menschenbildes, das den einzelnen auf seine soziale Funktion reduziert. Mechanisch an diesem Menschenbild ist allerdings der Marionettencharakter, die repräsentative Rolle der Einzelcharaktere und ihre Abhängigkeit von wirtschaftlichen Mächten, deren historische Funktion sie selbst nicht deuten können oder wollen.

Dieser Vorstellung von Drahtpuppen mit nur grob skizzierten individuellen Zügen wirken aber Handlungsmuster entgegen, die tieferen Bewusstseinsschichten im Menschen entspringen als den oben geschilderten. Feuchtwanger war um ein Menschenbild bemüht, das den damaligen Erkenntnissen der Psychologie nach *Freud* entsprach und das die vielen Schichten der Seele berücksichtigte. Die Widersprüche und Inkonsequenzen menschlichen Handelns zu zeigen und ihre Gründe aufzudecken faszinierte ihn. So beschäftigte ihn die Lehre vom *Atavismus,* vom Triebhaften, von Hemmungen und Verdrängungen. An sich selbst und anderen konnte er beobachten, wie Verhaltensmuster des Unbewussten den Willensäusserungen der obersten Bewusstseinsschicht entgegenwirkten. Manche Szene des Romans *Erfolg* zeugt von Feuchtwangers Interesse für die Massenpsychologie, für die Hitlers Versammlungen anschauliches Material lieferten. Eine wiederholt vorkommende Tiermetaphorik zur Charakterisierung von menschlichen Verhaltensweisen zeigt, dass Feuchtwanger der Selbsterhaltungstrieb aller Organismen, auch der „höchsten", faszinierte; aus dem Hinweis auf *Brehms „Tierleben"* (S. 183 f und 231) entnehmen wir, dass er von der beginnenden Verhaltensforschung beeinflusst war und einen psychologischen Blick für das Triebhafte und Instinktive im menschlichen Handeln hatte. Marta Feuchtwanger berichtet, wie *Darwins* einsichtsvolle Betrachtungen über die Instinkte der Tiere Feuchtwanger beeindruckten und „hinrissen". Es lockte ihn, diese ganz neue Einstellung auf die Personendarstellung in seinen Romanen zu überführen. (In einem Brief an die Verf. vom 11.7.1974)

1932 schrieb Feuchtwanger in dem Aufsatz *Der Roman von heute ist international*:

„Es ist kein Zufall, dass heute ein noch so spannendes Einzelschicksal mit tausend überraschenden Umschwüngen den Leser nicht mehr fesselt. Der Roman von heute erkämpft sich den Weg zur Teilnahme des Lesers auf andere Art. Er sucht hinabzusteigen in jene tiefen Schächte, in denen die Gefühle entstehen; er stellt Zusammenhänge her zwischen den Handlungen der Menschen und den ihm nicht bewussten Eigenschaften, die er aus der Urzeit ererbt hat (Joyce, Döblin, Thomas Mann, Maugham, Hemingway, Lawrence). In fast allen Romanen, die für das Gesicht der heutigen Literatur bestimmend wurden, sind zwei Grundthemen angeschlagen. Das erste ist: Wie weit wird ein Mensch durch seine Urgefühle gezwungen, im Gegensatz zu seiner Erkenntnis und zu seinem bewussten Willen zu handeln? Das zweite ist: Wie weit ist der einzelne mit seinem Willen oder ohne ihn den Einflüssen der Masse unterworfen?" (CO, S. 433 f.)

Einige Beispiele sollen im folgenden zeigen, wie Feuchtwanger sein Menschenbild vertieft, differenziert und mit den Erkenntnissen Freuds bereichert. Aus schablonenhaften Typen und auf ihre historisch-soziale Funktion reduzierten Klassenrepräsentanten werden widerspruchsvolle Menschen mit individuellen, ausserhalb der gesellschaftlichen Rolle liegenden Konflikten.

Der Rückfall eines modernen Menschen in längst verdrängte Verhaltensmuster wird am deutlichsten demonstriert, als *Geyer* in Berlin die Nachricht vom Tode seines Sohnes Erich im Kutznerputsch erhält (S. 744 ff). Von Schmerz überwältigt verrichtet der emanzipierte Jude, der seit seiner Kindheit jüdischen Gebräuchen nie nachgegangen ist, automatisch das jüdische Todesritual: er zieht die Vorhänge vor die Fenster, verdeckt den Spiegel, zündet zwei Kerzen an, zerschneidet seinen Rock und setzt sich auf einen niedrigen Schemel. Dort hockt er die ganze Nacht, oder wandelt schweren Schrittes in dem dunklen Zimmer auf und ab. Bei Geyer sind sonst das Über-Ich, die Regionen der Logik und des Willens, so stark ausgeprägt, dass er sich unter den musischen Bayern wenig heimisch fühlt. In dem Zustand des Schocks aber wird das Über-Ich von der vorlogischen Prägung, den Eindrücken der Kindheit und des kollektiven Erbes seines Stammes verdrängt, da es dem von Trauer gelähmten Menschen keine Stütze zu geben vermag.

Der Atavismus, eine Erscheinung, die Feuchtwanger in seiner Personengestaltung beachtete, bedeutete eine Modifizierung und Differenzierung des Bildes vom kämpfenden, um seine Selbstbehauptung bemühten Menschen: er machte ihn modern, gespalten. Geyer hat die verschmähte Liebe seiner Jugend verdrängt; über die Regungen der tieferen Schichten seines Bewusstseins vermag er aber nicht Herr zu werden.

> „Der Anwalt hatte alles, was mit dem Komplex Erich zusammenhing, überdacht, geklärt, ausgesprochen. Es war erledigt, endgültig. Allein er wusste, wenn der Junge leibhaftig vor ihn hintreten wird, und einmal wird er vor ihm stehen und zu ihm reden, in diesem Augenblick wird eben nichts erledigt sein." (S. 58)

Antilogisch handelt er, als er auf Druck des Jungen die Verteidigung des verhassten von Dellmayer übernimmt, obwohl er weiss, dass dieser an dem Attentat gegen ihn beteiligt war. Gegen alle Logik handelt er auch, als er im Reichstag in Berlin seine grosse Rede über die Gewalttaten in Bayern und die Klassenjustiz der Richter hält, ohne den ersten Fememord zu erwähnen, weil der Täter sein eigener Sohn ist.

Wie die tieferen Regungen der Seele den Menschen spalten, seine Handlungen lenken und seine Motive auf den ersten Blick trüben, wie die Logik nicht mehr ausreicht, dafür hatte Feuchtwanger einen scharfen Blick. Schwächen machen auch die Starken unter seinen Romanfiguren, die Machtmenschen, „menschlicher" und bringen sie zuweilen zu Fall. *Klenk* verliert seine Macht und muss aus der Regierung ausscheiden, nachdem er sich durch Leichtsinn ein Nierenleiden zugezogen hat. Auch bei ihm stellt sich das Triebhafte vernünftiger Überlegung in den Weg. Die Art, wie der Grossindustrielle *Baron von Reindl* einen seiner Angestellten, den Konstrukteur Kaspar Pröckl, trotz oder gerade wegen seiner kommunistischen Ansichten begünstigt, sich seine klassenkämpferischen Balladen anhört, ihn entlässt und wieder zu sich ruft, zeugt von einer emotionalen Bindung an einen Menschen, dessen Ansichten er aus Selbsterhaltungstrieb bekämpfen müsste, was er auch offiziell tut.

Besondere Aufmerksamkeit verdient die Art, wie der Autor den Weg *Johannas,* die verschiedenen Stufen ihres Kampfes für Krügers Befreiung und vor allem ihre innere Entwicklung spiegelt und psychologisch motiviert. Das Engagement für Krüger zwingt sie in Bahnen, die ihrem innersten Wesen und Gefühl zuwiderlaufen, verlockt sie, es mit den zwielichtigen Mitteln der Gesellschaft zu versuchen, die ihrem eigenen geraden Charakter widersprechen.

> „Der Kampf auch für eine gute Sache, meint Jacques Tüverlin, kann einen Menschen schlecht machen." (S. 521)

Schlecht nämlich gegen sich selbst. Johanna zwingt sich zu einer Lüge, wenn sie vor Gericht als Zeugin aussagt; sie heiratet den Gefangenen Krüger, nicht aus innerer Überzeugung, wie sie sich einzureden versucht, sondern weil ihr die Ehe in den Augen der Welt Berechtigung verschafft, die Wiederaufnahme des Falles zu bewirken. Sie wird die Geliebte Hessreiters, da sie hofft, durch ihn auf Personen Einfluss zu gewinnen, die die bayrische Politik bestimmen. Sie verlebt Monate in Paris, ohne etwas Vernünftiges auszurichten. Wider alle Logik fühlt sie sich zu dem halbkriminellen Erich Bornhaak hingezogen; erst nachdem sie ihren Trieb erkannt und gesättigt hat, findet sie zu sich selbst zurück und kann sich entschliessen, *aus freier Wahl,* nicht wie früher aus Zwang, für Krüger weiterzukämpfen (vgl. das symbolische Reinigungsbad in der Isar, S. 468).

Es ist das Verdienst Feuchtwangers, in *Erfolg* Geschichtsbild und Menschenbild in Übereinstimmung gebracht zu haben. In der Entwicklung Johannas scheint er dieselbe Linie nachzeichnen zu wollen, die er in dem „historischen Prozess" wirksam sieht: *der Fortschritt vollzieht sich nicht auf einer geraden Linie, sondern über Umwege und Rückfälle in die Unvernunft.* Auch diese Rückfälle aber unterliegen einem höheren Harmoniegesetz, da sie eine allzu schnelle Entwicklung verhindern, die dem Wesen des Menschen, der seine Wurzeln in weit zurückliegenden Zeiten hat, widerspricht. So gesehen erhält der zufällige Machtkampf einiger bayrischer Politiker und sein Ausgang einen tieferen Sinn.

Das skeptische Menschenbild Feuchtwangers wird also von der Erkenntnis geprägt, dass die Handlungen der Menschen in erster Linie von tierischen Instinkten und atavistischen Bindungen an längst überlebte Kulturformen bestimmt werden. Der Widerspruch zwischen Ratio und Hemmung in den Romanfiguren (Krüger, Krain, Geyer, Klenk) und in der Art, mit der sich führende bayrische Politiker und ihre Hintermänner in die Arme eines politischen Primitivismus werfen, der die Umwandlung ihres Landes in einen modernen Staat vielleicht einige Jahre aufhalten, nicht aber verhindern kann, war in Feuchtwangers Augen das Symptom einer Übergangszeit, dessen Lebensgefühl zu gestalten ihn lockte.

Feuchtwanger macht den Fortschritt vom Bewusstmachen dieser Mechanismen, von einer Art Psychoanalyse abhängig, die das Individuum, den Träger des historischen Prozesses, über sich selbst aufklärt. Der Schriftsteller, der eine Legitimation für seine Tätigkeit sucht in einem Zeitalter, das unter dem Vorzeichen des historischen Materialismus sich selbst deutet, rettet sich in die Rolle des Analytikers (vgl. Tüverlins Bayernbuch). Wie *Freud* es am Individuum demonstriert hatte, nimmt er die Widersprüche und das Chaos seiner Epoche und ihre regionalen Symptome bei der Bevölkerung wie Patienten unter die Lupe und teilt das Ergebnis seinen Lesern mit.

Funktion des Schriftstellers, modernes Menschenbild und geschichtsphilosophisches Aufklärungsbestreben können nicht von einander unabhängig behandelt werden, wenn man die Intentionen Feuchtwangers mit seinem grossen Epochenroman *Erfolg* untersuchen und auf ihre künstlerische Haltbarkeit prüfen will. Das Wissen um die Komplexität der menschlichen Psyche und um die geringen Möglichkeiten der Vernunft, die Handlungen der Menschen zu beeinflussen, gibt dem Betrachter der Geschichte keinen Grund zu übertriebenem Optimismus. Es bleibt die Hoffnung auf die Macht des Geistes und auf die Wirkung der subjektiven Dokumentation, die sowohl historische Deutung der Epoche als politische Warnung sein will (vgl. S.129 ff.).

Versuchen wir vor diesem Hintergrund die für das Verständnis von Feuchtwangers Denkart und Arbeitsweise entscheidende Frage zu beantworten: *wie hat er sich in ,,Erfolg" zu dem historisch-politischen Stoff verhalten, auf dem er seinen Roman aufbaute?*

Um die gegebenen historischen Fakten der Tendenz seines Geschichts- und Menschenbildes anzupassen, hat sich Feuchtwanger auf gewisse Zeitpunkte und Konstellationen konzentriert, die ihm für dramatische Konfrontationen geeignet schienen. Ebenso hat er es vorgezogen, seine Erfahrungen mit den Politikern der ,,Ordnungszelle" in einigen repräsentativen Romanfiguren festzuhalten, die er dann auf eine Weise stilisiert, die sie von den ursprünglichen Vorbildern entfernt. Aus Geschichte wird *erzählte Geschichte*: die Gesetze des Kunstwerks machen aus dem rohen Stoff Material, das nirgends unbearbeitet in das epische Werk hineingestellt wird. Je wichtiger die Aussage dem Autor erscheint, desto stärker sieht er sich genötigt, sich von der historischen Vorlage zu distanzieren. So hat Feuchtwanger z.B. an der Hitlerfigur weniger geändert als an den führenden bayrischen Politikern dieser Jahre, deren Weltbild und ethische Gesinnung ihn mehr interessierten als das Krisensymptom Hitler. Die Figur Flauchers deckt sich nicht mit derjenigen von Kahrs, oder die Klenks mit derjenigen Roths; beide verkörpern sie die Mentalität ganzer Gruppen, die den sozialen Ausgleich bekämpften. Den Autor interessierten weiter die Fäden, die von der Industrie und von den alten Autoritäten (Adel, Kirche, Königshaus, Bauernbund) zu den ,,Drahtpuppen" auf der politischen Bühne der Landeshauptstadt gingen sowie die zunehmende Unterordnung des Rechts unter die Macht. Die Verdunkelung der wahren Zusammenhänge im Kutznerprozess und die Art, wie Kutzner vor Gericht erlaubt wird, seine eigene Tat in einer vierstündigen Rede zu verherrlichen, machen dem Leser auf einprägende Weise die Machtverhältnisse im damaligen Bayern klar.

Sehen wir im Folgenden, wie Feuchtwanger das für seine Zwecke nötige Material aus der Fülle der Tatsachen und politischen Beweggründe seiner authentischen Vorbilder zusammenstellt:

Seine Behauptung, der Stoff oder die ,,aktenmässige Wirklichkeit" sei nur Vorwand und Rohstoff, eigene Gedanken und Lebensinhalte zu gestalten (vgl. S. 25), erklärt die Art, wie er in *Erfolg* von Kapitel zu Kapitel den Grad der Verschlüsselung variiert, je nachdem, wie die Vorlagen ihm für seinen grösseren Plan nützten. Wo es darum ging, die Gewaltherrschaft und die Relativierung des Rechtsgefühls in Bayern aufzuzeigen, kann er in Berichtform Vorfälle aus den Tagen der Räterepublik oder aus der Rechtspflege der bayrischen Volksgerichte summarisch wiedergeben; bei der Personengestaltung aber fordert die Ökonomie des dichterischen Werkes eine Konzentration des Materials. So erkennen wir z.B. in der Romanfigur des Anwalts *Geyer* sowohl den sozialdemokratischen Landtagsabgeordneten Gareis, der auf offener Strasse in München überfallen wurde (vgl. S. 39), als auch E.J. Gumbel, der über die politischen Morde in der Weimarer Republik schrieb (vgl. S. 65), *und* Feuchtwanger selbst, den jüdischen Schriftsteller und Literaten, der sich verpflichtet fühlte, das Unrecht in seinem Lande zu dokumentieren. Andererseits haben auch die beiden Schriftstellergestalten Tüverlin und Krüger Züge des Autors bekommen, was von einem Bedürfnis zeugt, die eigene Persönlichkeit zu spalten und dadurch die notwendige Distanz zu ihr zu erreichen. Die dichterische Freiheit ermöglichte ihm weiter, den Aufstieg Hitlers und den Putschversuch am 8. und 9. November 1923 so zu gestalten, dass der Leser diese beiden Vorgänge in ihrer historischen Bedingtheit erkennt. Dass Feuchtwanger trotz klar erkennbarer Vorbilder wie *Kahr, Roth, Thoma, Brecht, Valentin* und *Hitler* mit fingierten Namen und Identitäten arbeitete, unterstreicht seine Absicht, die „photographische Wirklichkeit" mit Erlebnis und Erkenntnis zu durchleuchten, um zu einer „historischen Wahrheit" durchzudringen, die den authentischen Vorbildern didaktische Signifikanz zu verleihen vermochte. So verschiedene Temperamente und Charaktere wie *Brecht* und *Hitler* z.B. haben Feuchtwanger zu einer Darstellung der „einsamen Masse" angeregt, aus der sie beide, jeder auf seine Art, einen Ausweg suchten. Ihnen gegenüber stellt Feuchtwanger die hypochondrische Einsamkeit eines *Karl Valentin*, dessen Kunst aber die destruktiven Züge eines Hitler und die radikale Gesellschaftskritik eines Brecht abgehen; in seinen Versammlungen wird die Integrität des Einzelnen gestärkt und nicht, wie in den Versammlungen der Nationalsozialisten, ausgetilgt. Wir dürfen dabei nicht vergessen, dass der Brecht, der in *Erfolg* verschlüsselt als Kaspar Pröckl auftritt, noch der einen ideologischen Halt suchende Dichter der Zwischenjahre zwischen Jugenddramen und früher Lyrik und dem reifen Dramatiker der dreissiger und vierziger Jahre war (vgl. S. 98 ff.) und dass Feuchtwanger in der Pröckl-Figur gewisse Züge des Freundes und ehemaligen Schülers stark überbetonte.[1]

Feuchtwanger verschlüsselte also nicht auf die Weise, dass er wohlbekannte Zeitgenossen leicht verfremdet darstellte, sondern er verwendete Fetzen, Teile, Wesenszüge und äussere Züge seiner Vorbilder, um seinem Bild der Epoche Gestalt zu geben. In seinem Aufsatz *Anwalt der Wahrheit* zitiert *Alfred Kantorowicz* Feuchtwanger:

> „Die künstlerische Darstellung der Geschichte ist wissenschaftlicher und ernsthafter als die exakte Geschichtsschreibung. Die Dichtkunst nämlich geht auf Kern und Wesen, während der exakte Bericht nur Einzelheiten aneinanderreiht." (S. 42 f.)

Dies war auch die Ansicht, die Feuchtwanger in *Desdemona* (vgl. S. 000) vertrat.

Was seinen Bayernroman vor seinen übrigen Romanen auszeichnet, ist allerdings die Tatsache, dass sich hier die lebendigen Vorbilder aus dem offiziellen und halb-

---

[1] *M. Fleisser* erinnert sich, dass Brecht in Berlin wenig produktiv war, bei Sternfeld und Korsch Marxismus studierte und höchstens Lehrgedichte gelten liess, was Feuchtwanger, der auf das grosse Werk wartete, sehr enttäuschte. (Ges. Werke II, S. 306).
Feuchtwanger hatte Pröckl sowohl Aussehen als Eigenschaften, Ansichten und Namensgleichheit Brechts gegeben. Kaum eine Gestalt des Romans tritt so unverschlüsselt an den Leser heran wie er, obwohl der Autor seinen Lebenslauf änderte. Über Brechts Reaktion auf die Figur, deren Vorbild er wurde, schrieb mir Marta Feuchtwanger (in einem Brief vom 19.6.1974): „Brecht war unglücklich über den Pröckl und reiste uns nach – wir waren damals am Gardasee – nachdem er das Manuskript von *Erfolg* gelesen hatte. Er wollte durchaus, dass l.F. die Figur ändere; aber Lion sagte, er könne das nicht mehr. Brecht wandte sich an mich und sagte: „Ihr Mann geht immer so schnell auf unsern Spaziergängen. Er will mich ermüden, damit meine Einwände schwächer werden." Und dann lachten wir alle. Das war das Ende der 'Streitigkeit'".

offiziellen Bayern dem Erzähler so aufdrängen, dass der Roman wie kaum ein anderer dem heutigen Leser als *Schlüsselroman* erscheint.

Das historische Ereignis, das im 4. und 5. Buch von *Erfolg* dominiert, und das zeitweilig die sog. *Oberbühne* des Romans zur Hauptbühne macht, ist die verschlüsselte Darstellung des dramatischen Hitler-Ludendorff-Putsches und seiner intrigenreichen und verwirrenden Vorgeschichte. Das von Feuchtwanger gegebene Bild von den Vorgängen in München bis zum Zusammenbruch des Putsches konzentriert die Ereignisse des Jahres 1923 auf den Wettlauf der beiden Willensbildungen nach dem 25. September (doch ohne genauere Zeitangabe). Den dramatischen Höhepunkt des Romans bildet die Schilderung dieses turbulenten Krisenjahres, in dem *zwei* Putschpläne in der „Ordnungszelle Bayern" heranreiften: der Plan Hitlers und derjenige Kahrs, der BVP und des Kronprinzen Rupprecht von Wittelsbach, Pläne, mit denen die beiden Bewegungen in den letzten Wochen vor dem 8. November einander zu überlisten versuchten. (Vgl. S. 43 f.).

Feuchtwanger lässt den ersten Parteitag der NSDAP vom Januar 1923 mit der „Mobilisierung" am 1. Mai und der Demonstration am 1. Juni zusammenfallen (vgl. S. 43). Hitlers hysterische Wut, sein Kniefall vor dem Polizeipräsidenten Nortz (S. ibd.) und seine Drohung, als Antwort auf die verbotene Fahnenweihe am 1. Mai gegen die Waffen der Polizei marschieren zu wollen, werden in dem Auftritt Kutzners vor Flaucher im Kap. IV/30 verschlüsselt dargestellt.

Das dramatische Erscheinen Hitlers im Bürgerbräukeller am Abend des 8. November, die Besetzung des Lokals durch Sturmabteilungen sowie der Marsch zur Feldherrnhalle am folgenden Morgen werden in den beiden Kapiteln V/7 und V/8, S. 720 ff., geschildert. Der Satiriker Feuchtwanger wendet die Szene im Bürgerbräukeller ins Lächerliche, indem er die Reaktion der Zuhörer mit einer Metapher umschreibt, die das Pathos des Augenblickes blitzschnell verfremdet, „Ungeheurer Beifall knatterte hoch. Viele hatten Tränen in den Augen. Begeistert schauten sie auf Rupert Kutzner, voll des gleichen Gefühls wie in der beliebten Oper Lohengrin, wenn auf silbernem Schwan einer hereinzieht, um im letzten Augenblick Erlösung aus allen Nöten zu bringen." (S. 722)

Was die Darstellung Feuchtwangers in *Erfolg* von derjenigen des Historikers oder des Zeitungsreporters unterscheidet, ist u.a. der *Gesichtspunkt*, den er als Erzähler anlegt (vgl. dazu S.76 f.). Der Zusammenbruch der November-Verschwörung vor den Waffen der Reichswehr am Odeonsplatz in München wird mit den Augen des kleinbürgerlichen Mitläufers Cajetan Lechner gesehen, den nach der Begeisterung des Vorabends allmählich das Grauen packt. Es ist folgerichtig, dass die entscheidenden Augenblicke im Saal des Kapuzinerbräus die Reaktion Flauchers spiegeln, da sich sein Kampf um den persönlichen Erfolg durch die ganze Vorgeschichte wie ein roter Faden zieht.

Bei den Vorbildern für die bayrischen Politikergestalten in *Erfolg* hat Feuchtwanger die Verschlüsselung nicht sehr weit getrieben. Dies hängt natürlich mit seinen satirischen Absichten zusammen: die Leser, wenigstens seine Landsleute in Bayern, sollten die führenden Persönlichkeiten aus den Tagen der „Ordnungszelle" erkennen, den Justizminister *Roth*, die Ministerpräsidenten *Kahr* und *Lerchenfeld*, den Bauernführer *Heim* u.a. Sie waren alle, mit Ausnahme vielleicht Lerchenfelds (vgl. S. 40) hartnäckige Vorkämpfer der Eigenstaatlichkeit Bayerns.

An zwei Punkten berührt sich die Romangestalt *Klenks* mit der „wirklichen" *Roths*: Klenk wird als ein separatistisch gesinnter Minister dargestellt, der in mehreren Fällen die Sache Bayerns gegenüber dem Reich glanzvoll behauptet hat. Unter dem Schutz seiner „volkstümlichen" Justiz werden Verbrechen gutgeheissen, die dem Lande nutzen, und „Schädlinge" verurteilt. Klenk spielt noch in den Tagen der Ruhrokkupation eine zentrale Rolle in der wachsenden Kutznerbewegung: er fährt nach Berlin, wo er Grossindustrielle für die Sache der Wahrhaft Deutschen zu gewinnen sucht. Ihm hat der Führer zu danken, dass die Bewegung in den Tagen höchster nationaler Not „in Geld schwimmt".

Die Verfolgung Andersdenkender und die Unterstützung der illegalen Wehrverbände hatten Roth zum ärgsten Feind der Linkspresse gemacht. Er hatte die Rache an allen, die irgendwie mit der Räterepublik in Verbindung gesetzt werden konnten, in ein System gebracht, nachdem er 1920 an die Macht gekommen war. *Dichterische Deutung und Tendenz* schafft Feuchtwanger mit der psychologischen Motivierung, die er seinem Justizminister gibt: er macht Klenk zu einem überzeugten Anhänger seiner eigenen Methoden (vgl. S. 92). Als er den Aufstieg der Wahrhaft Deutschen nicht mehr verhindern kann, geht er aus Vaterlandsliebe zu ihnen über, um sie von innen her beherrschen zu können. Es scheint also, als verknüpfe Feuchtwanger das Justizregime Roths mit der *ersten Phase der Rechtsauflösung in Bayern*. Nach Roth bekamen Kräfte das politische Ruder in die Hand, die den Nationalsozialismus offen förderten.

Feuchtwanger ändert die äussere Laufbahn *Kahrs* in den Jahren 1921–1923 und gibt ihm in der Gestalt *Flauchers* eine soziale Herkunft, die gesellschaftlich unter seiner tatsächlichen lag. Da das Erfolgsthema für die Personendarstellung tragend ist, musste ein sozial fundierter persönlicher Antagonismus zwischen den beiden Parteibrüdern und Ministerkollegen Flaucher und Klenk konstruiert werden. Ausserdem konnte der leidenschaftliche Hass Flauchers auf den Museumsdirektor Krüger nicht ohne seine christlich gefärbte, kleinbürgerlich-biederer Herkunft entstammende Kunstanschauung erklärt werden. Flaucher verkörpert als Beamter und Politiker eine gewisse bürgerliche Schicht, die nach 1919 in Bayern an die Macht kam, und die mit ihrem Kampf gegen die Republik dem Rechtsradikalismus Tor und Tür öffnete. Die Regierungsbildung Flauchers leitet *die zweite Phase des Verfalls* ein. Nun steigt Kutzner zum Trommler der bayrischen Separatisten auf, bis er mit diktatorischen Massnahmen zurückgerufen werden muss.

Am Beispiel der Ein- und Absetzung bayrischer Justizminister zeigt Feuchtwanger die wachsende politische Macht der *„schwarzen" Reichswehr* und der *Nationalsozialisten* in den kritischen Monaten der Ruhrokkupation.

Feuchtwanger hat es fasziniert, die Verlockung, die der Ausnahmezustand und die sich daraus ergebenden Vollmachten fü den Generalstaatskommissar im Herbst 1923 auf Kahr ausübten, und die Skepsis Hitlers gegenüber dem Kunktator darzustellen. Er stellt die Gestalt Flauchers in das dialektische Spannungsfeld zwischen dem zynischen Machtpolitiker Klenk auf der einen Seite und dem hysterisch veranlagten Volksredner Kutzner auf der anderen, dabei gewisse Züge im Charakter Kahrs überbetonend und die Darstellung des Machtkampfes hinter den Kulissen in den Mittelpunkt seiner Chronik stellend. Das Paktieren mit der Kutznerbewegung sichert also die Machtstellung Flauchers, der sich, am Ziel angelangt, gegen seinen „Trommler" wendet. Feuchtwanger gestaltet m. a. W. auf der einen Seite den Kampf des Ministerpräsidenten gegen den Emporkömmling auf der politischen Bühne als einen persönlichen Machtkampf, auf der anderen den psychologisch und vor allem sozial bedingten „Klassenkampf" Flauchers gegen Klenk, dessen politischen Erfolgen und

„unernstem Wesen" er längere Zeit hindurch voll Neid und Verbitterung hat zusehen müssen.

Man muss in diesem Zusammenhang berücksichtigen, dass Feuchtwanger die Rolle von Kahrs auch aus dem Grunde verschlüsselt und Übereinstimmungen so weit wie möglich vermieden hat, weil er sich einer Verleumdungsklage nicht aussetzen wollte. Gustav von Kahr wurde, wie aus der Darstellung des Tatsachenhintergrunds (S. 37) hervorgeht, erst am 26. September 1923 in die bayrische Politik als führende Gestalt wiedereingesetzt, teils als eine Antwort auf Berlins Niederlage an der Ruhr, teils als eine volkstümliche Massnahme gegenüber Androhungen von der radikalen Rechten und von einer Führerpersönlichkeit, die ihn selbst an Popularität zu überglänzen drohte: *Adolf Hitler*. Flauchers Karriere dagegen wird ohne eine solche Unterbrechung dargestellt. Was Feuchtwanger in erster Linie interessierte und ihm für seine historische Analyse der bayrischen Politik im Krisenjahr 1923 entscheidend schien, war die Tatsache, dass sich Kahr, um zu seinen diktatorischen Vollmachten zu gelangen, hauptsächlich auf *ausserparlamentarische Rechtsgruppen* stützte, den Radikalismus eines Hitlers jedoch ablehnte, da er andere Ziele verfolgte als dieser, der *eine Erneuerung ganz Deutschlands* wollte. Auch wenn Feuchtwanger äussere Umstände ändert, um allzu markante Ähnlichkeiten mit bayrischen Politikern zu vermeiden, zögert er keinen Augenblick, die Gründe der zunehmenden Gewaltherrschaft und Gesetzlosigkeit in seinem Land aufzuweisen, die im Scheinprozess gegen Hitler und Ludendorff im Winter 1924 ihren Höhepunkt erreicht hatten. Die Nationalsozialisten waren ein Grund und gleichzeitig ein Ergebnis der zunehmenden Machtpolitik in Bayern, die Deutschland am 8. November 1923 an den Rand des Bürgerkriegs gebracht hatte. Die Verschiebungen im Zeitablauf, die Feuchtwanger aus verschiedenen Gründen im Stoff vornimmt, ändern an diesem Bild – das von der späteren Forschung bestätigt worden ist (vgl. Bullock, Maser, Fest) – nichts.

Es entspricht den Tatsachen, dass sich die Romanfigur Flaucher auf den Ausnahmezustand und das Generalstaatskommissariat stützt, um den weiteren Aufstieg Kutzners zu verhindern, und dass er, mit den auf ihn vereidigten Reichswehrtruppen im Rücken, einen provozierenden Kurs gegenüber Berlin einschlägt, der von den geheimen Wehrverbänden und den Unterführern Kutzners als ein Signal zum gemeinsamen Marsch auf die Reichshauptstadt gedeutet werden konnte. Was im Roman hinzukommt, ist *die Stellungnahme des Moralisten Feuchtwanger*, der Flaucher in der Stunde der Versuchung den Willen zum persönlichen Erfolg in sich unterdrücken lässt (S. 723), um sein Land vor Bürgerkrieg und Blutvergiessen zu verschonen. Im Verhältnis zu Kutzner ist Flaucher in diesem Moment der Realpolitiker, der den zum Scheitern verurteilten Putsch schon in seinen Anfängen abwürgt, auch wenn er weiss, dass Kutzner fortan der Held seines Volkes sein wird (vgl. dazu S. 753).

Eine Strukturkonsequenz der von Feuchtwanger in *Erfolg* benutzten Ober-Unterbühnentechnik ist das Dilemma, das der Autor mit den Personen auf der Oberbühne erlebt. Auch diese werden von den fiktionalen Ereignissen betroffen und zwar dort, wo Ober- und Unterbühne zeitweilig ineinander übergehen. Dies hängt mit einem Umstand zusammen, der *Erfolg* in eine Sonderklasse unter den historischen Romanen in der Nachfolge von Scott und Tolstoi stellt, die nach der Regel gearbeitet hatten, zwei Generationen verstreichen zu lassen, ehe sie einen Stoff als „historisch" aufgriffen. Die Ereignisse der „grossen Historie", in unserem Fall der Hitlerputsch in München und seine Vorgeschichte, lagen 1927 so kurz zurück, dass die Möglichkeit einer völligen Identifizierung der satirisch gezeichneten Hauptakteure im schlimmsten

Fall für den Autor rechtliche Folgen hätte haben können, wenn sich die Betroffenen in bösartiger Absicht verzeichnet gesehen hätten. Andererseits zweifelte keiner daran, dass man es hier mit einer Reihe von Schlüsselfiguren zu tun hatte, deren Vorbilder dem Leser noch aus eigenem Erleben oder aus den Zeitungen bekannt waren. Daraus ergab sich für den Autor die Notwendigkeit einer Abwägung, da er ja schliesslich keine Reportage schreiben wollte, sondern einen historischen Roman. *Aus Rücksicht auf die Leser, denen die Ereignisse in München 1923 nicht unbekannt waren, durfte er an den grossen Linien der Vorgänge, die zu dem Putsch hinführten, und an dem Prozess, der darauf folgte, nichts ändern; aus Rücksicht auf die damals führenden bayrischen Politiker (und sich selbst) musste er jedoch die Personengestaltung auf eine Art ändern, die die fiktiven Elemente überwiegen liess.* Auch durch die Benennung seiner Figuren hat sich der Autor abgesichert, er benutzt für die Schlüsselfiguren durchgehend fingierte Namen. Gewisse Ähnlichkeit mit den Namen der Vorbilder kommt hier und da vor (Geyer, vgl. Gareis, Auer; Haider, vgl. Haindl; Pröckl/Brendel, vgl. Brecht). Ein Sonderfall ist der Name *Ludendorff,* der an einer Stelle (S. 477) mit dem Epitet „damals allgemein bekannt" und *Feldherr des grossen Krieges* versehen wird; der in München auftretende General, der am 9. November mit Kutzner zusammen den Marsch zum Odeonsplatz antritt, heisst aber *Vesemann* (vgl. S. 93 f.).

Feuchtwanger lässt *Kutzner* in der Stammtischrunde des Chauffeurs Ratzenberger im Restaurant *Zum Gaisgarten* auftauchen, sich zum Thema „jüdische Zinsknecht-schaft" äussern und sich schnell Gehör verschaffen. Einige der Stammtischmitglieder bilden eine Partei. Diesen Vorgang verlegt der Autor in das Jahr des Krügerprozesses (1921), wobei er den Aufstieg Hitlers – um der epischen Konzentration willen – um zwei Jahre verkürzt.

Biographische Daten aus dem früheren Leben *Hitlers* bringt Feuchtwanger in seinem satirischen Kutznerporträt kaum. Es werden lediglich Anspielungen auf das Gerücht gemacht, dass Hitler von der *Linzer Realschule* relegiert worden sei. Er ändert Herkunft und Familienverhältnisse des authentischen Vorbildes und setzt mit seiner Darstellung der Kutznerfigur, seiner Bewegung und seiner Anhängerschaft ironische und satirische Akzente (vgl. S. 95 f. und S. 145 f.). An der Hitlergestalt, die im Jahre 1927 nur für ihren lächerlichen „Bierputsch" bekannt war, hat ihn in erster Linie die Funktion interessiert, die er für die bayrischen Separatisten in den Jahren 1921–1924 haben konnte.[1] Die geringe Einschätzung der politischen Begabung Hitlers, die sich in *Erfolg* wiederspiegelt, hängt sicherlich mit der Tatsache zusammen, dass sich Hitler während seiner ersten Jahre als politischer Redner hauptsächlich damit begnügte, den Feind zu beschimpfen (Maser).

Es scheint, als habe Feuchtwanger nach der unheroischen Flucht Hitlers vor den Waffen der Reichswehr an der Feldherrnhalle einen Zusammenhang zwischen seiner physischen Feigheit und seiner Neigung zu grossen Worten gesehen, von dem aus er seinen Typus erklären konnte.

Kaum eine der Schlüsselfiguren wird so ohne jede Sympathie geschildert wie der *General Vesemann.* Der Autor zögert nicht, die nach Ludendorff gezeichnete Ro-

---

[1] „Der Minister Flaucher begünstigte die Wahrhaft Deutschen. Der Minister Klenk benutzte die Bewegung, wo er sie brauchen konnte, fand aber, man müsse den Kutzner, werde er seiner Meinung gemäss zu frech, ab und zu auf's Maul hauen." (S. 338) In diesem Zusammenhang lässt der Autor Klenk die Worte äussern: „Ich fürchte /. . . / einmal müssen wir ihn auf seinen Geisteszustand untersuchen lassen, den Kutzner." (Ibd.)

manfigur „verrückt" zu nennen. Das waren mutige Worte, wenn man bedenkt, dass der ehemalige Feldherr ein vom Staat besoldeter bzw. pensionierter General war, und dass seine Teilnahme Hitlers Vorhaben im November 1923 einen Schein der Legalität geben sollte. Der Pazifist Feuchtwanger sah in Ludendorff nur den Kriegshetzer, der das deutsche Volk ins Verderben geführt und mit dem man nach 1918 nicht abgerechnet hatte.

Hitler hatte viele bedeutende *Geldgeber* innerhalb Bayerns und im Reich (vgl. S. 42) gehabt; in Feuchtwangers Roman lernen wir in der Gestalt Baron Reindls den Typus des Kapitalisten kennen, der in der patriotischen Bewegung ein Machtmittel gegen die „Roten" sieht und sie deshalb heimlich, aber ohne innere Anteilnahme unterstützt. Unter der Bezeichnung Bayrische Kraftfahrzeugwerke, dessen Chef Reindl ist, tauchen in *Erfolg* die Bayrischen Motorenwerke (BMW) auf. Wie häufig im Roman konzentriert der Verfasser eine gewisse Erscheinung auf *eine* Gestalt, die dann verschlüsselt eine ganze Kategorie oder soziale Gruppe verkörpern soll.

Fragen wir uns, warum Feuchtwanger für den *Fall Krüger* einen fiktiven Kern wählte und nicht einen der vielen Skandalprozesse zum Ausgangspunkt nahm, in denen es sich um ein offenbares und für jeden sichtbares politisches Urteil handelte, dann ergeben sich gleich mehrere Antworten:
Die wichtigste scheint mir mit dem Erfolgsthema des Romans zusammenzuhängen. Der Autor wollte zeigen, dass für eine Regierung, die die Macht über das Recht setzt, die Justiz nur ein Mittel wird, den eigenen Erfolg zu befestigen. Die Auswirkungen der Rechtswillkür werden am deutlichsten da, wo ein unpolitischer Mensch in ihr Netz gerät. Feuchtwanger wollte seine eigene Klasse, das deutsche Bürgertum, über die Mechanismen der Klassenjustiz in Bayern aufklären, er kannte aber die Kommunistenangst, die die Reaktion der Nachkriegsjahre im Volk aufgepeitscht hatte. Einem Minister wird ein höherer Beamter unbequem, weil er für seine Galerien „entartete Kunst" einkauft und die Reaktion verhöhnt. Man konstruiert einen Prozess, durch welchen man mit Hilfe biegsamer Paragraphen den Beamten loswird, um ein Beispiel zu setzen und seine Macht zu demonstrieren.

Feuchtwanger hat eingesehen, dass er mit einem solchen Fall die breite Öffentlichkeit und auch die Justiz selbst viel härter treffen würde als mit einem Prozess, der wegen seiner „Kommunistengefahr" von der Rechten leicht abgefertigt werden könnte. Hinzu kommt, dass die Verurteilung eines Mannes wegen des landesüblichen „Kavaliereids" den Leser stutzen lassen und nach den wahren Motiven des Gerichts fragen lassen musste.

Eine weitere Antwort auf die gestellte Frage ist die Schwierigkeit, die sich ergeben würde, wenn Feuchtwanger einen berühmten Fall, wie z.B. den Fechenbachprozess, nach Belieben für eigene Zwecke umgestaltet hätte. Dieser eine deutsche Dreyfusaffäre genannte Justizskandal war der grossen Allgemeinheit viel zu bekannt, als dass ein Schriftsteller sich dichterische Freiheiten damit hätte erlauben können. Es war Feuchtwanger daran gelegen, das zeigt der Gebrauch, den er von dem faktischen Stoff macht, die Auswirkungen der politisierten Justiz an konkreten Vorgängen und Erscheinungen zu zeigen, die ihm als *typisch* erschienen. Es ging ja nicht um „gerichtsnotorische Wahrheit", sondern um „historische" (vgl. Nachwort).

Zusammenfassend lässt sich sagen, dass Feuchtwanger in dem Fall Krüger, seiner Vorgeschichte, dem Prozess, der aussichtslosen Arbeit Johannas für eine Wiederaufnahme der Verhandlungen und der Amnestierungsgeschichte die politische Justiz in Bayern während der Weimarer Republik in den Blickpunkt stellte und dass er

Fetzen der Wirklichkeit zusammenmontierte, um das Bild eines gefährdeten Rechtssystems auf glaubhafte Weise den Lesern vor Augen zu führen.

Bei den Gestalten aus dem Münchener Kulturleben, die in Feuchtwangers Roman
vorkommen und unter denen Schlüsselfiguren einen wichtigen Platz einnehmen, liegt
der Schwerpunkt der Personencharakteristik von Seiten des Autors auf ihrer Stellungnahme zu dem aufkommenden Nationalsozialismus. Auch sie müssen als verantwortlich angesehen werden für den Zusammenbruch des Rechtssystems und für
die zunehmende Gewaltherrschaft, wenn nicht direkt, dann indirekt, als Zeugen der
undemokratischen Methoden kleinbürgerlich-reaktionärer Minister, die Krüger und
seinesgleichen mit krummen Paragraphen stumm machten. Auch hier versucht
Feuchtwanger eher zu verstehen als anzuklagen. Er sieht es aber als ein Symptom
für den Verfall der Kunststadt München nach dem Weltkrieg an, dass ein kritischer
Kopf wie *Ludwig Thoma,* der in früheren Jahren die Auswüchse des bayrischen
Katholizismus und des Obrigkeitsstaates wirksamer als die meisten getroffen hatte,
sich nicht auf die Seite des Neuen stellte. Fast ebenso kritisch scheint er jedoch
zu *Brecht* und *Grosz* gestanden zu haben, obwohl er ihr Talent vorbehaltlos zu schätzen
wusste. Was ihn skeptisch machte, war die totale Ablehnung der kapitalistischen,
d.h. der bestehenden Gesellschaft, die er bei der radikalen Linken vorfand, eine Ablehnung, die nicht gerade geeignet war, die junge Republik in den Augen ihrer Bürger
zu stärken. Wie seine Schriftstellergestalt Jacques Tüverlin stand Feuchtwanger „zwischen den Klassen", gewaltsame Umwälzungen hatten keinen Platz in seinem Ver-
nunfts- und Fortschrittsglauben.

Die Satire Feuchtwangers trifft auch solche Vertreter des Münchner Kulturlebens,
die von der Bewegung Kutzners eigene Vorteile erhofften. Der „Dekorationsmaler"
Osternacher, ein Akademieprofessor der alten Schule, muss erleben, wie er in der
Epoche des Expressionismus, der im Roman durch das erfolgreiche Naturtalent Greiderer vertreten wird, dessen Vorbild laut Marta Feuchtwanger ein Maler Namens
Futterer gewesen sein soll, in den Hintergrund gerät. Er sieht in den neuen „Ger-
manen" eine plötzliche Rettung. Als der Versammlungssaal des *Eddabundes* (vgl.
S. 95) dekoriert werden soll, erhält *er* den Auftrag. Er muss erleben, wie Greiderer,
der ihn durchschaut, ihn heimlich in der Uniform der Wahrhaft Deutschen porträtiert,
so dass Osternacher nach dem misslungenen Putsch als der grosse Opportunist vor
aller Welt dasteht. Sicher hat Feuchtwanger hier auch an Personen gedacht, die der
Verf. d.A. nicht direkt greifbar waren.

Wie wir sahen (vgl. S. 61), gaben die *Passionsspiele in Oberammergau* den Anlass
für einen Angriff des Autors auf den latenten Antisemitismus der *katholischen Kirche*
ab, die die Bevölkerung in ihren Vorurteilen gegenüber den „Mördern des Herrn"
beharren liess. Auch der junge *Jesuitenprediger,* dessen „fliessendes Predigerdeutsch"
mit dem leisen dialektischen Anklang Tausende in die Kirche lockte, soll den
Katholizismus als restaurative Kraft verkörpern. „Es kostete die Semmel drei Mark,
für Haarschneiden zahlte man achtzig Mark. Diese Zeit der Not und des Hungers
nahm die Kirche wahr zu einer Generalattacke auf das Herz des Volkes, zu einer
Mission. Einen Monat hindurch wurden alle Priester aufgeboten, die noch Stimme
hatten, kundig für jede Kirche der rechte Mann." (S. 381). Mit der Person des greisen
Historikers *Kahlenegger,* der weit über seine Pensionierung hinaus in seiner Stellung
an der Universität München belassen wird, da die katholisch gesinnte Regierung
den Lehrstuhl nicht einem Protestanten überlassen will, illustriert Feuchtwanger seine
Auffassung von der Rückständigkeit der Landeshauptstadt in Sachen Wissenschaft

(S. 67). Er stellt den Niedergang der Münchner Universität in direkten Zusammenhang mit der reaktionären und reichsfeindlichen Politik des neuen Regimes:

„Früher hatte die schöne, behagliche Stadt die besten Köpfe des Reichs angezogen. Wie
kam es, dass sie jetzt fort waren, dass an ihrer Stelle alles, was faul und schlecht war im
Reich und sich anderswo nicht helfen konnte, magisch angezogen nach München flüchtete?"
(S. 33)

Die zentrale Rolle, die der nur leicht verschlüsselte Komiker *Karl Valentin* in *Erfolg*
spielt, zeugt von Feuchtwangers grosser Bewunderung für Valentins Kunst. In den
Mono- und Dialogen des Münchner Komikers sah er den klassischen Hanswurst
wiedererstehen, der über die Köpfe der „Grossen" hinweg der Stimme des Volkes
Gehör verschafft. In Wirklichkeit stand Valentin mit seiner ans Absurde grenzenden
Melancholie dem burlesken Clown sehr fern, dem Feuchtwanger, als er zehn Jahre
zuvor die Komödie *Friede* von Aristophanes für die deutsche Bühne der Kriegsjahre
bearbeitete, eine so grosse Rolle zuerteilte. Dieser sei, so heisst es in Feuchtwangers
Vorwort, „voll gesunden Menschenverstandes" und vermochte „jede Überspanntheit
des Gefühls und des Verstandes entlarven und sie /. . . / als etwas Hohles, Verblasenes,
bis zum Verbrechen Widersinniges und Lächerliches hinstellen." (In *Friede/Ein burleskes Spiel*, München 1918.) Valentin, bzw. Hierl dagegen stellte die Versklavung des
Menschen unter den Mechanismen der Sprache und der Handlungen dar, die er
selbst auslöst. Auf seine Art scheint er jedoch die Funktion, von der Feuchtwanger
oben spricht, übernommen zu haben. Er war der *moderne Clown,* sensibel, gespalten,
bedroht und entfremdet. Meines Wissens ist Valentin in keinem anderen literarischen
Werk porträtiert worden. Feuchtwanger kannte die Künstlernatur dieses melancholischen Clowns, der sich eigensinnig auf volkstümliche Vergnügungsstätten be-
schränkte, und er schildert ihn nicht ohne satirische Untertöne.

Mit dem verhältnis zwischen Tüverlin und Hierl scheint Feuchtwanger sagen zu
wollen, dass er, hätte man ihn, Feuchtwanger, nicht aus München fortgejagt und
hätte er für Karl Valentin eine „aristophanische" Revue schreiben dürfen, seinem
Volk gegen den Hitlerspuk hätte helfen können.

Zum versöhnlichen Bild der Stadt München gehört auch die durch die wirtschaftliche Not allerdings etwas angeschlagene Lebensfreude, die in Weinstuben und grossen
Bierhallen, auf Faschingsbällen und in Varietélokalen zum Ausdruck kommt. Das
derb-bäurische Wesen auch der Städter, ihre echt-demokratische Tradition, sich auf
grossen Festen ohne Klassenunterschiede zu mischen, machen Künstlerbälle und
Oktoberfeste zu einem wahren Volksvergnügen, das die Entbehrungen der Infla-
tionszeit für die Stunden des Rausches vergessen lässt (vgl. S. 796 und 801). Aus
dieser Sicht heraus erscheinen die entwickelte Technik und das Tempo *Berlins* als
ein Blick in eine ferne Zukunft, oder vielmehr erleben wir den in wenigen Stunden
zurückgelegten Flug von Berlin nach München (S. 508) als eine Reise in eine ver-
gangene Zeit. Der Relativitätsbegriff *Einsteins* wird hier an der Darstellung zweier
neben einander bestehenden Epochen demonstriert.[1]

Was die Vorbilder zu den Romanfiguren am Rande der eigentlichen Fabel betrifft
oder vielmehr die Personen, die gewisse Gestalten in *Erfolg* angeregt haben, konnten
wir feststellen, dass sich Feuchtwanger keineswegs durch die Jahre begrenzt sah,

Vgl. Feuchtwanger über Einstein, S. 90, und *Erfolg* S. 264, wo von dem Hörspiel die Rede
ist, in dem Tüverlin seinen Zeitbegriff zu gestalten plant.

in denen sich die Handlung abspielt (1921–1924). Vielmehr haben Begegnungen und Bekanntschaften seiner gesamten Münchener Zeit mit Ausnahme der Kindheit und frühen Jugend den Stoff geliefert für das Bild, das er von der Theater- und Künstlerwelt seiner Heimatstadt gibt. Die Heirat *Ludwig Thomas* mit der Tänzerin *Marietta di Rigardo* (vgl. S. 60) hatte 1910 stattgefunden, die Glanzzeit des Hofschauspielers *Ernst Possart* lag in der Zeit vor dem 1. Weltkrieg. Hier müssen wir auch das Vorbild für den Vergnügungsindustriellen Pfaundler suchen (Marta Feuchtwanger in Brief an die Verf. vom 26.6.1974). Die Figuren der Hauptakteure dagegen wurden durchgehend von Personen angeregt, die die Jahre nach dem Weltkrieg mit Lion Feuchtwanger zusammen in München verlebten: *Bruno Frank* (Krüger), *Marieluise Fleisser* (Haider), die Geschwister *Neher, Caspar* und *Carola* (Benno und Anni Lechner, die Schauspielerin Kläre Holz, Reindls Geliebte).

Marieluise Fleisser heiratete später einen Ingolstädter namens *Haindl*, der schon 1926 einer ihrer Bekannten war und von dem Feuchtwanger wusste. Das Selbstbildnis, das im Roman so grosses Aufsehen erregt, soll laut Marta Feuchtwanger (in einem Brief vom 10.6.1974) von der Kunst *Paula Modersohn-Beckers* angeregt worden sein, die auf Lion Feuchtwanger ebenso wie *Barlach* und *Riemenschneider* grossen Eindruck machte (vgl. die Beschreibung des Bildes *Josef und seine Brüder*, Kap. I/1). Nach *Ulrich Weisstein* hat ein Aktporträt von ihr nicht existiert, von einem direkten Vorbild kann also nicht die Rede sein. Eher dürfte das Bohemisch-Ausgelieferte im Wesen Fleissers das Bild im Roman angeregt haben. Ihre unglückliche Liebe zu Brecht und der Abschied von ihm („Ich ertrug den Schwarm von Weibern nicht mehr, der um ihn herum war", Ges.Werke I, S. 25) *und* die Versachlichung des Sexuellen, die sie in ihren Bühnenstücken praktizierte – auch dazu von Brecht angehalten – hat m.E. das Bild Feuchtwangers von ihr geprägt.

Das Bemühen des Autors, seine bayrische Bühne mit zeittypischen Gestalten zu bevölkern, gilt auch für Personengruppen und nicht nur für solche, die am Rande der Fabel statieren. Wer die *Frauengestalten* Feuchtwangers in *Erfolg* vergleicht, macht leicht die Beobachtung, dass er überhaupt keine verheiratete Frau schildert: sein Interesse gilt der modernen Frau, die wirtschaftlich und sexuell emanzipiert ist. Die harten Lebensbedingungen der Nachkriegsjahre hatten einen neuen Frauentyp erzeugt. Feuchtwanger schrieb 1933 in seiner Selbstdarstellung rückblickend:

> „Die deutschen Frauen jener Jahre waren tapfer und sehr viel weniger hysterisch, als man nach den Lehren der Medizin hätte vermuten sollen. Galanterie, flirt, wurden historische Begriffe. Die 'Dame' hörte auf zu existieren. Ein neuer Typ Frau bildete sich heraus in den Kreisen der Literaten, ein Mittelding zwischen Sekretärin und Freundin, ziemlich nüchtern, hart, kameradschaftlich, verlässlich und ohne Geheimnis." (CO, S. 370)

Wie wir diesen Zeilen entnehmen können, ist in der Darstellung von Johanna Krains Verhältnis zu den beiden Gefährten Krüger und Tüverlin viel von dem kameradschaftlichen Wesen *Marta Feuchtwangers* zu ihrem Mann eingeflossen. Dieselbe Nüchternheit finden wir in der Gestalt *Anni Lechners* (vgl. S. 99). Hier ist es dem Autor gelungen, eine zeittypische Frau zu schildern, die ständig gegen das Gespenst der Inflation zu kämpfen hat und trotz harter Büroarbeit für einen verwahrlosten Freund und einen alten Vater sorgt.

Ohne den Schutz bürgerlicher Geborgenheit kämpfen die Tennismeisterin *Fancy De Lucca*, die russische Kabaretttänzerin *Insarowa* und die Malerin *Haider* für ihre Existenz. Auch sie sind – jede auf ihre Weise – geprägt von der verworrenen Zeit, in der sie leben.

Obwohl Feuchtwanger in seinem grossen Gegenwartspanorama mehr als fünfzig Personen auf die Bühne stellt, ist zwischen Haupt- und Nebenpersonen, was die Darstellungskunst betrifft, keine klare Grenze gezogen, da gerade die Fülle von Einzelgesichtern das Charakteristikum des Romans ausmacht.[1] Hierin unterscheidet sich m.E. *Erfolg* von Feuchtwangers übrigen historischen Romanen, in denen zuweilen die Unklarheit des Details mit dem zeitlichen Abstand des Autors zu seinem Motiv zunimmt. Hier genügt ein Vergleich mit dem 1932 erschienenen ersten Band der Josephus-Trilogie *Der jüdische Krieg*. Die künstlich erzeugte historische Sicht, die Feuchtwanger für *Erfolg* errichten musste, hat ihm wenig „geholfen": gerade in der Personendarstellung *gewinnt* der Roman durch die Zeitnähe zu den „wirklichen" Menschen, während die „historischen" des *Josephusromans* als etwas sentimentale Theaterfiguren erscheinen. *Georg Lukács* spricht von Feuchtwangers „wirklich lebendigen und wirklich volkstümlichen Gestalten". Er sagt: „Gestalten wie die Johanna Krains in *Erfolg* oder den jungen Gymnasiasten Bernhard Oppenheim finden wir in keinem der historischen Romane Feuchtwangers." (*Der historische Roman*, 1936, S. 374)

---

[1]*Faulhaber* hat die treffende Beobachtung gemacht, dass alle Hauptpersonen der Romane Feuchtwangers, um „rund" und nicht bloss zweidimensional zu wirken, *drei Forderungen* erfüllen, nach denen sie modelliert sind: sie müssen *einmalig, typisch* und *zeitgemäss* wirken. *Einmalig* wird eine Person dadurch, dass sie sich von den anderen Gestalten des Romans absetzt, und sich durch Kleidung, Aussehen und Benehmen, vor allem aber durch besondere Gewohnheiten und Schwächen, die der Autor hervorhebt, von ihnen unterscheidet. Diese letzten machen erst eine historische Romanperson glaubwürdig und „menschlich". *Typisch* heisst, dass sie gewisse Züge hat, die charakteristisch sind für ihr Zeitalter und dass sie eine Sorte von Menschen vertritt, die man mit der geschilderten Epoche verbindet. *Zeitgemäss* heisst in diesem Zusammenhang, dass sie mit Problemen und Konflikten kämpft, die der Leser als modern empfindet.

Themen der Zeit. Das Epochenerlebnis Feuchtwangers im Spiegel der Romanfiguren

Die historische Rolle des Kapitalismus. Auseinandersetzung mit dem Amerikanismus

In *Hessreiter* und *Reindl* hat Feuchtwanger zwei bayrische Geschäftsleute als typische Vertreter kapitalistischen Unternehmertums in die Handlung eingeführt. In ihrer Ungleichheit liefern sie einen Schlüssel zum tieferen Verständnis der Tendenz des Romans. Hier, wie an so manchen Stellen, wo es dem Autor um eine Klärung der eigenen Stellungnahme zu Kräften und Ideen geht, die seiner Ansicht nach das Bild der Epoche entscheidend mitbestimmten, erkennen wir ein dialektisches Muster. Durch eine Gegenüberstellung von Charakteren ermöglicht der Autor eine Diskussion, die die historische Bedingtheit seiner Romanpersonen enthüllt und gleichzeitig die Richtung des historischen Geschehens, als dessen Deuter er sich selber sieht, freilegt und unterstreicht.

Die Diskussion über die Rolle der Wirtschaft rückt auf eine neue Stufe mit dem Erscheinen des amerikanischen Finanzmagnaten *Potter* auf der bayrischen Bühne. Er verkörpert auf interessante Weise den Einfluss der „Amerikalegende" auf liberale bürgerliche Schriftsteller der Stabilisierungsjahre nach 1923 und dient als eine Art Gegenbild zu Pröckls Stellungnahme für die Sowjetunion und den Kommunismus (vgl. S. 621).[1]

Der Kommerzienrat Paul Hessreiter, Besitzer der „ausgezeichnet gehenden" Porzellanfabrik *Süddeutsche Keramiken Ludwig Hessreiter & Sohn*, vertritt das alteingesessene Münchner Grossbürgertum. Die Erzeugnisse seiner Industrien sind bei allen Schichten der Bevölkerung beliebt; das schlechte Gewissen, das ihm seine Kitschprodukte verursachen, versucht er durch künstlerisch hochstehende, aber unrentable Produkte (Serie *Stierkampf*) zu besänftigen. Er hat ein persönliches Verhältnis zu seinen Arbeitern, meist Mädchen, „viele kümmerliche Fünfzehn- und Siebzehnjährige", die in einer Luft arbeiten, die Johanna Krain bei ihrem Besuch in den Werkstätten abstösst (vgl. S. 242).

Den Verfall des alten liberalen München in den Jahren der Inflation erleben wir mit den Augen Paul Hessreiters, der seine Heimatstadt liebt. Bei seiner Rückkehr aus Paris findet er München voll von Kutznerleuten und stellt mit Beklemmung fest, dass die Regierung sie unterstützt (S. 443). Er geht, als Demonstration, nach Berlin, um bei seiner Rückkehr nach Bayern München noch „böotisierter" vorzufinden:

> „Auf der Strasse, im Herrenklub, wohin man kam, blühte dieser Blödsinn. Geheimnisvoll raunte man einander zu: noch vor der Baumblüte. Verschwörerisch gab man Informationen

---

[1] Zu diesem Thema vgl. die von der Zeitschrift *Sprache im technischen Zeitalter*, Nr. 54/1975, angeregte Diskussion über den „Mythos Amerika" (*Zur Proklamation der Neuen Welt und der Legitimation von Geschitchte*), die anlässlich des zweihundertsten Jahrestages der Unabhängigkeitserklärung (1976) die europäischen Vorstellungen von den USA als der konkretisierten Utopie untersuchen möchte. Mit Beiträgen von *M. Escherig, W. Bach, H. Eggebrecht* und *L. Fischer*. Hsg. *Walter Höllerer* und *Norbert Miller*, Berlin.
Zum Thema Feuchtwanger und Amerika vgl. den Aufsatz von *H. von Hofe* (1972).

aus dem Eddabund weiter, wie grossartig die Rüstungen vorwärtsgingen. Herr Hessreiter, liberaler Patrizier, der er war, wenig verknüpft mit dem Bauernland ringsum, begriff durchaus nicht, wieso seine Landsleute, über Nacht militaristische, auf das Hakenkreuz hereinfielen. /.../ So wie er die rechte Zeit abpasst für die Erweiterung der Süddeutschen Keramiken, so auch wird er da sein, wenn es gilt, dieser damischen Hakenkreuzlerei den entscheidenden Tritt in den Hintern zu geben." (S. 567 f.)

Trotz aller Vorsicht, die ihm das Ideal eines bequemen Lebens gebietet, reisst der Strom der internationalen Spekulationen, den die Ruhrokkupation entfacht, auch Hessreiter in den Wirbel der Investitionen hinein: die Erweiterungen, mit denen er auf den Weltmarkt vorzudringen gehofft hat, enden jedoch in einer wirtschaftlichen Krise, aus der er nur mit Hilfe seiner Freundin Katharina von Radolny gerettet werden kann. Er muss sein bisheriges Leben und sein Haus in der Seestrasse aufgeben; seine Kunstgegenstände und die vielen Antiquitäten seines Hauses werden versteigert. Die Etappen dieser Entwicklung, an der das Absterben einer Epoche abgelesen werden kann, werden von thematisch zusammengehaltenen Kapitelüberschriften markiert, (vgl. Kap. I/15, II/7, III/21, V/14 und V/21).

Andreas Baron von Reindl dagegen ist von Anfang an der Wirtschaftsführer grossen Stils, der es früh verstanden hat, Verbindungen mit der westlichen Schwerindustrie anzuknüpfen. Er unterscheidet sich von den Unternehmern alten Schlages vor allem dadurch, dass die Produkte, die er herstellt, ihn weniger interessieren als die Möglichkeiten, aus ihnen Geld für neue Investitionsobjekte herauszuschlagen (vgl. S. 146 f.). Für ihn gelten nur die Spielregeln der internationalen Wirtschaft; das Abkommen der grossen Syndikate, die über Rohmaterial, Konkurrenz und Weltmärkte verfügen, entscheidet darüber, ob in ein Projekt Geld gesteckt werden soll. Das Produkt an sich spielt eine sekundäre Rolle. Nach der Festigung der deutschen Währung steht Reindl als grosser Profitmacher da. Die feudalen Mächte sind zurückgedrängt, das Haus Hessreiters in seiner Hand. Ein Epochenwechsel hat stattgefunden, die Zukunft gehört dem internationalen Wirtschaftsführer, der keine nationalen oder ideologischen Ressentiments kennt. Er greift hinüber nach der Sowjetunion und gründet dort eine Autofabrik. Im Gegensatz zu den Kräften der Reaktion, die sich vor allem an das alte, vorindustrielle Bayern klammern, vertritt also Reindl die neue Epoche, in die das Land Bayern hineinwachsen muss, wenn es nicht von den Kräften der Industrie und des Welthandels überrannt werden will. Eine grössere Vertrautheit mit dieser Figur, ausser mit ihren Zynismen, lässt der Autor aber nicht erkennen; seine Sympathien, wenn auch nicht ohne ironische Akzente, liegen bei Hessreiter, dem Verlierer. An einem Punkt jedoch bekommt seine Darstellung einen wärmeren Ton: er zweifelt nicht an Reindls – und Gruebers (vgl. S. 94) – Liebe zu ihrem Land Bayern:

„Die beiden Männer hatten wenig gemein. Aber dies hatten sie gemein: beide hatten sie Macht in den Händen, beide liebten sie ihr Land Bayern, und beide wussten sie, dass diese deutsche Provinz Bayern mit ihren Menschen und ihrem Vieh, mit ihren Dörfern und ihrer Stadt, mit Wald und Feld und allem darin und darauf bestimmt war, sich von Grund auf zu verwandeln, und das in kurzer Frist. Die Ökonomie des Reichs, die Ökonomie des Erdteils verlangte es. Der Reindl wie der Grueber liebten an ihrem Land das Bäurische; aber sollten sie zusehen, wie Männer von aussen kamen, der Provinz die notwendige Industrie aufzudrängen? Ehe sie einen Zugereisten heranliessen, förderten sie selber die unaufhaltsame Entwicklung. So werkten sie beide, Bayern von innen her zu industrialisieren, der Reindl mit seinen Autos, der Grueber mit seiner Elektrizität." (S. 525).

Der Glaube Feuchtwangers an die Allmacht der Weltwirtschaft und an die epochale

Bedeutung des Aufstiegs Amerikas zur Weltmacht in den Jahren nach dem ersten Weltkrieg kommt vor allem in der Gestalt *Daniel Washington Potters* zum Ausdruck. Da er „vor allem an den Veränderungen des Bodens durch die Industrie" interessiert war, tritt er im letzten Teil des Romans wie ein Deus ex machina in die Handlung ein, um als Sprachrohr des Verfassers, eine Art Tüverlin der Wirtschaft, die Ideen der beiden zukunftsträchtigen bayrischen Wirtschaftsführer zu bestätigen und mit seiner Geldanleihe an die bayrische Regierung die beiden Handlungsstränge ihrem Höhepunkt zuzuführen. Von ihm heisst es,

> „der unrepräsentative Mann sei einer von jenen dreihundert, die mitzuentscheiden hatten, ob Krieg oder Friede sein soll, und wie weit man das russische, das indische, das chinesische Epxeriment ungestört liess." (S. 525)[1]

Manche Dinge, die die Reaktion in Bayern aus den Bahnen des Fortschritts gebracht hatte, renken sich mit Hilfe des „Kalifornischen Mammuts" (S. 523) wieder ein. Es gelingt Potter auch, die Gefahr aus dem Osten, das beunruhigende Element des sowjetischen Kommunismus, in eine nüchterne, sachliche Angelegenheit mit ökonomischen Vorzeichen zu verwandeln. Er erzählt den Bayern von seiner Reise in die Sowjetuniuon. Da die Herren in Moskau auf seine Bedingungen nicht eingegangen seien, habe er mit ihnen nur wenig Geschäfte machen können, obwohl er sich von den enormen unausgenutzten Möglichkeiten des russischen Bodens mit eigenen Augen habe überzeugen können.

> „Der junge Ingenieur (Pröckl), zu seinem Staunen, sah, dass der Amerikaner nicht nur die wirtschaftlichen Verhältnisse und Land und Leute der Sowjetrepublik genau kannte, sondern dass er auch vertraut war mit der Lehre. Das erschreckte Kaspar Pröckl. Gab es das, dass jemand die Lehre verstand und ihr nicht anhing? Der Dollarscheisser war offenbar souverän genug, sich selber auszuschalten aus dem Für und Wider, und er lehnte trotzdem, und obwohl er sie begriff, einfach aus dem Verstand heraus die Lehre ab. Kaspar Pröckl disputierte leidenschaftlich mit ihm, er sagte unzählige Male grob: ‚Verstehen Sie?' Es kam vor, dass das Mammut nicht verstand, aber dann nur infolge der Mundart. Die andern hörten zu, und so bezaubernd manchmal der Fanatismus Kaspar Pröckls wirken konnte, die trocken hervorgekauten Sätze des Amerikaners schlugen ihn." (S. 531).

Der Kapitalist aus den Staaten besitzt die ungeteilte Sympathie des Autors. Manche von ihm geäusserten Ansichten über die Deutschen, die Bayern und ihren Patriotismus, den er den *Münchner Ku-Klux-Klan* nennt, über die Inflation und den Klassenkampf, gleichen den an Zynismus grenzenden Feststellungen des Schriftstellers Tüverlin.

Die Gestalt Potters, die aus der heutigen Sicht als eine naiv erscheinende Verkörperung sowohl Amerikas als des Kapitalismus erscheint, ist vor allem ein interessantes Produkt der zwanziger Jahre mit ihrem Glauben an einen „guten Kapitalismis" bzw. einen *weissen Sozialismus* (vgl. S. 126) und an eine vermünftige Sachlichkeit, die, aus dem unverbrauchten Westen kommend, das im Weltkrieg zusammengebrochene feudale Europa verjüngen würde. Die Polarisierung der beiden jungen Supermächte, Nordamerika und Sowjetunion, begann in diesen Jahren nach der Ok-

---

[1] In dem Theaterstück *Der Amerikaner oder Die entzauberte Stadt* (1921) hatte Feuchtwanger schon einmal das Thema des „klugen Amerikaners" behandelt, der die Aufhebung einer unzeitgemässen, verbrauchten sozialen und ökonomischen Ordnung in die Wege zu leiten hilft. Die Handlung spielt in Italien.

toberrevolution und dem Friedensplan Wilsons in Erscheinung zu treten. Da der Kommunismus die bürgerliche Linke meist abschreckte, blickte man hinüber nach Amerika. Der neu geschaffene Dualismus zwang alle diejenigen, die sich um ein Verständnis der eigenen Epoche bemühten – und darum ging es ja Feuchtwanger in *Erfolg* – zu einer Stellungnahme. Rückblickend sagt W. *Conze* in seinem Vortrag *Deutschlands weltpolitische Sonderstellung in den zwanziger Jahren*.[1]

> „Beide grossen Programme, die Demokratie Wilsons ebenso wie der Kommunismus Lenins, waren erdumspannend gemeint. Da sie sich prinzipiell ausschlossen, war ein Kompromiss zwischen ihnen kaum denkbar. Blieben sie als Weltprogramm erhalten und stand künftig hinter beiden eine Weltmacht, so war damit ein Weltdualismus zum Ausdruck gebracht, der entweder durch Kampf oder durch Ideologieabbau und daraus folgende Kompromissbereitschaft eines Tages zu seiner Auflösung drängen konnte. Beide Programme – irenisch harmonisierend das eine, dialektisch kompromisslos das andere – warben um *alle* Völker der Erde. Diesem Werben wohnte von beiden Seiten die vollständige Negation des bisherigen europäischen Staatensystems mit seinen überlieferten politischen und militärischen Methoden inne – gleichgültig, ob dieses Staatensystem noch europäisch begrenzt oder auf die ganze Erde bezogen wurde. Beide Programme bedeuteten utopisch die Überwindung der „bisherigen Geschichte". Geistig waren sie beide europäischen Ursprungs. Politisch zielten sie beide auf das Ende Europas. Europa selbst hatte sie durch seinen europäischen Krieg, der zum Weltkrieg geworden war, aus der Welt des Gedankens in die politische Wirklichkeit gebracht. Blieben sie in dieser wirksam, dann war das Ende Europas im Sinne des alten Konzerts der Staaten besiegelt." (S. 171).

Vergleichen wir die in Zeitkritik eingekleideten utopischen Vorstellungen von Europa, die aus der konstruierten historischen Sicht des Kapitels *Einige historische Daten* (S. 213 ff.) entstehen, mit den beiden von Conze skizzierten „Neuordnungsprogrammen" von 1920, dann sehen wir, dass Feuchtwanger die Vorstellungen Wilsons von einem veralteten Europa, nicht aber die des Weltkommunismus, teilt, was natürlich auch aus der Polemik Tüverlins gegen Pröckl klar genug hervorgeht. Auch Feuchtwanger betont das Globale:

> „Man bekriegte sich beispielsweise aus nationalen Gründen, das heisst deshalb, weil man an verschiedenen Punkten der Erdoberfläche geboren war . . . Solche den Kindern von früh an gelehrte und ähnliche Tugenden fasste man zusammen unter den Begriff Patriotismus." (S. 213)

Feuchtwangers ablehnende Stellungnahme gegenüber dem Kommunismus, die auch an anderen Stellen des Buches zum Ausdruck kommt, muss vor allem aus seinem Pazifismus erklärt werden: er sah im Klassenkampf vor allem eine Theorie der Gewalt, einen Anlass zum Bürgerkrieg (vgl. S. 213 f.).

Auch wenn behauptet werden kann, dass *Erfolg* ohne jeden Zweifel das Werk eines bürgerlichen Intellektuellen ist, so gibt es in der Stellungnahme Feuchtwangers zum Kommunismus in diesen Jahren schon gewisse Zeichen, die nicht aus dem Roman weggedacht werden können und die gegen eine völlige Ablehnung des Sozialismus als Idee sprechen. In einem Kapitel über Martin Krüger ist von seinem in der Zelle entstandenen Goya-Buch die Rede, das aus einer „wilden Lust an der Rebellion" (S. 357) ensteht. Besonders erwähnt wird ein Kapitel mit der Überschrift *Wie lange noch?*,

---

[1] Gehalten auf dem 3. Geisteswissenschaftlichen Kongress in München („Die 20er Jahre") Ende November 1960. Gedruckt in Vierteljahreshefte für Zeitgeschichte 2/1961, S. 166–177.

„die fünf Seiten Prosa, die seither in allen revolutionären Schulbüchern stehen und zum Titel haben eben jene Worte, die der taube Alte geschrieben hat unter das Blatt mit dem leidenden, riesigen Kopf, auf dem die Ameisen der Verwesung wimmeln." (S. 357).

Der Ausdruck „revolutionäre Schulbücher" ist an sich ein Widerspruch, jedoch kann er schwerlich anders gedeutet werden denn als ein Zeichen dafür, dass Feuchtwanger an den Sieg des Sozialismus glaubte.

Von grösster Bedeutung für die Intellektuellen der zwanziger Jahre, die mit den historischen Mächten und traditionellen Vorurteilen des alten Europa aufräumen, sich dabei aber nicht in die Arme eines kommunistischen Kollektivismus werfen wollten, wurde das Beispiel *Henry Fords* und sein Evangelium vom *weissen Sozialismus*. Im November 1923 erschien in Deutschland Fords Buch *Mein Leben und Werk*, in dem er den Schlüssel zu seinen Produktionserfolgen lieferte. *H. Lethen* (1970) kommentiert:

„Für Liberale war Ford die bilderbuchmässige Illustration, dass die freie Entfaltung der im Kapitalismus schlummernden Kräfte die Klassenkonflikte löst und die Harmonie aller Interessen garantiert." (S. 20)

Lethen nennt den *Amerikanismus* eine literarische Mode, mit der man der lebensphilosophischen Kulturkritik zu begegnen suchte. Diese wollte in der amerikanischen Kultur nichts als „Gift und Pest, Charakterlosigkeit, Verleugnung unserer heiligsten Lebensgefühle und geschichtlichen Tradition" *(Die Tat,* zit. nach *Lethen,* S. 25) sehen. Mit dem Ideal der „historischen Gleichzeitigkeit" von technischer Zivilisation und Menschenwert, das europäischen Intellektuellen am Beispiel des amerikanischen Kapitalismus vorschwebte, hatte sich Feuchtwanger Mitte der zwanziger Jahre in zwei verschiedenen Werken auseinandergesetzt. Das eine war das Bühnenstück *Die Petroleum–Inseln,* in dem er die Mechanismen des Kapitalismus vorurteilsfrei aufdeckt, das andere die Liedersammlung *PEP. J. L. Wetcheeks amerikanisches Liederbuch,* beide 1927 erschienen (vgl. Waldo S. 10 und Hofe S. 37). Feuchtwanger verbindet sich in seiner PEP-Lyrik zum Schein mit der Kapitalistengestalt des *B. W. Smith* – einem Zwillingsbruder Mr. Babbitts – und dessen glücklichem Bewusstsein von der Rentabilität.[1] Wie in *Erfolg* demonstriert der Autor weniger eine Abwehrhaltung als die Autonomie der „freischwebenden Intelligenz" (der Ausdruck stammt von *Walter Benjamin* und wird von *H. Lethen* S. 49 zitiert), die zwischen den Klassen steht.

Lethen, der sich sowohl mit PEP wie mit den *Petroleum–Inseln* eingehend befasst, weist darauf hin, dass der Kapitalist vom Typ Mr. Smiths schon von den Zeitgenossen als überholt und „ungefährlich" empfunden wurde. Die Trustmagnaten der Kapitalkonzentration hätten ein ganz anderes Gesicht; von Bewusstseinsformen kleinlicher Konkurrenz sei nicht mehr die Rede. Die Charaktermasken Babbitts und Smiths hätten einen Typus der Bourgeoisie des 19. Jahrhunderts noch getroffen, eine Kritik, der Feuchtwanger wahrscheinlich nach dem Entstehen des *Erfolg* zugestimmt haben würde, da er ja in Daniel W. Potter einen Kapitalisten von ganz anderem Ausmass als dem der Smith-Figur schuf. Das Interessante an dem Vergleich ist die Feststellung, dass bei Potter, dessen „Gefährlichkeit" als zeitgemäss erscheinen müsste, die Satire der PEP-Lyrik völlig weggefallen ist und dass die Internationalität des potterschen

---

[1] „Gott" ist Statistiker, der „Himmel" ein kalifornischer Villenvorort, die „Hölle" eine Sitzung des Aufsichtsrats mit widerspenstigen Aktionären.

Kapitals als ausschliesslich heilbringend dargestellt wird. Für Mr. Potter, wie den Schriftsteller Tüverlin, steht die Kunst im Dienste der Aufklärung und des Kampfes gegen den Faschismus. Das „provozierende Einverständnis" (Lethen) mit der Kunstauffassung Mr. Smiths, die nichts als dem Rentablen einen Wert zuschreibt, ist in unzweideutige Bewunderung für einen „unscheinbaren", aber mächtigen amerikanischen Kapitalisten verwandelt, der den historischen Prozess in die Bahnen des Fortschritts lenkt:

> „Man wusste in der Stadt München nicht viel von wirtschaftlichen Dingen. Der eine oder der andere erkannte vielleicht in dem grosszahnigen Mann einen Amerikaner. Aber hätte jemand behauptet, der unscheinbare Herr in der Gesellschaft des Fünften Evangelisten habe in das Schicksal der Stadt München mehr dreinzureden als etwa Rupert Kutzner, so hätte die ganze Stadt über einen solchen spinnerten Tropf schallend gelacht." (S. 526).

Zwei Erklärungen lassen sich zum Verständnis des aufgewerteten Amerikanismus in *Erfolg* anführen: In der Auseinandersetzung mit den Kräften der europäischen Reaktion, ablesbar am Beispiel Bayern, und mit den Theorien des Klassenkampfs, die die autonome Rolle des Schriftstellers in der Gesellschaft verwarfen, blieb dem Autor – in der historischen Sicht, die er zur Distanzierung der Tagesprobleme anlegte – nur die Hoffnung auf die „Vernunft" und Unvoreingenommenheit Amerikas. Dort, wie in England, hatte Feuchtwanger mit seinen beiden historischen Romanen grosse Erfolge gehabt. Dem Fanatismus eines Kaspar Pröckl stellt er mit der Gestalt Potters die nüchterne Sachlichkeit der westlichen Welt gegenüber, wobei kritische Hemmungen, wie sie in den PEP-Satiren zu finden sind, wegfallen mussten.[1]

Als eine zweite Erklärung müsste ein Phänomen berührt werden, das sich bei der Personencharakteristik Feuchtwangers oft als eine Art Dualismus geltend macht: die heimliche oder offene Bewunderung der Macht, der passionierten und rücksichtslosen Entfaltung der eigenen Persönlichkeit, eine Eigenschaft, deren vanitas zu enthüllen er zwar als seine Aufgabe sieht, die ihn aber immer wieder fasziniert hat. Nicht ohne Grund lässt der Autor gerade Machtmenschen wie Klenk und Reindl eine Menge von treffenden Feststellungen über die Bayern und den Faschismus machen, die geistige Verwandtschaft mit dem distanzierten Intellekt Tüverlins zeigen. Dies bringt den beiden „Grosskopfigen" Sympathien beim Leser ein und schmeckt von Seiten des Autors nach Zynismus, ist aber ein Beweis für die problematische „Zwischen den Klassen-Stellung" eines Schriftstellers vom Typ Feuchtwangers. Wenn er an einer Stelle (S. 319 f.) in *Erfolg* Tüverlin die folgende Feststellung über das alte Europa machen lässt, kommt er mit ihr wahrscheinlich seinem paradoxalen Verhältnis zur Macht und zu den ideologischen Auseinandersetzungen seiner Epoche näher als in der etwas abstrakten Gegenüberstellung von Macht und Recht, die er sich als Thema für sein Buch gewählt hat:

> „Auch interessierte ihn ihr (Frau von Radolnys) Urteil; es war das Urteil einer ganzen Schicht, derjenigen Schicht, die freilich die ungeheure Dummheit des grossen Kriegs, aber vorher alle Fundamente gemacht hatte, auf denen diese immerhin recht lebenswerte Epoche stand. Mochten Missvergnügte die Zeit verfluchen: er wusste unter den früheren Epochen keine, in der er lieber gelebt hätte. Die gelegentlichen, beiläufigen, beruhigenden Versicherungen Kaspar Pröckls, im marxistischen Staat würde bei aller sozialen Gleichstellung der individuelle Lebensraum des einzelnen nicht eingeengt werden, minderten sein Misstrauen nur wenig."

---

[1] In dem Aufsatz *Lion Feuchtwanger and America* behandelt H. Hofe sowohl die *Petroleum-Inseln* wie das PEP-Buch, geht aber an dem Thema in *Erfolg* oberflächlich vorbei.

So spricht ein Schriftsteller, der seine Unabhängigkeit als ein Privileg hütet, eine Verhaltensweise, die ihn eher in die Nähe der Mächtigen als der Machtlosen in der Gesellschaft bringt. Der problematische Versuch, einen Mittelweg zu gehen, nicht wählen zu müssen, findet seinen charakteristischen Ausdruck in einer Zeitkritik, die nach beiden Seiten ausschlägt und den Sozialismus als „revolutionäre Mode" abfertigt (S. 216).

Auch wenn das Kalifornische Mammut den Amerikanismus in *Erfolg* positiv vertritt, darf nicht übersehen werden, dass der Autor auf anderer Ebene Kritik an Erscheinungen übt, die Zeichen eines neuen Lebensstils im Sinne der Massenkultur Amerikas sind. An einer Stelle spricht er von den „heftigen Bewegungen der Negertänze jener Epoche", die von sogenannten Eintänzern in den Hotels in Garmisch „streng neutral" (S. 201) ausgeführt wurden. Vergleichen wir damit den Elan, mit dem er die auf bayrischen Bällen noch getanzte Française beschreibt, den beliebten Gruppentanz, der Herz und Gemüt der Bayern aufblühen liess (S. 286): „Von den Bayern fehlte keiner bei diesem Tanz." Wie viele aus seiner Generation stand er den neuen Tänzen und dem Jazz, der Mechanik des emanzipierten Lebensstils, befremdet gegenüber. Das Kapitel *Einhundert Fleischpuppen und ein Mensch* (S. 366 ff.) spiegelt seine Reaktion auf die von den USA kommende Girl-Kultur.[1]

Feuchtwanger beschreibt in dem oben genannten Kapitel nicht die gedrillte Gruppe auf der Bühne, sondern den „Fleischmarkt" bei der Anstellung von Bewerberinnen für die Revue:

> „Mit leeren Puppengesichtern und ausdruckslosen Gliedern, in fader Geschäftsmässigkeit, schwitzend, trostlos gelangweilt, warteten die Mädchen herum, dumm kichernd, derb zotend, von den vorbeigehenden Männern plump angefasst. Ganz junge Mädchen waren darunter. Wurden sie hier angenommen, dann hatten sie ihr Zuhause los, einen kahlen Raum, gepfercht mit Menschen, übeln Gerüchen, wüstem Geschimpfe. Girl in der Revue sein, war Freiheit, die grosse Chance, Eintrittsbillett in eine menschenwürdige Existenz. Einige waren mit ihren Müttern da. Sie sollten nicht werden wie ihre Mütter, sie sollten es gut haben, Girls werden." (S. 369).

Die Girls müssen vor allem Tüverlin befremden, da sie einer Zeit angehören, die für seine Bayern noch nicht existiert. Die Massendarbietungen Pfaundlers stehen im scharfen Gegensatz zu der Idee Tüverlins von einer Kasperliade über die Münchner. Die Girls sind „Fleisch und Flitter" gegenüber der Kunst Tüverlins; das muss am Ende auch Pfaundler erkennen.

Eine letzte Erscheinung der neuen Massenkultur, die die Kritik Feuchtwangers in *Erfolg* trifft, ist der *Leistungssport*[2]. Am Schicksal der Tennisspielerin *Fancy De Lucca*, die sich das Leben nimmt, als sie ihre alten Rekorde nicht mehr halten kann, demonstriert der Verfasser seine Abneigung gegen eine Mechanik, die aus Menschen Maschinen macht. Das Unbehagen, das Johanna Krain bei der Nachricht vom Tod De Luccas empfindet, ist als eine Reaktion des gesunden, sportlichen Menschen auf den Menschenverbrauch des Massensports zu sehen, dem die professionellen Sportler

---

[1] Die *Tillergirls* waren eine amerikanische Revuetruppe, die zu Zeiten der Inflation erstmals die westeuropäischen Metropolen besuchte. Sie wurden eine Art Symbol für die Kulturkritik in der Debatte um den Amerikanismus. Helmut Lethen beschäftigt sich in dem Kapitel *Tillergirls und Intellektuelle* mit den Versuchen, das Phänomen der „Maschinenmenschen" positiv zu bewerten.

[2] Vgl. hierzu das Kap. *Sport und Technik – ein neues Lebensgefühl* bei *Fritz*, S. 219 ff.

zum Opfer fallen (vgl. S. 310). Die Angst vor dem Zu-alt-Werden, die die Tennisspielerin rund um die Erde zu ständig neuen Wettkämpfen treibt, ist der hohe Preis, mit dem jeder neue Rekord bezahlt werden muss. (Vgl. auch S. 311 und S. 215.) Eine ähnliche Bewunderung wie z.B. bei Brecht fü die Kunst des Boxens, können wir also in bezug auf Feuchtwanger nicht feststellen. Dagegen spricht er von Tüverlins „gut trainiertem Körper", seiner Freude an Gymnastik, Schwimmen, Skilaufen, alles Beschäftigungen, die sein Lebensgefühl steigern. Die Sportlichkeit Johannas ist ein Teil ihrer Natürlichkeit; mit zum „image" der modernen, emanzipierten Frau gehört die Freude am eigenen, wohlfunktionierenden Körper (vgl. S. 310).

Trotz dieser Einwände gegen den aus Amerika kommenden Lebensstil ergibt sich ein in der Theorie positives Bild der neuen Grossmacht im Westen. Ein Hauptthema in *Erfolg* ist die Stellungnahme für den Kapitalismus und den Amerikanismus im Sinne Daniel W. Potters. Dieser Praktiker sieht die Möglichkeiten Bayerns, dem Sog der industriellen Entwicklung im Einklang mit den natürlichen Voraussetzungen des Landes zu folgen, anstatt sich dagegen aufzulehnen und dem Fortschritt entgegenzuwirken. Feuchtwanger war in erster Linie bemüht, diejenigen Kräfte in seiner eigenen Zeit blosszulegen, die dem historischen Prozess entgegenwirkten. Dafür bedurfte er des *positiven Gegenbildes*, der Zukunftsvision. Mit Hessreiter, Reindl und Potter zeichnet sich eine Linie ab, auf der das Regionale und Nationale von internationalen Gebilden verdrängt werden. In einer Periode des Zukunftsglaubens – *Erfolg* wurde in den sog. Stabilisierungsjahren (vgl. S. 27) konzipiert und zum grossen Teil geschrieben – konnte die Hoffnung auf eine bessere, friedlichere Welt mit der Vorstellung vom Segen des Kapitals zusammenfallen. Was nachher kam, liess dieses schöne Gebilde schnell zusammenstürzen. Feuchtwanger selbst hatte sich aber ein für allemal Amerika verschrieben – daran konnte auch seine Russlandreise im Jahre 1937 und sein Lob Stalins in dem Reisebericht *Moskau 1937* nichts ändern – dem Land, das seine Heimat werden sollte, nachdem sich die alte Welt 1940 vor ihm verschloss.

Die Funktion des Schriftstellers in einem „sachlichen" Zeitalter

In der lebhaften Diskussion über die Rolle des Schriftstellers in der Gesellschaft, die in *Erfolg* geführt wird, behauptet das alter ego des Verfassers, Jacques Tüverlin, dass der Schriftsteller „sich selbst und nur sich selbst" auszudrücken habe und dass er „zwischen den Klassen" stehe, gerade weil er Schriftsteller sei. Der „Spass", so behauptet er bewusst provokativ, und nicht die Revolution, seien das deutlichste Motiv seiner Handlungen (S. 250). Nach der Ansicht Kaspar Pröckls, seines Kontrahenten, sei der naturgegebene Gegenstand des Schriftstellers im 20. Jahrhundert der Klassenkampf und die ökonomische Veränderung Europas. Zum besseren Verständnis dieses historischen Vorgangs habe er „Dokumente der Zeit" zu liefern. (Vgl. S. 50).

„Er könne sich nicht in die Betrachtung chinesischen Porzellans vertiefen, während rings um ihn die Maschinengewehre tickten." (S. 260)

Tüverlin behauptet dagegen, die neue „Völkerwanderung" und Kulturmischung, bewirkt durch den erleichterten Verkehr, sei ein viel wichtigerer Sehwinkel, fügt aber hinzu, dass seine Grundanschauung für niemand anderen als ihn verbindlich sei. In seinen Augen ist die aktivistische Forderung Pröckls eine Sache für „Machtmenschen, Politiker, Pfaffen und Hohlköpfe." (S. 259)

Pröckl und sein schizophrener Doppelgänger *Brendel* (vgl. S. 99) reden beide von der „Sinnlosigkeit jeder Kunstbetätigung in dieser Epoche". Pröckl verbrennt in einer symbolischen Tat seine Balladen und den kleinen Kunstgegenstand „das bescheidene Tier", das ihm Brendel geschenkt hat. Nach der Ansicht Pröckls ist Kunst „eine verdammt billige Methode, sich seiner Leidenschaften zu entledigen" (S. 602). Sein Entschluss ist ein Ausdruck dafür, dass er den Künstler und Marxisten in sich nicht zu vereinen vermag; ihm dient die Begegnung mit dem in der Irrenanstalt eingesperrten Maler Landholzer als Warnung und Memento (ibd.).

In dem Aufsatz über den Film *Panzerkreuzer Potemkin* und seine Funktion in *Erfolg* (oben S. 106 f.) heisst es:

> „Der Film *Potemkin* erreicht das Ziel, das nur ein vollendetes Kunstwerk erreichen kann, und das beschreibender oder wissenschaftlicher Darstellung nicht zugänglich ist: er hebt Inhalte des Unterbewusstseins über die Schwelle des Bewusstseins. Er vermittelt, nicht über den Umweg über das Hirn, sondern eben viel direkter, vom Unterbewusstsein her, das Besondere der russischen Revolution, das Gefühl ihrer Notwendigkeit, ihren Enthusiasmus. Er bezwingt dadurch auch die Schwankenden und die Gegner. Wie er durch seine Kraft selbst den Gegner mitreisst, das zu zeigen, darauf kam es mir an."

Was die russische Revolution selbst nicht vermocht hatte: bei einem reaktionären bayrischen Minister Verständnis für die Nöte und den Kampf des Proletariats zu wecken, das bewirkt der Mythos vom Matrosenaufstand im Hafen von Odessa im Jahre 1905, wie ihn *Sergej Eisenstein* gestaltet hatte. Für die Dauer des Films wird der von der Berechtigung seines Kampfes gegen den Sozialismus überzeugte Justizminister Klenk aus seiner Selbstherrlichkeit geworfen; wie ein begeistertes Kind findet er sich vom Kampf der Matrosen und vom Bangen um ihren Sieg mitgerissen. Feuchtwanger, der liberale Intellektuelle, hatte an sich selbst feststellen können, dass der Film auf ihn „die stärkste Wirkung" geübt hatte, weshalb er ihn verschlüsselt als Zeitdokument in seinen Roman hineinstellte. Er brachte einen „Beweis", dass Kunst eine revolutionäre Wirkung haben könne. Wenn Tüverlin sein *Buch Bayern* über die Klassenjustiz und den aufkommenden Faschismus in Deutschland schreibt, ist es Klenk, an dem er die Wirkung seiner Dokumentation misst, da er aus Erfahrung weiss, dass den Menschen nur „vom Unterbewusstsein her" – über das Gefühl – beizukommen ist. *Nicht Krügers Schicksal an sich beeindruckt Klenk, sondern erst der Film Johanna Krains und das Buch Tüverlins lassen ihn hinterher seine Schuld erkennen.* Von der „Sinnlosigkeit jeder Kunstbetätigung" kann in den Augen Tüverlins/Feuchtwangers nicht die Rede sein, da erst das Kunstwerk die Wirklichkeit „wirklich" macht und Vorurteile aufzulösen vermag. Die Parallelität zwischen der Rehabilitierung Krügers und dem Orlow-Kapitel (IV/I) ist unmissverständlich.

Dass Aufzeichnungen „subjektiven Lebensgefühls" auf die Nachwelt einzuwirken vermögen, zeigt Feuchtwanger am Beispiel *Goyas*, mit dem der eingekerkerte Martin Krüger allmählich eine vollständige Identifikation erreicht. Dabei spielen die späten Zeichnungen des Künstlers, in denen Erdachtes und Erträumtes Gestalt angenommen haben, eine ebenso grosse Rolle wie die dokumentarischen Bilder aus dem Krieg (vgl. S. 155 f.). Wer die kunst des reifen Goya, seine Bilder von Erschiessungen von Zivilisten, von Gefolterten in Gefängnissen und Irrenhäusern nachzufühlen vermochte, musste zu dem Ergebnis kommen, dass eine Gesellschaft, in der derartige Dokumente menschlichen Leidens entstehen konnten, geändert werden müsste. In diesem Sinne ist auch Tüverlins Auffassung von der Funktion der Kunst aktivistisch, revolutionär. Selbst Pröckl musste zugeben, „die Arbeit über Goya war Rebellenarbeit, zeigte das Wertvolle, Wesenhafte an Martin Krüger" (S. 708). Die Revolution in Bayern 1918, der Zusammenbruch der Räterepublik und die darauf folgende Reaktion dürften Feuchtwanger in seiner Auffassung gestärkt haben, dass die „lauten Versuche nicht vorhalten", in deren Dienst sich sein begabter Schüler Brecht stellen wollte. Hier kommt die zwiespältige Haltung Feuchtwangers zur russischen Revolution und zu dem grossen Experiment, im Osten Europas eine kommunistische Gesellschaft zu verwirklichen, zutage. Die von ihm bezeugte Begeisterung für das historische Ereignis der Revolution war, wie bei so vielen europäischen Intellektuellen in den zwanziger Jahren, in erster Linie ein Erzeugnis seiner Vernunft und seines Fortschrittsglaubens. Zu den tieferen Schichten seines Bewusstseins vermochte diese Begeisterung jedoch nicht vorzudringen.[1] Er lässt den Schriftsteller Tüverlin in *Erfolg* postulieren:

> „Sie (die Welt) mit Gewalt zu ändern, versuchen nur diejenigen, die sie nicht plausibel erklären können. Diese lauten Versuche halten nicht vor, ich glaube mehr an die leisen." (S. 787)

Zu diesen „leisen" gehören die Werke von Künstlern und Schriftstellern:

> „Ich glaube an gut beschriebenes Papier mehr als an Maschinengewehre". (Ibd.)

Feuchtwanger verneint nicht, dass die soziale Gerechtigkeit, deren Verwirklichung das Pathos seiner Romanfigur Pröckl gilt, in der Sowjetunion grösser sei als im alten Europa. Die Symbolik ist unmissverständlich, dass es Pröckl ist, der unermüdlich nach dem grossen Gemälde mit dem Untertitel *Gerechtigkeit* sucht, nachdem es aus den Münchner Galerien spurlos verschwunden ist. Er findet es am Ende „im Museum einer kleinen Stadt an der Grenze des europäischen und des asiatischen Russlands" wieder. Was der Maler hatte ausdrücken wollen, wurde hier aber in den Kategorien des Marxismus gedeutet: die Schulklasse vor dem Gemälde debattiert eingehend,

> „wieweit der Maler des Bildes bereits durchdrungen sei von kollektivistischem Geist, wieweit er steckengeblieben sei in den individualistischen Anschauungen der bürgerlichen Epoche." (S. 799)

Das Schicksal des Bildes deutet zwar an, dass der Glaube des Verfassers an die Möglichkeit des nachrevolutionären Russland, eine gerechtere Gesellschaftsordnung zu schaffen, stark war. Er warnt aber gleichzeitig vor der „Gleichschaltung" der Kunst und ihrer Einsperrung in Dogmen. Er lehnt es ab, die von der Theorie des Klassenkampfes hergeleitete Geschichtsauffassung als die einzige und für alle verbindliche hinzunehmen und stellt als Künstler die Bedingung, sich in seinen eigenen Denkkategorien ausdrücken zu dürfen (S. 258). Die vorgeschriebene Grundanschauung, mit der sich die Ideologen des Sowjetstaates an Kunstwerke heranmachten, die aus-

---

[1] Noch im Exil bleibt er skeptisch, auch wenn er einsieht, dass sich der Widerstand gegen Hitler mit einer realen Macht verbinden muss, die Hitler-Deutschland überlegen ist. Vgl. *Berglund* S. 166.

serhalb dieser Grundanschauung entstanden waren, bedeutete für den Individualisten Feuchtwanger eine Zwangsjacke und Verrat am eigentlichsten Sinn der Kunst. (Vgl. auch die Worte Tüverlins über Pröckl S. 262.)

Feuchtwanger lehnte es also ab, der Kunst eine neue Funktion im Zeichen des dialektischen Materialismus zu geben. Die Freundschaft und vieljährige Zusammenarbeit mit Brecht haben aber in ihm das Bedürfnis ausgelöst, seine Auffassung vom Sinn der sog. Neuen Sachlichkeit gegenüber den Ideen Brechts zu behaupten. In dem Aufsatz *Der Roman von heute ist international* (S. 108) beschäftigt er sich wie bekannt mit dem Publikumsgeschmack und dem „modernen", zeitgemässen Roman:

> „Es ist wichtig, bei jedem Anlass vor dem billigen Taschenspielertrick zu warnen, der die neue Sachlichkeit als Selbstzweck hinzustellen sucht, während sie doch nichts anderes ist als ein legitimes Kunstmittel. Wer verkündet, der heutige Roman strebe an, den Leser über äussere Tatbestände, soziologische oder psychologische Fragen zu informieren, wer das verkündet, der ist ein Schwindler. Der heutige Roman überlässt das mit der gleichen Seelenruhe wie der frühere der Wissenschaft und dem Bericht des guten Reporters. Er will nicht auf die Wissbegierde, sondern auf das Gefühl des Lesers wirken, allerdings ohne mit der Logik und dem Wissen des Lesers in Konflikt zu kommen. Sein Ziel ist, was von jeher das Ziel der Kunst war, dem Empfangenden das Lebensgefühl des Autors zu übermitteln. Nur weiss der Autor von heute, dass er das nicht kann, wenn ihm nicht die Ergebnisse heutiger Forschung zu einem organischen Teil seines Selbst geworden sind." (CO, S. 436 f.)

In den Diskussionen zwischen Tüverlin und Pröckl spiegeln sich die Auseinandersetzung zwischen Feuchtwanger und Brecht und der Verdacht des Älteren gegenüber dem „anlehnungsbedürftigen" Künstler, der es noch dazu „wahrscheinlich nicht nötig hätte" (*Erfolg* S. 262). Auch ihm dürfte später aufgegangen sein, dass Brecht die Lehre vom Klassenkampf in erster Linie dazu benutzte, seine künstlerischen Absichten zu verwirklichen, und dass das moderne Theater seiner marxistischen Schulung viel zu verdanken hat. Feuchtwanger war andererseits beeinflusst von der Vorstellung jüdischer Geschichtsschreiber, dass die Erfahrungen der Menschheit für die Kommenden aufzubewahren seien. Vergleichen wir den Aufsatz *Der historische Prozess der Juden* (CO, S. 472 ff.), in dem er von den Chronisten des Alten Testaments und ihren Nachfolgern sagt:

> „Diese Gruppe Menschen hat die jahrtausendalten nützlichen Erlebnisse der Weisshäutigen in ihren Büchern für die Art aufbewahrt, so dass sie Gemeingut aller werden konnten. Diese Gruppe Menschen scheint mir auch in einer Epoche, die wenig Sinn für Dinge dieser Art hat, berufen zu sein, durch Anwendung von Literatur einen wichtigen Teil zum Gedächtnis der Menschheit beizusteuern."

Der Schriftsteller und das Erlebnis der bedrohten Freiheit

In *Erfolg* lässt Feuchtwanger seinen Gedanken über Wesen und Probleme schriftstellerischer Arbeit freien Lauf. Die Zeitnähe der Handlung, von der er sich mit verschiedenen Mitteln zu distanzieren versucht (vgl. S. 78 f.), bedeutet hier eine Verlockung für den Verfasser, an sich selbst herumzudeuten. Das Ergebnis ist ein Schriftstellerporträt, das zugleich kritisch und idealisiert anmutet. Dem Leser begegnet in *Tüverlin* ein kluger, manchmal leicht zynischer und von Vorurteilen und atavistischen Instinkten freier Mensch, der sich kameradschaftlich und distanziert zugleich zu Menschen und Erscheinungen in seiner nächsten Nähe verhält (vgl. S. 96 f.) und sich in seiner schriftstellerischen Arbeit mit Kulturphilosophie, Geschichte und dem „ideologischen Überbau" der Epoche befasst. Andererseits fehlt es nicht an versöhnlicher Ironie gegenüber eigenen Schwächen: Mangel an praktischem Sinn und menschlicher Intuition, dazu rücksichtslose Egozentrizität, wo es um seine Arbeit geht, oder wenn ihn eine Idee begeistert.

Aber nicht nur die Tüverlin-Gestalt trägt die Züge des Verfassers selbst. Auch *Martin Krügers* Schicksal beschreibt einen Weg von einer ästhetischen zu einer ethischen Lebenshaltung, die sich aus Krügers Erfahrungen mit der bayrischen Justiz ergibt. Die Anfechtungen und Schuldgefühle, die ihn im Zuchthaus befallen, werden durch seine frühere Ahnungslosigkeit bedingt: er hätte den Tod der Malerin Haider vielleicht verhindern können, wenn er seine Arbeitsruhe nicht an erste Stelle gesetzt hätte. Sein Idealismus in der Sache *Josef und seine Brüder* war nicht kämpferisch gewesen. Die Art, wie er nach seiner Verhaftung zeitweise körperlich und seelisch verfällt und keiner Auflehnung fähig ist, wird mit seiner ästhetisierenden Lebenshaltung in Zusammenhang gebracht. Erst als er durch das eigene Leiden zum tieferen Verständnis der Kunst *Goyas* vordringt und sich an ihr aufrichtet, nimmt er kämpferische Züge an und wird zum Rebellen.

Feuchtwanger hat selbst in seinem *Versuch einer Selbstbiographie* (vgl. S. 106) davon gesprochen, was der Weltkrieg ihm, dem Dreissigjährigen, bedeutete, und gemeint, dass die kollektive Erfahrung des Leidens und der Sinnlosigkeit des Krieges „starke dynamische Veränderungen" seiner Schriftstellerei bewirkt hätte.

> „(der Krieg) hat mir das Geschmäcklerische weggeschliffen, mich von der Überschätzung des Ästhetisch-Formalen, der Nuance, zum Wesenhaften geführt. Auch zu der Erkenntnis, dass eine Konzeption, die vom Individuum ausgeht, vielleicht artistisch-formal vollendet werden, nie aber den letzten Sinn der Kunst erfüllen kann." (CO, S. 363 f.)

Mehr noch dürften ihn die harten Urteile gegen die Männer der Münchner Räterepublik, auf die er im Nachwort zu *Erfolg* hinweist (vgl. S. 66), und die Rechtswillkür, die auf die Wiedereinsetzung der „Weissen" in Bayern folgte, beeindruckt haben, eine Wendung die auch Feuchtwanger Grund gab, sich bedroht zu fühlen. Seine eigenen Erfahrungen im Krieg und die Bekanntschaft mit Männern wie Mühsam, Toller, Landauer und Fechenbach dürften in ihm Gedanken über den Zusammenhang zwischen einer starken politischen Überzeugung und der physischen und psychischen Widerstandskraft im Zuchthaus ausgelöst haben (vgl. auch Hölz, S. 67). Krüger gelingt es, den Defaitisten in sich zu überwinden und einen Widerstand aufzubauen, der ihn allmählich gegen die Schikanen der Zuchthausleitung immun macht. Feuchtwanger dichtete in Krügers Kampf seine eigene Angst vor dem Zuchthaus hinein, wovon u. a. sein eigener Kommentar zu *Erfolg* Zeugnis ablegt:

> „Freiheit! Ich klammere mich wie toll an meine Freiheit. In den Gefängnissen, die ich besuchte, um Material für mein Buch zu sammeln, im Gefängnis zu Tunis, wo ich als deutscher Staatsangehöriger eingesperrt war, ging ich an der Enge dieser Zellen fast zugrunde. Ich dürfte die Furcht jedes normalen Menschen vor Gefängnissen und Justizirrtümern teilen. Ich liebe die Freiheit, fürchte das Abgeschlossensein. Das kommt in meinem Roman, der Geschichte eines unschuldig zu langer Haft Verurteilten, zum Ausdruck. Und damit habe ich mir etwas von der Seele geschrieben." (CO, S. 398)

Die 17 Tage, die er in primitiver tunesischer Haft verbringen musste, als der Weltkrieg 1914 ausbrach (vgl. S. 50), haben also tiefe Spuren hinterlassen. Das Erlebnis, sowohl 1914 als 1918 von weiterer Verfolgung verschont worden zu sein, und das Wissen um die in Bayern herrschende Rechtswillkür während der Jahre der „Ordnungszelle", haben bei der Konzipierung von *Erfolg* auf Gestaltung gepocht und diesen Roman zu seinem vielleicht persönlichsten im Sinne der Konfession gemacht, einer literaischen Form, die ihm sonst nicht lag. Er bedeutet eine Bestandsaufnahme und eine Absage an den Ästhetizismus des jungen Feuchtwanger. Rückblickende Beschäftigung mit der eigenen Vergangenheit in anderen Formen als der der Kunst lehnte er entschieden ab:

> „Im Friedhof meiner Vergangenheit, soweit sie nicht Kunst geworden ist, herumzugraben macht mir keinen Spass." (CO, S. 357)

Auch in Feuchtwangers Roman über die Zeit der Machtübernahme Hitlers, *Die Geschwister Oppenheim*, erkennen wir das Bedürfnis des Verfassers, das Schicksal der Opfer zu teilen, ein Bedürfnis, das aus dem Erlebnis entsprungen sein dürfte, auch diesmal (1933) geschont worden zu sein (vgl. Anm. S.10). Gustav Oppenheim begibt sich 1933 nach Frankreich, wird aber nach einiger Zeit im Exil von einem leidenschaftlichen Drang befallen, nach Deutschland zurückzukehren um sich dort mit dem geheimen Widerstand zu vereinen und die Gewalttaten der Nationalsozialisten zu dokumentieren. Er kommt in ein KZ, erkrankt nach einigen Monaten und wird in ein Kranken haus überführt, wo er an hochgradiger Herzschwäche stirbt.

Die Gestalt Krügers, des verfeinerten Ästheten, der die Freude an der schöpferischen Arbeit über alle anderen Werte in seinem Leben gesetzt hatte (vgl. *Erfolg* S. 352), enthält m.a.W. viel vom „alten" Feuchtwanger. Die Gestalt Tüverlins scheint eine Art Gegenbild dazu zu sein und spiegelt die grosse Ernüchterung wieder, die Krieg und Nachkrieg mit sich brachten. Aber auch an ihm beobachten wir eine Wendung, als er persönlich in Mitleidenschaft gezogen wird. Die Zeit des Spielens und der relativen Geborgenheit war zu Ende. Sachlichkeit und ein Gefühl des Ausgesetztseins, vielleicht einer kurz bemessenen Frist, stellten sich ein. Dazu dürfte vor allem auch die Tatsache beigetragen haben, dass Feuchtwanger als Jude nicht mehr wie früher vom Gesetz geschützt wurde. Dem Buchstaben nach schon, aber in Wirklichkeit nicht, weshalb die „Angst vor Justizirrtümern" in seinen letzten Münchner Jahren seine guten Gründe hatte.[1] In dieser gedrängten Lage suchte Feuchtwanger nach einer neuen Schriftstellerrolle, die den Dienst an der Gesellschaft einschloss, ohne jedoch die Freiheit des künstlerischen Schaffens zu beeinträchtigen.

Auch aus diesem Grunde ist man geneigt, Viktor Klemperer zuzustimmen, der *Erfolg* das zentrale Werk in Feuchtwangers Produktion nannte (Vgl. S. 11 f).

---

[1] Über das Verhalten der Justiz gegenüber den zunehmenden Beschimpfungen von Juden in der Weimarer Republik schreiben *H. und E. Hannover:* „Die Ausstossung und Entrechtung der Juden erfolgte nicht nur über die Zuweisung zu einer anderen ‚Nation‘, sondern auch über den Begriff der Rasse. In der Justizpraxis diente er dazu, den Juden den Schutz zu entziehen, den das Gesetz ihnen gewähren wollte, indem Beschimpfungen der Juden nicht als Beschimpfungen der jüdischen Religionsgesellschaft (§ 166 StGB) oder einer Bevölkerungsklasse (§ 130 StGB), sondern als Beschimpfungen der jüdischen Rasse klassifiziert wurden, zu deren Schutz es einen Straftatbestand nicht gab." a.a.O. S. 266. Vgl. auch S. 263 und S. 265 (Kap. *Republikfeindschaft und Antisemitismus*, S. 263 ff.)

Das Problem des Judentums. Der unerwünschte Aussenseiter

Dennis *Mueller* sieht als das Grundthema Feuchtwangers „the problem the social outsider encounters in his attempt to adapt or oppose himself to hostile surroundings". Er weist darauf hin, dass der Aussenseiter oft Jude in einer nicht-jüdischen Umgebung ist. Mueller sieht darin „the portrayal of Feuchtwanger's personal experience as a social outsider" (S. 102 ff.). Dass dieser Konflikt sein Leben bestimmt hat, wird u.a. an einem Aufsatz deutlich, den Feuchtwanger über seinen Roman *Jud Süss* schrieb, in dem es heisst: „Ich gebe ohne weiteres zu: mein Hirn denkt kosmopolitisch, mein Herz schlägt jüdisch." (CO, S. 388) In der bisher unveröffentlichten Schrift *Aus meinem Leben* berichtet Feuchtwanger über den peinigenden Konflikt seiner Kindheit zwischen strenger jüdischer Erziehung im Elternhaus und deutscher Umgebung. *W. A. Berendsohn* gibt Bruchstücke von dieser Schrift in seinem Aufsatz *Lion Feuchtwanger and Judaism* wieder. Erst als Student konnte sich Feuchtwanger von der jüdischen Orthodoxie seiner Eltern freimachen. In einer Epoche mit verschärftem Nationalismus dürfte dies keine leichte Zwischenposition gewesen sein.

Die Jahre vor dem 1. Weltkrieg waren in Deutschland verhältnismässig wenig antisemitisch geprägt, was überhaupt für die Epoche Kaiser Wilhelms II. gilt. Im Rückblick meinte Feuchtwanger, dass die Judenverfolgung in München keine Tradition habe, wenn man einer Aussage Glauben schenken soll, die er kurz vor seinem Tod machte, als er der Stadt München für den Kultur- und Literatur-Preis des Jahres 1957 dankte. In einem Brief vom 16. Januar 1958 schrieb er an Dr. *Hans Lamm* vom Leben der Juden in München:

> „Die Münchner Juden fühlten sich ihrer Stadt tief verbunden, sie waren in sie hineingewachsen, sie sprachen münchnerisch, ihre Lebensgewohnheiten waren münchnerisch. Ich selber und meine Freunde haben die Auswahl unserer Gesellschaft niemals auf Juden beschränkt, und ich wüsste keinen Fall, in dem ich auf der Schule, auf der Universität oder sonstwo irgendeinen Antisemitismus zu spüren bekommen hätte." (Zit. nach *Hollweck*, a.a.O. S. 271 f.)

Schon Anfang der zwanziger Jahre hatte Feuchtwanger auf die Propaganda der wachsenden völkischen Bewegung reagiert und eine Welle des Antisemitismus in Deutschland kommen sehen. In dem Aufsatz *Die Verjudung der abendländischen Literatur* (1920) weist er die Anklagen der neuen Nationalisten zurück und erinnert an die Vermittlerrolle des Judentums zwischen Asien und Europa. In der Satire *Gespräche mit dem Ewigen Juden* (1920) geisselt er die neue Mobilmachung längst überwundener Vorurteile gegen die Juden. (Beide Aufsätze in CO, S. 443 ff., bzw. 449 ff.) Er betrachtet den Zionismus und den jungen jüdischen Nationalstaat in Palästina nicht ohne Skepsis, da er auch hier die Gefahr eines fanatischen Patriotismus witterte. *W. Berndt* (a.a.O. S. 443) bemerkt dazu:

> „Es ist dabei erstaunlich, wie früh Feuchtwanger im Programm der Hakenkreuzler eine Gefahr für die deutschen Juden gewittert hat: man bedenke, dass die „Partei" im Jahre 1920 eine noch unbedeutende Splittergruppe war und erst Auftrieb bekam, als Hitler im Sommer 1921 als neuernannter erster Vorsitzender seine wilde Aktivität in ihren Dienst stellte. Immerhin hatten die Führer der NSDAP am 24. Februar 1920 in München eine erste Massenversammlung aufziehen können, und von diesem Tag an mag ein sicherer Instinkt Feuchtwanger getrieben haben, diese Leute zu bekämpfen, wo immer sich Gelegenheit dazu bot. Eine Frucht dieser frühen Abwehrbereitschaft ist vor allem die kleine Satire *Gespräche mit dem ewigen Juden*, meines Wissens überhaupt die allererste Spottdichtung, die gegen die Nazibewegung gerichtet worden ist."

In *Erfolg* vermittelt die Gestalt Geyers die Erfahrungen Feuchtwangers als deutscher Jude. Sein Schicksal in der Weimarer Republik nimmt den Weg ins Exil an der französischen Riviera vorweg, den der Verfasser später selbst einschlug. Die Erfahrungen Geyers mit dem Antisemitismus der Strassenkämpfer Kutzners und mit der „volkstümlichen Justiz" eines Klenk machen ihn zu einem gebrochenen Mann. Der Aussenseiter, in den Tagen seiner Kraft von einem Gefühl der geistigen Überlegenheit getragen, verkriecht sich mit dem Instinkt eines gehetzten Tieres vor den Greueln, die er kommen sieht. Der Selbsthass seines unehelichen Sohnes Erich Bornhaak und dessen Tod in den Reihen der Putschisten geben den psychologischen Beweggrund zur Flucht Geyers von der politischen Bühne Deutschlands. S. 792 erzählt der Autor, wie der Anwalt Geyer zu zittern anfängt, als ihn der „gutmütige" Klenk in Südfrankreich aufsucht:

> „/.../ Dem Klenk war berichtet worden, Dr. Geyer habe sich bei jenem Attentat und bei den peinlichen Vorgängen anlässlich der Bestattung Erich Bornhaaks keineswegs schwächlich verhalten. Aber Klenk hatte auch gehört, dass der Schrecken über ein Unerwartetes einen Menschen oft viel später überkommt. Solch eine damals nicht verspürte Angst mochte jetzt den Anwalt gepackt haben, als er den Feind heranstapfen sah. /.../ Klenk sah bald, dass Dr. Geyer sich wohl sein Leben lang nicht mehr erkraften werde. Er sass da, gerötet, dünnhäutig, stark blinzelnd, mit dem weiten, etwas schmuddeligen Rock und den langen, vom Unterholz zerrissenen Hosen nicht recht in die grosse, stille Landschaft passend, heillos flatterig und zerfasert. War das der Mann, der Klenk zeitweise als ebenbürtiger Gegner erschienen war? Das war überhaupt kein Mann mehr, das war ein Ding geworden."

Nach diesem Porträt ist man geneigt, *W. Laqueur* zuzustimmen, der von *Arnold Zweig* und Lion Feuchtwanger behauptet, sie seien „fascinated and horrified by antisemitism and their own personal dilemma as Jews in German society" (S. 131). In keine seiner Gestalten in *Erfolg* hat sich der Autor dermassen seelisch und körperlich eingelebt wie in den Juden Geyer, in dessen geistiger Überlegenheit und sozialer Unbeholfenheit und Isolierung seine eigenen Erfahrungen und Ängste sich spiegeln.

Die Satire Feuchtwangers trifft in dem Kap. IV/13, S. 568 ff. die Neigung der Kleinbürger, sich unter dem Einfluss antisemitisch gelenkter Stimmungen über Scheinprobleme zu streiten, die früher nicht da waren, und den Juden die Schuld zu geben. Die Erniedrigung Deutschlands im „Schmachfrieden" von Versailles vurde den Juden zur Last gelegt und war damals das wirksamste Propagandmittel der völkischen Gruppen. Mit der satirischen Nummer *Der Handschuh* machte Feuchtwanger den Komiker Hierl zum Katalysator der aufgestauten Aggressionen im Mittelstande. Vielleicht hoffte er noch 1929, dass er der „Hakenkreuzlerei" mit dem künstlerischen Mittel der Verfremdung und mit Gelächter beikommen könne. (Vgl. auch Kap. IV/8, S. 538 ff.) Tüverlins Skepsis gegenüber fertigen Weltanschauungen mit dem Anspruch auf Allgemeingültigkeit kommt in der Parallelstellung von Kommunisten und „Patrioten" zum Ausdruck (die Taucherepisode S. 628). In beiden sieht der Autor Fürsprecher gewaltsamer Methoden. Nicht ohne Grund versieht er die Ideologen mit technischen Berufen wie Ingenieur, Monteur, Konstrukteur. Sie „montieren" sich einen „ideologischen Überbau" zusammen, aus dem sie ihre Denkkategorien bequem „destillieren" können. (Zu Pröckls Kommunismus vgl. S. 398.)

Die antisemitische Propaganda machte geltend, dass Weimar eine „Judenrepublik" sei. Wahr daran ist, dass die Verfassung von 1919 den Juden Laufbahnen ermöglichte, die ihnen früher verschlossen gewesen waren. Über die Teilnahme der Juden an der Politik und über ihre Dominanz im kulturellen Leben und in der Zeitkritik meint *Laqueur* zusammenfassend:

„The attraction of the left for the Jews is an interesting and complex phenomenon, but it is not specifically German. Briefly, they gravitated towards the left because it was the party of reason, progress and freedom which had helped them to attain equal rights. The right, on the other hand, was to varying degrees antisemitic because it regarded the Jew as an alien element in the body politic. This attitude had been a basic fact of political life throughout the nineteenth century and it did not change during the first third of the twentieth." (S. 73)

Symptomatisch für die Einschätzung des politisierten Kleinbürgers in *Erfolg* ist, wie oben S. 83 dargestellt, die Schilderung des alten *Lechner*, der, um der Schiesserei am Odeonsplatz zu entkommen, sich in das Büro von zwei jüdischen Anwälten rettet und bei ihnen das Gewehr stehen lässt (S. 730 f.). Die Ironie dieser Episode soll die Kluft verdeutlichen, die die Nationalsozialisten in den Augen des Autors zwischen *Schein* und *Wirklichkeit* aufgeworfen hatten. Es galt, dem Antisemitismus und der Hitlerhysterie den Boden zu entziehen.

Eine direkte Polemik gegenüber den Versuchen der *Rassentheoretiker,* auf wissenschaftlichem Wege, durch das Blut, die biologische Zugehörigkeit eines Menschen zu einer Rasse bestimmen zu können, bringt der Verfasser im Kap. IV/27, in dem Erich Bornhaak den Vater bittet, sich der „Königsberger Blutprobe" zu unterziehen (S. 651 ff.). Wer die vielen pseudowissenschaftlichen Schriften völkischer Theoretiker der zwanziger Jahre betrachtet, kann ermessen, gegen welche Sturmflut von Vorurteilen ein kritischer Beobachter wie Feuchtwanger anzukämpfen hatte.[1] Vgl. auch S. 607 in *Erfolg*, wo die rassenbiologischen Versuche des Zuchthausarztes Dr. Gsell beschrieben werden.

Wie sehr Feuchtwanger von den Erfahrungen des „social outsider" geprägt war, geht aus der Tatsache hervor, dass keiner seiner Protagonisten in *Erfolg* eine engere Verbundenheit zu einer Gruppe oder Klasse aufweist. *Krüger*, den Franken, machen die Erfahrungen mit der bayrischen Justiz zu einem einsamen Rebellen in der Zelle; auch vorher hat ihm nichts daran gelegen, sich mit der Gesellschaft, in der er wirkte, konform zu geben. *Kaspar Pröckl* ist ganz ohne Verbindung mit dem „Volk", in dem er aufgehen möchte, und geht nach der Sowjetunion, um den Künstler in sich auszutilgen. *Geyer* hat die Fäden zu seiner jüdischen Vergangenheit abgeschnitten und steht als Fraktionsführer der Münchner Sozialdemokraten isoliert unter seinen politischen Genossen. *Tüverlin* ist Schweizer und tritt in der Rolle des Betrachters und Raisonneurs auf, und auch *Johanna* steht mit ihrem Protest einsam da. Sie ist zwar eine volkstümliche Heldin im Sinne von Georg Lukács, da sie als Vertreter einer Klasse oder Bevölkerungsschicht gesehen werden kann und dadurch zu einem „Werkzeug der Evolution" wird, aber das „Volk" hinter ihr fehlt in Feuchtwangers Schilderung.

Im doppelten Sinne ein Aussenseiter auf der bayrischen Bühne ist der Amerikaner *Potter*, der die Funktion hat, die bayrischen Verhältnisse mit dem distanzierten Blick des Ausländers zu betrachten. Etwas von diesem Blick hat der Verfasser auch dem Industriellen *Reindl* mitgegeben (vgl. S. 105), dessen Menschenverachtung ja nur die Erscheinung Pröckls entgegenzuwirken vermag.

---

[1] Vgl. die Titel: *Die Sünde wider das Blut* (von *Arthur Dinter*, Leipzig 1918), *Die jüdische Weltpest.* *Judendämmerung auf dem Erdball* (von *Hermann Esser,* München 1927), *Jüdische Moral und Blutmysterium* (von *Anasthasius Fern,* Leipzig 1929), *Rassenkunde des jüdischen Volkes* (von *Hans F.K. Günther,* Leipzig 1930) und *Der blonde Mensch* (von *Otto Hauser,* Weimar 1921).

Der Konflikt zwischen Anpassung und Auflehnung „in der schlimmen Zeit des Wartens und des Übergangs" bringt einen dynamischen Zug in die Personendarstellung Feuchtwangers. Die Tatsache, dass er in *Erfolg* eine Reihe von Intellektuellen darstellt, die alle einen Ausweg aus demselben Konflikt suchen, lässt uns das Engagement ahnen, mit dem er das Problem des Aussenseiters und Betrachters umfasste. (Vgl. dazu *Mueller* S. 102 ff., der dieses Thema in sämtlichen Romanen Feuchtwangers variiert findet.) Am Ende des Romans, als Rupert Kutzner erneut seinen Siegeszug durch die Herzen der Münchner antritt, stehen nur noch zwei der Hauptakteure auf der Bühne: Johanna Krain und Tüverlin. Aber auch diese zwei müssen verschwinden. Johanna tue gut, meint Tüverlin, nach der Wirkung des Films *Martin Krüger* München „schleunigst zu verlassen". Tüverlins Roman *Das Buch Bayern oder Jahrmarkt der Gerechtigkeit* hiess in Wirklichkeit *Erfolg. Drei Jahre Geschichte einer Provinz* und musste in Berlin geschrieben werden. Allmählich wurde auch aus Berlin ein „Wartesaal", den Feuchtwanger „voll von zukünftigen Emigranten" (Leupold S. 47) sah. Unter diesem Gesichtspunkt ist *Erfolg* ein Roman über die Vertreibung der oppositionellen Intelligenz aus Bayern. Die Vertreibung aus dem Reich gestaltete er in dem zweiten Teil der sog. *Wartesaal-Trilogie,* in *Die Geschwister Oppenheim* (vgl. oben).

Im dritten Teil des Roman-Zyklus (er sollte mit einem Band über die Wiederkunft nach Deutschalnd enden), in *Exil* (ersch. 1940 in Amsterdam) heisst es über das *Lebensgefühl* dieser Übergangszeit (im Nachwort):

> „Denn wenn diese Späteren noch so viele sachliche und kluge Berichte über unsere Zeit lesen werden, begreifen werden sie sie doch nicht. Wie wir hilflos bemüht waren, das Alte festzuhalten, während wir uns nach dem Neuen sehnten, wie wir das Neue fürchteten, während wir doch erkannten, dass es das Bessere sei. /.../ Ich durfte z.B. die Sympathie nicht erdrücken, die ich für einzelne meiner Menschen spüren mochte, auch wenn meine Vernunft erkannt hatte, dass alles, was diese Menschen dachten, taten, lebten, waren, der Gesamtheit Schaden bringen musste ./.../ Ich war mir bewusst, dass ich mir nicht den leisesten Schwindel erlauben, dass ich mich nicht drücken durfte vor den Widersprüchen, vor dem Dialektischen unserer Epoche. Wenn ich wünschte, dass sich das Lebensgefühl meiner Zeit auf die Zeitgenossen und auf die späteren übertrage, dann durfte ich nicht versuchen, diese Zeit mit Gewalt auf einen Nenner zu bringen."

Wir erkennen in diesen Zeilen den politischen Betrachter Feuchtwanger, der sich und seine Generation vor den Nachlebenden gewissermassen rechtfertigt. Sie haben damals, als die Barbarei hereinbrach, nichts unternommen, weil ihre Gefühle auch bei den Alten, den Gegnern der Republik, waren. Keine echte Empörung konnte aufkommen, obwohl man die Gewaltpolitik erkannte. Der einzelne musste persönlich berührt werden; diese Berührung scheint Feuchtwanger in den Tagen des Hitlerputsches erlebt zu haben und in der Zeit darauf, als er merkte, dass alles wie früher weiterging. In den oben angeführten Zeilen liegt ein nicht zu übersehendes Motiv Feuchtwangers, seine Erfahrungen mit der Reaktion in Bayern in einer Dichtung festzuhalten. Sie sind nur bedingt für die beiden anderen Romane des Wartesaal-Zyklus zutreffend, da in diesen nicht mehr von gefühlsmässigen Bindungen zwischen Unterdrückern und Unterdrückten die Rede sein kann wie in der *Geschichte einer Provinz,* in der die Liebe zu ihrem Land die Antagonisten auf der Bühne der Jahre 1921–1923 vereint.

Feuchtwangers Sprache und Stil. Der Gebrauch von satirischen Bildern, Leitmotiven und literarischen Anspielungen in ,,Erfolg''

Der Sprachstil. Rhetorische Figuren und ihre Funktion im Roman

Ein erneuter Blick auf die Personeneinführung in *Erfolg* soll uns in diesem Kapitel einen Eindruck vermitteln von der Häufigkeit, Verteilung und Verbindung der verschiedenartigen *Stilelemente* Feuchtwangers, lexikalisch wie syntaktisch. Über das Erfassen der Stilzüge eines Autors und seine Bedeutung für das tiefere Verständnis einer Dichtung schreibt *G. Michel* S. 78:

> ,,Die Frage nach der Gliederung des Mitteilungsinhalts ist nicht von rein formaler Bedeutung, sondern sie ist wesentlich für das Erfassen des Ideengehalts. Indem wir nämlich die Anordnung der einzelnen Mitteilungselemente, die Art, wie die vom Dichter unmittelbar formulierten Vorstellungen, Gedanken und Gefühle zueinander in Beziehung gesetzt sind, erfassen, erhalten wir wichtige Aufschlüsse darüber, was in den zentralen Bereich der durch den Text vermittelten Aussage gehört.''

Die Frage, mit welchen Mitteln Feuchtwanger in *Erfolg* aus Geschichte *erzählte Geschichte* macht, ist also nicht vollständig beantwortet, solange die Tendenz des Sprachstils unbeachtet bleibt. Uns geht es bei der Stilauffassung wie *B. Sowinski*, der in der *wirkungsvollen Sprachverwendung* das Thema der Stilforschung sieht (s. 31). Das Erfassen von qualitativen und quantitativen Merkmalen eines Textes gibt Auskunft über die Funktionalität, die Angemessenheit eines Sprachstils, wenn wir dabei den Mitteilungsinhalt in Erinnerung behalten und, was Feuchtwanger betrifft, den didaktischen Charakter seines Werkes nicht übersehen, den die einzelnen Stilelemente stützen sollen. Zum ,,zentralen Bereich der Aussage'' (Michel) gehört bei Feuchtwanger das Bestreben, dem Leser sein Geschichts- und Menschenbild aufzuoktroyieren, wofür er klar erkennbare rhetorische Mittel in Anspruch nimmt. Eine zusammenfassende Aufstellung seiner auf den ersten fünf Seiten des Kap. 1/2 verwendeten Stilelemente würde etwa folgende Gruppen Aufweisen:

Lexikalische Abweichungen von der Standardsprache (Umgangssprachliches[1], Mundart oder Vulgarismen): *Nörgler; abkratzen;* von seiner Frau, der dürftigen, eingetrockneten *Geiss* (Hervorhebungen von der Verf. d.A.); Simon, der *Bams; da fehlte sich nichts; sauwohl; Schmalz in den Armen;* das Reich *hineingelegt; scheussliche* Blamage; *Er hatte nichts gegen den Krüger; bis er schwarz wird; den Arsch lecken;* der Kultusminister, *der traurige Hund,* war nicht *fertig geworden* mit dem Krüger; scheussliche *Lackl; gescherte Rammel; justament schreien; blökte in die Welt hinaus,* liess alle Zeitungen *trompeten; tut sich dick; Hauptspass.*

---

[1] ,,Umgangssprachlich' sind heute in den führenden Wörterbüchern (Wörterbuch der deutschen Gegenwartssprache, hsg. v. Ruth Klappenbach, Berlin 1961 ff., Wahrig, Sprach-Brockhaus, Duden u.a.) Ausdrücke, die man nicht verwendet, wenn man rein sachlich sein will, die man aber verwendet, wenn man (mit Kretschmer und Brinkmann 1955) ,sich gehen lässt', und eine subjektive, emotionale, bisweilen expressive Färbung hinzugibt.'' *Hans Rossipal*, S. 284 f. Zum Begriff ,,Umgangssprache'' und seiner semantischen Verschiebung vgl. auch die historische Übersicht bei *U. Bichel* (1973).

Parataktische und asyndetische Reihung von Sätzen und Satzgliedern (einige Beispiele): Den Lodenmantel /. . ./ um die Schultern, die Brahmssche Sinfonie noch im Ohr, die Pfeife wie stets im Mund, trottete der kräftige, hochgewachsene Mann; Die alten, grossen Bäume trieften, der Rasen roch erquicklich; Seine Nieren sind nicht ganz in Ordnung, vermutlich wird es einmal ein Nierenleiden sein, an dem er abkratzt; Seine beiden Kinder sind gestorben, von seiner Frau /. . ./ hat er Nachwuchs nicht mehr zu erwarten; Da hockte der schwere Mann mit seinem breiten, eigensinnig dumpfen Schädel, rings um ihn sassen auf gewohnten Plätzen Männer in festen Stellungen, mit festen Ansichten /. . ./.

Elliptische Sätze (Verbal- oder Nominalsätze): Er war siebenundvierzig Jahre alt, *kein Alter für einen gesunden Mann*; Aus einem nahegelegenen Bierlokal drang durch die geöffneten Fenster der Gesang einer geliebten Volkssängergruppe; *der Text ein Gemisch von Rührung und eindeutiger Fleischlichkeit; War heute*, am Vorabend des Krügerprozesses, *besonders geachtet.*

Sätze mit mehr als zwei asyndetisch gereihten Prädikaten (Verbhäufung, „energischer" oder „dynamischer" Stil): Aber er *fühlte* sich sauwohl darin, *raufte* sich voll Passion herum mit den Gegnern im Parlament, *trieb* volkstümliche Justizpolitik; Er *lächelte* breit, *klopfte* an seiner Pfeife herum, *brummelte* mit seinem mächtigen Bass Melodien aus der Brahms-Sinfonie, *schnupperte* den Geruch der Wiesen ein /. . ./. Der Mann im Lodenmantel *streckte* den Handrücken aus, *konstatierte*, dass der Regen so gut wie aufgehört hatte, *schüttelte sich, machte kehrt*; Der Minister *trank, lauschte, beschäftigte sich* mit seinem Dackel.

Satzgliedsfolge:

1. *Vorfeldsbesetzung nicht mit Subjekt*, Erregungsstellung (inversion), emphatische Wirkung: Eigentlich ging es ihm gut, ausgezeichnet ging es ihm; Aber draussen der Simon, der Bams /. . ./; Allein in seinem Beruf, da ging es besser /. . ./; Nicht einmal, dass er die missliebigen Bilder in die Staatsgalerie gehängt hat, nahm er ihm übel; Ihm, Klenk, machte es Freude, sich an ihm zu reiben; Scheussliche Lackl schickten einem die Schwarzen jetzt als Kollegen ins Kabinett; Bestimmt noch sitzt der Flaucher in der Tiroler Weinstube /. . ./; Draussen lag eng und verwinkelt der kleine Platz mit dem weltberühmten Bräuhaus.

2. *Ausklammerung eines Satzgliedes:* Aber der Flaucher /. . ./ liess alle Zeitungen trompeten *von dem Fall Krüger.* Da hatte er, Klenk, einen Referenten geschickt *nach dem Gut des Dr. Bichler;* Als ob es auf den Schein der Macht ankäme *und nicht auf ihren tatsächlichen Besitz;* Es war mächtig vorangegangen *in diesem Jahr;* Wie er durch den riesigen Körper /. . ./ herausstach *aus seinen zumeist kleinen, rundköpfigen Ministerkollegen;* schnupperte den Geruch der Wiesen ein *und des langsam aufhörenden Regens.* Die Ausklammerung von präpositionalen Angaben ist wahrscheinlich eine Annäherung an die Volkssprache und für den Stil Feuchtwangers *besonders typisch.*[1]

---

[1] Vgl. *Admoni* S. 86 ff. und *Stolt;* zu Feuchtwanger *Korlén,* der in einer Besprechung von Admoni in *Moderna Språk* 1974, s. 1972 ff. auf Stockholmer Seminararbeiten hinweist, nach denen Feuchtwanger mit seiner auffälligen Vorliebe für Ausklammerungen aller Art „ein ausgesprochener Sonderfall" ist. Vgl. folgenden Satz, in dem das Objekt ausgeklammert wird: „In sich sog er die Geschichte des lebensgierigen, heftigen Mannes, *der gut kannte die Schrecken der Kirche, des Krieges und der Justiz."* (*Erfolg* S. 356)

Parallelismen:

1. *Anaphern: Da ist* der Prozess Woditschka /.../, *da ist* der Prozess Hornauer /.../. *Da ist* jetzt vor allem der Prozess Krüger /.../ Es war amüsant, *wie* der schwere, plumpe Mensch /.../ hilflos den Kopf vorstiess, *wie* die kleinen Augen aus dem dicken, viereckigen Schädel bösartig den Feind anfunkelten, *wie* dann irgendeine klobige, salzlose Grobheit kam /.../.

2. *Variationen:* Er liebte es, Bilanz zu machen, festzustellen, wie es um ihn stand; /.../ hat er sein Ministerium inne, verwaltet er die Justiz des Landes Bayern; dass er *auftrumpfte,* der Krüger, dass er sich *mokierte* /.../; Der Flaucher, der Kultusminister, der traurige Hund; möglichst gross aufziehen, eine sensationelle Sache; Zeugnis ablegen, Trümpfe auf den Tisch hauen, justament schreien; Er, Klenk, wollte die Sache mit Krüger *leise* abmachen, *elegant;* blökte in die Welt hinaus, liess trompeten; das muss er, Klenk, ihm versetzen. Den Hauptspass muss er sich gönnen; Hier also hockte auf dem *gewohnten, festen* Holzstuhl /.../ der Minister Dr. Franz Flaucher; *faul* und *angefressen* /.../.

3. *Wiederholungen: Er hat* einen arbeitsvollen Tag hinter sich, aber jetzt *hat er* etwas Musik gehört; Eigentlich *ging es ihm* gut, ausgezeichnet *ging es ihm;* Soweit *ging es* ihm weder gut noch schlecht. Allein in seinem Beruf, da *ging es* besser /.../; Männer in *festen* Stellungen, mit *festen* Ansichten (Zeugma).

4. *Steigerungen:* aber jetzt hat er *etwas Musik* gehört. *Gute Musik.* Die Nörgler mögen sagen, was sie wollen, *gute Musik macht man in München;* Eigentlich ging es ihm *gut, ausgezeichnet* ging es ihm; besser als mittelmässig, da fehlte sich nichts; Er hatte *nichts* gegen den Krüger. *Nicht einmal,* dass /.../ nahm er ihm übel. *Aber dass er* auftrumpfte /.../.

5. *Thematische Reihen* (Wörter, die semantisch demselben Sachgebiet angehören): Die betont bürgerliche Gemütlichkeit, die *Holztäfelung,* die massiven, ungedeckten *Tische,* die altväterlich festen, für sesshafte Männer gemachten *Bänke* und *Stühle; Maler, Schriftsteller, Wissenschaftler* um ihn herum; vgl. auch S. 13: er missbilligte *sein Geld, seine beiden Autos, sein Besitztum* und *seine Jagd im Gebirge.*

6. *Kontrast:* der Text ein Gemeisch von *Rührung* und eindeutiger *Fleischlichkeit.*

Durchgehend gilt für den *Wortschatz* der gebürtigen Bayern in *Erfolg,* dass er Wörter aus der Mundart enthält; vgl. *Gaudi, Gigerl, Krampfbruder, Gschpusi, Kaulquappenmanier, Spezi, Schwammerling, Gschaftlhuber, Schmarren, damisch, Lalli, geselchter, Saubankert, Bazi, derblecken, Tepp, Grantlhuber, Scheisskerle, hinterfotzig, Geschwerl, Früchterl, Pfüat di Gott.* Für die rund 45 verzeichneten Abweichungen von der Standardsprache im Wortschatz des ganzen Romans ist bezeichnend, dass die Hälfte davon Kraftwörter oder Schimpfwörter aus der Sprechsprache sind. In der Erstausgabe des Romans aus dem Jahre 1930 (vgl. oben S. 10) wurden die „bayrischen" Wörter gesperrt gedruckt. Gelegentlich hebt der Autor sie mit einem „sogenannt" oder einer Erläuterung hervor, vgl. „wilde Teufel, sogenannte Gangerl". Er macht den Leser darauf aufmerksam, dass die Bayern mit einem „Früchterl" einen „verlorenen Sohn" meinen und dass Kutzners Anhänger *Geschwerl* waren, m. a. W. „Narren und Brandstifter". Neben Schimpfwörtern wie *Lalli, geselchter, Gefriss, Knallprotz, Saubankert* usw. gibt es eine Gruppe von Bezeichnungen mit positivem Nebensinn und Gefühlswert: *Bazi, Spezi, ein rechtes trumm Weib.* Diese sind aber entschieden in der Minderheit. Die Distanz des Erzählers zum Dialekt, den Feuchtwanger als Bayer natürlich mühelos beherrschte, kommt auch an einer Stelle wie der folgenden zum Ausdruck, wo von den Rachegedanken des abgesetzten Justizministers Klenk die Rede ist: „Die Scheisskerle, die hinterfotzigen, die ihn hinausgebissen hatten. Hin müssen sie sein, *dachte er das alte zornwort Seines Landes"* (S. 503), und in der Phrasierung „Bemer-kungen allgemeiner Natur, wie da solle man sich hinlegen, oder, da solle man her-schauen" (S. 209). Weniger expressiv als jargonhaft muten einem heutigen Leser Wör-ter wie *belinsen* für „begucken" und *Gusto* für „Geschmack" an. Provinzialismen für „Frau" – in jedem Dialekt und in vielen Gruppensprachen vielzahlig (vgl. *Dornseiff*) – kommen vor, sind aber auf die drei Wörter *Haserl, Dirndl* und *Weiberts* begrenzt; der Ausdruck für „Verhältnis" in der Bedeutung „erotische Bindung" steht ein paarmal: Vater Lechner missfällt sehr das *Gschpusi* seiner Tochter Anni mit dem „Schlawiner" Kaspar Pröckl.

Vulgarismen und Schimpfwörter dienen hauptsächlich der Personencharakteristik: „Bald wieder waren die Männer in dem gewohnten klobigen Geschimpfe. Der Dr. Matthäi meinte, der ‚Sonnige Lebenslauf‘ werde vermutlich ebensolcher Dreck werden wie Pfisterers lackierter Mist. Oder ob es der Pfisterer vielleicht als besonders sonnig ansehe, dass er den Krüger nicht freigekriegt habe und somit abkratzen müsse, ohne die Johanna Krain gehabt zu haben?" (S. 391)

Zur Expressivität des Stils trägt auch die Art bei, in der Feuchtwanger den *Dialog* im Personalstil wiedergibt, und zwar in der Form der *indirekten Rede.* Vergleichen wir folgende Stelle (S. 20), wo der Chauffeur Ratzenberger, der bestochene Haupt-belastungszeuge im Prozess Krüger, vor dem Gericht aussagt:

„Aber der Chauffeur Ratzenberger war gut präpariert und blieb keine Antwort schuldig. In anderen Fällen könne er nicht mit solcher Bestimmtheit sagen, wann, wo und wie. Aber am 23. Februar sei sein Geburtstag, den habe er gefeiert, und eigentlich sei er entschlossen gewesen, die Nacht darauf keinen Dienst zu tun. Er sei aber dann doch losgefahren, weil nämlich die Rechnung für das Elektrische nicht bezahlt gewesen sei, und *seine Alte habe so in ihn hineingeplärrt, und da sei er halt doch losgefahren /. . ./ Es sei saukalt gewesen, und er hätte sich saumässig geärgert,* wenn er keine Fuhre gekriegt hätte /. . ./" (Hervorhebungen von der Verf. d.A.)

Die Tempo und „Dichte" erzeugenden *Parallelismen in der Syntax* haben eine hohe Frequenz und verleihen dem Stil Feuchtwangers seine charakteristische Eigenart (*Stil* hier in der Bedeutung „Abweichung von einer Norm", vgl. Sowinski S. 18 f.). Satz-glieder werden *asyndetisch* aneinandergereiht: „*Im Gegenteil"*, heisst es S. 318 von Tüverlin, *„er möchte am liebsten aus der bayrischen Hochebene mit allem, was darauf lebt, säuft, hurt, in den Kirchen kniet, rauft, Justiz, Politik, Bilder, Fasching und Kinder macht, er möchte am liebsten aus diesem Land mit seinen Bergen, Flüssen, Seen, seinem Getier und seinem Gemensch, einen Naturschutzpark machen."* Verbhäufungen erzeugen einen dynamischen, knappen Stil in den beschreibenden Partien, der Feuchtwangers vom Film beeinflusstes Zeiterlebnis spiegelt (vgl. oben S. 21): „Der Minister Flaucher *knurrte, seufzte, rülpste, goss* Wein hinunter, *lehnte sich* mit beiden Armen übellaunig über den Tisch, *duckte* den wulstigen Schädel, *betrachtete* aus kleinen Augen den behaglich dasitzenden Klenk. /. . ./ Der Dackel zu seinen Füssen *schmatzte, nagte* an dem Knochen, *schlang, frass."* (S. 15 und 16) Vgl. weitere Beispiele von *Satz-gliedhäufungen* S. 19, 20, 21, 22, 23, 30 31, 32, 33, 34, etc. bis 47, 50, 53, 54, 56, 57, 58, 61, 62, 63, 66, 70, 75, 78, 99, 133, 160, 186, 203, 204, 220, 287, 303, 305, 311, 446 f., 565 usw. Die Seitenangaben nach S. 100 sind nicht systematisch und vollständig verzeichnet, sollen aber illustrieren, dass die tempoerzeugende Satzglied-häufung der Personeneinführung später nicht beibehalten wird, sondern dass der Erzählerton eher etwas „gemächlich" und die Syntax konventioneller wird.

Die *Inversion* ist ein von Feuchtwanger häufig benutztes und in aufeinander folgenden Sätzen wiederkehrendes Stilmittel: *„Bewundernd, aber mehr als die andern, hing an seinen Lippen sein ältester Sohn, der Ludwig Ratzenberger, ein junger Bursch von angenehmem Aussehen. Ehrfürchtig trank er jedes Wort, das der Chauffeur langsam /.../ hervorkaute."* (S. 27) Ähnlich S. 18, 19–20, 105, 162, 223, 347, 432, 564, 658, 665, 695, 710, 715, 721 usw. (Verteilung gleichmässig.)

Häufung von asyndetisch aneinandergereihten Sätzen ist ein durchgehender Zug in allen fünf Büchern von *Erfolg*. Charakteristisch für Feuchtwanger ist das *Aussparen von kausalen, temporalen, konditionalen oder anderen Konjunktionen*. Hier geht es nicht so sehr darum, den Eindruck der Hast zu erwecken als um eine ruhige und *sachliche Aufzählung* (vgl. Sowinski S. 101 f.): *„Er (Hessreiter) hatte einiges von dem Krüger gelesen, Bücher und Essays, das Buch über die Spanier vor allem, er goutierte es nicht ganz, es war ihm zu sensitiv, Sexualdinge waren überbetont, alles war übertrieben."* (S. 36) Vgl. auch S. 35, 47, 49, 51 f., 63, 203, 287. Dazu müssen auch die gehäuften Fragesätze gerechnet werden, die hie und da auftauchen, vgl. S. 49 f.: *„Aber hatte er (Krüger) sich nicht zu seiner Sache bekannt? Hatte er nicht Zeugnis abgelegt? Wenn er hier sass, war es nicht deshalb, weil er Zeugnis abgelegt hatte, weil er zu den Bildern gestanden war, die er für richtig hielt?"* Ähnliche Reihungen kommen auf den Seiten 20, 23, 26, 34, 39, 51, 55, 75 f., 121 vor.

Anaphorisch ansetzende Sätze verleihen dem Sprachstil Feuchtwangers ein rhetorisches Pathos. Vgl. S. 325: „War das wirklich er (Geyer), der damals im Wald gelegen war mit dem Mädchen? Dann, *wie* die Verwicklungen kamen, *wie* sie schwanger war, schwankend, ob sie das Kind austragen sollte. Der Krach mit ihrer bürgerlich strengen Familie. *Wie* sie dann doch zu ihm hielt, *wie* er glücklich war, ihr das bisschen Geld zu geben, über das er verfügte. *Wie* sie zweifelte, ob sie ihn heiraten solle. /.../ *Wie* sie dann, warum wusste er heute noch nicht, anfing, ihn zu hassen, sich kalt lustig machte über seine phantastisch-fahrige Art, seine zwinkernden Augen. *Wie* er ratlos stand vor diesem wachsenden, bösartigen Hass. *Wie* sie seine dringlichen Vorstellungen, zu heiraten, mit Verachtung abwies. *Wie* sie schliesslich, gerade als es anfing, ihm gut zu gehen, kein Geld mehr von ihm nahm." Noch sechs Mal folgt dieser Ansatz mit „wie", ehe der Abschnitt zu Ende ist. Kürzere Reihungen von Anaphern finden sich auf den Seiten 24, 25, 28, 53 f., 83, 114, 201 f., 210, 223, 339, 396, 425. Einmalig ist der Versuch S. 300, mit Hilfe des immer neu ansetzenden „während" die Illusion der Gleichzeitigkeit im Nacheinander der epischen Darstellung zu bewirken.

Parallelismen, Wiederholungen und Häufungen aller Art, ausdrucksverstärkende Satzgliedsfolge und hochexpressive Wörter, aus der gesprochenen Sprache übernommen, sind rhetorische Mittel, die Rhythmus und Stil Feuchtwangers in *Erfolg* bestimmen. Der *wechselnde* Rhythmus seiner Prosa, den *M. Reich-Ranicki* „eigentümlich, drängend und dynamisch" genannt hat (a.a.o.), wird z.T. bedingt durch seine wechselnde Erzählperspektive: da die Temperamente der Personen, die der Erzähler als Medien seiner Darstellung benutzt (vgl. oben S. 76 f.), unterschiedlich sind, zeigt auch der Redestil (zum Begriff R. vgl. Michel S. 34) Variationen auf. Schimpfwörter und rhetorische Figuren kommen bei den aggressiven Naturen häufiger vor; die Wortwahl eines *Flaucher* ist in Übereinstimmung mit seiner Weltanschauung christlich-katholisch gefärbt, bei *Kutzner* merkt man den Einfluss völkischer Vorstellungen, bei *Pröckl* die Gewohnheit, in den Kategorien dialektisch-materialistischer Tradition zu denken. Einheitlich ist der Stil aber dennoch zu nennen, gerade wegen seiner rhetorischen Besonderheiten (asyndetische Reihung, Inversion, Ausklammerung), die auch durchgehend in Abschnitten vorkommen, in denen der Erzähler unmaskiert die Rede führt (vgl. z.B. die Kap. IV/8–10, S. 538 ff.).

Leitmotive als thematische Variation. Die Technik des wiederkehrenden Bildes.

Die Neigung Feuchtwangers, durch parallele Bilder seine vielen zeitkritischen Themen und Motive zusammenzuhalten, lässt sich überall in *Erfolg* beobachten und ist das Bindemittel seiner umfangreichen Romankonstruktion, das bei der Untersuchung seiner Erzähltechnik am stärksten auffällt. Erzählstrukturen, deren Effekt in der blossen *Wiederholung eines Bildes* liegt, haben die Funktion, eine Erscheinung oder eine Person zu charakterisieren. Sie können in Variationen auftreten und sind ein beliebtes Mittel des epischen Autors, gewisse Motive herauszustellen oder dem Leser die Tendenz eines Romans einzuprägen, bilden in dem breit dahinfliessenden Fluss der epischen Darstellung Ruhepunkte und können bisweilen Symbolfunktion erhalten.

Hier sollen einige Beispiele aus *Erfolg* herangezogen werden, um dem Leser sichtbar zu machen, wie Feuchtwanger durch Häufung, Kontrastierung und Streben nach Gleichzeitigkeit die Möglichkeiten des Leitmotivs erschöpft, um bei der Fülle des Stoffes nicht an Einheitlichkeit und Einprägsamkeit des Ausdrucks zu verlieren. Nicht ohne Absicht gestaltet er z.B. an vier verschiedenen Figuren das *Vater-Sohn-Motiv,* oder vielmehr die Hoffnung des Vaters, im Sohn sich wiederzuerkennen. Ratzenberger, Lechner und Klenk, alle Bayern, erleben mit Genugtuung, wie ihre Söhne nach ihnen geraten (vgl. z.B. S. 629). Um so grösser erscheint der Misserfolg Geyers, des Juden, und sein Leiden an dem illegitimen Sohn Erich, der sein Halbjudentum nicht wahrhaben will und um „arisch" zu wirken, Fememörder wird.Hier haben wir es mit der *Variation* eines Motivs zu tun. Typische *Leitmotive* gibt es aber auch in Feuchtwangers Text in Fülle, Bilder, die den aufkommenden Faschismus in Bayern auf satirische Weise treffen sollten.

Ein solches ist der wiederholte Hinweis des Autors auf die berühmten Worte der sog. *Münchenhymne,* den der Autor mit ironischem Effekt an Stellen macht, wo von den Opfern bayrischer Gewalttätigkeit die Rede ist. Es geht ihm darum, dem verlogenen Schein bayrischer Gemütlichkeit, den Klischees des populären Lieds, mit dem sich die Münchner nach Krieg und Revolution zu trösten versuchen, die brutale Wirklichkeit gegenüberzustellen. Das Motiv taucht zum ersten Mal im Kapitel I/9 auf. Eine antisemitische Äusserung des Kultusministers Flaucher beim sonntäglichen Zusammensitzen der Politiker in der Tiroler Weinstube verstärkt das Gefühl *Geyers,* auch unter den Genossen in seiner eigenen Partei ein Fremder und Aussenseiter zu sein. Er weiss, dass er mit seinem Kampf gegen das bayrische Unrecht keinen Erfolg haben wird, weil der bayrische Nationalismus jeden hasst, der mit Logik und Rationalität seinen Vorkämpfern beizukommen sucht. Obwohl Abgeordneter und Fraktionsführer der Münchner SPD fühlt sich Geyer ohne Zugehörigkeit, von seinen bayrischen Feinden als ein Schädling betrachtet, von seinen politischen Genossen geduldet, aber nicht geliebt.

„Er sah, dass sein Anzug abgetragen und besudelt war, und schämte sich. Rasch verliess er und unbehilflich den Raum. Aus dem grossen Bierlokal von jenseits des Platzes scholl gefühlvoll und mit viel Blechmusik die alte Stadtweise von der grünen Isar herüber und der nie aufhörenden Gemütlichkeit. Er ging früh nach Hause." (S. 70)

Seite 436 kehrt die Hymne in einer Szene wieder, in der der Grossindustrielle *Reindl* den Mitgliedern im Herrenklub darlegt, warum München mit seinen Kleinbürgern für einen Mann wie Rupert Kutzner der richtige Boden sei.

„Im Herzen sei er (der Kleinbürger) niemals Demokrat gewesen. Jetzt gehe mit dem Wert seines Geldes seine demokratische Tünche vollends dahin." (S. 435)

Man spürt das Mitgefühl des Autors mit den Zuhörern Reindls, ehemals gut bestallten Vertretern des Mittelstandes, die bei der zunehmenden Inflation das hungernde München alles anders als gemütlich empfinden.

Das Motiv taucht zum dritten Mal auf, als *Hessreiter* von seinem langen Aufenthalt in Paris zurückkommt und mit Befremden erfährt, dass auch die führenden Männer in der Regierung für Kutzner und die Wahrhaft Deutschen sind. Für die Anschauungen des Auslands, dass die Bewegung und ihre Aufmachung lächerlich seien, findet er im Herrenklub kein Verständnis, sondern nur „zugesperrte Gesichter" (S. 444).

Den stärksten Effekt hat diese wiederholte Gegenüberstellung von Wirklichkeit und Schein an der Stelle, wo das Klischee von der Gemütlichkeit das dokumentarische Kapitel über die Greueltaten der Weissen nach dem Zusammenbruch der Räterepublik abschliesst (S. 550). Der knappe Reportagestil und die summarische Häufung von authentischen Fakten, mit denen der Autor Fall an Fall von Einsperrungen und Erschiessungen durch die weissen Terroristen reiht, zeigen das München der Nachkriegsjahre als eine Stadt, die ihre Unschuld ein für allemal verloren hat. Das Motiv der Stadthymne illustriert die Fähigkeit des Kleinbürgers, vor der Wirklichkeit die Augen zuzudrücken, das Leiden anderer zu vergessen und damit zu ermöglichen, dass immer neue Gewalttaten begangen werden. (Vgl. auch S. 764, 780, 797, und 801.)

Zur Charakterisierung des „Führers" *Rupert Kutzner* trägt vor allem das wiederkehrende Bild des Hofschauspielers *Konrad Stolzing* bei, des grossen Lehrers, der in allen Massenversammlungen der Wahrhaft Deutschen, bei denen Kutzner spricht, erscheint und die Fortschritte seines Schülers mit Genugtuung registriert. Bei einigen Anlässen kommt ihm auch eine aktive Rolle zu. Der Name des Mentors ist eine Anspielung auf den Heldentenor *Walther Stolzing* in R. *Wagners Die Meistersänger von Nürnberg*. In den Augen Feuchtwangers war Hitler der theatralische Rhetor und Schauspieler, der die Effekte seiner Auftritte aufs gründlichste vorbereitete, dessen politische Theorie aber sich auf ein paar Schimpfwörter begrenzte – wie *Novemberlumpen* oder *jüdische Zinsknechtschaft*. Feuchtwanger zeichnet eher das Bild eines politischen *Verführers* und Hochstaplers als das eines *Führers*.

Wie eine gut inszenierte Vorstellung schildert das Kapitel *Noch vor der Baumblüte* (S. 538 ff.) das Auftreten Kutzners in den grossen Biersälen Münchens und erklärt seine Erfolge damit, dass sein theatralisches Pathos bei den Kleinbürgern einen vom Katholizismus und Königtum wohl bereiteten Boden vorfand. Die bedeutsame Rolle des Hofschauspielers in der Karriere Kutzners ist das wichtigste Mittel des Autors, den politischen Gegner Hitler der Lächerlichkeit preiszugeben:

„Schon konnte der Führer acht Stunden hintereinander sprechen, ohne zu erlahmen, ohne Verstoss gegen die Grundrezepte. Der Alte mit dem eindrucksvollen Römerkopf sass in jedem Vortrag des Führers, kontrollierte Atemführung, Aussprache des R, kontrollierte Schreiten, Trinken, Sprechen des Führers, ob es Schönheit und Würde habe.

Er fand an seinem Schüler nichts auszusetzen. Klar trotz des Rauchs schmetterte Kutzners Stimme. Alles klappte, alles *kam*. Der Schauspieler war der Mann gewesen, der zwischengerufen hatte, wie denn die Wahrhaft Deutschen ihre Gegner erledigen würden. Er hatte die Antwort mit Kutzner studiert, die wirkungsvolle Pause, das nachdenkliche Lächeln. So hatte er gelächelt, vor fünfundzwanzig Jahren, in der Rolle des Prinzen Hamlet von Dänemark, einer Figur des Bühnendichters Shakespeare. Das Lächeln *kam*, es wirkte ganz wie vor fünfundzwanzig Jahren." (S. 544 f.)

Das im letzten Abschnitt des Kapitels emphatisch gebrauchte „dreimal noch" verstärkt den Effekt der Häufung, ebenso das dreimal wiederholte Schlagwort „Noch vor der Baumblüte", das als Losungswort der Bewegung im Kap. IV/20 wieder auftaucht und als Kapitelüberschrift über der Darstellung der misslungenen Maidemonstration der Wahrhaft Deutschen steht (IV/29, S. 661 ff.). Das Poetisch-Organische dieser vielversprechenden Metapher unterstreicht das bewusst Pathetische an der Erscheinung Kutzners, hebt aber auch die rhetorische Leere seines politischen Programms und seine Unlust, sich auf etwas Genaueres festzulegen, hervor. (Vgl. den Hinweis des Führers auf die geschlossene Schublade seines Schreibtisches, in der „ausgearbeitet bis in die feinsten Details der Plan des neuen Reichs" liegen würde, den aber keiner zu sehen bekommt.) Auch hier haben wir es mit absichtlich gesetzten Akzenten von seiten Feuchwangers zu tun, der dem Leser eine Art Zerrbild einprägen wollte zu einer Zeit, als der grosse Trommler aus dem Jahre 1923 nur einer der vielen Parteiführer war, die in der Weimarer Republik um die Stimmen der Wähler kämpften.

Als Kutzner den Ministerpräsidenten Flaucher kniefällig bittet, seine Fahnenweihe abhalten zu dürfen (S. 668; vgl. S. 113 d.A.), vergleicht ihn der Erzähler mit *Marquis Posa* von Philip II. Am Abend des 8. November, ergriffen von dem Pathos des Putschaugenblickes, spricht Stolzing dem überfüllten Saal und den vier Führern auf dem Podium den *Rütlischwur* aus Schillers *Wilhelm Tell* vor (S. 724–725). Die parodistische Wirkung wird um so stärker, als sich Feuchtwanger hier im übrigen an den authentischen Vorgang im Bürgerbräukeller hält. Gerade in diesem für Deutschland so gefährlichen Moment wird das Komödiantenhafte der Kutznerfigur hervorgehoben, in der Absicht, die nationalsozialistische Bewegung dem Gelächter der Nachwelt auszusetzen. (Vgl. auch S. 749)

Das Motiv des Schauspielers ist ein grobes, aber effektives Mittel, die Hitlerfigur in die Regionen der Gesellschaft zu verweisen, in die sie nach der Auffassung Feuchtwangers gehörte, nämlich in die des verstaubten Theaters, in dem angelerntes Pathos noch am Platze war (vgl. *Possart,* S. 57 f.).[1] Auch wenn die literarische Satire der Karikatur näher steht als dem wirklichen Vorbild, gehört die Figur Kutzners zweifelsohne zu denjenigen Schlüsselporträts in *Erfolg,* die schonungslos treffen sollten.

Die Projekte des Kriegsprofiteurs und Vergnügungsindustriellen *Alois Pfaundler* sind eine Reihe von dekorativen Schaustellungen, unter denen die Demonstrationen der Wahrhaft Deutschen nur *ein* Versuch sind, die im Grunde musisch veranlagten Bayern in eine Stimmung von Fest und Rausch zu versetzen, nachdem die kleinbürgerlichen Massnahmen des neubayrischen Regimes die Fremden aus der Stadt „weggegrault"

[1] Dieselbe Auffassung kommt in Brechts *Arturo Ui* zum Ausdruck.

hatten (S. 99). Der Autor schildert die Veranstaltungen Pfaundlers, das Etablissement *Die Puderdose* in Garmisch, die Revue, den Plan, in einen Passionsfilm zu investieren, und den Enthusiasmus Pfaundlers für die patriotische Massenbewegung, die ihm auf einmal eine neue Möglichkeit bot, sein Dekorations- und Organisationstalent in Geld umzusetzen. Als auch die Wahrhaft Deutschen sich als eine Fehlinvestition erweisen, ist Pfaundler der erste, nach der Überwindung der Inflation den Fasching des neuen Jahres zu inszenieren, und zwar mit einem Elan, dass die Münchener „ihre Leib- und Bettwäsche versetzten", um daran teilnehmen zu können. Nach dem Zusammenbruch des Kutznerputsches entschliesst sich Pfaundler, aus dem Münchner Fasching eine Exportware zu machen.

> „Was dem Kutzner nicht geglückt ist, der Marsch nach Berlin, er war der rechte Mann, das zu schaffen /.../ Ein Monstre-Etablissement wird er errichten mitten im Herzen der verhassten Stadt. Haus Bavaria wird es heissen und darbieten wird er dort die Herrlichkeiten Bayerns." (S. 763 f.)

Die Beobachtung Feuchtwangers, dass die bunten Massenkundgebungen und die militante Aufmachung der Hitlerpartei den Sinn der Münchner für das Dekorative ansprachen, hat also in der Gestalt Pfaundlers eine satirische Verkörperung gefunden. Der Autor sieht in der naiven Urteilslosigkeit der Bevölkerung Münchens *einen* Grund für die Erfolge der Nationalsozialisten in Bayern (vgl. S. 31). Die Beteiligung des grossen „Vergnügungsindustriellen" an der Eroberung Münchens durch die Wahrhaft Deutschen soll die Erkenntnis vermitteln, dass sich eine politische Partei in einer gegebenen Situation ebenso verkaufen lässt wie ein Faschingsball. Wiederum versucht Feuchtwanger die Anziehungskraft Hitlers zu entzaubern und zu verharmlosen.

Ein Hauptthema des Romans sind der Kampf zwischen Bayern und Reich und der Versuch des alten Agrarstaates, der wirtschaftlichen Entwicklung zum Trotz seine gewohnte Lebensform beizubehalten. Mit bewusster Berechnung des wiederholten Effekts beschreibt Feuchtwanger das befremdende Gefühl, das drei seiner Romangestalten, so sehr sie sich als Bayern unterscheiden, in der Weltstadt *Berlin* überfällt. Der Patrizier *Paul Hessreiter* ist anfangs voller Bewunderung für die technischen Errungenschaften der nördlichen Metropole und für die andersartige Lebensform der Bevölkerung einer hochindustrialisierten Stadt.

> „Er sah, wie die Millionen Einwohner dieser Stadt nicht gleich den Leuten seiner Heimatsiedlung an den Ecken herumstanden, sondern wie sie selbstverständlich, eilig, doch nicht wichtig, ihren Geschäften nachgingen. Er nahm wahr die menschenwimmelnden Arbeiterviertel, die schwankenden Autobusse, die Warenhäuser. Die riesigen, lichtprahlenden Paläste der Unterhaltung, Cafés, Kinos, Theater, zehn, dreissig, hundert, tausend, menschengefüllt." (S. 446)

Aber nach einem längeren Aufenthalt beginnt allmählich „dieses scharfe, rasche Leben sein Gemüt heftig zu ätzen", und er erfindet schnell einen Anlass, ohne Verzug nach seiner Heimatstadt zurückzukehren.

Klenk überkommt in Berlin unter den Grossindustriellen, die er für die Ideen der Wahrhaft Deutschen zu gewinnen sucht, manchmal „ein ödes Gefühl des Alleinseins". Er fühlt sich wie ein *Steinbock,* ein zum Aussterben verurteiltes Tier, in einem zoologischen Garten. (S. 507)

> „Sein Herz war Sicherheit gewohnt, und dieses verflucht vernünftige Berlin hatte ihm die elende Fragwürdigkeit seiner verworrenen Politik bis ins Innere bitter zu schmecken gegeben.

Es war unangenehm, zwischen den siebengescheiten Berlinern als der Dorftrottel aus Bayern herumzulaufen." (S. 504 f.)

Sogar der Anwalt Geyer fühlt sich in der rührigen Grossstadt sonderbar allein, obwohl er die Stunde heiss herbeigesehnt hatte, in der er München verlassen durfte.

„Er entbehrte die verfluchte Stadt. Nicht nur weil er dort den Jungen hatte zurücklassen müssen und Klenk, den Feind: auch vieles andere ging ihm ab, seit er in Berlin war. Oft am Sonntagvormittag, so rasch akklimatisiert sich der Mensch auch an das Widerwärtige, wäre er gern in die Tiroler Weinstube gegangen, um voll Widerwillen mit Freunden und Feinden zusammenzuhocken." (S. 505)

Die Stereotypie der *Bayrischen Lebensläufe*, S. 371 ff. spiegelt Feuchtwangers Anschauungen über die Primitivität und Rauflust der Bayern und rückt die Verurteilung Krügers wegen „Kavaliereid" ins rechte Licht. Ein typisches Leitmotiv, mit dem der Autor den Verfall Bayerns in den Jahren der Reaktion umschreibt, ist die zunehmende „Verschandelung" der *Feldherrnhalle*, wie sie mit den Augen eines alteingesessenen Münchners, Hessreiters, gesehen wird. Dadurch, und durch die Rolle, die das Denkmal als Marschziel in der Schilderung des Kutznerputsches hat, wird es zum Symbol: sein Verfall begleitet in den Jahren 1921–1923 den Untergang der alten liberalen Landeshauptstadt mit ihrer Toleranz und ihrem gesunden Rechtsgefühl, Eigenschaften, die von Gestalten wie Hessreiter, dem Kaufmann, und Messerschmidt, dem ehrenhaften Beamten, vertreten werden (S. 34, 103, [338], 376, 444, 567, 762).

Gewisse Eigenheiten in Feuchtwangers Stil, die mit seiner Personendarstellung zusammenhängen, gehören, wie *W. E. Yuill* schon gezeigt hat (S. 123), nicht zu den Leitmotiven im eigentlichen Sinne. Der wiederholte Hinweis des Erzählers auf *Hessreiters Schläfenbart* oder *Johannas Fingernägel* bzw. *Haarschnitt*, äussere Zeichen ihrer wechselnden Gemütsverfassung, ist eher als ein etwas grobes Mittel der Personencharakteristik zu bewerten. Beinahe als Manier erleben wir die wiederkehrenden Attribute, mit denen der Autor seine Figuren versieht: Tüverlin hat eine „gequetschte Stimme" und ein „nacktes Gesicht", Erich Bornhaak ist „windig" und umgibt sich mit einem „Geruch von Heu und Leder", Johanna „summt" vor sich hin, beisst sich in die Unterlippe, wendet den ganzen Kopf, wenn sie jemanden ansieht usw. Zu den festen Attributen, mit denen Feuchtwanger einige seiner Romanfiguren versieht, gehören die Tiermetaphern: der Gefängnisdirektor Förtsch ist „kaninchenmäulig" und macht einen geschäftigen Eindruck auf den Insassen Krüger, Hessreiter bewegt sich fischartig und hat einen „rudernden" Gang; wenn seine Geschäfte gelingen, heisst es, er „schwimmt". Bei Klenk verwendet Feuchtwanger das Bild des Steinbocks (S. 508), was aber eher symbolisch zu verstehen ist. *Yuill* erinnert diese Charakterisierungskunst an kräftige Pinselzüge, „the deft strokes with which the strip cartoon artist creates again and again the recognizable likenesses of his characters."

Kasperlesymbolik und Stierkampfmotiv.

„'Seid ihr auch alle da?', grölt Kasperl. 'Ja', stimmt Tüverlin mit ein.
Diesmal aber, während Kasperl oben prügelt, vergeht Tüverlin allmählich das Lachen.

Seid ihr auch alle da? Er beschaut sich die Gesichter der Kinder ringsum. Ja, hoffnungslos alle waren sie da. Die Alten waren da in den Kindern, deutlich in den Gesichtern der Kinder waren die Züge der Alten.

Wo immer er hinschaut, nichts hat sich geändert, alle sind sie noch da.

... Es ist ein zähes, bäuerliches Haften, die ewige Wiederkehr des gleichen. Die Stadt will das letzte Jahrzehnt einfach nicht wahrhaben, sie hat es vergessen, sie gibt sich treuherzig, hält sich die Augen zu und will es nicht gewesen sein. Sie glaubt, dann vergessen es auch die andern. Aber da irrt sie.

In Tüverlin war eine Gereiztheit, die er sonst nicht kannte. Er hatte die Geschehnisse hier miterlebt seit mehr als einem Jahrzehnt. Er war durch das Münchner Leben mit einer Neutralität gegangen, die häufig wohlwollend war, manchmal übelwollend, aber immer Neutralität. Die Befreiung Münchens, der Fall Krüger, die barbarische Komik des Kutzner-putsches. Die Gesichter der Achtjährigen mit den Gesichtern der Alten darin, waren ihm auf einmal verekelt. Alles brach los in ihm, was die dummen und rohen Geschehnisse dieser Jahre angestaut hatten.

Es war mehr als Misslaune, als vorübergehendes Unbehagen. Tüverlin, von der Maidult nach Hause fahrend, spürte ein neues, unmissverständliches Gefühl. Es war Hass." (S. 780–781).

Zwei Motive kehren in *Erfolg* in verschiedenen Zusammenhängen oft wieder und erhalten dadurch den Charakter von Leitmotiven mit Symbolfunktion: die *Kasperle-figur* des traditionellen Puppentheaters und das Bild vom Torero und sterbenden *Stier*. Sie sind beide von zentraler Bedeutung für das besondere Epochengefühl des nach Berlin verschlagenen Schriftstellers Feuchtwanger und sein Verhältnis zu Bayern.

Eine Untersuchung dieser beiden Bilder bietet eine aufschlussreiche Möglichkeit, das zwiespältige Gefühl Feuchtwangers gegenüber seinem Thema zu erfassen und seinem Bayernbild neue Seiten abzugewinnen.

In zwei verschiedenen Phasen des Romans dient die *Kasperlefigur* dem Schriftsteller Tüverlin als Symbolgestalt für ein Volk, das nicht gewillt ist, sich den Forderungen des modernen industriellen Zeitalters anzupassen. Gerade das Bäurisch-Konservative, in der Zeit der „neuen Völkerwanderung" zum Aussterben verurteilt, entlockt dem Betrachter Bewunderung und Liebe. Das Musisch-Irrationale, das mit Logik und kluger Selbsterhaltung wenig zu tun hat, erwärmt ihm das Herz. Aus diesem Gefühl für eine untergehende Epoche entsteht die Idee zu der Revue *Kasperl im Klassenkampf*, in der der dumpfe, nach seinen Instinkten lebende Mensch in die neuen ökonomischen Denkkategorien des historischen Materialismus mit der aufklärerischen Absicht der grösseren Selbsterkenntnis hineingestellt werden soll. Tüverlin lockt das logische Argumentieren nicht so sehr wie die schriftstellerische Aufgabe, den Bayern einen Spiegel vorzuhalten, damit sie selbst das Unzeitgemässe ihrer Lebensform erkennen – und darüber lachen. Vgl. S. 318.

Der Komiker *Hierl* vermag auf eine Weise, die ans Absurde grenzt, die Sorgen und Freuden des kleinen Mannes zu gestalten und im Publikum, gemischt aus allen Schichten des Volkes, ein Gefühl der wahren Zusammengehörigkeit aufkommen zu lassen:

„Seltsam, wie vor der simplen Eindringlichkeit dieses Schauspielers Hierl die Zuschauer gleich wurden. Ihre Einzelsorgen, Einzelfreuden versanken. /.../ Ja, untergingen alle andern vielfältigen Interessen der tausend Sinne des dichtgefüllten Saales in der einen schallenden Freude über das Missgeschick des geschminkten, verdriesslich sich abarbeitenden Hanswurstes." (S. 223)

Es darf nicht übersehen werden, mit welch feiner Berechnung der Autor die Massenwirkung der Hierlschen Schauspielkunst den Massenszenen gegenüberstellt, in denen ein anderer „Schauspieler" das Publikum in seinem Bann hält, nämlich *Rupert Kutzner*. Nicht ohne Grund stellt Feuchtwanger den Führer der Wahrhaft Deutschen auf seinen Massenversammlungen dar und entlarvt mit infamer Schadenfreude, wie dieser die Effekte seiner Worte und Gesten ins kleinste Detail berechnet. Auch er kennt den kleinen Mann und seine Sorgen und weiss es, seine wunden Punkte zu treffen, bloss hat er mit seinen Vorstellungen ganz andere Absichten als der Komiker. Der einzelne Zuhörer soll sich in seinem persönlichen Unrecht doppelt getroffen fühlen; mit Hassreden gegen die Republik wird ein gemeinsamer Feind heraufbeschworen, dessen Beseitigung den vielen individuellen Nöten mit einem Handstreich ein Ende machen wird. Dort ein versöhnendes, zur Einsicht mahnendes und über die Sorgen des Tages hinweghelfendes Gemeinschaftsgefühl, hier ein mit hysterischen Mitteln aufgepeitschter Hass, in dem der Autor eher Verlockung und Unheil als Erlösung sieht, da ihm Kutzner nur eine leere Fratze ist, der die primitive Lust der Bayern zu Gewalttaten schürt, anstatt sie zu veredeln. (Vgl. S. 543)

Allmählich wächst der Kasperle-Hierl zu einer Art Widerstandsfigur gegen die Kutznerbewegung. Die bayrische Neigung zu gewaltsamen Lösungen von Streitfragen wird in der Satire *Der Handschuh* verharmlost, weil künstlerisch distanziert. So erhällt die Querköpfigkeit der Kasperle-Gestalt einen heroischen Zug, denn die Szene von Hierl soll den Beweis dafür abgeben, dass die Stadt München „doch nicht so dumm war, dass sie sich nicht, wie die Gegner behaupteten, von jedem Blödian hereinlegen liess". (S. 574) Von Hierl heisst es, dass er nicht nur sich selber spielte, sondern die ganze Stadt „und was noch Gutes in ihr steckte". (Ibd.) In dem Streit auf der Bühne konnten sich die Münchner Bürger wiedererkennen.

Nicht ohne Grund lässt Feuchtwanger den wirklichen Kaspar, *Kaspar Pröckl* nämlich, den Wunsch äussern, „in die Masse aufzugehen". In Wirklichkeit geht ihm aber diese Eigenschaft ab (vgl. S. 99), und der wahre Kaspar wird der Hanswurst auf der Bühne, während der kontaktunfähige junge Kommunist mit seiner Kunst kein Mittel der Zusammengehörigkeit zu schaffen vermag (vgl. S. 112 d.A.).

Der Tod Krügers und seine Folgen für das Verhältnis zwischen Tüverlin und Johanna bedeuten dem Schriftsteller Tüverlin die Aufgabe seiner wohlwollend-distanzierten Haltung zu den Bayern. Bei der Arbeit an der Revue war ihm die Kasperle-Figur ein positives Sinnbild gewesen:

„Die Leichten, Sieghaften vergingen, doch der Kasperl blieb stehen, einfältig, beharrlich, gerade durch seine Dummschlauheit am Ende sieghaft." (S. 411)

Gerade diese Eigenschaft ist es, die Tüverlin, durch seine Liebe zu Johanna in Mitleidenschaft gezogen, zu der Einsicht bringt, dass es nicht mehr Liebe sondern *Hass* ist, der ihn bei der Wiederbegegnung mit der Kasperle-Figur nach der politischen Krise beherrscht (vgl. Zitat oben). In den letzten Kapiteln von *Erfolg*, die einem Epilog ähneln, erlebt Tüverlin, wie sich die politische und ökonomische Lage des Landes nach Inflation und Ruhrokkupation wieder beruhigt hat. Er versteht aber auch, dass die bayrische Gewalttätigkeit gegen Andersdenkende und Unschuldige weiterlebt und in dem Moment sich wiederholen wird, in dem die Lage wieder kritisch wird. Tüverlin sieht den Zusammenhang zwischen spontaner ländlicher Rauferei und politisch inszeniertem Mord, und das Lachen, das ihm früher die Kasperle-Figur entlockt hatte, vergeht ihm. So wendet sich am Ende der Geschichte der Gefühlswert dieser Symbolgestalt ins Negative. Tüverlin erkennt in ihr den Feind.

Als Beispiel für das Beständige im Wechsel, das der Hanswurst verkörpern soll, eine Art *Ewige Wiederkehr des Gleichen*, dient das Vater-Sohn-Motiv, das S. 144 oben kurz angedeutet wurde. Sowohl der halbkriminelle Kleinbürger *Ratzenberger* wie der diktatorische Justizminister *Klenk* begrüssen es, wenn aus ihren Söhnen regelrechte Kutzneranhänger werden, die sich vor keiner Gewalttat im Dienste der Partei scheuen. An zwei Generationen demonstriert Feuchtwanger die moralische Entartung seiner Landsleute seit dem Weltkrieg: aus versteckter Kriminalität und Rechtsbeugung im Stillen wird offene Gewalt. Der Typ wiederholt sich, bloss in neuen Verhältnissen und mit neuen Mitteln. Der junge *Lechner* macht den Versuch, aus diesem Muster herauszubrechen und Kommunist zu werden, aber auch für ihn ist die Macht der Tradition zu gross. Nach der Übersiedlung Pröckls in die Sowjetunion gibt Benno Lechner den Wünschen seiner kleinbürgerlichen Freundin *Zensi* nach, heiratet standesgemäss „auf dem Petersberg" und etabliert sich als selbständiger Unternehmer. Von seinem Kommunismus ist bloss der Name *Wladimir* nach Lenin geblieben, den er seinem Sohn gibt. Der Autor stellt an dem jungen Lechner eine zunehmende äussere Ähnlichkeit mit dem Vater fest. Dieser vergisst (wie oben S. 83 dargestellt) über dem neuen Wohlstand die Schmach früherer Jahre.

Die *ewige Wiederkehr des Gleichen* bezeichnete im Denken des radikalen Konservatismus dieser Jahre eine Geschichtsauffassung, die den Begriff des Fortschritts nicht kennt und die im Gegensatz zum Begriff der Evolution steht: der Zirkel beschreibt nicht eine Richting nach vorn.[1] Wer den historischen Prozess, die Dynamik und Dialektik des Geschichtsablaufes nicht anerkennt, versucht wie die Kasperle-Figur sein altes Ich mit Gewalt zu behaupten. Nach den historischen Vorstellungen Tüverlins ist ein radikaler Konservatismus dazu verurteilt, in Gewaltpolitik zu enden, weil seine historischen Bedingungen einer vergangenen Zeit angehören.

Im Bild des *sterbenden Stieres* in der Arena hat der Autor einen zweiten Ausdruck seines Epochenbewusstseins gefunden, um die triebhafte Kraft eines Menschenschlages zu symbolisieren, der sich in einer Zeit des raschen Tempos und der erhöhten Effektivität nicht mehr behaupten kann. Auch in dem Sinnbild des leidenden, nicht mehr kämpfenden Stieres spürt man die Liebe des Autors zu seinem Thema, zu der Hauptperson seines Romans, dem Land Altbayern. Wir werden im folgenden untersuchen, wo und auf welche Weise das Motiv des *Stierkampfs* im Text auftaucht und wie es die historische Analyse Feuchtwangers unterstützt.

Mit der äusseren Handlung des Romans wird die Szene *Stierkampf* (III/1, S. 305 ff.) durch die Person des bayrischen Malers Greiderer verknüpft. Erregt geht der Zuschauer des spanischen Schauspiels in dem blutigen Ringen von Stier, Pferden und Menschen auf. Der Erzähler teilt seine Aufmerksamkeit zwischen den brutalen Vorgängen in der Arena und den heftigen Reaktionen des spanischen Publikums, die zwischen Zustimmung und Ablehnung pendeln. Mit der Schilderung beabsichtigt er zu zeigen, wie die anfangs naive und primitive Freude des bayrischen Bauernsohnes am Ende des Stierkampfes in mit Abscheu gemischten Schrecken umschlägt, da er hier mit einer Art von Kampf konfrontiert wird, die alles andere als primitiv ist und mit den rauhen Sitten seines Landes Bayern wenig gemein hat.

---

[1]Die Denktradition, die sich mit solchen Vorstellungen verbindet, wurde in den Jahren der Weimarer Republik von den Ideologen der sog. *Konservativen Revolution* aufgefangen und in politischen Irrationalismus und geistigen Antiintellektualismus umgegossen (vgl. *Mohler* und *Sontheimer*). Einen kurzen Abriss über die Denkkategorien des radikalen Konservatismus in Deutschland gibt die Verf. d.A. in der Einleitung zu ihren wortmonographischen Studien zum Sprachgebrauch der Konservativen Revolution. Siehe Literaturverzeichnis.

> „Eingesenkt fortan blieb dem Maler Greiderer das Bild des wahren Stieres, an die Palisade
> gedrückt, Wasser lassend, sich nicht mehr kümmernd um Menschen, Säbel, bunte Tücher,
> nur mehr begierig, im Schatten zu sterben." (S. 309)

Als Greiderer sich später daran macht, ein Bild des an der Barriere stehenden
Stieres zu malen, findet er in dem gestürzten *Flaucher,* der vor dem Gericht duldsam
die „höhnischen, schmachvollen" Fragen der Angeklagten und ihrer Verteidiger über
sich ergehen lässt, ein Gegenstück zu dem leidenden Stier. „Er fand eine Menge
Nuancen. Zwei Wochen sass so der Zeuge Flaucher, verbockt, bösartig, und sammelte
in seine Brust die Spiesse, sie von anderen abzuwehren." (S. 752) In diesem Augenblick,
als das Bild vom Stier und vom nicht mehr kämpfenden Generalstaatskommissar
ineinander übergehen, wird Flaucher zum Sinnbild eines untergehenden Volkes, zu
einem Opfer, das sich von den Provokationen eines windigeren Menschenschlages
nicht mehr zum Kampf reizen lässt. Wie der wasserlassende Stier, der „auf einer
flachen Ebene mit gutem, kühlen Gras, unter einem weiten Himmel" gross geworden
war, nur ein bisschen Ruhe zum Sterben haben möchte, so weiss der Zeuge Flaucher,
dass das Bayern, für das er gekämpft hat, einer vergangenen Zeit angehört.[1]

In ähnlicher Weise gebraucht Tüverlin das Motiv des Stierkampfs in seiner Revue
(Kap. III/16), wenn er in einer Szene einen Matador auf die Bühne stellt, der „mit
eleganter Pose und Lust am Töten" einen schwerfälligen Stier reizt und dazu „dünne
und böse" Verse spricht.

> „Tüverlin hatte den Stier zu einem Geschöpf gemacht, gehetzt, dumpfig, zum Untergang
> bestimmt, zu einer Kreatur voll Kraft, nicht unsympathisch, der eben nur Gerissenheit fehlte,
> ohne die in jener Epoche schwer zu leben war." (S. 413 f.)

Die von den Lehren *Darwins* herrührende Denktradition der natürlichen Ausschal-
tung lebensschwacher Arten, die von Kulturphilosophen wie *Julian Huxley* und *Oswald
Spengler* auf das Aussterben von Hochkulturen übertragen wurde, spiegelt sich in
Feuchtwangers Bayernbild. Er führt die dialektische Spannung der Epoche in dem
Zusammenstoss zweier Menschentypen auf eine *neue Völkerwanderung* zurück. Ra-
schere Kommunikation setzt ein schnelleres Auffassungsvermögen voraus. „Der
sesshafte Typ aber, der Bauer, verlor an Geltung; seine Arbeit, seine Bedeutung,
seine Art wurde geringer gewertet." (S. 524)

Ein solcher „sesshafter" Typ, ein „Stier", ist der Bruder von Rupert Kutzner, der
Boxer *Alois Kutzner,* der in seiner Kunst von Jüngeren übertroffen wird. Er findet
sich in der Massenbewegung seines Bruders nicht zurecht, empfindet ein wachsendes
Bedürfnis, seine mörderische Tat (vgl. S. 85) zu sühnen und ersucht am Ende um
Aufnahme in ein Kloster. Für Leute seiner Art hat die Welt keinen Gebrauch mehr.

Im Gegensatz zur Kasperle-Figur ist das Gleichnis vom Stier nur geeignet, Mitleid
zu erwecken. Was das Erlebnis des Stierkampfs fü den Maler Greiderer so erschütternd
machte, war die Erkenntnis, dass hier das Töten ein zu höchster Kunst getriebenes
Spiel „zum Spass" des Publikums ist, und dass der Sieg des Stierkämpfers auf der
Überlegenheit des menschlichen Hirns über die tierische Kraft beruht. *Flaucher* wirft
Klenk vor, dass er ein „unernster Mann" ist, und Klenk selbst gesteht sich ein,

---

[1] Vgl. S. 518, wo Feuchtwanger über die „Altbayern" sagt: „Sie hatten nicht viel Metaphysik;
aber sie spannten, dass sie trotz alldem das letzte Geschlecht waren, dem es vergönnt blieb,
auf diesem Stück Erde so zu leben, wie man seit mehr als einem Jahrtausend dort gelebt hatte."

dass er Krüger zum Spass verurteilt hat. Diese Tendenz sieht der Autor in den jungen Führern der Kutznerbewegung vorherrschen, die, aus der Langeweile der Schützengräben in kein bürgerliches Leben zurückfindend, nur in ideologisch verbrämter Kriminalität einen Lebensinhalt sehen können und sich für Massenbewegungen einsetzen, die die primitive Lust am Töten in ein System bringen. Kindliche Träume von Macht, Erfolg und Abenteuer treiben Erich Bornhaak und seinen depravierten älteren Freund von Dellmaier in immer neue „Projekte" hinein, die von den destruktiven Trieben ihrer Urheber zeugen: Menschen- und Tierquälereien (vgl. S. 324 und 377). In dieser Perspektive wird die primitive Brutalität der Bayern von neuem gefährlich, da sie nun von zynischen Vertretern der neuen Epoche mobilisiert werden kann. Der Autor sieht eine Herrschaft der Gewalt aufkommen, von Führern gelenkt, die vor keinen Manipulationen der erregten, in Not versetzten Massen zurückschrecken. (Zu diesem Typus vgl. S. 283.)

In seinem *Versuch einer Selbstbiographie* (1927, a.a.O.) berührt Feuchtwanger kurz dieses neue Epochenbewusstsein, das ihn in den Jahren nach dem 1. Weltkrieg beunruhigte:

> „Was mich am meisten staunen machte, war die deutliche Erkenntnis von der Ungleichheit der Menschen vor und nach dem Krieg. Und von ihrer Gleichheit. Die Erkenntnis, wie unverändert manche Zeitgenossen durch den Krieg gingen, hat mich erschreckt, die wilde, barbarische Sachlichkeit derjenigen, die im Krieg gross wurden, mich abgestossen. Ich habe die zu verstehen gesucht, die sich verkrusteten, und die, die sich dem Neuen fast haltlos hingaben. Durchzufinden zwischen dem Vor und dem Nach dem Krieg, den Riss der Zeiten in sich selber zu überwachsen, scheint mir die schwerste Aufgabe. Sie liegt zum grössern Teil noch vor mir." (CO, S. 364)

Etwas von diesem tragischen Gefühl einer nicht zu überbrückenden Kluft zwischen den Generationen vermittelt das Kapitel *Vorkriegsvater und Nachkriegssohn* (S. 458 ff.), in dem die Hilflosigkeit des alten Geyer gegenüber den Zynismen des Sohnes gestaltet wird.

Leitmotivisch taucht das Bild des Stierkampfs auch in der Serie *Stiergefecht* auf, die der Porzellanfabrikant Hessreiter trotz wenig Aussicht auf Erfolg in seiner Werkstatt ausführen lässt (vgl. S.,103, 167, 242). Den Maler Greiderer überkommt ein Gefühl der verlogenen Ästhetisierung, wenn er beim Anblick der erschütternden Vorgänge in der spanischen Arena an diese Produkte seines bayrischen Kollegen denkt.

Die doppelte Funktion der Kasperlefigur und des Stierkampfmotives für Feuchtwangers didaktische Absichten der verschlüsselten Darstellung bayrischer Politik in den Jahren 1920–1923 liegt auf der Hand. Er erblickte darin einen Kampf auf Leben und Tod, in dem seine Vernunft zwar auf der Seite des Neuen, sein Herz aber überwiegend bei den Opfern des Fortschritts, den Vertretern einer aussterbenden Lebensform, war. Es ist seine Schwäche als Schriftsteller, dass er sich auf die Wirkung von Leitmotiven und Symbolik dieser Art nicht ganz zu verlassen wagt, sondern dass er, wie diese Darstellung mit ihrer grossen Anzahl von Hinweisen auf Textstellen gezeigt hat, sein Werk mit Verfasserkommentaren belastet, die das Erlebnis der künstlerischen Einheit des Romans erschweren.

Der Dialog mit dem Leser: Feuchtwangers Allusionen in „Erfolg".

Die literarische oder historische *Anspielung* gibt dem Erzähler die Möglichkeit, fertige Vorstellungskomplexe beim Leser anzusprechen, ein Bild in der Erinnerung wachzurufen und signalartig Menschen oder Vorgänge zu verfremden und sie in einen Zusammenhang zu stellen, dessen Effekt auf Wiedererkennen beruht. Die so entstandene Doppelfunktion des Bildes kann ein Erlebnis der schillernden Stilbrechung erzeugen, was z.B. der Fall ist, wenn Feuchtwanger in *Erfolg* den redenden Kutzner mit Shakespeares *Hamlet* vergleicht (Ironie). Anders verhält es sich, wenn der Erzähler zum tieferen Verständnis einer Romangestalt eine historische Parallele heranzieht, die keine Brechung, sondern eine Verstärkung der Illusion bewirkt. Das Bild einer historisch abgerundeten Gestalt klärt den Blick auf die zu gestaltende Person, das Filter der Geschichte akzentuiert z.B. klassische Konflikte zwischen Individuum und Gesellschaft und verleiht einer Gestalt historische Bedeutung.

In Zusammenhang mit Klenk tauchen die beiden Namen *Catilina* (Kap. IV/2) und *Coriolan* (Kap. IV/2 und V/6) auf. Diese beiden Allusionen auf Rächergestalten in der römischen Geschichte zeugen von der Neigung des Historikers Feuchtwanger, in Zeiten grosser sozialer Umbrüche gemeinsame Züge zu sehen. Was nach dem 1. Weltkrieg in Deutschland geschah, war ein Einbruch der Volksherrschaft in aristokratisch regierte Staaten. Die römische Geschichte konnte Parallelen aufweisen: *Catilina* (108–62 v.Chr.) war ein rücksichtsloser Patrizier in der Anhängerschaft Sullas, der, nachdem ihn seine Schulden politisch zu Fall gebracht hatten, einen Aufruhr der Unzufriedenen in ganz Italien schürte. *Klenk* weist zwar die allgemeine Auffassung seiner früheren Kollegen in der Regierung von sich, er sei „ein bayrischer Catilina, der zum Geschwerl läuft, zu den Narren und Brandstiftern, weil er bei den andern nicht mehr ankommt" (S. 503). Was er, der Republikgegner, sich von seinem Eintritt in die Partei der Wahrhaft Deutschen erhofft, ist im Gegenteil, sein Land vor dem „Geschwerl" retten zu können, wenn er es selbst in die Hand bekommt (vgl. oben S. 69). Der römische Patrizier *Coriolan,* so erzählt Plutarch, wurde 491 v. Chr. des Landes verwiesen, da er gegen den Vorschlag gestimmt hatte, unter das hungernde Volk Brot zu verteilen. Er, ein glänzender Heerführer, stellte sich darauf an die Spitze eines feindlichen Volkes in einem Krieg gegen Rom. Vergebens liess er die Römer um Frieden bitten. *Shakespeare* und *H.J. von Collin*, ein österreichischer Dramatiker, benutzten den Coriolan-Stoff für Dramen; *Beethoven* schrieb 1807 eine Ouvertüre zum Bühnenwerk Collins, die Feuchtwanger S. 503 erwähnt. Er nennt den in seinem Selbstgefühl ungebrochenen Klenk einen „doppelten Coriolan", als sich dieser auch von den Patrioten zurückzieht und am Tag vor dem Putsch von ihrem „Führer" beschworen werden muss, in ihre Reihen zurückzukehren (S. 717).

Das Kap. IV/23, in dem ein Fememord geschildert wird, trägt die Überschrift *Caliban,* eine Anspielung, die das Barbarische, Tierische an der Tat und am Wesen der Wahrhaft Deutschen verdeutlichen soll. In der Welt Prosperos in Shakespeares *Der Sturm* bedeutet die Gegenwart des Höhlenmenschen *Caliban*, des Sklaven, ein Überbleibsel des Primitiven in dem von höchster Humanität geprägten Reich des guten Fürsten. Der Anschlag auf Prosperos Leben, den Caliban schürt, ist zugleich ein Anschlag der Instinkte auf die Vernunft. Die Allusion soll den von den beiden Anführern Erich Bornhaak und Ludwig Ratzenberger in *Erfolg* geplanten und von dem schwachsinnigen Boxer Alois Kutzner ausgeführten Mord an dem Dienstmädchen Amalia Sandhuber (vgl. S. 85) in einen thematischen Zusammenhang hineinstellen: In den Augen Tüverlins waren die Völkischen eine Gruppe von „besonders Zurückgebliebenen".

Der Hinweis auf den legendären Diktator *Tamerlan,* der Menschen lebend in die Mauer einmauern liess, mit der er sein Reich umgab (S. 196), und der Spruch *Gedenket des Bäckergesellen* (S. 580) sind geeignet, die beiden Rechtsprinzipien, die Feuchtwanger in *Erfolg* einander gegenüberstellt, auf eindrucksvolle Art – sinnbildlich – zu illustrieren.

Dass dem Romancier Feuchtwanger die grossen Werke und Themen der Weltliteratur vertraut waren, und dass er sich selbst in einer Tradition stehen sah, die ihn mit den grossen Moralisten vergangener Jahrhunderte verband, die für menschliche Eigenschaften klassische Typen gestaltet hatten, davon zeugt auch die Erwähnung von *Cervantes* S.317, dessen Verhältnis zu *Don Quichotte* eine Parallele zu Feuchtwangers zwiespältiger Haltung gegenüber den Bayern ausmacht. Der Gedanke an den Spanier und seinen „Helden" tröstet ihn: „Hat nicht Cervantes den Don Quichotte deshalb durch die Jahrhunderte haltbar machen können, weil er ihn mit dem Hirn ablehnt, doch mit dem Herzen ja zu ihm sagt?" Die mangelnde Übereinstimmung zwischen Hirn und Gefühl ist, wie die Untersuchung von Feuchterwangers Personendarstellung gezeigt hat (S. 108 ff.), ein wiederkehrendes Thema in *Erfolg.* Das Verständnis Tüverlins für die Vielfalt der Motive, aus denen heraus die Menschen um ihn handeln, entspricht seiner Sympathie für die Rückständigkeit der Bayern, deren Primitivität er mit seiner Vernunft ablehnen muss. Nach dem Paradoxon des Don Quichotte dichtete Feuchtwanger den Bayern, ein Wesen, das aus seinen Erfahrungen nicht zu lernen vermag. Ohne Verständnis für die „neue" Zeit, in der er lebt, macht der Held des Cervantes ständig den Versuch, die Ideale einer vergangenen Zeit, des Mittelalters, zurückzurufen; die Versuche sind zum Scheitern verurteilt, da sich das Menschen- und Gesellschaftsbild der Renaissance längst durchgesetzt hat und der Ritter von La Mancha seine Mitmenschen in unmögliche Lagen versetzt und mehr Unheil als Heil stiftet.

Im Schicksal des Kunsthistorikers Martin Krüger, sah Feuchtwanger eine Parallele zum Schicksal des spanischen Malers *Francisco de Goya* (vgl. S. 130 f). Die Stellung des talentierten Bauernsohnes als Hofmaler und Günstling der königlichen Familie Bourbon in den 90er Jahren des 18. Jahrhunderts hatte diesen für den Verfall der Monarchie und die Schrecken der Inquisition blind gemacht. In den Jahren der französischen Besatzung kam er in eine zweifelhafte Zwischenstellung, die derjenigen des Mitläufers ähnlich sah. Der zunehmende Realismus seiner Porträtkunst und die Wahl seiner Motive (Bildzyklus *Desastres de la Guerra, Los Caprichos, Las Pinturas Negras*) lassen auf eine veränderte Lebenseinstellung Goyas schliessen, die z.T. durch das Erlebnis der Taubheit und die daraus folgende menschliche Isolierung bedingt wurde, z.T. aber auch durch eine Radikalisierung seiner politischen Ansichten und eine wachsende Erkenntnis der wahren Zustände in seinem Lande, das er 1824, fast achtzigjährig, auf Grund der wieder zunehmenden Reaktion verliess.

Das Erlebnis der spanischen Landschaft und der Kunst Goyas im Prado zu Madrid hatte in Feuchtwanger tiefe Wurzeln geschlagen (1926). Aus ihnen entwuchs 25 Jahre später der Roman über den spanischen Künstler. Erst spät reift Goya zu der Erkenntnis heran, dass sein Talent ihm auch Pflichten gegenüber der Gesellschaft auferlegt, in der er lebt. In *Erfolg* wird dieses Thema in der Gestalt Krügers vorweggenommen. In beiden Büchern erfolgt die Wandlung des Künstlers als das Ergebnis einer ideologischen Beeinflussung durch einen jüngeren Mitarbeiter/Freund *und* tiefgreifender persönlicher Erlebnisse, ohne die der Durchbruch zum Künstler grossen Formats nicht stattgefunden hätte. (Vgl. *Kahn*, S. 202–216, bzw. S. 213).

Die Goya-Allusion verstärkt den didaktischen Charakter der Dichtung Feuchtwangers und unterstreicht seine Neigung, geschichtliche Parallelen zu zeitgenössischen Erlebnissen zu suchen und sich die eigene Gegenwart mit Hilfe früherer Epochen zu erklären. Die Tatsache, dass der „Graubraune" sich an den Dokumenten aus dem Leben und Werk Goyas aufrichtet, verstärkt die These des Verfassers, dass *die Aufzeichnung der Gewalttaten, unter denen die Menschen einer Epoche zu leiden haben, dem Fortschritt, der Vernunft dient*, als deren Werkzeug Feuchtwanger seine eigenen Romane sehen wollte. Über den von seinem Schicksal gebrochenen Martin Krüger heisst es:

„ . . . In sich ein sog er die Geschichte des lebensgierigen, heftigen Mannes, der gut kannte die Schrecken der Kirche, des Krieges und der Justiz. Er sog ein, was der Spanier, als er alt und taub wurde, doch nicht minder lebensgierig, träumte und sich ersann, die Suennos und die Caprichos. Er sah die Blätter mit den an Händen und Füssen gefesselten Kerkersträflingen, die hirnlosen 'Faultiere' mit den geschlossenen Augen und den zugesperrten Ohren, die dafür einen Säbel an der Seite und Wappenschilder auf der Brust haben. /. . ./ Die Füsilierung der Madrider Strassenrevolutionäre, die Bilder vom Schlachtfeld, aus dem Zuchthaus, dem Irrenhaus. *Keiner vor Martin Krüger hatte so wie er das ungeheure Rebellische dieser Bilder gesehen.* (Hervorhebungen von der Verf.) /. . ./ Er lebte sich so ein in die Buchstaben des Goya, dass sie langsam seine eigenen verdrängten, dass er auch seine deutschen Sätze in den Zügen des Goya schrieb. Damals entstand für sein Goya-Buch das Kapitel 'Wie lange noch?', die fünf Seiten Prosa, die seither in allen revolutionären Schulbüchern stehen und zum Titel haben eben jene Worte, die der taube Alte geschrieben hat unter das Blatt mit dem leidenden, riesigen Kopf, auf dem die Ameisen der Verwesung wimmeln." (S. 356 f.)

Die Goya-Symbolik ist letztlich als eine Vorausdeutung auf die Dokumentation über Krügers Leben und Tod und die Klassenjustiz in Bayern zu sehen, die Tüverlin und Johanna Krain nach Krügers Tod zusammenstellen. (Vgl. das Schlusskapitel, das mit der Goya-Allusion *Ich hab's gesehen,* spanisch *yo lo vi,* betitelt ist). Die Idee, dass die Opfer dadurch ihre Quäler überleben, dass ihre Erlebnisse für die Nachwelt erhalten bleiben, wurde in Feuchtwangers Augen durch Goyas Bilder bestätigt. Johanna und Tüverlin empfinden es als ihre Pflicht, Krügers sinnlosem Tod einen Sinn zu verleihen, indem sie die Nachfahren zwingen, die Kräfte zu erkennen, deren Opfer er wurde. Richtschnur des Erzählers wird der S. 799 angeführte einprägsame Satz von Karl Marx, den Tüverlin als Argument für seinen Bayernroman anführt und der die aufklärerische Tendenz des ganzen Werks unterstreicht:

„*Man muss die versteinerten Verhältnisse der deutschen Gesellschaft schildern und sie dadurch zum Tanzen zwingen, dass man ihnen ihre eigene Melodie vorsingt! Man muss das Volk vor sich selbst erschrecken lehren, um ihm Courage zu machen.*"[1]

Hatte Feuchtwanger die Taubheit Goyas nach dem Schlaganfall im Jahre 1792 als eine Art Parallele zur Inhaftierung seines Romanhelden Krüger empfunden, so deutet eine weitere Allusion auf ein anderes Künstlerschicksal hin, das damals in der Zeit nur dreissig Jahre zurücklag, nämlich auf dasjenige von *Oscar Wilde.* Feucht-

[1] Bei Marx in *Kritik der Hegelschen Rechtsphilosphie,* in: *Deutsch-Französische Jahrbücher 1843/44.* (Kröner Taschenausgabe 1971, S. 211).

wanger hatte sich in jungen Jahren mit dem in Schriftstellerkreisen weit über England hinaus tonangebenden Dichter Wilde beschäftigt, dem Ästhetiker, dem auf einmal das Objekt seiner Kunst, seines Genusses und seiner Verachtung, die Welt in all ihren Formen, entzogen wird und an dem sich die „niedrige, schmutzige Welt", der er sich in der Freiheit, durch die Gaben seiner Phantasie und durch seine souveräne Immoralität immer zu entziehen versucht hatte, doppelt zu rächen schien, indem sie ihn sich selbst überliess. Über das Kapitel IV/32 in *Erfolg*, das den Tod Krügers gestaltet, setzte der Autor die Überschrift *De Profundis*. Damit deutet er an, dass auch im geläuterten Krüger, der sich in seinen besten Augenblicken zu einem Rebellen durchgekämpft hatte, ein Oscar Wilde stak, der Rechtfertigung suchte und mit der Welt haderte sowie den Menschen verwünschte, der ihn in eine Lage versetzt hatte, in der ihm alle Genüsse der Welt versagt blieben.[1] Zwar hatte auch Wilde in seinen Bekenntnissen[2] versucht, seinen leidvollen Gefängnisaufenthalt, zu dem ihn seine Arroganz gegenüber dem Vater seines jungen Freundes Lord Douglas geführt hatte, als wertvolle Erfahrung zu interpretieren und einen Sinn darin zu sehen; aus den Briefen an den Freund sprechen aber auch Verbitterung und heftige Anklage. Dass Feuchtwanger mit seiner Gestaltung Krügers den Bogen von Goya zu Wilde spannt und so das Motiv in seinen vielen Schattierungen abtastet, zeugt von seinem Bemühen, ein in erster Linie nuanciertes und glaubwürdiges Porträt seines Protagonisten zu liefern. Es führt aber auch den sensiblen Leser zu einem tieferen Verständnis für den Schrecken, der Feuchtwanger bei der Beschäftigung mit dem Gedanken ergriffen haben muss, einmal selbst Opfer der Justiz zu werden, was in den Tagen zunehmender Judenverfolgung keineswegs ausserhalb des Bereichs des Möglichen lag – und er wusste es (vgl. Anm. S. 134 und S. 135.).

William Makepeace *Thackeray* hatte seinem Roman *Vanity Fair* den Untertitel *A Novel without a Hero* gegeben, da er keine seiner Gestalten verschönern wollte; er war Satiriker. Feuchtwanger sagte programmatisch über *Erfolg*:

> „Als moderner deutscher Schriftsteller habe ich an einem Helden oder einer Heldin kein Interesse." (Vgl. S. 21)

Er fügte hinzu, der eigentliche Held seines Romans sei das Land Bayern. Dabei deutete er an, dass ihn in erster Linie die historischen und ökonomischen Gesetze interessierten, die die Lebensbedingungen des einzelnen schaffen. In dieser Hinsicht unterscheidet er sich von Thackeray, der weder im Sinne von Lukács noch im Sinne von Feuchtwanger einen *historischen* Roman geschrieben hatte. Im übrigen wundert

[1] Vgl. *Erfolg* S. 683: „Anna Elisabeth Haider. Die war an allem schuld. In jeder Hinsicht und an allem. Hätte er ihr Bild nicht in die Galerie gehängt, alles wäre gut gewesen. Hätte er nicht in ihrem blöden Prozess ausgesagt, alles wäre gut gewesen."

[2] Die posthum als Fragment herausgegebene Prosaschrift *De Profundis* war von Wilde in der Form der Confessio als *Epistola in carcere et vinculis* geschrieben worden. Entstanden 1897 kamen sie 1905, 1913 und 1949 in Teildrucken heraus (vollständig erst in *The Letters*, London 1962). Feuchtwanger dürfte, als er *Erfolg* schrieb, die beiden ersten Ausgaben und die deutsche Übersetzung von Meyerfeld (1926) gekannt haben. Dass er sich schon früh mit dem Modedichter seiner Jugendjahre, dessen Kunst und persönlichem Schicksal, beschäftigte, davon zeugt der ausgezeichnete Aufsatz *Heinrich Heine und Oscar Wilde* aus dem Jahre 1908, in dem Feuchtwanger Wilde einen Vertreter der „Kunst des Hirns" nennt (CO, S. 20–33). Hier werden manche Themen angeschnitten, die Feuchtwanger in späteren Werken aufgreifen sollte, und die sich mit dem Künstler in der Gesellschaft beschäftigen.

es den Leser kaum, dass an zentraler Stelle in *Erfolg* eine Anspielung auf *Vanity Fair* steht, da das Menschenbild Feuchtwangers und seine Art, ihre *vanitas* zu demaskieren, in der Tradition von Thackeray stehen. S. 800 lesen wir über den Schriftsteller Tüverlin und sein Bayernbuch:

> „/ . . . / Das Unrecht hier in Bayern war ihm das nächste, er sah es mit seinen lebendigen Augen, er litt es mit, durch Johanna. Wollte er Bayern dichten, musste er das bayrische Unrecht mitdichten. Auf den Deckel des Manuskripts hatte Anna Lechner säuberlich geschrieben: *Das Buch Bayern*. Er fügte hinzu: oder *Jahrmarkt der Gerechtigkeit*. (Hervorhebung von der Verf. d.A.)

Dieser Titel löst in Johanna Krain sofort ein Bild aus:

> „Ein riesiger Haufen kahlen, wurmstichigen Gerümpels war da, Menschen irrten herum, ängstlich suchend nach etwas Brauchbarem, über jeder Bude waren Schilder: Gerechtigkeit, und die Verkäufer standen feierlich, in schwarzen Talaren." (Ibd.)

Den Satiriker interessiert das Aufdecken der Kluft zwischen Schein und Wirklichkeit in der Gesellschaft und dem moralischen Verfall der oberen, gesellschaftstragenden Schichten. Die Auflösung des Rechts in der Weimarer Republik, sein „Ausverkauf" unter Beibehaltung eines Rechtsapparats, der nur dem Schein nach, nicht aber wirklich im Dienste des Volkes stand, waren in den Augen Feuchtwangers der Boden, auf dem der Faschismus gedeihen konnte. Dass dieser Boden von oben, und nicht von unten bereitet wurde, zeigt seine Entlarvung der zunehmenden Verrohung der bayrischen Regierung in ihrem Kampf gegen das Reich in den kritischen Jahren, denen Feuchtwangers Schilderung gilt. Die durch die Rechtspflege selbst bewirkte Relativierung des Rechts nach dem Weltkrieg hatte die Gesetze „wurmstichig" gemacht. Dass man sich mit der richtigen politischen Gesinnung Gerechtigkeit erkaufen kann, ist eine Erkenntnis, die an Thackerays Aufdeckung der Standesvorurteile im England des 19. Jahrhunderts erinnert.

Auch die kritische Distanz zu den Zeitgenossen, mit der sich der Engländer als Erzähler an das Werk machte (vgl. sein Vorwort *Before the Curtain*), erinnert an die Bemühungen Feuchtwangers, leidenschaftslos auf die bayrische Bühne seiner Jahre herabzublicken. Thackeray spricht von der Bühne, auf der er die Schauspieler wie Marionetten führt, nachdem der Vorhang aufgegangen ist. Auf dieser Bühne spielt sich das Sittenbild früherer Generationen ab, ein Bild, in dem die Laster vorherrschen und die schlechte Moral die erfolgreiche ist. Beiden Schriftstellern ist gemeinsam, dass der kritischen Distanz zu den Menschen auf der Bühne nicht wenig Sympathie beigemischt ist und dass Milde und tieferes Verstehen das Bild der meisten Romanfiguren prägen – was bei Feuchtwanger natürlich z.T. andere Gründe hatte als bei Thackeray. Beim „Puppenspieler" Feuchtwanger kommt das Erbe des Expressionismus hinzu, das seinen Gestalten gewisse maskenhafte und stark stilisierte Züge verlieh, auch wenn sie sehr viel „sachlicher" in Zeit und Umwelt verankert waren als die Bühnengestalten der Expressionisten. (Vom Einfluss Freuds und Darwins auf seine Personengestaltung vurde oben S. 108 ff. gesprochen.) Hinzu kommt auch der dialektische Zug in der Personengestaltung Feuchtwangers, einen Zug den wir in dem Welterfolg Thackerays vergebens suchen, da seine Absichten mit der Gesellschaftssatire in *Vanity Fair* andere waren als Feuchtwangers in *Erfolg*. In die Nähe einer „Heldin" kommt schliesslich die kämpfende *Johanna Krain*, ein Gegenbild der beiden Frauengestalten in *Vanity Fair*. Sie hat weder die Naivität einer *Amelia*

Sedley noch den Zynismus einer *Becky Sharp*, sondern ist eine Gestalt, die auch vor der Demaskierung des Dichters ihre moralische Integrität beibehält.

Die Anspielung auf Thackeray vermittelt eine Auffassung davon, welch hohes Ziel Feuchtwanger mit seinem Roman über deutsche Klassenjustiz verfolgte und wie gross sein Selbstgefühl um das Jahr 1927 gewesen ist. Diese Einschätzung des eigenen Könnens erklärt vielleicht auch, dass ihm in *Erfolg* gelang, was in den beiden andern Romanen der *Wartesaal-Trilogie* nur bedingt glückte: Privates und Persönliches zu verarbeiten und ein Niveau der Darstellung zu erzielen, auf dem Literatur Grösse und Allgemeingültigkeit erreicht (vgl. Reich-Ranicki, S. 14 d.A.).

Das Kapitel II/19 trägt die Überschrift *David spielt vor König Saul* und stellt dar, wie Baron Reindl den Ingenieur Kaspar Pröckl nach Garmisch in sein Hotel ruft und ihn bittet, ihm seine Balladen vorzusingen. Von Reindl, dem in seinem Schlafrock „mächtig Daliegenden", heisst es:

> „Der Violette lag auf seinem Diwan, jeder Wendung des Vortrags folgend, bald die Oberlippe mit dem strahlend schwarzen Schnurrbart gepresst vorwölbend, bald das fleischige Gesicht entspannt, ein Gemisch von Empörung, Hohn, Anerkennung, Unmut, Genuss. Der Ingenieur Pröckl starrte ihn unverwandt an, schrie ihm seine zotigen, proletarischen Verse ins gepflegte, feiste Antlitz." (S. 247)

In der ältesten Geschichte Israels leuchten die drei Namen Samuel, *Saul* und *David* mit einem besonderen Glanz (*Altes Testament, Bücher Samuels*). Saul, der erste König, schwermütig und misstrauisch veranlagt, ist die tragische Gestalt, die zwischen den alten Demokraten, Gegnern des Königstums, und dem jungen, volkstümlichen David steht. Als König ruft er den jungen unbekannten Krieger David zu sich und erfreut sich seiner Dienste, fühlt sich aber bald von ihm überragt und schickt ihn zu den Philistern als Führer seines Heeres. Er wagt es nicht, ihn zu erschlagen, da er merkt, dass David die Gunst des Herrn geniesst, hofft aber, dass die Feinde, gegen die er den früheren Günstling schickt, ihn aus dem Wege räumen werden. Die Geschichte geht aber anders aus: Saul stirbt, und David wird König.

Die Parallele ist offenbar und nicht ohne ironische Akzente. Reindls Rolle in Feuchtwangers Bayernbild ist es ja, zwischen zwei Epochen zu stehen, was ihn unter seinen Landsleuten einsam und unbeliebt macht. Er ist ein Menschenverächter, der an der Originalität und Intelligenz Pröckls Gefallen findet, sieht aber nach dem Auftritt im Hotelzimmer ein, dass er als Kapitalist in dem jungen Ingenieur einen ebenbürtigen, ja vielleicht schon überlegenen Feind hat, dem die Zukunft gehören wird. Durch den Auftrag zu einem Besuch in der UdSSR gelingt es ihm, Pröckl aus Bayern und Deutschland zu entfernen. Wird ihn die Sowjetunion unschädlich machen? Sinn der Analogie ist aber auch der unausgeführte Schluss; hier wie in dem Kapitel IV/1 (*Panzerkreuzer Orlow*) zeigt der Verfasser, dass der Sozialismus nicht mehr aus der Welt weggedacht werden konnte und dass man ihn nicht dadurch abschaffen konnte, dass man ihn in die Sowjetunion verbannte. Trotz seiner Stellungnahme für Amerika zeigt sich Feuchtwanger hier gespalten; glaubte er an eine „Machtübernahme des Sozialismus" für Europa? (vgl. S. 125)

Die *Ironie* liegt in der Diskrepanz zwischen dem Bild des äusserlich verkommenen und verwahrlosten Pröckl und der strahlenden Heldenfigur eines David aus dem Alten Testament, einer Rolle, in die der junge Marxist unvermittelt hineingezwängt wird. Das Wissen um die Brecht-Verschlüsselung trägt natürlich dazu bei, der Allusion auf die Gestalt Davids zusätzliche Aspekte abzugewinnen; die Gleichstellung mit dem grossen biblischen Sänger spricht für den grossen Eindruck, den der Vortrag Brechts auf Feuchtwanger und andere Zeitgenossen machte.

Auch die *Gestaltung* Davids in der biblischen Quelle dürfte den Verfasser von *Erfolg* beeindruckt und ihm als hohes Muster vorgeschwebt haben: hier zeigte sich der objektive Realismus jüdischer Geschichtsschreibung, einer Tradition, die keine Widersprüche in der Menschengestaltung scheute. (Vgl. CO, S. 472 ff.) Die Person Davids wird keineswegs idealisiert, seine Fehler und moralischen Schwächen werden schonungslos blossgestellt. Trotzdem kann seine Grösse nicht angezweifelt werden; unter seiner Führung wurden die israelischen Stämme in einem Reich geeinigt und Jerusalem zur Hauptstadt gemacht. Ihm gegenüber war Saul nur ein kleiner Bauernkönig gewesen. Wollte Feuchtwanger mit dieser Anspielung sagen, dass er die Tage der hart erkämpften Eigenstaatlichkeit Bayerns als gezählt ansah und dass neue Wirtschafts- und Herrschaftsformen den Agrarstaat Bayern bald zur Aufgabe seines Kampfes gegen Berlin zwingen würden? Die Deutung liegt nahe und stützt die Tendenz des übrigen Werkes.

Im Kap. II/20, S. 252 ff., lernen wir den Heimatdichter *Josef Pfisterer* näher kennen, dem seine sonnigen Geschichten nicht so recht gelingen wollen, seitdem ihm der Fall Krüger in der Gestalt Johannas auf den Leib gerückt ist.

> „Er konnte das Schicksal der blonden Bauerntochter Vroni, die, in die Stadt verschlagen, dort verkannt, schliesslich aber doch von einem Maler als grosses Talent gewertet, ins gebührende Licht gestellt und geheiratet wird, er konnte dieses Schicksal nicht mit der Freude, Leichtigkeit, Überzeugung runden wie sonst. Das breite, bräunliche Gesicht Johannas drängte sich dazwischen mit den drei Falten über der stumpfen, lebendigen Nase und den grauen, zornigen Augen. Nein, es war leider nicht wegen der Frau, dass er sich um diese Geschichte mit dem Krüger kümmerte." (S. 253 f.)

Das Kap. II/20 heisst *Und dennoch: es ist nichts faul im Staate Bayern.* Das paraphrasierte *Hamlet*-Zitat versetzt den gutgläubigen bayrischen Schriftsteller in die Rolle des grossen Zweiflers und Wahrheitssuchers; der Effekt davon liegt nicht so sehr in dem unterschiedlichen Grad der Marterung, denn schliesslich lässt Feuchtwanger Pfisterer an der „Verlumpung seines Landes" sterben, als in der Art, wie die Erkenntnis bewältigt wird. Der Verdacht, dass „im Staate Dänemark" ein Mord begangen worden ist, dessen Geheimhaltung das ganze Reich infiziert, bohrt sich in die Seele des jungen Prinzen und macht ihn krank, töricht und von Rachegedanken besessen. Auch in Bayern ist ein Mord, und zwar ein Justizmord, begangen worden. Die Lüge frisst weiter, das Rechtsgefühl der Machthaber löst sich immer mehr auf, die Gewalt nimmt zu und die Bewegung der Wahrhaft Deutschen, von den Behörden beschützt und von den führenden Politikern für sich in Anspruch genommen, erlebt in München eine wahre Blütezeit. Dies alles frisst zwar am Gemüt Pfisterers, als Dichter kann er es aber nicht bewältigen, da seine erdichteten Menschen schablonenhaft nach Denkkategorien zugeschnitten sind, die nicht der wahren Wirklichkeit, sondern einer postulierten „heilen" Welt, entstammen. Mit der Hamlet-Allusion wird die Fadenscheinigkeit der Schriftstellerrolle eines Pfisterer, lies *Ganghofer*, an den Tag gestellt, nicht triumphierend und mit satirischer Bosheit, sondern mit feiner Ironie und tiefem Verständnis für die Verlockung, die in der Ignoranz gegenüber unbequemen Wahrheiten liegt. Was Feuchtwanger aufzeigt, ist das Leiden Pfisterers an seinem Land; die wirkliche Hamlet-Rolle des Wahrheitsverkünders aber bürdet er dem Aussenseiter *Tüverlin* auf. In Wirklichkeit ist es Feuchtwanger selbst, der es mit seinem Roman *Erfolg* unternimmt, die politisierte Justiz, vor der er sich selbst

fürchtete, in die Mitte einer Darstellung des zunehmenden Faschismus in seinem
Lande zu stellen und die historische Bedingtheit des neuen „Barbarismus" aufzuweisen. Die Parallele zu den Ereignissen auf dem mittelalterlichen Schloss Kronborg
zeugt, obwohl ironisch angebracht, von dem Ernst, mit dem Feuchtwanger die Auflösung der Rechtssicherheit in Deutschland betrachtete. (Vgl. *Erfolg* S. 800)

Das grosse Gemälde *Josef und seine Brüder oder: Gerechtigkeit* von dem Maler Franz
Landholzer ist eins der drei Kunstwerke, die den Galeriedirektor Krüger zum
Opfer der bayrischen Justiz machen. Die Beschreibung dieses Kunstwerks und seiner
Wirkung auf die Besucher der staatlichen Galerien in München leitet den Roman
Erfolg ein; sie ist eine Art thematischer Prolog und greift in die Zeit einiger Jahre
vor dem Krüger-Prozess zurück. Das Bild gestaltet die Szene aus dem *Alten Testament*,
in der *Josef* die Brüder wegen Diebstahls verhaften lässt. Den silbernen Becher, um
den es geht, hat Josef selbst in das Gepäck Benjamins hineingeschmuggelt, um auf
diese Weise die älteren Brüder zum Geständnis früherer Schuld zu zwingen.

Das 1. Buch des Romans hat den Titel *Justiz* und schildert am Fall Krüger die
Rechtsbeugung der bayrischen Regierung in den Jahren nach dem 1. Weltkrieg. Offiziell wird Krüger wegen Meineids verklagt, inoffiziell gibt der bayrische Justizminister
Klenk zu, dass Krüger verurteilt wird, weil er „schädlich für das Land Bayern" ist
(S. 160). Die Parallele zur Josefsepisode – der zweite Titel *Gerechtigkeit* deutet
auf einen tieferen Sinn und auf die Funktion eines Gleichnisses – würde darin liegen,
dass auch Josef unschuldig leiden muss, da er dem Hass der Brüder zum Opfer
fällt. Josef leistet sich später den „Spass", seine Brüder dieselbe Machtlosigkeit fühlen
zu lassen, die er erleben musste, als sie ihn als unliebsam aus dem Weg räumten,
bloss weil er „anders" war und der Liebling des Vaters. Den Zusammenhang zwischen
ihrem damaligen Verrat und der Geschichte mit dem Becher, die höhere Gerechtigkeit
des Vorgangs, sehen sie nicht.

> „Sie sind gekommen, mit einem hohen Staatsbeamten einen für beide Teile vorteilhaften
> Abschluss zu tätigen. Nun traut man ihnen zu, sie hätten einen silbernen Becher mitgehen
> lassen. Sie haben vergessen, dass sie einmal einen gewissen Knaben verkauft haben, der
> ihr Bruder war; denn das ist lange Jahre her. Sie sind sehr empört, aber sie benehmen
> sich würdig. Und der Mann lächelt sie an aus seinen langen Augen, und im Hintergrund
> die Polizisten stehen dienstwillig und etwas stumpf, und das Bild heisst 'Gerechtigkeit'."
> (S. 8)

Genau wie die Brüder Josefs stehen die bayrischen Politiker Klenk und Flaucher
„fest und satt da, bieder, überzeugt von sich und ihrer Sache" (S. 7). Sie zweifeln
nicht daran, dass sie mit ihrer Justiz ihr Land vor Schädlingen schützen (vgl. S. 77).
Die höhere Gerechtigkeit liegt darin, dass es die Geschichte der *Opfer* ist, die für
die Nachwelt bewahrt wird und dass dieses Zeugnis an sich eine revolutionäre Kraft
in sich trägt. So können auch die rebellischen Zeichnungen Goyas nie aus der Welt
gedacht werden (vgl. oben), ebenso wenig wie die Filmstreifen, auf denen Eisenstein
die Meuterei der russischen Matrosen vor Odessa im Jahre 1905 zum gloriosen Vor-
boten der Revolution machte und die Abend für Abend das Kinopublikum für die
Sache des Sozialismus einnimmt (vgl. das Kap. IV/1 und S. 130 d.A.). Feuchtwanger
glaubte fest an den Sinn historischer Dokumentation. „*Die Welt erklären heisst die
Welt verändern*", postuliert der Schriftsteller Tüverlin (S. 787). Wir erkennen in der
Hoffnung des Autors auf bessere Zeiten nicht nur den traditionell jüdischen Zu-
kunftsglauben, sondern auch das Bedürfnis nach einer *Abwehrideologie* gegen die Kräfte, denen im Augenblick mit dem Geist nicht beizukommen war. Dokumente zu

sammeln und die drohenden Zeichen der Zeit zu deuten war sinnvolle Schriftstel-
lerarbeit in einer Übergangszeit, in der sich die Opfer in einem Wartesaal (vgl. S.138)
befanden.[1]

Die Geschichte von Josef und seinen Brüdern ist aber in erster Linie eine *Einleitung*
Feuchtwangers zu seinem Roman und ein Versuch, mit einem Mythos das Verhältnis
zu seinen Landsleuten und Verfolgern zu klären und auf Distanz zu bringen. *Er
selbst* ist der vertriebene Josef, der Wahrsager und Traumdeuter, m.a.W. der Dichter,
der von seinen Brüdern verstossen wurde, weil er ihnen „im Weg war". Als er nach fünf
Jahren in unfreiwilligem Exil in Berlin seinen Münchenroman veröffentlicht,
ist er ein berühmter Autor, im Ausland von einer grossen Leserschaft geschätzt.
(Vgl. die Rolle Josefs in Ägypten). Den Rechtsfall, um den er seinen Schlüsselroman
über das Bayern der frühen zwanziger Jahre baut, hat es nicht gegeben, es ist eine
erfundene Geschichte. Die Darstellung des Kutznerputsches aber hält sich nahe an
die wirklichen Vorgänge. Feuchtwanger musste damit rechnen, dass die bayrischen
Machthaber, genau wie die biblischen Brüder, reagieren würden, denn er verklagt
sie wegen eines Justizmordes, den er selbst – wie Josef die Geschichte mit dem
Becher – „zu seinem Spass" konstruiert hat. Der Zusammenhang zwischen dem
fiktiven Fall Krüger und den Verhältnissen in der „Ordnungszelle Bayern" – Verhältnissen, die jüdische Schriftsteller wie Feuchtwanger zwangen, von München weg-
zugehen – wird diesen „anständigen" Leuten nicht einleuchten. Indem er ihre Schuld
aber in einer Dichtung festhält, verwandelt er das erlittene Unrecht in *Gerechtigkeit*.
Die Worte Goyas „Ich hab's gesehen" könnten als Motto diesem Teil seines Romans
vorangestellt sein. Aber wie Josef geht es dem Autor nicht um Rache, sondern um
Aufklärung und Versöhnung. Die Sympathie und das Verständnis für die tieferen
historischen Beweggründe, mit denen er die bayrischen Machthaber und die Hitler-
anhänger im Bürgertum zeichnet, zeugen von einer Humanität, die über das Persönliche hinausgeht und an einen Sieg der Vernunft trotz aller Rückfälle in die Barbarei
glaubt.

Feuchtwangers Allusionen in *Erfolg*, hier im Einzelnen beschrieben und erläutert,
sind alle dem Bildungsarsenal des humanistisch geschulten Bürgers der damaligen
Zeit entnommen. Feuchtwanger muss damit gerechnet haben, dass das Beziehungs-
geflecht seiner Anspielungen, sein innerliterarischer Dialog gewissermassen, ohne weiteres von einem grösseren Publikum verstanden werden würde. Das schliesst natürlich
auch die Paraderollen aus berühmten Bühnenwerken (Shakespeare, Schiller, Wagner)
mit ein, die er zur Charakterisierung des „Führers" heranzieht. Die Kommunikation
mit einer breiten Leserschaft, die er sich wünschte (vgl. S. 19) und die das Ausland
miteinbezog, verbot ihm, literarische oder sonstige Anspielungen zu bringen, die nicht
unmittelbar verstanden würden. Es ist dennoch bezeichnend, wie sehr er in seiner
Vorstellung vom Leser an das Bildungsbürgertum gebunden war, aus dem er selbst
hervorgegangen war. Seine Anspielungstechnik gibt dem heutigen Leser indirekt darüber Auskunft, an welche „Konsumenten" er seinen „Appell an die Vernunft" richtete

---

[1]Inwieweit die jüdische Vorstellung von den *gerechten Menschen*, die die Welt vor dem Untergang
retten, und das von der jüdischen Geschichte bedingte Bild von Gefangenschaft und Befreiung
eine Rolle für den „skeptischen Optimismus" Feuchtwangers (vgl. S. 11) und sein Wartesaal-
Thema spielen, ist schwer zu sagen. Die Betonung der Gerechtigkeit und der Schwierigkeit
des Geistes, sich gegenüber der Macht zu behaupten, gehören aber zu den traditionell jüdischen
Themen. Vgl. die Bedeutung des „Buchstaben" in der Diaspora.

und mit was für Lesergruppen ein bürgerlicher Schriftsteller, der immerhin von den neuen Massenmedien sehr beeindruckt war (vgl. oben S. 21), traditionsgemäss rechnete. Es stimmt mit dem Geschichtsbild Feuchtwangers überein, dass er sein Vertrauen in die wenigen Aufgeklärten setzte und nicht damit rechnete, dass Klassen- oder Massenbewegungen vom geschriebenen Wort erreicht werden könnten.

Zweite Zusammenfassung.

In einem Kapitel über die Stellungnahme Feuchtwangers zu der neuen *Grossmacht Amerika* habe ich die Funktion einiger Romanfiguren für das Epochenbild des Romans untersucht. Mit der Gegenüberstellung von Hessreiter, Reindl und Potter wurden der von Feuchtwanger gestaltete Untergang des provinziellen Kaufmanns und der Aufstieg des international, im Falle Potters global denkenden Wirtschaftsführers nachgezeichnet. Der Kampf Bayerns gegen die Zentralisierungsmassnahmen des Reichs in den Jahren nach dem 1. Weltkrieg beruht ja in Feuchtwangers Analyse zu einem grossen Teil auf der Tatsache, dass der Agrarstaat sich für den schnelleren Verkehr nicht öffnen will und mit der Unterstützung der Kutznerbewegung seine landwirtschaftlichen Produkte gegen die Konkurrenz von Übersee schützen zu können glaubt. In den nie zuvor erlebten Wirren der Inflation geht der ahnungslose, im Altkapitalismus der Provinz verankerte Porzellanfabrikant Hessreiter unter, während Reindl, der Wirtschaftsführer vom neuen Typ mit Kontakten zur Schwerindustrie, profitreich aus dem wirtschaftlichen Boom der Ruhrokkupation hervorgeht. Reindl gehört zu den Vertretern von Finanz und Wirtschaft, die Kutzner unterstützen, weil der ihnen die „Roten" und die in der Sozialdemokratie verankerten Gewerkschaften mit ihren Lohnforderungen vom Leibe hält. Ihm stellt der Autor den experimentierlustigen Dollarmagnaten Potter gegenüber, der vorurteilslos die politischen Systeme der Welt danach beurteilt, ob sie die wirschaftlichen Möglichkeiten eines Landes zu verwirklichen verstehen oder nicht. Seine „objektive" Ablehnung der Politik des Kreml und sein klarer Blick für die Möglichkeiten Bayerns zeugen von der Sympathie Feuchtwangers für den „weissen Sozialismus", der in den zwanziger Jahren der sowjetrussischen Lösung gegenübergestellt wurde, auch wenn viele Auswüchse des damals umstrittenen „Amerikanismus" den Europäer Feuchtwanger kritisch stimmten.

In der Gestalt Kaspar Pröckls hat Feuchtwanger die enorme *Anziehungskraft des Marxismus* auf europäische Intellektuelle nach dem 1. Weltkrieg gestaltet. Die neue Herrschaftsform im Osten Europas forderte auch den Künstler zur Stellungnahme und zur Revision angelernter Vorstellungen heraus. Indirekt wird auch Tüverlin, der den Marxismus für seine Zwecke ablehnt, gezwungen, seine, des Schriftstellers Rolle in der Gesellschaft zu überdenken und historisch-politisch zu motivieren. Er und Pröckl sind sich darin einig, dass die Gesellschaft geändert werden muss. Sie glauben aber nicht an die gleichen Mittel: Pröckl will die Kunst beiseite stellen, da sie „bürgerlich" und „privat" ist; Tüverlin glaubt, dass die „leisen Versuche", zu denen er ein gutes Buch zählt, länger vorhalten als gewaltsame politische Umwälzungen.

In einer Analyse der beiden Schriftstellergestalten Tüverlin und Krüger habe ich einen Prozess nachzuzeichnen versucht: nämlich *den Weg des europäischen Intellektuellen* von einer ästhetischen Lebenshaltung zu einer, durch das Erlebnis des Krieges und der Revolution bewirkten, „sachlichen", gesellschaftlich und sozial verpflichteten Schriftstellerrolle, die die Freiheit des Schaffens und der eigenen Stellungnahme jedoch nicht ausschloss.

Zeittypisch für das Deutschland der zwanziger Jahre war ebenfalls *die neue Bedrängtheit der Juden*, eine Folgeerscheinung der verlorenen „nationalen Ehre" der

Deutschen nach dem aufgezwungenen Frieden von Versailles. Das Schicksal des Juden Geyer und seines Sohnes Erich vergegenwärtigt das Leiden deutscher Staatsbürger jüdischer Abstammung an der ihnen von den Völkischen aufgezwungenen neuen Rolle, Angehörige einer fremden Rasse zu sein. Die „freiwillige" Emigration Geyers zeichnet den Weg ins Exil voraus, den wenige Jahre später deutsche Juden antreten mussten. Feuchtwangers persönliche Erfahrungen mit der Aussenseiterproblematik spiegeln sich nicht nur in der Figur Geyers. Paradoxalerweise sind die Hauptpersonen in einem Roman, der sich um das Bild einer „Provinz" bemüht, durchgehend Einzelgestalten ohne Gruppenzugehörigkeit. Was sie charakterisiert und verbindet (vgl. Krüger, Johanna Krain, Geyer, Tüverlin, Pröckl), ist der Konflikt zwischen Auflehnung und Anpassung. Eine eigentliche „Lösung" dieses Konflikts bietet auch der epilogartige Schluss des Romans nicht, nur – sehr im Gegensatz zur wirklichen Geschichte – einen Ausweg in des Wortes wahrster Bedeutung: die genannten Personen verlassen alle das ihnen unheimlich gewordene Land Bayern.

Die Analyse von Feuchtwangers *Sprachstil* in *Erfolg* zeigte, dass parataktische Häufungen von Satzgliedern und Sätzen, hohe Frequenz von elliptischen Sätzen (Verbal- und Nominalsätzen) und häufiger Gebrauch von rhetorischen Figuren und von Wörtern und Wendungen aus der Umgangssprache und aus dem Dialekt das Idiom des Autors charakterisieren und den drängenden und dynamischen Rhytmus seiner Prosa kennzeichnen. Wir konnten feststellen, dass sein Stil *eine relativ kleine Anzahl qualitativer Besonderheiten* aufweist, die aber um so konsequenter verwendet werden und deren rhetorische Funktion für die didaktische Tendenz des Autors (Einprägung, Konzentration auf den Mitteilungsinhalt) offenbar wird. Im zentralen Bereich der Aussage dieses Romans gehört, wenn man seinen Redestil betrachtet, teils eine lexikalische Annäherung an die gesprochene Sprache der geschilderten Provinz, teils eine ausgesprochene Neigung zu Parallelismen, die nicht nur die Sprache, sondern auch die Komposition Feuchtwangers auszeichnet. Was er sich für den Roman des Massenzeitalters wünschte, nämlich soziologische Breite und ein Erlebnis der Gleichzeitigkeit, des Nebeneinander im epischen Nacheinander, spiegelt sich auch in seinem Handhaben des sprachlichen Werkzeugs, im Wortwahl und in der Syntax. Feuchtwangers Streben nach tendenzverstärkenden Wiederholungen bestimmt zu einem grossen Teil den Rhytmus seiner Prosa.

Die Neigung Feuchtwangers zu Parabelgeschichten und parallelen Bildern, die Expressivität und Effektivität der Aussage erhöhen, konnten wir auch in seinem häufigen Gebrauch von *Leitmotiven* verfolgen, die statische Ruhepunkte in einem Text bilden, der sonst in erster Linie geeignet ist, einen historischen Prozess zu gestalten. Der panoramaartigen Flächenwirkung des breit angelegten Zeitgemäldes wirken vor allem Erzählstrukturen entgegen, die der Charakteristik von Personen (Kutzner, Pfaundler) und Erscheinungen (politische Reaktion in Bayern, Kontrast zwischen Berlin und München, die in verschiedenen Epochen zu leben scheinen, Verfall des alten liberalen München) dienen. Eine Sonderstellung nehmen wiederholt vorkommende Attribute ein, mit denen die Hauptpersonen versehen werden und deren Stereotypie maniriert anmutet. Zur Charakterisierungskunst Feuchtwangers in *Erfolg* gehört ebenso eine wiederkehrende *Tiermetaphorik*, die geeignet ist, sein von den Erkenntnissen der Psychoanalyse und den Lehren Darwins beeinflusstes Menschenbild zu unterstützen. Feuchtwanger interessiert der Kampf zwischen instinktiver Eingebung und vernünftiger Überlegung in einer Menschenseele, und er war geneigt, die Triebe und Instinkte als ausschlaggebend für die Entscheidungen und Handlungen der Menschen zu sehen.

Mit seiner *Allusionstechnik* bettet Feuchtwanger seine Menschen- und Themendarstellung in ein Geflecht von historischen und literarhistorischen Beziehungen ein, die er zu verschiedenen Zwecken verwertet. Die beiden altrömischen Namen Catilina und Coriolan werfen ein satirisches Licht auf den „Tyrannen" Klenk, die Gestalt Calibans soll die Primitivität verkörpern, die in Feuchtwangers Augen die Neubelebung der Feme im 20. Jahrhundert kennzeichnete. Die Goya-Allusion ist als eine historische und menschliche Parallele zur Wandlung Krügers in der Haft und zu der geänderten erkenntnismässigen Situation europäischer Intellektueller nach dem Weltkrieg zu sehen, als ein grösseres Wissen um soziale und wirtschaftliche Zusammenhänge dem Schriftsteller neue Themen zuführte und zu politischer Stellungnahme herausforderte. Mit der Allusion auf Leben und Schicksal Oscar Wildes unterstreicht der Autor das tragische Dilemma Krügers.

Mit Ausnahme der Anspielung auf das Verhältnis zwischen Saul und David in der Szene, wo Pröckl seinem Chef Reindl Balladen vorsingt, und der Art, wie der Satiriker Feuchtwanger den Redner Kutzner der Lächerlichkeit preisgibt, drehen sich die weiteren Anspielungen um das Verhältnis des Autors zu seinem Stoff und um die Klärung des eigenen Standpunkts, den ihm seine Mittler- und Betrachterrolle auferlegte. Die Hamlet-Figur, Cervantes, Don Quichotte sowie Thackerays *Vanity Fair* werden herangezogen, um einerseits den Dichter als Wahrheitsverkünder und Satiriker zu zeigen und um andererseits das Dilemma deutlich zu machen, in dem er sich befindet, wenn er mit dem Herzen bejaht, was sein Hirn ablehnt. Die Schwierigkeit, in bewegten Zeiten politisch Stellung zu nehmen, war das Problem des *Wartesaals- und Übergangsmenschen,* wie ihn Feuchtwanger genannt hat.

166

Schlussbetrachtung. Lion Feuchtwanger in seiner Zeit.

Da der historisch-politische Stoff des Romans auf Grund der späteren Entwicklung der deutschen Geschichte (Machtübernahme Hitlers, „Gleichschaltung" und Judenverfolgung im Dritten Reich) rückblickend eine Signifikanz erhielt, von der auch Feuchtwanger 1930 keine rechte Ahnung haben konnte, habe ich mich aus natürlichen Gründen recht ausführlich bei den historischen Fakten aufgehalten und ihre Verwendung und Deutung im Roman untersucht. Nur der sichere Instinkt Feuchtwangers, der ihn in den Nationalsozialisten früh eine Gefahr für die deutschen Juden wittern liess, und seine dialektisch-materialistische Schulung an Hegel und Marx können die hellseherische Klarheit erklären, mit der er den ersten deutschen Anti-Hitler-Roman schrieb und damit die Ergebnisse späterer Forschung vorwegnahm. Auch 1933 kam Hitler als eine Art kooperierender Rivale der Konservativen (Papen) an die Macht; zu spät entdeckten die Vertreter des Kapitals, dass ihr „Trommler" und seine Bewegung eine Rücksichtslosigkeit besassen, die, wenn ihr einmal freie Bahn gelassen war, die wohlabgewogene Kabinettspolitik von Hitlers Auftraggebern in einer Sturmflut mit sich riss.[1]

Das „dreifache Verdienst" Feuchtwangers war es, drei Jahre vor der Machtübernahme Hitlers in einem breit angelegten satirischen Roman deutschen und ausländischen Lesern nicht nur die soziologische und wirtschaftliche Bedingtheit des Nationalsozialismus aufgezeigt, sondern das Kriminelle der „Bewegung" demaskiert und den persönlichen Erfolg als eigentlichste Triebfeder von Führern und Anhängern blossgestellt zu haben, ein Erfolgsstreben, das bereit war, jeden Weg des Unrechts zu betreten, um sein Ziel zu erreichen. Die Auflösung des Rechtsgefühls ermöglichte erst das Anwachsen einer „Partei", die sich den politischen Konventionen der parlamentarischen Demokratie nicht verpflichtet fühlte.

---

1 In Feuchtwangers Roman wird die Anziehungskraft des Nationalsozialismus auf Münchner Bürger vieler Kategorien gestaltet: von Industriellen und hohen Militärs (Eddabund, General Vesemann) über Beamte und Regierungsmitglieder (Herrenklub) zu Kleinbürgern (Lechner, Herrn und Frau Hautseneder, S. 540) und asozialen Jugendlichen (Ludwig Ratzenberger), die z.T. enttäuschte Kommunisten waren. Die Kunst- und Gelehrtenstadt München vertreten der Akademieprofessor Osternacher und der Gymnasiallehrer Feichtinger, S. 541, die Dorfbevölkerung der ländlichen Provinz der Apostelspieler Rochus Daisenberger. *Gerhard Schulz*, dessen Arbeit *Aufstieg des Nationalsozialismus. Krise und Revolution in Deutschland* (Frankfurt a.M. – Berlin – Wien 1975) nicht mehr berücksichtet werden konnte, verficht die These, dass die NSDAP nicht eine Partei des bürgerlichen Mittelstandes sei, sondern eine „ ,Integrationspartei' aller sozialen Schichten". Eben dadurch habe sie sich den Klassenparteien, insbesondere der KPD, überlegen gezeigt, und der Grund dafür sei darin zu suchen, dass die deutsche Gesellschaft entgegen den Marxschen Prognosen durch ein Wachstum der Mittelschichten charakterisiert gewesen sei. Der Grund für den Sieg der NSDAP wird demnach mehr im Traditionalismus gerade ihrer „progressiven" Gegner als in einer unglücklichen deutschen Sonderentwicklung oder in den exzeptionellen Qualitäten Adolf Hitlers gesehen. (Nach *Ernst Nolte* in der FAZ vom 9.9.1975) Dass die KPD oder die SPD keine führende Rolle in der verbreiterten bürgerlichen Bevölkerungsschicht der Weimarer Republik, von der Schulz spricht, zu spielen vermochten, zeigt Feuchtwangers *Erfolg* am Beispiel München, einer Stadt, die in ihrer wirtschaftlichen Struktur keinen Sonderfall unter deutschen Provinzstädten ausmachte. Vgl. dazu S. 84 und 95 d.A.

Es darf in diesem Zusammenhang nicht übersehen werden, dass die NSDAP, nach Wählerstimmen gerechnet, im Jahre 1928 nur eine kleine Partei unter anderen war.[1] Das könnte leicht den Eindruck erwecken, dass es sich bei den Erfolgen der Nazis in München am Anfang des Jahrzehnts um eine vorübergehende, damals schon historische Erscheinung handelte, die man rückblickend risikolos dem Spott des Lesers ausliefern konnte. Interessant ist die Beurteilung *Pridhams* vom „Image" der NSDAP im Jahre 1928, dem Bild, das Feuchtwanger mit seiner satirischen Darstellung der Kutznergestalt zerstören wollte: „The party's reputation at this time was based not on its success in attracting voters but on the dramatic event of the Munich Putsch and the notoriety of its leader as a mob orator." (S. 318)

Feuchtwanger wählte die Romanform und nicht die der literarischen Reportage, da es ihm nicht in erster Linie um Tagespolitik und Gesellschaftskritik ging, sondern um Klärung der eigenen Position als Deuter historischer Bewegungen und Gestalter eines vermutlich von jüdischen Denktraditionen stark beeinflussten Menschenbildes. In bezug auf das Auftreten und die Kämpfe der Völkischen bis zum „Bierputsch" im Jahre 1923 stimmt Feuchtwanger mit den Geschichtsschreibern gegen Hitler (*Heiden,* 1933, und *Hoegner,* 1934) überein, was natürlich auch damit zusammenhängt, dass die sozialdemokratischen Zeitungen reichlich Information gaben. Was in seinem Werk hinzukommt, ist *die historische Deutung* der geschilderten Krise (vgl. S. 104 f.). Nirgends zeigt sich deutlicher das Bedürfnis Feuchtwangers, Geschichte als *Sinngebung des Sinnlosen* (Th. Lessing) zu verstehen, als in diesem subjektiven Versuch, die Wirren des Krisenjahres 1923 auf einen gemeinsamen Nenner zu bringen und zum Thema einer historischen Dichtung zu machen.

Der Glaube Feuchtwangers an die Vernunft als geschichtsbildende Kraft stellt ihn in die Tradition des Idealismus, wie K. *Jarmatz* in seinem Aufsatz *Aktivität und Perspektive im historischen Roman des kritischen Realismus* gezeigt hat. Jarmatz vergleicht Feuchtwangers Erklärung des Faschismus mit *Brechts* Geschichtsauffassung in *Mutter Courage.* Am Beispiel der Romansatire *Der Falsche Nero* von Feuchtwanger (ersch. 1936) zeigt er, wie der Verfasser den Sinn im Sinnlosen sucht:

> „Er findet ihn darin, dass der Mensch das Reich des Bösen ausgeschritten haben müsse, ehe das Reich des Guten aufkommen könne. 'Zuletzt, von oben gesehen, dient jeder Einzelwahn der Vernunft, welche die Zeit ordnet und weitertreibt.' *Damit kommt Feuchtwanger jedoch in beträchtliche Nähe zur Apologie des Bestehenden, zu der Ansicht, dass alles, was ist, auch der Vernunft dient."* (Hervorhebungen von der Verf. d.A.)

Jarmatz bestreitet nicht, dass die Sicht Feuchtwangers eine Perspektive zulässt, die real gegeben ist, und die Gewinn an historischem Wissen bedeutet. „Gleichzeitig aber bleibt die Perspektive sehr vage und unbestimmt, weil Feuchtwanger die gesellschaftliche Kraft nicht bestimmen kann, die Träger und Verwirklicher der Perspektive ist."

[1] Wahlen am 10.5.1928 (Mandate und Veränderung). Aus dieser Aufstellung geht hervor, dass die NSDAP nur 2,6 % der Stimmen erhielt:

SPD	KPD	DDP	Zentrum	BVP	DNVP	DVP	NSDAP
152 (+ 21)	54 (+ 9)	25 (−7)	61 (−8)	17 (−2)	78 (−25)	45 (−6)	12 (−2)

Jarmatz meint, dass diese Widersprüche der Weltanschauung Feuchtwangers bei seiner Gestaltung von zeitgenössischen Stoffen nicht so stark hervortreten, da er sich hier „auf die Darstellung ihm vertrauter Wirklichkeitsbereiche beschränkt." In *Erfolg* liegt die Verankerung der Vernunft deutlich bei den Sozialdemokraten, deren Kampf gegen den aufkommenden Faschismus Feuchtwanger jedoch nicht näher gestaltet. Tüverlin vertritt mit seiner Behauptung, dass er als Schriftsteller „zwischen den Klassen" zu stehen habe, das abstraktere Vernunftsprinzip, von dem in Jarmatz' Aufsatz die Rede ist. Er spricht von der *neuen Völkerwanderung* und meint damit eine Internationalisierung der Lebensverhältnisse, die zu globalem, nicht begrenzt nationalem oder gar provinzialem, Denken zwingt. Feuchtwanger hatte im „Klassenkampf" trotz seiner internationalen Aspekte keine geistige Heimat, dagegen hatte ihn seine Aussenseiterposition gelehrt, sich zwischen die Nationen und Rassen als Mittler zu stellen.Hier ist, glaube ich, ein Schlüssel zu suchen, nicht nur zum Verständnis von *Erfolg,* sondern auch zum späteren Werk Feuchtwangers und zu der Tatsache, dass er es vorzog, nach 1945 im kalifornischen Exil zu bleiben und den deutschen Staat, der in seinem Werk eine erzieherische Leistung sah, nicht zu seiner neuen Heimat zu machen.

Es ist Feuchtwanger von seinen Kritikern vorgeworfen worden, am entschiedensten von *Georg Lukács* in seinem berühmten Aufsatz über den historischen Roman, dass in *Erfolg* keine *Arbeiter* auftreten, obwohl es doch das Bestreben des Autors ist, ein breites soziales Panorama der Stadt München zu geben, und dass der entscheidende Widerstand, den die Sozialdemokratie und ihre Anhänger im Jahre 1923 gegen die Hitlerbewegung in Bayern leisteten, im Roman nur am Rande erwähnt wird (vgl. S. 568). Feuchtwanger gestaltete nur das, was er kannte, und seine Kenntnisse der Bevölkerung erstreckten sich nicht auf das verhältnismässig junge Proletariat der wenigen Grosstädte Bayerns. Er war zu lange Akademiker und Literat gewesen, um eine Welt ausserhalb der bürgerlichen und der des Theaters nun plötzlich sozial und menschlich erforschen und literarisch glaubwürdig gestalten zu können. Da Tüverlin/Feuchtwanger den Klassenkampf zudem nicht als die entscheidende Kraft im historischen Prozess sieht und das Recht des Schriftstellers auf ein eigenes Weltbild behauptet, ist diese Begrenzung aus der subjektiven Sicht des Autors heraus verständlich und billig. In einer Kampfsituation, wie sie die Jahre nach 1930 brachten, könnte allerdings die begrenzte soziale Sicht Feuchtwangers Gefahr laufen, bei seinen bürgerlichen Lesern den Eindruck der fatalen Hinnahme der Lage zu erwecken, weshalb die Kritik von Lukács sehr verständlich ist. Der Roman *Die Geschwister Oppenheim* bestätigt auf seine Weise diese Ahnungen, da sich die Vertreter des Grossbürgertums in diesem Roman über die Gewalttaten der Nationalsozialisten entrüsten und ihren Humanismus auf erschütternde Weise gefährdet sehen, sich aber keinen Augenblick fragen, ob sie vielleicht selbst mitschuldig am Verfall Deutschlands seien (vgl. *Berglund* S. 135 ff. und 275). Ihre politische Ahnungslosigkeit und ihre Eingeschlossenheit in der eigenen Klasse, die den Kampf der Sozialdemokratie nicht einmal wahrgenommen hatte, ermöglichte ja immerhin zu einem gewissen Grad die Vergewaltigung der Demokratie in den Monaten vor und nach dem Reichstagsbrand.

Die Familie Feuchtwanger, seit Generationen Städter und Münchner Bürger, hatte auch keine persönliche Verankerung im *Bäuerischen,* das der junge Lion nur aus den Sommerfrischen kannte. Auch in dieser Hinsicht „fehlt" eine Schicht im Roman, die wenigstens für Feuchtwangers historische Deutung der Epoche von grossem Gewicht ist, da er ja in den bayrischen Bauern potentielle Hitlerwähler sieht, was zwar für die Zeit der Weltwirtschaftskrise zutraf, 1923 aber nur bedingt galt (vgl. Pridham). Feuchtwanger befasst sich an mehreren Stellen des Romans mit der Krisensituation, in der sich die deutsche Landwirtschaft und vor allem der Agrarstaat Bayern befinden. Eine grosse, verarmte Landbevölkerung und eine hauptsächlich aus Handwerkern und Beamten mit bäurischem Ursprung zusammengesetzte Stadtbevölkerung, das sind die Massen, die Kutzner zum „populärsten Mann Bayerns" machen. Feuchtwanger stellt zwar dar, wie die Bevölkerung in einem orthodoxen Katholizismus befangen ist, er gestaltet aber nirgends den Konflikt zwischen den Lehren der Kirche und denjenigen des radikalen Nationalismus, der darin zum Ausdruck kam, dass die Landbevölkerung Altbayerns erst sehr spät die Hitlerbewegung zu unterstützen anfing.

Ein Vergleich mit *Oskar Maria Graf* oder *Ludwig Thoma,* der aus seinen Anwaltsjahren in Traunstein und Dachau die Bauern wie seine eigene Sippe kannte, muss zu der Feststellung führen, dass Feuchtwangers Vertrautheit mit bäurischem Wesen eher abstrakt-soziologisch als konkret-persönlich gewesen ist, auch wenn er einen starken Blick für die bayrische Stammesart besass. Studien-, Schriftsteller- und Theaterjahre verlebte er unter Gelehrten und Künstlern in München und Berlin. Er hatte auch viel Zeit auf Reisen in den Kulturländern des Mittelmeers verbracht. Es fehlte ihm, auch was die Landbevölkerung betrifft, einfach der lebendige Stoff, aus dem (in seinem Fall) Romanfiguren wachsen. Die grosse Anzahl der Schlüsselfiguren in *Erfolg* spricht ja dafür, dass er auf Modelle angewiesen war. Oder aber er wählte freiwillig die Begrenzung auf das Bürgertum, wissend, dass er mit ihm die meisten Erfahrungen teilte und es aus eigener Ansicht in seinen vielen Formen kannte.

Wir sehen also, wie sehr Feuchtwanger selbst dem Bildungsbürgertum entsprang und sich mit ihm identifizierte. Wie der Schriftsteller Tüverlin versuchte er, sich zu distanzieren und „zwischen die Klassen" zu stellen. Er selbst aber war ein im Grunde unpolitischer Mensch, der seine liebe Arbeitsruhe verloren hatte und in Berlin eine Elegie auf seine Heimatstadt München schrieb. Instinktiv stellte er den Aufstieg Hitlers in ihre Mitte, Zündstoff und politische Warnung zugleich.

Auch wenn Feuchtwanger seinen Bayernstoff in ein Vorher und ein Nachher einreiht und den Roman einen „historischen" nennt, bleibt die Tatsache, dass er einen *Zeitroman* schrieb, in dem er in satirischer Form die eigene Gegenwart der Geschichte überlieferte. Als Dokumentator vertritt er einen neuen Schriftstellertypus, der sich in den Jahren zwischen Kriegsschluss und Machtübernahme Hitlers in Deutschland bemerkbar macht und über dessen Stoffe und Themen *W. Schiffels* (a.a.O.) feststellt:

> „Die Sensibilisierung für die geschichtliche Determination privater und sozialer Ereignisse, die der erste Weltkrieg und seine Folgen geweckt haben, lässt gegenwärtig geschehende Geschichte zum fast zwangsläufigen Inhalt der Dichtungen jener Zeit werden." Mit dem verstärkten Epochenbewusstsein kam auch das Bedürfnis seiner Deutung: „Das Unbehagen an der damals gegenwärtigen Geschichte oder auch die Angst vor ihr haben in der Weimarer Republik zahlreiche 'Zeitromane' entstehen lassen, die heute noch in kontrastierender Lektüre die Epoche und ihre Tendenzen deutlich imaginieren: Texte von Döblin, Fallada, Grünberg, Jung, Marchwitza, Ottwald, Salomon, Seghers können heute zur Innovation historischer Kenntnis beitragen, weil sie zur Zeit ihrer Erstpublikation zu politisch engagiertem Handeln motivieren wollten." (S. 200 bzw. 197)

Dieser Wille zur Dokumentation und zum Appell unterscheidet diese Autorengruppe von der theoretischen Position derjenigen Autoren, die Zeitstoffe oder historische Motive nur als Flucht in eine fiktive Vergangenheitsidylle benutzten, Wunschbilder, die nach 1933 zu Vorbildern nationalsozialistischer Literatur erhoben wurden (*Blunck, Griese, Grimm, Kolbenheyer, Schäfer, Stehr, Strauss,* u. a.). Eine dritte Gruppe bildeten die Autoren von Kriegsromanen, in denen sich in einigen wenigen Fällen (*Salomon, Bronnen, Lampel, Euringer, Beumelburg*) die romanhafte Auseinandersetzung der Rechten mit der Republik vollzog. Feuchtwangers Zugehörigkeit zu der ersten Gruppe ist offenbar, ihn trieb gerade „das Unbehagen an der damals gegenwärtigen Geschichte", den Roman über die Reaktion in Bayern zu schreiben. Einen weiteren Aufstieg Hitlers zu verhindern, dazu diente ihm die historische Analyse der Vorgänge des Jahres 1923, als historisch „wahr" sah er, was diesem Zwecke dienlich sein konnte. Darin unterschied er sich, wie *Heinrich Mann, Döblin* und *Leonhard Frank,* von den Autoren der in weiten Kreisen beliebten „Professorenromane", die historische Stoffe nur um des ästhetischen Reizes willen fiktionalisierten. Mit Feuchtwangers Art der Bestandaufnahme wird die Literatur selbst zum Exempel historischen Erlebens. Als Quelle zum Verständnis einer Epoche ist sie von grösserem Wert als das blosse Protokoll.[1]

Von der Notwendigkeit der Beschäftigung mit den meist vergessenen Zeitromanen dieser Jahre spricht *J. C. Thöming* in dem Aufsatz *Soziale Romance in der Endphase der Weimarer Republik* (1974). Er stellt fest, dass der Versuch Westdeutschlands, nach dem 2. Weltkrieg ohne ein historisches Bewusstsein auszukommen, zu einem verhängnisvollen apolitischen Verhalten breiter Bevölkerungsschichten führte, dem mit wissenschaftlichen Publikationen und Journalismus nicht beizukommen war:

> „Es zeigt sich /.../, dass die Legendenbildungen über die zwanziger und dreissiger Jahre nur äusserst schwierig zurückzudrängen sind und dass emanzipatorische Bewusstseinsinnovationen durch theoretische Darstellungen der historisch-ökonomischen Verhältnisse der vergangenen Jahrzehnte in sehr geringem Masse erreicht werden können. Das für jegliche Emanzipation unabdingbare historische Bewusstsein könnte in solcher Situation durch die Lektüre sozialer Romane aus den zwanziger und frühen dreissiger Jahren ermöglicht und bestärkt werden. Verlage wie Neuer Weg, Oberbaum, Kiepenheuer & Witsch tragen dem wachsenden Interesse an dieser Art Literatur durch verschiedene Neuauflagen Rechnung." (S. 212)

Die von Feuchtwanger in den Jahren vor und nach dem aufgezwungenen Exil behauptete Auffassung, Aufgabe des Schriftstellers sei, das *Lebensgefühl* einer Epoche an die Nachfahren zu überliefern, wäre damit zu einem die These Thömings stützenden Argument geworden, mit dem der heutige Leser den Roman *Erfolg* und das Deutschlandsbild seines Autors in seine „Vergangenheitsbewältigung" einschliessen kann. Feuchtwanger wollte historische Zusammenhänge darstellen und erklären gerade weil ihm die politische Emanzipation seines Volkes am Herzen lag.

Was Feuchtwanger in *Erfolg* beschäftigt, ist nicht ausschliesslich „das sensationelle Schicksal des Bayern jener Jahre", sondern auch die eigene Entwicklung nach 1918 und das Erlebnis der Pflicht, von den Leiden der Opfer einer zunehmenden Gewaltherrschaft Zeugnis abzulegen. Episch darstellbar daran war *„der arge Weg der Erkenntnis",* den Feuchtwanger viele Jahre später in einem grossen Künstlerroman über Goya gestaltete: das Wissen um die Willkür der Macht allein reicht nicht aus, erst wenn eine Einfühlung, eine greifbare Mitleidenschaft, sich einstellt, empört sich der Mensch. So ergeht es der Romanfigur Tüverlin nach Krügers Tod im Gefängnis.

---

[1] *Schiffels* weist in diesem Zusammenhang auf *Th.W. Adornos* Aufsatz *Über epische Naivität* hin (in: *Noten zur Literatur I,* Frankfurt a.M. 1972), dessen Ansichten über historische Dichtung sich mit Feuchtwangers decken.

Johanna ist bis dahin mit ihrer Empörung allein (vgl. S. 165), sie „schlägt um sich" ohne dass jemand zuhört. Tüverlin empört sich über die Art, wie die gesetzlosen Nachkriegsjahre nach überstandener Gefahr (Niederschlagung des Kutznerputsches, Stabilisierung der Währung) von den Bayern einfach verdrängt werden. Keiner fragt nach den wirklich Schuldigen, die deshalb auch im weiteren die Politik des Landes bestimmen und damit die Demokratie in Deutschland gefährden dürfen.[1] Um dies zu verhindern, muss er die Geschichte Krügers nachzeichnen und die Zusammenhänge zwischen Justiz und Politik aufdecken. Es ist das Geheimnis des Kunstwerks, Herz und Hirn in Übereinstimmung zu bringen und damit die Voraussetzung für ein tieferes Verstehen zu schaffen. In diesem Sinne sieht Feuchtwanger die Rolle des Schriftstellers in der Gesellschaft, der Vernunft und damit dem Fortschritt zu dienen.

Tüverlin ist nicht der einzige Intellektuelle oder Betrachter des Romans. Er steht in einem dialektischen Verhältnis zu anderen Schriftstellergestalten und Künstlern, die Variationen derselben Problematik spiegeln und indirekt zur Profilierung der Tüverlingestalt beitragen. *Kaspar Pröckl* und sein Doppelgänger Brendel vertreten eine totale Ablehnung der bestehenden Gesellschaft, was jede Kunstbetätigung sinnlos erscheinen lässt. *Martin Krüger* will sich vor den unbequemen Verpflichtungen, die ihm sein Talent auferlegt, drücken, macht aber, da er zum Opfer des Systems wird, eine ähnliche Erfahrung wie Tüverlin. Die beiden bayrischen „Nationaldichter" *Matthäi* und *Pfisterer* verraten jeder auf seine Art die ihnen auferlegten Pflichten, da sie nicht zum echten Mitgefühl im Stande sind. Pfisterer leidet zwar am Verfall seines Landes, nachdem ihm Johanna die Augen geöffnet hat. Er vermag aber nicht, das Gesehene künstlerisch zu verarbeiten, da seine Romanfiguren traditionsgemäss ohne Verankerung in der Wirklichkeit sind. *Klenk* betätigt sich zwar schriftstellerisch, ist aber deshalb keine Betrachternatur, sondern auch als Schreibender ein „Handelnder" ohne Gewissen, dem es in erster Linie um Kampf und Selbstbehauptung und nicht um Erkenntnis geht. Wie damals die Verurteilung Krügers macht ihm auch die Rache „Spass", die ihm seine Sammlung von Porträts in den Erinnerungen bedeutete.

> „Mit Behagen und Zorn bilderte er seine Menschen ab, mit glühender Unsachlichkeit. Und wie ein bayrischer Bauernbub, wenn das Rauferts zu Ende ist und der andere abzieht, nochmals eine Handvoll Mist zusammenballt und diesen Ball dem andern nachschmeisst, so, wenn er mit der Schilderung eines seiner Menschen zu Ende war, schrieb er an den Rand noch ein paar üppige Anekdoten und Züge." (S. 790)

Den Ideen Tüverlins am nächsten kommt die Gestalt *Hierls*, des Komikers, da er dank seiner klassichen Hanswurstrolle jede politische Hysterie in Gelächter auf-

---

[1] Dass diese Mechanismen in der BRD weiterleben zeigt *Bernt Engelmanns* Tatsachenroman *Grosses Bundesverdienstkreuz* (1974). E. weist an Hand von Akten nach, dass „ehemalige Gestapo-Helfer, SS-Führer und 'Arisierer' nicht nur zu den Reichsten und Mächtigsten der Bundesrepublik gehören, sondern unheilvoll weiterwirken können im alten Nazigeist, getarnt hinter Bezeichnungen wie 'christlich', 'demokratisch' oder 'sozial' mit geheimen Giftküchen, die als 'gemeinnützig' anerkannt sind, und sogar noch mit dem grossen Bundesverdienstkreuz ausgezeichnet." (S. 210) *F. Flick* (vgl. oben S. 48) gehörte 1971 zu den Förderern der von *Franz Josef Strauss* geleiteten Hetze gegen Willy Brandt und die SPD. Die Friedrich Flick AG leistete auf Umwegen oder durch fingierte Anzeigenaufträge Spenden an die mit dem Bayern-Kurier liierte Wochenzeitung Das Deutsche Wort, Hrsg. Hugo Wellens. (Vgl. Engelmann S. 219 und 222, dazu die Besprechung von *G. Dallmann* in *Moderna Språk* 1975, S. 62 ff.)

zulösen vermag, so dass trotz der materiellen Not der Zeit die Vernunft und nicht der Wahn die leicht manipulierbaren Massen – wenn auch nur für Augenblicke – auf bessere Gedanken zu bringen vermag.

Versuchen wir am Ende dieser Betrachtung den Schriftsteller Tüverlin und das in *Erfolg* vermittelte Lebensgefühl in einen grösseren Zusammenhang, nämlich denjenigen des allgemeinen literarischen Klimas der zwanziger Jahre hineinzustellen, dann ergeben sich erhellende Parallelen und Unterschiede zu anderen Schriftstellergestalten und Autoren, die ebenso unvermittelt wie Feuchtwanger nach 1918 mit einem neuen Herrschaftssystem konfrontiert wurden. *W. Wendler* hat in dem Aufsatz *Die Einschätzung der Gegenwart im deutschen Zeitroman* (1974) dargestellt, wie die Schriftsteller der zwanziger Jahre, soweit sie die eigene Zeit in Romanform behandelten, von „Resignation, Ressentiment und Unsicherheit" geprägt waren (S. 169 ff.). Wendler befasst sich mit Romanen von u.a. Hermann, Gurk, Edschmid, Renn, Remarque, Salomon, Kästner, Flake, Torberg, Wolf, Fallada, Döblin und Mann.) Ein kritischer Beobachter aus der älteren Generation, gerade das „republikanische Vorbild" *Heinrich Mann*, warf der Neuen Sachlichkeit vor, dass sie den „Rausch" unterdrückte. Wendler fasst die in *Henri Quatre* (1935, 1938) gestaltete Liebesthematik zusammen:

> „Das Ergebnis (dieser Unterdrückung) ist jedoch nicht nur Nüchternheit, vielmehr kommt das verdrängte Bedürfnis als Sentimentalität, Ressentiment oder oberflächliche Kessheit wieder hervor. Die Abneigung gegen Pathos, weil es falsches war und in die Katastrophe führte, sollte nicht Verdrängung und blosses Nicht-Pathos bewirken." (S. 178)

Die Aufdringlichkeit der Zeitereignisse zwang die Schriftsteller nach dem Krieg zu einer intensiveren Anteilnahme an der Gesellschaftsproblematik.

> „Während bei Kriegsende Hoffnung und Erbitterung sich mischten, bis zunehmende Desillusionierung eintrat, war die Inflation Ursache eines ausgeprägten Gefühls von Unsicherheit und Bodenlosigkeit, das grundlegend für die Literatur der zweiten Hälfte der zwanziger Jahre ist." (ibd. S. 169)

Der Geschichtsprofessor Thomas Manns in der selbstbiographischen Erzählung *Unordnung und frühes Leid* aus dem Jahre 1926 wird zum Symbol bürgerlicher Haltung. Man opponiert gegen die geschehende Geschichte zugunsten der geschehenen. Das Empfinden, in einer Übergangszeit zu leben, in einer „unübersichtlich-fragwürdigen Nichtzeit" (ibd. S. 170), prägt nicht nur die Autoren der mittleren Generation, zu der auch Feuchtwanger gehörte. Historizistisch-ästhetische Werte und Innerlichkeit sind zertrümmerte Altäre, Ausweichen in die Idylle wird von vielen Autoren versucht.

Schriftsteller, die in der bestehenden Gesellschaft einen Halt suchten, fanden ihn links und rechts von den Parteien, in einer Gemeinschaft, die man das *heimliche Deutschland* nannte, das sich von dem lauten der Tagespolitik absetzte und elitär dachte. Die Gefühlswerte, die man in der Weltstadt Berlin, Symbol der neuen Zeit, nicht fand, werden z.B. in den Kämpfen der Freikorps gesucht, die nach dem Waffenstillstand weitergekämpft hatten, mehr gegen den „inneren" Feind als gegen Polen und Franzosen. „Das Parteiwesen, Parteikarrieren sind selbstverständliche Anlässe zur Kritik in den Romanen." (ibd. S. 180) *Bruno Franks Politische Novelle* spiegelt und kommentiert den niedrigen Status der Berufspolitiker in diesen Jahren. Das Orientierungszentrum des traditionellen Schriftstellers, die Einzelpersönlichkeit und ihre

Entwicklung, ist angesichts der Gesellschaftsproblematik fragwürdig geworden. Glaubhaft allein ist „Gemeinschaft", rechts oder links (vgl. *Clason* 1967, S. 143 ff.). Oft wiederkehrende Themen der Literatur dieser Jahre sind der *Unterschied der Generationen* (aus dem Leutnant, dem vor 1918 die Welt gehörte, wird der Eintänzer), die *Konzentration auf den Lebenskampf* bei den Jungen, die sich nicht wie ihre Väter Geist, Zweifel und Ideen leisten können, der *Tanz* und die *Jazzmusik,* der *Leistungssport,* der einen neuen Menschen und neue Ideale schuf, die *Machenschaften der Finanzwelt,* deren Herren der sich als überflüssig empfindende Schriftsteller sowohl bewunderte als moralisch ablehnte. Zu den Themen der Zeit gehörten auch das Dilemma *Handeln oder Beobachten,* die *neue Rolle der Frau* und die *freiere Sexualität* sowie das *Problem des Deutschtums.* (Vgl. *Fritz* a.a.O. Kap. 6–12) Wendler fasst in ein paar Zeilen ein weiteres Thema zusammen: „Das Empfinden der Unsicherheit, Friedlosigkeit und Hektik, letzten Endes der geistigen Ausweglosigkeit Europas, das Verlangen nach dem Gegenteil, nach Mass, Frieden, Haltung, Gelassenheit, muss als eine der wesentlichen Strömungen der Nachkriegsjahre angesehen werden. Autoren aller weltanschaulichen Richtungen nahmen an ihr teil. *Das Interesse am Osten war nicht neu.* Im 18. Jahrhundert und am Ende des 19. macht es sich bemerkbar, doch nicht als Ausdruck existenzieller Not und Neuorientierung wie nach dem Ersten und wieder, in Wellen, nach dem Zweiten Weltkrieg. *Nichts mehr war in den zwanziger Jahren zu spüren vom Ausbruch der Sehnsucht nach 'Leben', nach Dynamik und Rausch wie bei den Expressionisten vor 1914."* (Hervorhebungen von der Verf. d.A.)

Jacques Tüverlin ist „neusachlich" in dem Sinne, dass seine Grundhaltung skeptisch ist, und dass er sich gegen seine eigene Desillusionierung wehrt, indem er den Missständen in der Gesellschaft mit zynisch klingenden Maximen begegnet (vgl. S. 140 f.) und es nicht liebt, in seinem Umgang mit Menschen „lange, listige Umwege zu machen". Er ist m.a.W. ein unkonventioneller Mensch. Im Gegensatz zu vielen anderen „entfremdeten" Schriftstellergestalten dieser Jahre bekennt sich Tüverlin zu der Zeit, in der er lebt:

> „Mochten Missvergnügte die Zeit verfluchen: er wusste unter den früheren Epochen keine, in der er lieber gelebt hätte." (S. 319)

Es ist bezeichnend, dass Feuchtwanger bzw. Tüverlin Vergangenheitsbewältigung betreibt und nicht in die Vergangenheit flieht. Ausgangspunkt für die satirische Darstellung gewisser Missstände in der Weimarer Republik war ihre Bejahung durch den Autor. Zwiespältige Gefühle lassen sich aber auch bei ihm erkennen. Als Beispiele seien genannt: das Gefühl, in einer chaotischen Übergangzeit zu leben, die Sympathie für eine Lebensform, die zum Aussterben verurteilt ist und die Republik gefährdet, unterdrückte Geltungsbedürfnisse, die in der geheimen Bewunderung des Autors für die Drahtzieher der Tagespolitik zum Ausdruck kommt. Die theoretische Gegenüberstellung von Handelnden und Betrachtenden, von westlicher Leistungsideologie und östlicher Kontemplation und Weisheit, ist ein Thema, das in *Erfolg* nur kurz in Tüverlins Diskussion mit Pröckl (S. 258) angeschnitten wird. Feuchtwanger war, als talentierter Schriftsteller aber keineswegs Dichter von grossem Format, nicht unbeeinflusst von den typischen Themen der Epoche, sondern nahm sie mit programmatischer Begeisterung auf: *die Frau* und die „sachliche" *Sexualität,* den *Tanz,* die *Jazzmusik* und den *Sport,* den *Unterschied der Generationen* und das *Deutschtumsthema* (in Potters, des Amerikaners, Augen war der Deutsche der „bad looser" im Weltkrieg, der den Ausgang des Spiels nicht hinnehmen wollte.) Von einer verächtlichen Haltung gegenüber den Berufspolitikern kann bei ihm allerdings nicht die Rede sein, er bemüht sich lediglich um eine Enthüllung der wahren Relationen zwischen Kapital und Politik.

E. Schwarz schreibt in seinem Aufsatz *Die strampelnde Seele. Erich Kästner in seiner Zeit* (1970):

> „Die Betrachtung eines literarischen Werkes, zumal eines politisch engagierten, ist unvollständig, solange nicht der Versuch gemacht worden ist, den *historischen Erwartungshorizont* abzustecken, innerhalb dessen sich die Auseinandersetzungen abspielen. Kästners Welt ist ungleich der Brechtschen. Es ist eine dynamisch bewegte, aber keine 'veränderbare' Welt, und daraus ergeben sich wichtige Unterschiede in Ton und Ethos. Immer wieder treffen wir auf Formulierungen, die sich von der Fortschrittsidee ironisch distanzieren." (S. 124)

Eine Mittelposition scheint die Schriftstellergestalt Tüverlin und damit der vierzigjährige Feuchtwanger einzunehmen: mit Kästner teilte er den Skeptizismus und den verzeihenden Blick für menschliche Schwächen, auch einen gewissen Fatalismus und Hinnahme der Verhältnisse (vgl. die aus marxistischem Gesichtspunkt zweifelhafte Rolle der Hierl-Gestalt), mit Brecht den Glauben an einen Fortschritt und an die Pflicht der Literatur, für die Veränderung der Gesellschaft zu wirken. Am historischen Erwartungshorizont sah Feuchtwanger ein international gesinntes und pazifistisch denkendes Europa – etwa nach dem Modell *Einsteins* oder *Coudenhove-Kalergis* (Pan-Europa-Bewegung) – des Jahres 2000, von dem aus die feudalen und reaktionär-nationalistischen Kämpfe der frühen zwanziger Jahre wie ein letztes Zucken überlebter Kulturformen gesehen werden mussten. Die Dialektik des historischen Erzählers Feuchtwanger lag in der Einsicht, dass es nur einen Weg gab und dass dieser Weg über ein *tieferes Verstehen und Mitfühlen in der eigenen Gegenwart* führte. Die geschichtliche Entwicklung hat freilich Feuchtwangers Hermeneutik der Zeitgeschichte gründlich widerlegt.

Um dieses tiefere Verstehen bemüht sich sein Roman *Erfolg*. Gerade weil Feuchtwanger als Schriftsteller Erfolg gehabt hatte, fühlte er während der Jahre in Berlin die Pflicht, den vielen Mythenbildungen der Zeit mit kühler Rationalität entgegenzutreten und das deutsche Bürgertum auf die Tatsache aufmerksam zu machen, dass die Gefahr von rechts und nicht von links kam. Sein Gerechtigkeitssinn verlangte, dass auch die Kräfte *hinter* den offiziell verurteilten Politikern und „Trommlern" im Hitlerprozess 1924 aufgedeckt werden sollten und dass die Motive derjenigen Vertreter des Kapitals herausgestellt wurden, die den Kampf Bayerns gegen das Reich nur als ein Mittel zum Zweck sahen. Der Wille zur Verfremdung eines nur wenige Jahre zurück liegenden historischen Geschehens hat zu technischen Lösungen geführt, die nicht all das zu bewältigen vermochten, was der Roman umfassen wollte; *Erfolg* wurde ein Experiment, das Feuchtwanger nicht wiederholen sollte. *Literarisch* laufen darin Anregungen zusammen, die ihn in verschiedenen Epochen seines Lebens beeinflussten: die Gegenüberstellung von Recht und Gerechtigkeit und die Analyse des Erfolg-Verzicht-Komplexes knüpfen an jüdische Denktraditionen an, sein *Pathos* stellt ihn in die Tradition des Expressionismus, von dem er auch einige Themen und Motive erbte (Pazifismus, Vater-Sohn-Motiv). Sein Menschenbild orientiert sich an den Lehren *Freuds;* der nüchterne Skeptizismus seiner Personendarstellung und die Sorgfalt, mit der er seine Romanfiguren zeitlich und örtlich verankert und ihre Verhaltensweisen historisch bedingt, machen den Roman zu einem Erzeugnis der Neuen Sachlichkeit. Zu diesem Eindruck trägt auch der Gebrauch von Montage und

Faktenanhäufung bei. Der Sprachstil ist – wie wir feststellen konnten – ohne lyrische Elemente, journalistisch gehäuft und voll von umgangssprachlichen und volkstümlichen Vulgarismen, wozu die Zusammenarbeit mit Brecht beigetragen haben mag. Er hat wenig ästhetischen Reiz ausser dem der Klarheit und Prägnanz.

K. Sontheimer nennt den Irrationalismus „das Signum der Weimarer Epoche" (S. 18 in Rothe). Er fügt einschränkend hinzu:

> „In dieser Situation fehlte es zwar nicht an Stimmen, die zur Vernunft anhielten – Thomas Mann war eine ihrer wohltönendsten –, aber sie blieben letzlich ohnmächtig. So wurde das, was das geistige, literarische und künstlerische Leben der Weimarer Republik für uns Nachfahren noch interessant macht, was wir mit dem Geist der zwanziger Jahre verbinden und was uns Heutigen in kultureller Aneignung davon noch erhalten geblieben ist / . . . / zu einer Schöpfung von Aussenseitern."

Es soll hier nicht erörtert werden, inwieweit der Schriftsteller, der „Betrachtende", immer im Grunde seines Wesens ein Aussenseiter ist. Fest steht, dass Feuchtwanger einer war und dass er mit seinem Roman *Erfolg* zu denjenigen gehört, die in den kurzen Jahren der Weimarer Republik „zur Vernunft anhielten".

Exkurs: *Die Aufnahme des Romans in der Presse.*

Erfolg. Drei Jahre Geschichte einer Provinz erweckte, als er 1930 während der zweiten Krise der Weimarer Republik erschien, grosses Aufsehen. Die *Nazis* spien Gift und Galle über das „Sudelbuch", in dem ihr „Führer" als dümmlicher Trottel blossgestellt wurde, schreibt Feuchtwangers Biograph Hans Leupold (S. 46). Aber auch die übrigen deutschen Pressestimmen waren vielfach negativ.[1] Ein Berliner Rezensent *Heinz Dietrich Kentner,* wendet sich gegen die Art, wie Feuchtwanger die politischen Kämpfe „romanhaft durchsetzt" und bangt um die Chancen des Verfassers, beim Publikum anzukommen. Er schreibt:

> „Und es ist so, dass diesen 'Jahrmarkt der Gerechtigkeit' dem Manne Tüverlin-Feuchtwanger alle Romanleser übelnehmen werden: denn die wollen ihren Roman und weder Politik noch Gerechtigkeit. Den 'Erfolg' des Mannes Feuchtwanger aber werden ihm alle ernsthaften politischen Kämpfer übelnehmen, denn sie müssen es sich verbitten, politische Kämpfe so romanhaft durchsetzt zu sehen." (In: *Die Literatur,* 1930, S. 189)

Auch dem optimistischen Schluss des Romans, dem „geistigen happy end um jeden Preis", gegenüber stellt er sich skeptisch: „Warum soll gerade ein Buch Besserung bewirken, nachdem auf tausend Seiten die hoffnungslose Verbohrtheit bayrischer Schädel geradezu beispielhaft beschrieben wurde?" (Ibd.)

Die *Münchener Neuesten Nachrichten* nannten den Bayernroman Feuchtwangers verständlicherweise (vgl. oben S. 43) „ein Buch des Hasses" (Nr. 273/1930). Entscheidender für das Schicksal des Romans in Deutschland dürfte die Ablehnung

---

[1] Vgl. *H. Dahlke:* „Unter dem Druck der grossen Weltwirtschaftskrise hatte die Nazipartei bei den Reichstagswahlen einen sensationellen Zuwachs von mehr als fünf Millionen Wählerstimmen erhalten. Es war gefährlich geworden, ein zeitkritisches Erzählwerk wie dieses, das die Anfänge der Nazibewegung in München satirisch abfertigte, zu loben." In *Weimarer Beiträge* 4/1975, S. 173.

der Frankfurter Zeitung gewesen sein, deren Rezensent *Emanuel bin Gorion* einen ausführlichen, stark subjektiven Kommentar zu den Einzelheiten des Inhalts gibt (*Von Erfolg zu ,Erfolg'. 1000 neue Seiten Feuchtwanger,* 12.10.1930) und die grossen Linien des Romans übersieht. Der Verdacht, den bin Gorion gegen den „Linksrepublikaner" als solchen zu hegen scheint, färbt auf die ganze Besprechung ab. Im Blickfeld steht die sogenannte Gesinnung des Verfassers und nicht sein gross angelegtes und komplex ausgeführtes Werk. Weniger Vorbehalte und mehr Verständnis hatten *Die literarische Welt* (17.10.1930), *Der Morgen* (VI/1930) und *Die Tat* (XXII/1930, S. 708), deren Besprechung von *Alfred Kantorowicz* war. Der *Berliner Börsencourir* (Nr. 555) sprach vom *Fall Feuchtwanger,* die *Kölner Volkszeitung* (*Literarische Blätter* Nr. 94) zeigte mit ihrer Überschrift *Gegenwartsdarstellung und Zeitgestaltung,* dass sie den doppelten Aspekt des Verfassers, seine Bemühung, eine historische Analyse der politischen Krise Deutschlands zu machen, erkannt hatte.

Die *Weltbühne* befasste sich vornehmlich mit der Ablehnung des Romans von Seiten der professionellen Kritik (in: *,,Erfolg" ohne ,,Sukzess"* von *Celsus,* 1930 S. 727 f.) und sieht die Gründe hierzu in einem zunehmend faschistischen Klima in geistigen Dingen:

> „Ich möchte nicht alle gegen Feuchtwangers Buch erhobenen Einwände wiedergeben, sondern mich nur auf die Bemerkung beschränken, dass etliche von den Kritikern die meisten davon vor ein paar Monaten noch nicht geltend gemacht hätten. Mindestens in der liberalen Presse wäre es als Meisterleistung eines Zeitromans gefeiert worden. Heute hat man sich an der Reportage, den Zustandsschilderungen, der sozialen Kritik gründlich den Magen übergessen. Der Nationalismus ist die grosse Mode. Die politische Reaktion ist schon da, die ästhetische schreitet fort. Feuchtwangers Roman, in einer ganz andern Zeit konzipiert und in langen Jahre sorgfältig ausgeführt, wirkt jetzt wie ein Nachzügler. Inzwischen ist die Romantik eingebrochen, der Naturalismus hat wieder ausgespielt. Man ist wieder ritterlich, man sitzt träumend im Remter, und an die Stelle von Professor Vandeveldes heidnischer Liebestechnik tritt die hohe, reine Minne. Die soziale Anklage sinkt im Kurs, die Aktien von Narciss & Goldmund steigen. Das absinkende Bürgertum celebriert ein letztes Mal noch ein Biedermeier ohne alle Biederkeit. Dreieinhalb Millionen Arbeitslose nehmen sich, durch Butzenscheiben gesehen, viel manierlicher aus, fast wie ein Pilgerzug ins heilige Land."

Der Kommentar von Celsus endet mit einer Würdigung des Romans, die seinen intellektuellen Charakter hervorhebt und seine Schwächen in der Darstellungskunst sehr genau trifft, ohne die Grösse seines Anschlags und die Schärfe seiner Tendenz, m.a.W. den moralischen Halt der dichterischen Leistung Feuchtwangers in *Erfolg* zu unterschätzen:

> „So ist der letzte dieser vielen Zeitromane zugleich der kunstvollste von allen. Feuchtwanger hat daran mit mehr Fleiss gesessen, als es sonst bei einem deutschen Autor üblich ist. Die vielen Episoden sind aufs liebevollste ausgepinselt, die Sprache ist sauber und ausgefeilt. Kein schöpferischer aber ein denkender Kopf hat hier gearbeitet. Nicht Personen haften, sondern Sentenzen, nicht Gesichter, sondern kluge, sarkastische und resignierende Bemerkungen. Etwas weniger Detail, und die Histoire Contemporaine des Anatole France hätte wenn nicht ihr deutsches, so doch ihr bayrisches Gegenstück erhalten."

Für den heutigen Leser der Weltbühne ist vor allem das in dieser Rezension dokumentierte Zeitgefühl von Interesse, das Erlebnis einer literarischen und politischen Zeitenwende und eines politischen Verfalls:

„Was sollen da Autoren, die noch mit den Emblemen der republikanischen, der sozialistischen und demokratischen Epoche kommen? Da gilt es Abstand zu halten. Der Rezensent setzt sich hin und schreibt mit leerem Herzen und vollen Hosen seine ablehnenden Verdikte", schliesst *Celsus* in der *Weltbühne*.

Die pseudohistorische Erzählerperspektive Feuchtwangers in *Erfolg* wurde von der Kritik beanstandet. Der Kritiker *Julius Bab* sah kein Verhältnis zwischen der allgemeinen Feststellung des Autors, dass die weisse Rasse aufgehört habe, Menschenfleisch zu essen, auf der einen Seite, und den genauen Angaben über das Deutschland des Jahres 1922 oder den detaillierten Porträts erkennbarer Schlüsselfiguren auf der anderen. Eine solche Veränderung der Sicht sei nichts als journalistischer Witz (in: *Der Morgen* 1930, S. 485 ff., nach *Weisstein* S. 161). Der Rezensent der *Weltbühne* (1930, S. 727 f.) nannte die fingierte Erzählerrolle einen „Trick":

> „Feuchtwangers Gestaltungswillen wollte viel umfassen; allzuviel für zwei Hände. Die Komposition entglitt ihm, und er versuchte sie durch einen Trick zu ersetzen. Der Trick seiner Erzählung ist die Distanz. Feuchtwanger zeigt diese krampfhaft geblähte kleine bayrische Weltkugel wie durchs Teleskop. Gelegentlich gibt es erläuternde Einschiebsel, Zahlen, politisches und ökonomisches Material – zum Verständnis des Lesers, der sich nicht selbst ans Fernrohr bemühen will, sondern sich die Sache lieber in wohlgesetzter Rede vortragen lässt. Das ist die bedenklichste Schwäche dieses Buches, die Dinge kommen nicht nah genug heran, bleiben ein fernes Gekribbel und Gewimmel, von einem klugen, sehr weltläufigen Herrn geschildert. Ein zweibändiges Epos kann nicht auf einem Trick beruhen."

Ich füge zu diesen Stimmen die Würdigung eines schwedischen Literaturkritikers, da sie repräsentativ sein dürfte für die durchgehend positivere Aufnahme des Romans im Ausland, auf die sich Feuchtwanger in späteren Jahren, wie schon nach *Jud Süss*, zu berufen pflegte. *Carl David Marcus* bezeichnet in der Zeitschrift *Ord och Bild* (1930, S. 221) die Art, wie Feuchtwanger in *Erfolg* seine Gesellschaftskritik betrieb, als etwas Neues. Er erwähnt den Roman in einer Besprechung von *J. Wassermanns Der Fall Maurizius*. Da heisst es:

> „Aber – was war der Weltkrieg wenn nicht ein Rückzug zur Barbarei hinter schönen Floskeln, denen niemand glaubte? Und hat der Frieden es geschafft, die Gewalt zu sühnen und die Idee des Rechts zu verwirklichen? Ist es nicht ein geradezu logisches Ereignis, dass gerade Deutschland, das von allen grossen Staaten am meisten am Krieg und an seinen Folgen gelitten hat, eine derartige monumentale Darstellung der Bedeutung von Recht und Unrecht erzeugt (wie Wassermanns Roman – Anm. der Verf.)? *Ich gehe noch einen Schritt weiter und erwähne einen noch nicht ganz abgeschlossenen Roman von dem berühmten Verfasser von „Jud Süss", jünger als Wassermann, auf der Höhe seiner Kraft, Lion Feuchtwanger, den ich im Manuskript habe lesen dürfen. Er heisst „Erfolg", geht auch von einem gewissen Rechtsfall aus, der wenig mit Recht, aber viel mit Politik zu tun hat, diesmal in Bayern, und enthüllt in einer langen Reihe von ätzend scharfen Kapiteln das politische und geistige Leben eines Bauernstaates mit einer Vielfalt von lebendigen Figuren und einer Beherrschung hinter der tiefgehenden Kritik, die in der deutschen Epik eine Neuheit sein dürfte."* (Übersetzung und Hervorhebungen von der Verf. d.A.)

Literaturverzeichnis

In Fotokopie

Lion Feuchtwanger: Gestalten und Probleme meines nächsten Romans, in Berliner Tageblatt 7.6.1928
Ders: Aus dem Vorwort für die italienische Ausgabe des Romans „Erfolg" (1930)
Ders.: Der Film „Potemkin" und mein Buch „Erfolg" (undatiert)
Ders.: Bertolt Brecht: Anlässlich seines Todes, 1956.

Briefe

Lion Feuchtwanger an Karl Fägersten vom 17.9.1929.
Marta Feuchtwanger, Pacific Palisades, Kalifornien, an die Verf. d.A. vom 8.4., 12.5., 22.8., 18.10.1968, 3.7.1969, 12.8.1971, 13.9.1973, 10.6., 19.6., 26.6., 2.7. und 11.7.1974.

Gedruckte Quellen. Dichtungen

Lion Feuchtwanger: Erfolg/Drei Jahre Geschichte einer Provinz. Roman. Gustav Kiepenheuer Verlag, Berlin 1930. Zwei Bände.
Ders.: Erfolg/Drei Jahre Geschichte einer Provinz. Roman. Rowohlt Verlag, Hamburg 1956. Ein Band.
Warren Hastings, Gouverneur von Indien. Schauspiel in vier Akten und einem Vorspiel. München und Berlin 1916
Die Kriegsgefangenen. Ein Schauspiel in fünf Akten. München 1919
Friede. Ein burleskes Spiel nach den „Achernern" und der „Eirene" des Aristophanes. München 1918.
Thomas Wendt. Ein dramatischer Roman. München 1920.
Die hässliche Herzogin Margarete Maultasch. Roman. Potsdam 1926. (116.–120. Tausend)
Jud Süss. Roman. München 1927. (51.–56. Tausend)
3 angelsächsische Stücke. Berlin 1927.
  Die Petroleum-Inseln. Ein Stück in drei Akten.
  Kalkutta, 4. Mai. Drei Akte Kolonialgeschichte.
  Wird Hill amnestiert? Komödie in vier Akten.
Pep, J. L. Wetcheeks amerikanisches Liederbuch. Berlin 1928.
Der jüdische Krieg. rororo Taschenbuch Ausgabe 1109–1110.
(Copyright 1932 by Propyläen Verlag GmbH, Berlin)
Die Geschwister Oppenheim. Roman. Amsterdam 1933
Exil. Roman. Rudolstadt 1948. (Zuerst erschienen 1940 in Amsterdam)

Essay

Das Haus der Desdemona oder Grösse und Grenzen der historischen Dichtung. Hrsg. von F. Zschech, Rudolstadt 1961

Bertolt Brecht. In: Das Tagebuch, Berlin, Heft 40, 1922.

Benutzte Aufsätze in der Sammlung Centum opuscula, hsg. von Wolfgang Berndt, Rudolstadt 1956:

- Heinrich Heine und Oscar Wilde (1908), S. 14 ff.
- Zur Psychologie der Bühnenreform (1908), S. 133 ff.
- Reinhardts Feldzug an der Isar (1908), S. 139
- Coriolan (1909), S. 209 f.
- Ernst Possart und Clara Ziegler oder Über die Würde in der Münchner Schauspielkunst (1910), S. 227 ff.
- Ernst Possart. Zum 70. Geburtstag (1911), S. 233 f.
- Oberammergau (1910), S. 240 ff.
- Oberammergau 1910 (1910), S. 254 ff.
- Flucht aus Tunis (1914), S. 358 ff.
- Versuch einer Selbstbiographie (1927), S. 363 f.
- Selbstdarstellung (1933), S. 365 ff.
- Der Autor über sich selbst (1935), S. 374 ff.
- Über „Jud Süss" (1929), S. 388 ff.
- Mein Roman „Erfolg" (1931), S. 397 ff.
- The Essentials of German Character (1928), S. 416 ff.
- Die Konstellation der Literatur (1927), S. 419 ff.
- Der Geschmack des englischen Lesers (1927), S. 422 ff.
- Von den Wirkungen und Besonderheiten des angelsächsischen Schriftstellers (1928). S. 428 ff.
- Der Roman von heute ist international (1932), S. 433 ff.
- Die Verjudung der abendländischen Literatur (1920), S. 443 ff.
- Gespräche mit dem ewigen Juden (1920), S. 449 ff.
- Der historische Prozess der Juden (1930), S. 472 ff.
- Nationalismus und Judentum (1933), S. 479 ff.
- Offener Brief an den Bewohner meines Hauses (1935), S. 505 ff.
- Vom Sinn und Unsinn des historischen Romans (1935), S. 508 ff.
- Der Abgrund (1937), S. 531 ff.
- Bertolt Brecht. Dargestellt für Engländer (1928), S. 556 ff.

Sekundärliteratur

Admoni, W. (1973) „Die Entwicklungstendenzen des deutschen Satzbaus von heute", in: Linguistische Reihe, hrsg. von K. Baumgärtner u.a., Bd. 12, München.

Astor, A. (1922) „Reich gegen Bayern", in: Die Weltbühne, 70 f.

Auerbach, E. (1946) „Mimesis. Dargestellte Wirklichkeit in der abendländischen Literatur", Bern.

Bayerisches Lesebuch. Geschichten, Szenen und Gedichte aus fünf Jahrhunderten. (1971) Hrsg. v. G. Deckart u. G. Kapfhammer, München.

Bayern im Umbruch. Die Revolution von 1918, ihre Voraussetzungen, ihr Verlauf und ihre Folgen. (1969) Hrsg. v. Karl Bosl, München u. Wien.

Berendsohn, W.A. (1972) „Lion Feuchtwanger and Judaism", in: Lion Feuchtwanger /The Man/ his Ideas/ his Work, 25–32.

Berglund, G. (1972) „Deutsche Opposition gegen Hitler in Presse und Roman des Exils. Eine Darstellung und ein Vergleich mit der historischen Wirklichkeit", Stockholm, in: Stockholmer Germanistische Forschungen, Nr. 11.

Bergman, E. (1967) „Diktens värld och politikens. Bertil Malmberg och Tyskland 1908–1928", Lund.

Bergom-Larsson, M. (1970) „Diktarens demaskering. En monografi över Hjalmar Bergmans roman Herr von Hancken", Stockholm.

Berndt, W. (1972) „The Trilogy *Der Wartesaal*", in: Lion Feuchtwanger/The Man/his Ideas/his Work, 131–156.

Bertolt Brecht in Selbstzeugnissen und Bilddokumenten. Dargestellt von M. Kesting. (1959) Rowohlts Monographien, Reinbeck bei Hamburg.

Bichel, U. (1973) „Problem und Begriff der Umgangssprache in der germanistischen Forschung", Tübingen.

Björck, S. (1953) „Romanens formvärld. Studier i prosaberättarens teknik", Stockholm.

Böhme, H. (1972) „Prolegomena zu einer Sozial- und Wirtschaftsgeschichte Deutschlands im 19. und 20. Jahrhundert", edition suhrkamp, Frankfurt a.M.

Bracher, K.D. (1955) „Die Auflösung der Weimarer Republik. Eine Studie zum Problem des Machtverfalls in der Demokratie", Düsseldorf u. Stuttgart.

Brauer, W. (1959) „Tun und Nichttun. Zu Lion Feuchtwangers Geschichtsbild", in: Neue Deutsche Literatur Nr. 6.

Brecht, B. (1967) „Gesammelte Werke 18: Schriften zur Literatur und Kunst", Werkausgabe edition suhrkamp, Frankfurt a.M.

Bronnen A. (o.J.) „Tage mit Bert Brecht"

Bullock, A. (1964) „Hitler - A Study in Tyranny", London.

Bylo, M. (1919) „Bajuvarische Schnapphahnpolitik", in: Die Weltbühne, S. 218 f.

Clason, S. (1967) „Schlagworte der konservativen Revolution. Studien zum polemischen Wortgebrauch des radikalen Konservatismus in Deutschland zwischen 1871 und 1933." Msch., Stockholm.

Clason. S. (1972) „Zeitroman und historischer Roman. Zu Lion Feuchtwangers *Erfolg/Drei Jahre Geschichte einer Provinz* (1930)", in: Moderna språk, S. 380 ff.

Clason, S. (1975) „Von Schlagwörtern zu Schimpfwörtern. Die Abwertung des Liberalismus in der Ideologiesprache der *Konservativen Revolution*. Eine wortmonographische Studie zum Sprachgebrauch einer politischen Denktradition in

Deutschland bis zum Jahre 1933." In: Impulse. Dank an Gustav Korlén zu seinem 60. Geburtstag. Stockholm.

Conze, W. (1961) „Deutschlands weltpolitische Sonderstellung in den zwanziger Jahren", in: Vierteljahreshefte für Zeitgeschichte 2/1961, S. 166–177.

Conze, W. (1964) „Die Zeit Wilhelms II. und die Weimarer Republik. Deutsche Geschichte 1890–1933", Tübingen.

David, C. (1964) „Von Richard Wagner zu Bertolt Brecht. Eine Geschichte der neueren deutschen Literatur". Fischer Bücherei Nr 600. Frankfurt a.M. und Hamburg

Der deutsche Expressionismus. Formen und Gestalten. (1965) Hrsg. v. Hans Steffen. Göttingen.

Die deutsche Literatur in der Weimarer Republik (1974). Hrsg. v. Wolfgang Rothe. Stuttgart.

Döblin, A. (1929) „Berlin Alexanderplatz", Berlin.

Einführung in die Methodik der Stiluntersuchung. Ein Lehr- und Übungsbuch für Studierende. Verfasst von einem Autorenkollektiv unter Leitung von Georg Michel (1968), Berlin (Ost).

Engelmann, B. (1974) „Grosses Bundesverdienstkreuz". Tatsachenroman, Darmstadt.

Episches Theater (1966) Hrsg. v. R. Grimm, in Neue Wissenschaftliche Bibliothek, Köln u. Berlin.

Esslin, M. (1962) „Brecht/Das Paradox des politischen Dichters", Frankfurt a.M. u. Bonn.

Faulhaber, U.K. (1972) „Lion Feuchtwanger's Theory of the Historical Novel", in: Lion Feuchtwanger/The Man/his Ideas/his Work, S. 67–82.

Fenske, H. (1969) „Konservatismus und Rechtsradikalismus in Bayern nach 1918", Bad Homburg v.d.H./Berlin/Zürich.

Fest, J. (1973) „Hitler. Eine Biographie", Frankfurt/Berlin/Wien.

Flake, O. (1922) „Tragische Opposition", in Die Weltbühne, S. 661 f.

Fleisser, M. (1972) „Gesammelte Werke in drei Bänden", Hrsg. v. G. Rühle, Frankfurt a.M.

Forster, E.M. (1962) „Aspects of the Novel". Penguin Books.

Frank, B. (1957) „Ausgewählte Werke, Prosa/Gedichte/Schauspiele". Hamburg.

Frank, R. (1960) „Spielzeit meines Lebens", Heidelberg.

Freij, L.W. (1972) „Türlosigkeit. Robert Musils *Törless* in Mikroanalysen mit Ausblicken auf andere Texte des Dichters", Stockholm.

Frenzel. H.A. und E. (1964) „Daten deutscher Dichtung. Chronologischer Abriss der deutschen Literaturgeschichte. Band II, Vom Biedermeier bis zur Gegenwart", Deutscher Taschenbuch Verlag Nr. 54, München.

Friedemann, K. (1911) „Die Rolle des Erzählers in der Epik".

Fritz, A. (1973) „Ödön von Horváth als Kritiker seiner Zeit". List Taschenbücher der Wissenschaft Bd. 1446, München.

Feugi, J. (1972) „Feuchtwanger, Brecht and the *Epic* Media: The Novel and the Film", in: Lion Feuchtwanger/The Man/his Ideas/his Work, S. 307–322.

Geiger, H. Klein, A. und Vogt, J. (1973) „Literatur und Literaturwissenschaft", in: Grundstudium Literaturwissenschaft, Hochschuldidaktische Arbeitsmaterialien, Bd. 1, Düsseldorf.

Glenk, H. (1923) „Das andere Bayern", in: Die Weltbühne, S. 75 f.

Gottschalk, G. (1965) „Die *Verkleidungstechnik* Lion Feuchtwangers in *Waffen für Amerika*", Bonn.

Graf, O.M. (1928) „Wir sind Gefangene. Ein Bekenntnis aus diesem Jahrzehnt", München.

Graf, O.M. „Der Mittler. Erzählung" (1930), in: Versäumte Lektionen. Entwurf eines Lesebuches, Hrsg. v. P. Glotz und W.R. Langenbucher. Fischer Taschenbuch Nr. 1163, Frankfurt a.M. 1973.

Granlid, H. (1964) „Då som nu. Historiska romaner i översikt och analys". Stockholm.

Grayzel, S. (1968) „A History of the Jews. From the Babylonian Exile to the Present", The New American Library, Anchor A. 626, New York.

Grevenius, H. (1964) „Brecht – liv och teater", handbok till Radioteaterns huvudserie 1964/65, Stockholm.

Grimm, R. (1960) „Bertolt Brecht". 2.verb. und erw. Aufl., Stuttgart.

Grosz, G. (1955) „Ein kleines Ja und ein grosses Nein. Sein Leben von ihm selbst erzählt. Mit siebzehn Tafel- und fünfundvierzig Textabbildungen", Hamburg.

Gumbel, E.J. (1921) „Zwei Jahre Mord", Berlin

Gumbel. E.J. (1922) „Vier Jahre politischer Mord", Berlin.

Gumbel, E.J. (1924) „Verschwörer. Beiträge zur Geschichte und Soziologie der nationalistischen Geheimorganisationen seit 1918", Berlin.

Happ, J. (1974) "Arnold Zweig, *Der Streit um den Sergeanten Grischa*. Probleme des Aufbaus mit besonderer Berücksichtigung der Entwicklung der Grischagestalt". Stockholm, in: Stockholmer Germanistische Forschungen, Nr. 15.

Hanfstaengl, E. (1970) „Zwischen Weissem und Braunem Haus", München.

Hannover, H und E. (1966) „Politische Justiz 1918–1933". Fischer Bücherei Nr. 770, Frankfurt a.M.

Hausenstein, W. (1948) „Die Masken des Komikers Karl Valentin". Herder-Bücherei Bd. 22, München.

Hecht, W. (1962) „Brechts Weg zum epischen Theater", Berlin.

Heinle, F. S. *Ludwig Thoma*

Heinrich Mann in Selbstzeugnissen und Bilddokumenten (1967), Hrsg. v. K. Schröter, Rowohlts Monographien, Reinbeck bei Hamburg.

Heiber, H. (1968) „Die Republik von Weimar", dtv-Weltgeschichte des 20. Jahrhunderts, Bd. 3, 3. Aufl., München.

Hermand, J. (1968) „Synthetisches Interpretieren. Zur Methodik der Literaturwissenschaft", München.

Herzfeld, H. (1966) „Die Weimarer Republik", in: Deutsche Geschichte Ereignisse unde Probleme 6, Ullstein Buch Nr. 3846, Frankfurt a.M. und Berlin.

Hiller, K. (1950) „Köpfe und Tröpfe. Profile aus einem Vierteljahrhundert", Hamburg und Stuttgart.

Hillmayer, H. (1969) „München und die Revolution von 1918/19. Ein Beitrag zur Strukturanalyse von München am Ende des Ersten Weltkriegs und seiner Funktion bei Entstehung und Ablauf der Revolution", in: Bayern im Umbruch. Die Revolution von 1918, ihre Voraussetzungen, ihr Verlauf und ihre Folgen. Hrsg. v. K. Bosl. München.

Hitlers Tischgespräche im Führerhauptquartier 1941–1942 (1963) Hrsg. v. H. Picker, Stuttgart Degerloch.

Hoegner, W. (1958) „Die verratene Republik", München.

von Hofe, H. (1972) „Lion Feuchtwanger and America", in: Lion Feuchtwanger/The Man/his Ideas/his Work, S. 33–50.

Hoffman, H.H. (1961) „Der Hitlerputsch", München.

Horvath, Ö.v. (1970/71) „Gesammelte Werke" in 4 Bdn. Frankfurt a.M.

Hughes, R. (1961) „TheFox in the Attic". London

Die Idee Europa 1300–1946. Quellen zur Geschichte der politischen Erziehung, Hrsg. v. H. Foerster, München 1963.

Ihering, H. (1948) „Theaterstadt Berlin. Ein Almanach", Berlin.

Jahn, W. (1972) „The Meaning of *Progress* in the Work of Lion Feuchtwanger", in: Lion Feuchtwanger/The Man/his Ideas/his Work, S. 51–66.

Jarmatz, K. (1965) „Aktivität und Perspektive im historischen Roman des kritischen Realismus 1933–1945", in: Weimarer Beiträge Nr. 3, S. 356 ff.

Kahn, L. (1972) „Der arge Weg der Erkenntnis", in: Lion Feuchtwanger/The Man/his Ideas/his Work, S. 201–216.

Kantorowicz, A. (1954) „Lion Feuchtwangers dramatischer Roman *Thomas Wendt*", in: Neue deutsche Literatur, II/4, S. 112–122.

Kantorowicz, A. (1959 und 1961) „Deutsches Tagebuch", Erster und zweiter Teil, München.

Kantorowicz, A. (1964) „Deutsche Schicksale. Intellektuelle unter Hitler und Stalin", Wien/Köln/Stuttgart/Zürich.

Karl Valentin's gesammelte Werke und Sturzflüge im Zuschauerraum. Der gesammelten Werke anderer Teil, Hrsg. *M. Schulte,* München 1973 (11. Aufl.) bzw. 1971 (2. Aufl.).

Karst, R. (1954) „Begegnung mit dem *Erfolg*", in: Lion Feuchtwanger zum 70. Geburtstag, Berlin. S. 61–77.

Kaufmann, H. (1966) „Krisen und Wandlungen der deutschen Literatur von Wedekind bis Feuchtwanger", Berlin und Weimar.

Kessler, Harry Graf (1928) „Walther Rathenau. Sein Leben und sein Werk", Berlin.

Kesten, H. (1959) „Meine Freunde die Poeten", München.

Keune, M. (1972) „Das Haus des Desdemona: Lion Feuchtwangers Apologia for a Mimesis of History", in: Lion Feuchtwanger/The Man/his Ideas/his Work, S. 83–98.

Kleines Handbuch der deutschen Gegenwartsliteratur. 107 Autoren und ihr Werk in Einzeldarstellungen (1967) Hrsg. v. H. Kunisch, München.

Klemperer, V. (1959) „Der gläubige Skeptiker/Lion Feuchtwangers zentraler Roman", in: Neue Deutsche Literatur, Heft 2, Berlin.

Klotz, V. (1969) „Die erzählte Stadt. Ein Sujet als Herausforderung des Romans von Lesage bis Döblin". München.

Koch, W. (1970) „Diesseitz von Gut und Böse. Zur 50. Wiederkehr des Todestages von Ludwig Ganghofer". In: Der Monat 1970, H. 262.

Koeppen, W. (1951) „Tauben in Gras", Roman, Non stop-Bücherei, Berlin.

Korlén, G. (1974) über W. Admoni (s. oben), Besprechung in Moderna Språk S. 192 ff.

Kracauer, S. (1963) „Das Ornament der Masse", Essays, Frankfurt a.M.

Kracauer, S. (1970) „From Caligari to Hitler. A Psychological History of the German Film." Princeton U.P., Princeton.

Kraus, W. (1969) „Grundprobleme der Literaturwissenschaft. Zur Interpretation literarischer Werke", Rowohlt deutsche Enzyklopädie, Reinbek bei Hamburg.

Kristl, W. L. (1965) „Der weiss-blaue Despot. Oscar von Miller in seiner Zeit", München.

Kritzer, P. (1969) „Die bayerische Sozialdemokratie und die bayerische Politik in den Jahren 1918 bis 1923", Diss.München (Neue Schriftenreihe des Stadtarchivs

184

München, Heft 20).

Lämmert, E. (1955) „Bauformen des Erzählens", Stuttgart.

Landquist, J. (1959) „Charles Darwin/Liv och verk", Stockholm.

Laqueur, W. (1973) „Weimar – a Cultural History 1918–1933", London.

Lessing, Th. (1919) „Geschichte als Sinngebung des Sinnlosen", München.

Lethen, H. (1970) „Neue Sachlichkeit 1924–1932. Studien zur Literatur des *Weissen Sozialismus"*, Stuttgart.

Lion Feuchtwanger/Eine Bildbiographie mit 81 Abbildungen (1967) Hrsg. v. H. Leupold, Leipzig.

Lion Feuchtwanger 1884–1958. Akademie der Künste. Berlin. Hrsg. Dr. Walther Huder. Berlin 1969.

Lion Feuchtwanger/The Man/his Ideas/his Work. A Collection of Critical Essays, ed. by John M. Spalek, Los Angeles 1972.

Lion Feuchtwanger zum 70. Geburtstag. Worte seiner Freunde (1954) Berlin. Enthält: *A. Seghers:* Gruss an Lion Feuchtwanger; *Th. Mann:* Freund Feuchtwanger; *H. Mann:* Der Roman, Typ Feuchtwanger; *A. Kantorowicz:* Anwalt der Wahrheit; *G. Lukács:* Wendung zum Volk; *E. Bloch:* Goya in Wallstreet; *H. Eisler:* Entdeckung Feuchtwangers; *M. Schroeder:* Eine Sommerfrische in der Provence; *F.C. Weisskopf:* Kleiner Salut für einen grossen Arbeiter und Strategen; *A. Zweig:* Feuchtwangers Reifezeit; *W. Berndt:* Bibliographie der Werke von Lion Feuchtwanger.

Die Literatur/Monatsschrift für Literaturfreunde. Hrsg. v. Dr. E. Heilborn. Stuttgart/Berlin, Nr. 33 (1930/31)

Ludwig Thoma in Selbstzeugnissen und Bilddokumenten. Dargestellt von F. Heinle (1963). Rowohlts Monographien, Reinbek bei Hamburg.

Lukács, G. (1955) „Der historische Roman", Berlin.

Mann, H. (1954) „Essays", Berlin (Aufbau-Verlag)

Mann, K. (1968) „Prüfungen" Hrsg. v. M. Gregor-Dellin, München.

Mann, Th. (1909) „Königliche Hoheit", Roman, Berlin.

Mann, Th. (1925) „Unordnung und frühes Leid", in: Thomas Manns Werke, Taschenbuchausgabe in zwölf Bänden. Die Erzählungen (Bd.II) Frankfurt a.M. und Hamburg 1967.

Mann, Th. (1965 und 1967) „Reden und Aufsätze", Bd. I und II: Nachlese/Prosa 1951–1955, Stockholmer Gesamtausgabe, Oldenburg.

Mann, V. (1949) „Wir waren fünf", Konstanz.

Marc-Wogau, K. (1967) „Freuds psykoanalys. Presentation och kritik", Stockholm.

Marx, K. (1971) „Die Frühschriften", Hrsg. v. S. Landshut, Stuttgart.

Maser, W. (1954) „Die Organisierung der Führerlegende. Studien zur Frühgeschichte der NSDAP bis 1924", Diss. Erlangen.

Materialien zum Leben und Schreiben der Marieluise Fleisser, Hrsg. G. Rühle, 1973. Frankfurt a.M.

Mayer, A.L. (1913) „Geschichte der spanischen Malerei", Leipzig.

Mayer, H. (1967) „Zur deutschen Literatur der Zeit. Zusammenhänge, Schriftsteller, Bücher", Reinbek bei Hamburg.

Methoden der Literaturwissenschaft (1971) Hrsg. v. V. Žmegač, Frankfurt a.M.

Michel, G. (1968) Einführung in die Methodik der Stiluntersuchung. Berlin (Ost)

Moderna Språk, Published by the Modern Language Teachers' Association of Sweden, Hg. Gustav Korlén, Saltsjö-Duvnäs bei Stockholm.

Mohler, A. (1972) „Die Konservative Revolution in Deutschland 1918–1932. Ein Handbuch", 2.Fassung, Darmstadt.

Mühsam, E. (1926) „Gerechtigkeit für Max Hölz!", Berlin.

Mueller, D. (1972) „Characterization of Types in Lion Feuchtwanger's Novels", in: Lion Feuchtwanger/The Man/his Ideas/his Work, S. 99–112.

Müller, G. (1969) „Aufriss der neueren deutschen Literatur", Stockholm.

Muir, E. (1929) „The Structure of the Novel", N.Y.

Nockher, L. (1953) „Oskar von Miller. Der Gründer des Deutschen Museums von Meisterwerken der Naturwissenschaft und Technik", Serie Grosse Naturforscher, Band 12, Stuttgart.

Nordström, F. (1962) „Goya, Saturn and Melancholy. Studies in the Art of Goya", Uppsala.

Norris, F.G. (1972) „The Collaboration of Lion Feuchtwanger and Bertolt Brecht in Edward II", in Lion Feuchtwanger/The Man/his Ideas/his Work, S. 277–306.

Pen (1952) „Heimweh nach dem Kurfürstendamm. Aus Berlins glanzvollsten Tagen und Nächten", Berlin.

Penzer, H. (1922) „Fechenbach-Protest", in: Die Weltbühne, S. 518 f.

Pfanner, H. (1974) „Die *Provinzliteratur* der zwanziger Jahre", in: Die deutsche Literatur in der Weimarer Republik, S. 237–255.

Pridham, G. (1973) „Hitler's Rise to Power. The Nazi Movement in Bavaria 1923–33", London.

Reallexikon für deutsche Literaturgeschichte, II: Film und Literatur, Berlin 1965.

Reich-Ranicki, M. (1973) „Lion Feuchtwanger oder der Weltruhm des Emigranten", in: Die deutsche Exilliteratur 1933–1945. Hrsg. v. M. Durzak, Stuttgart.

Der Romanführer. Hrsg. v. J. Beer, Stuttgart 1952.

Rossipal, H. (1972) „Konnotationsbereiche, Stiloppositionen und die sog. *Sprachen* in der Sprache, in: (Germanistische Beiträge) Gert Mellbourn zum 60. Geburtstag, Deutsches Institut der Universität Stockholm.

Schiffels, W. (1974) „Formen historischen Erzählens in den zwanziger Jahren", in: Die deutsche Literatur in der Weimarer Republik, S. 195–211.

Schwarz, E. (1970) „Die strampelnde Seele. Erich Kästner in seiner Zeit", in: Die sogenannten Zwanziger Jahre, S. 195 ff.

Schwend, K. (1954) „Bayern zwischen Monarchie und Diktatur. Beiträge zur bayerischen Frage in der Zeit von 1918 bis 1933", München.

Shakespeare's Plutarch (1968) Ed. by T.J.B. Spencer, Penguin Books.

Die sogenannten Zwanziger Jahre (1970) First Wisconsin Workshop. Hrsg. v. R. Grimm und J. Hermand, Bad Homburg/Berlin/Zürich

Sontheimer, K. (1962) „Antidemokratisches Denken in der Weimarer Republik. Die politischen Ideen des deutschen Nationalismus zwischen 1918 und 1933", München.

Sontheimer, K. (1974) „Weimar – ein deutsches Kaleidoskop", in: Die deutsche Literatur in der Weimarer Republik, S. 9–19.

Sowinski, B. (1973) „Deutsche Stilistik. Beobachtungen zur Sprachverwendung und Sprachgestaltung im Deutschen". Fischer Taschenbuch Verlag, Frankfurt a.M.

Spalek, J.M. (1972) „Preface", in: Lion Feuchtwanger/The Man/his Ideas/his Work, S. IX–XII.

Spitzer, L. (128) „Stilstudien 1–2", München.

Sprache im technischen Zeitalter, Nr. 54/1975, Berlin.

Stanzel, F. (1969) „Erzählsituation und episches Präteritum", in: Zur Poetik des Romans, hrsg. v. V. Klotz, Darmstadt, S. 303 ff.

Stanzel, F. (1969) „Episches Präteritum, erlebte Rede, historisches Präsens", ibd. S. 319 ff.

Statistisches Jahrbuch für das Deutsche Reich 1923–1928 Hrsg. vom Statistischen Reichsamt, Berlin.

Steinberg, G. (1971) „Erlebte Rede. Ihre Eigenart und ihre Formen in neuerer deutscher, französischer und englischer Erzählliteratur." Teil I und II, Göppingen.

Studien zur Syntax des heutigen Deutsch (1970) Paul Grebe zum 60. Geburtstag, in: Sprache der Gegenwart, Schriften des Instituts für deutsche Sprache. Bd. VI, Düsseldorf.

Thackeray, W.M. „Vanity Fair", Paulton and London 1958.

Thackeray. A Collection of Critical Essays. (1968) Ed. by A. Welsh, New Jersey.

Thömig, J.C. (1974) „Soziale Romane in der Endphase der Weimarer Republik", in: Die deutsche Literatur in der Weimarer Republik, S. 212–237.

Thoma, L. (1911) „Der Wittiber", Roman. Deutscher Taschenbuch Verlag Nr. 446, München 1967.

Thoma, L. „Gesammelte Werke" Bd. 3–7, München 1922.

Thoma, L. (1923) „Zu diesem Fechenbach", in: Die Weltbühne, S. 405.

Thoma, L. „Ein Leben in Briefen (1875–1921)" München 1963.

Toller, E. „Prosa, Briefe, Dramen, Gedichte". Mit einem Vorwort von K. Hiller, Rowohlt Paperback 1961.

Valentin, K. (1935) „Gesammelte Werke" (1963) und „Sturzflüge im Zuschauerraum. Der gesammelten Werke anderer Teil" (1969), München.

24 deutsche Erzähler. Frühwerke der Neuen Sachlichkeit. Hrsg. v. H. Kesten, München 1973.

Vogt, J. (1972) „Aspekte erzählender Prosa", in: Grundstudium Literaturwissenschaft, Bd. 8, Düsseldorf.

Wagner, H. (1958) „200 Jahre Münchner Theaterchronik 1750–1950", München.

Wagner, J. (1972) „Vad Einstein verkligen sagt." Översättning från tyskan av S. Karlsson, Stockholm.

Waldo, H. (1972) „Lion Feuchtwanger: A Biography (July 7, 1884 – December 21, 1958)", in: Lion Feuchtwanger/The Man/his Ideas/his Work, S. 1–24.

Washausen, K. (1957) „Die künstlerische und politische Entwicklung Goyas in Lion Feuchtwangers Roman", Rudolstadt.

Die Weimarer Republik. Ihre Geschichte in Texten, Bildern und Dokumenten. Hrsg. v. F.A. Krummacher und A. Wucher, München, Wien, Basel, 1965.

Weisstein, U. (1966) „Vom dramatischen Roman zum epischen Theater. Eine Untersuchung der zeitgenössischen Voraussetzungen für Brechts Theorie und Praxis", in: Episches Theater, hrsg. v. R. Grimm, Köln und Berlin.

Weisstein, U. (1972) „Clio the Muse: An Analysis of Lion Feuchtwanger's *Erfolg*", in: Lion Feuchtwanger/The Man/his Ideas/his Work, S. 157–186.

Wellek, R. and Warren, A. (1967) „Litteraturteori", Stockholm.

Die Weltbühne Jhgg. 1918–1928, Berlin.

Wendler, W. (1974) „Die Einschätzung der Gegenwart im deutschen Zeitroman", in: Die deutsche Literatur in der Weimarer Republik, S. 169–195.

Yuill, W.E. (1972) „*Jud Süss*: Anatomy of a Best-Seller", in: Lion Feuchtwanger The Man/his Ideas/his Work, S. 113–130.

Zorn, W. (1962) „Kleine Wirtschafts- und Sozialgeschichte Bayerns 1806–1903". Serie Bayerische Heimatforschung, Heft 14, München Pasing.

Zuckmayer, C. (1948) „Drei Jahre", in Theaterstadt Berlin. Ein Almanach hrsg. v. H. Ihering, Berlin.

Zur Poetik des Romans. Hrsg. v. V. Klotz, Darmstadt 1969.

Zweig, A. (1927) „Der Streit um den Sergeanten Grischa", Berlin.

Zweig, A. (1927) „Rede über Feuchtwanger". In: Die Weltbühne, S. 140 f.

Zweig, A. (1928) „Zur Erkenntnis der Juden". In: Die Weltbühne, S. 943.